国家社科基金
GUOJIA SHEKE JIJIN HOUQI ZIZHU XIANGMU
后期资助项目

明代的科举家族：
以宁波杨氏为中心的考察

Examination Families in Ming Dynasty:
Investigations Focusing on the Youngs of Ningbo

钱茂伟 著

中华书局
ZHONGHUA BOOK COMPANY

图书在版编目 (CIP) 数据

明代的科举家族：以宁波杨氏为中心的考察/钱茂伟著. —北京：中华书局, 2014.4（2024.4 重印）
（国家社科基金后期资助项目）
ISBN 978-7-101-09712-2

Ⅰ. 明… Ⅱ. 钱… Ⅲ. 家族-研究-宁波市-明代
Ⅳ. K820.9

中国版本图书馆 CIP 数据核字（2013）第 237762 号

书　　　名	明代的科举家族：以宁波杨氏为中心的考察
著　　　者	钱茂伟
丛 书 名	国家社科基金后期资助项目
责任编辑	王传龙
责任印制	陈丽娜
出版发行	中华书局
	（北京市丰台区太平桥西里 38 号　100073）
	http://www.zhbc.com.cn
	E-mail：zhbc@zhbc.com.cn
印　　　刷	三河市中晟雅豪印务有限公司
版　　　次	2014 年 4 月第 1 版
	2024 年 4 月第 2 次印刷
规　　　格	开本/710×1000 毫米　1/16
	印张 23¼　插页 2　字数 350 千字
国际书号	ISBN 978-7-101-09712-2
定　　　价	72.00 元

国家社科基金后期资助项目出版说明

　　后期资助项目是国家社科基金设立的一类重要项目,旨在鼓励广大社科研究者潜心治学,支持基础研究多出优秀成果。它是经过严格评审,从接近完成的科研成果中遴选立项的。为扩大后期资助项目的影响,更好地推动学术发展,促进成果转化,全国哲学社会科学规划办公室按照"统一设计、统一标识、统一版式、形成系列"的总体要求,组织出版国家社科基金后期资助项目成果。

全国哲学社会科学规划办公室

目　录

第一章 导论

科举家族是近年来中国科举史研究领域的热点之一。除了区域的科举家族研究,也有了断代的科举家族研究;除了群体研究法,也有更多的个案研究。本课题属断代兼区域的个案科举家族研究,重在分析明代宁波杨氏科举家族。在全文展开之前,有必要对杨氏研究涉及的一些基本理论、学术史、基本文献作一梳理。同时,对本书的写作思路、逻辑安排、主要观点作一交待。

一、科举与近世家族隆替

古代中国为什么会有家族现象?为什么会有科举家族?科举在近世家族形成中扮演了什么角色?教育与学术在科举家族发展中起了什么作用?从方法论来说,科举家族个案史如何研究?这是笔者想通过宁波杨氏作出的理论思考所在。

1. 近世家族

人是社会性动物,聚居是人类居住的基本特征。聚居又分"同姓聚居"与"异姓聚居"两大类型。中国人在相当长时间内是一个同姓聚居民族。如果说政府是异姓团体利益组织的话,则家族是同姓团体利益组织。同姓家族是中国社会血缘性、自然性、利益性的基本建构单位。这一现象的形成有四大因素:一是农耕社会,依赖耕地而定居,从而使家族长期聚居一处。二是凝固化的人口管理制度,在农耕环境产生的国家管理体制,也以静态管理为主,实行严格的户口制度,禁止人员在全国各地自由的流动。三是划一的集权管理,使各地生产方式与生活方式同质化,使此地对彼地不会产生浓厚的兴趣,从而不会出现人口的横向流动现象。四是落后的交通,使人习惯于小空间生活方式,养成安土重迁心理。安居各地,不相往来,是全国性现象。同姓家族群体在传统中国乡村的广泛存在,与现代中国城市中异姓小区的广泛存在有着相同的地位，它们均是国家的基本细胞组织。

在中国历史的长河中，家族形态处在不断嬗变之中。学界习惯分为周代之封建家族、秦汉迄唐之世家大族、宋以下的新家族三个阶段①。宋以来的中国庶民宗族形态，日本学人称为"近世家族"②。近世家族由许多核心家庭、主干家庭或共祖家庭组成，共财单位很少超过同祖父的成员，但通声气、济有无的范围却可以远过五服③。从同姓家族的内部组织来说，可以分为家庭、家族与宗族三大类型。家庭是核心家庭，家族是主干家庭，宗族是复合家庭。如果以大树为比喻，家庭是树叶，家族是树枝，而宗族则是树干。从单位来说，家庭是最小的细胞组织，古代中国多是三代或四代同堂的大家庭，今天则是三口之家。家族则是五服同祖的主干家庭，而宗族则是超过五服的同祖复合家庭，习惯也称为"族"。不过，学术界目前所用的"家族"，实际上包括"宗族"。本书所谓家族，等同于宗族。

就内部人际关系规则来说，同姓聚居家族不同于异姓散居家族。同姓聚居家族由于长期生活于一个小空间内，成员间的联系比较广泛，故尔强调互助责任。一个人的发展，既要照顾到小家庭利益，更要照顾到大家族利益。互助精神的产生基于血缘关系，因为家族是同姓利益群体组织。人类之所以需要互助，是因为存在不平衡因素。一是身体的自然发展变化，没有劳动力的小孩、老人、病人等弱势人群均需扶助。一是社会发展阶段的因素，农耕时代的生存条件相当恶劣，人们需要互助来求生存与发展。互助是人类得以生存并发展的基本因素所在。

根据笔者对南方家族的观察，近世家族内部规则有两大特点，一是独立，二是互助。所谓独立，是指核心家庭自我负责、自我发展。在南方，有一个习惯，儿子们结婚以后，一般选择分家。分家是相当正常的现象，因为大家长没有那么大的庇护能力；同时也有利于调动小家庭的积极性，发展模式更加灵活。人类的本性是自私的，在庇护能力有限的时候，只能照顾

①　黄宽重、刘增贵主编《家族与社会·导言》，中国大百科全书出版社2005年，第5页。
②　1910年，日本史家内藤湖南(1866—1934)在日本《历史与地理》第9卷第5号上发表《概括的唐宋时代观》，提出唐和宋在文化的性质上有显著差异。唐代是中世纪的结束，而宋代则是近世的开始，此即"唐宋变革论"的肇始。
③　杜正胜《传统家族试论》，见黄宽重、刘增贵主编《家族与社会》，第83页。

到小家庭。如此，在平时，家与家之间就是同姓邻居而已。在南方乡村，五服之内的家族称为"近房"，五服之外的宗族称为"远房"。在一个同姓自然村落中，内部高下不一，有的做官发财，有的就是普通农民。另一方面，它又是一种"同姓社区"，有别于今天城市中的"异姓社区"，所以，内部存在互助关系，遇上红白喜事、造房之类大事时，会互相帮助，既要出力又要出钱，可以说是一个互助合作社。平时独立与有事互助相结合，是近世家族的一个特点。

　　如果这是一个普通的家族，也许就停留于平时独立与有事互助而已，他们的关系是非常松散的。而一旦族中出现士大夫，情况就会大变。隋唐以后，中国进入了科举时代。因科举而上升的群体，人称士大夫或缙绅。有士大夫领导的近世家族，可以称为"望族"。由于科举的发达，江南相当多的家族有士大夫，故望族特多。范金民认为，望族是江南宗族区别于其他地区宗族最为明显的特征①。如何看待江南多望族现象？笔者以为江南多望族是好现象，它是符合人类发展进程的现象。人类的利益保护，存在私心与公心两种相辅相成的基本方式。私心是小范围内的利益保护方式，公心是大范围内的利益保护方式。前者只管庇护自己或小家庭人员的利益，后者则要求在更大的公共范围内保护更多人的利益。私心是天生的，公心是靠后天培养的。宋明理学家出于社会稳定考虑，重视同姓基层社会建设，强调"收族"、"睦族"。收族的核心手段有四，即编族谱、置义田、建祠堂、设族长。用今天的话说，就是重视同姓社区内部凝聚力、互助力建设。只要私心不要公心的自私自利与只有公心没有私心的大公无私，两者均是不可取的。人类社会的制度建设，就是要不断地保护私心与公心，让其发挥不同的保护作用，共同促进人类社会和谐而美好的发展。

2. 科举家族

近世家族的核心是科举家族。

近世家族要成为地方望族，必须借助科举力量。为什么要成为科举家族？在农耕社会，在中国的强国家体制下，只有通过科举，才能获得国家的

---

① 范金民《明清江南望族的谱系——读〈明清江南著姓望族史〉》，《中国社会经济史研究》2010 年第 2 期。

政治资源，才可能有较大的社会影响。科举是家族与国家联系的管道，通过科举考试，家族人员进入政府任职，从而有可能形成科举家族。官员来自不同地区的不同家族，某些家族在科举竞争中显示出较强的竞争力量，他们就有可能形成为科举家族。不过，在自由竞争的科举体制下，一个家族要想长期保持其竞争优势，难度系数是比较大的，往往出现家族间轮转现象。可以说，没有永恒的某地某姓科举家族。这也是国家设立科举考试的核心追求所在，科举正是为克服某地某些门阀家族长期垄断政府管理队伍而设计出来的流动性官员选择体制。

"科举家族"是由张杰《清代科举家族》首先提出来的概念。所谓科举家族，是指"世代聚族而居，从事举业人数众多，至少取得举人或五贡以上功名，在全国或地方产生重要影响的家族"①。这个定义易引起歧义。出举人或贡士以上功名，门槛稍嫌过低，其实出二个以上进士才是关键。而且，"聚族而居"似可换成"族员间有较强的血缘认同感"，即异地进士若能认族归宗，即使两人世居不同的省府县，亦视他们为同一家族族员②。从《镜川杨氏宗谱》来看，确存在这种已迁外地而入谱的现象。不过，"科举家族"概念的提出，本身是有意义的。"科举家族"是一个历史学概念，它对应的是"门阀家族"。"科举家族"可以代替宋元明清时代的"望族"，那是一个没有时代特征的通用概念。"望族"是一个社会学概念，它对应的是"小族"。总之，"科举家族"是一个更为精确的概念。因此，这个概念逐步为学界所接受，进而延伸于宋明科举家族研究。

科举家族的形成，严格上说，始于宋代。宋代是中国大规模推广科举考试的时代，元代科举考试一度受挫，明清则是科举考试鼎盛的阶段。明清进一步确立了全国各地府县二级儒学体系，使学校与科举考试的结合更为密切，从而吸引了更多的地方家族人员进入科举之路。在三年复三年的全国性科举竞争中，各地的不同家族不断地被洗牌，此起彼伏，彼长此消，成为不同时间段的科举家族。据《清代朱卷集成》整理，清代全国出过2个进士的科举家族约795个，出过5个进士的科举大家族有166个③。明代

---

① 张杰《清代科举家族》，社会科学文献出版社2003年，第1页。
② 方芳《"科举家族"定义商榷》，《汕头大学学报》2008年第2期。
③ 方芳《清代科举家族地理分布的特点及原因》，《济南大学学报》2009年第5期。

全国科举家族的数量及地理分布统计分析尚未出现,不过明代全国进士的数量及其地理分布已有人做过统计分析①,进士的地理分布大体上可以反映出科举家族的地理分布状况。总的说来,明清科举家族的数量,南方远多于北方。之所以如此,是因为经过几次大的人口迁移,北方汉人的精华已经转移到了南方,南方成为传统教育与文化的集中地。南方又以江南为主。吴仁安首次对明清时期江南的科举家族作了梳理,枚举的科举家族,浙江有 92 家,苏南有 89 家,皖南有 36 家,合计 216 家②。由此可见江南科举家族之密集。

本课题研究的宁波杨氏家族,盛于明,延及清,即属这样典型的科举家族。在明朝的"计划"体制下,一个家族偶尔出一二个进士,已经相当不容易了;如果一个家族几十年内连续出多个进士,那就是奇迹。镜川杨氏在明朝景泰至成化(1450—1487)的二十七年间出了杨守陈、杨守随、杨守阯、杨守隅、杨茂元、杨茂仁 6 个进士,那中式率可称全国第一了。嘉靖至南明间,又陆续出了杨美益、杨承闵、杨德政、杨文瓒 4 个进士。如果出 2 个进士可称科举家族、出 5 个进士可称科举大家族的话,则杨氏拥有 10 个进士,可称为特大型科举家族了。更为奇特的是,杨守阯的儿子不及杨守陈的 2 个儿子杨茂元、杨茂仁,但杨守阯的 2 个进士女婿陆偁、李堂完全可以与之匹配。杨守陈第三代没有出进士,而杨守阯则出了陆钶、陆铨、陆鈇 3 个进士外孙,超越杨氏本家子弟,真应验了宁波人所谓的"好笋("笋"谐"孙")出在篱笆外"。有明一代,杨氏及外家共出了 15 个进士。王世贞(1526—1590)经过纵向比较,立"门宗仕宦",首举镜川杨氏,称:"一门科第禄位之重,弘治、正德间,无过于鄞县杨氏者。"③就所出进士总量、密集度、绵远度来说,杨氏可称为明朝第一科举家族。

3. 文化家族

科举家族的直接结果是官宦世家。镜川杨氏出了正二品的尚书三人(杨守陈、杨守随、杨守阯)、从二品布政使一人(杨守隅)、正三品侍郎一人

---

① 吴宣德《明代进士的地理分布》,香港中文大学出版社 2009 年;沈登苗《明清全国进士与人才的时空分布及其相互关系》,《中国文化研究》1999 年第 4 期。

② 吴仁安《明清江南著姓望族史》下编,上海人民出版社 2009 年。

③ (明)王世贞《弇山堂别集》卷三《盛事述三·门宗仕宦》,中华书局 1985 年,第 38 页。

（杨茂元），此下级别的官员不计其数，绝对可称为官宦世家。"擢高第，绾银黄，海内称为名宦之家，可谓盛矣"①。

科举家族的间接结果是"文化家族"，它对应的是"白丁家族"。因为，他们是凭读书改变家族命运的，他们本身是读书人、文化人。这会带来几方面的影响，一是重视教育，二是重视文化。科举上的成功，使他们重视后代的教育，有可能让几代人接受教育。重视教育，是门阀家族与科举家族的共同特征。所不同的是，前者是"学在家族"，后者是"学在州县"。不管如何，两者的基础教育均靠家族，国家只管应试教育。古代中国的官员不是终身制，有时出仕，有时退隐。官员一生与书打交道，重视文化，在位期间，或退休以后，他们会著书立说。更何况尚有大量的升不上去的读书人，他们往往会向文化领域发展，去著书立说。中国人的立德、立功、立言理念，让他们有多种扬名于后世的选择。如此，科举家族往往是文化家族。

做官可获得家族的当代社会影响，而学术文化则可使家族获得长远的历史影响。从历史实践来看，一个科举家族仅在政治舞台上成功是不够的，如能进一步涉及学术文化则影响更为长远。吴仁安认为，明清江南的望族"一般均与科举入仕有着不解之缘"；而且，"以文化型家族居多"，这表现为，"热爱书籍、喜欢读书，以读书为张儒从文的起点、以书本为文化学术活动的中心，望族弟子和望族士大夫、乃至许多准望族的缙绅家庭封建士子，一生都始终围绕着书本而从事读书、藏书、著述、诗画文艺、文献整理、出版等各种文化学术活动"②。这种文化型家族，由于文化积累丰厚，其门祚比之豪门右族、官宦世家要长。镜川杨氏既从政又为学，格外重视教育，子弟读书成风，家族中多人著书立说，有诗文集、宗谱、其他文献作品留下来，这是我们关注他们的一个重要因素所在。江浙是全国科举家族集中之区，徐咸（1481—1566）经过横向比较后得出结论，称："（杨氏）昆弟子姓一时之盛，江浙文献之家鲜能俪焉。"③"文献"即"文化"，"文献之家"就是"文化家族"。

总的说来，一个近世家族，既要是一个科举家族，要出进士，要有大官；又要是一个文化家族，得有学术贡献，得有文献（如诗文集、宗谱、其他作

①　（明）杨守随《送公璧为僧纲司都纲序》，见杨存淇《镜川杨氏宗谱》卷一九《著述》，第39页。

②　吴仁安《明清江南著姓望族史》，上海人民出版社2009年，第22—23页。

③　（明）徐咸《西园杂记》，见雍正《浙江通志》卷二八〇，第650页。

品)遗留下来。如此,才会引起后人的关注与研究。否则,只是过眼云烟的家族而已。科举家族与文化家族结合的近世家族是比较理想的家族,宁波镜川杨氏正是这么一个经典案例。杨氏家族多数文化人有文集,流传下来的有杨自惩、杨守陈、杨守阯、杨承鲲、杨德周、杨学泗六人的作品,其他零星作品也有一些。其中,杨守陈在明代经学史上、明代浙东学术史上有自己独到的位置。

4. 相关研究

中国社会的发展脉络有着不同于西方的独特性,血缘家族文化是中华文化乃至整个儒家文明辐射圈的重要文化特征之一。20 世纪以后,有了真正意义上的家族研究,其中尤以望族研究为重。所谓"望族"是指那些有家产又有社会声望和社会影响的世家大族,这是一个社会学概念。学术界对望族的研究,始于社会学家潘光旦的《明清两代嘉兴的望族》(商务印书馆 1947 年)。此书用的是区域望族群谱描述法,开启了现代中国望族研究的先河。

20 世纪 80 年代以来,吴仁安先是选择了明清时代的上海为研究地域,出版了《明清时期上海地区的著姓望族》(上海人民出版社 1997 年),进而扩大到整个江南,先后出版了《明清江南望族与社会经济文化》(上海人民出版社 2001 年)、《明清江南著姓望族史》(上海人民出版社 2009 年)。吴仁安的望族研究,除了区域群谱描述法外,也涉及了望族个案史研究。由于涉及的家族数量过多、面过广,难免显得深度不足。江庆柏《明清苏南望族文化研究》(南京师范大学出版社 2000 年)使用的是主题专门研究法,全书分 14 章,较为全面地建构了科举家族的文化研究模式。张如安等的《鄞县望族》(浙江古籍出版社 2009 年)集中梳理了 17 个较有代表性的望族,分别梳理了它们的发展阶段及文化贡献。

近十年来,通代或断代的望族个案研究风盛行。有通论历代姓氏者,如王育济、党明德教授主编的《中华名门望族丛书》,是一部关于中国家族史研究的大型丛书,已出版《历代王氏望族》、《历代李氏望族》、《历代张氏望族》、《历代刘氏望族》、《历代赵氏望族》等。近年浙江省市县三级文化工程项目中均有望族个案研究系列,已出版专著如周淑舫的《东山再起:六朝绍兴谢氏家族史研究》(浙江大学出版社 2009 年)、毛策《孝义传家:浦江郑氏家族研究》（浙江大学出版社2009年）、邱巍《吴兴钱家——近代学术文化家族的断裂与传承》（浙江大学出版社2009年）、邹身城等《两浙第一世家：吴越钱氏》（浙江大学出版社2009年）、唐燮军《六朝吴兴沈氏及其宗族文化探究》（中国社会科学出版社2007年）、唐燮军等《汉唐之际的余姚虞氏及其宗族文化》（浙江大学出版社2010年）、唐燮军《两宋四明楼氏的盛衰沉浮及其家族文化——基于〈楼钥集〉的考察》（浙江大学出版社2012年）、陈连根等《人贵自立——湖州钮氏家族文化研究》（浙江大学出版社2009年）、洪永铿《海宁查氏家族文化研究》（浙江大学出版社2006年）、华建新《姚江秘图山王氏家族研究》（宁波出版社2011年）、陈恩黎《四明史氏家族》（宁波出版社2011年）等。学者选择的家族史个案研究专著数量也相当多，如李建军《明代云南沐氏家族研究》（辽宁人民出版社2002年）、侯玉杰《滨州杜氏家族研究》（齐鲁书社2003年）。至于个案论文也有不少，如毛汉光《中古大士族之个案研究——琅琊王氏》、黄宽重《宋代四明士族人际网络与社会文化活动——以楼氏家族为中心的考察》（以上见《家族与社会》，中国大百科全书出版社2005年）等。黄宽重的《宋代的家族与社会》（国家图书馆出版社2009年），主体由四明家族群像（袁氏、楼氏、汪氏、高氏）与江西家族群像（张氏、程氏）合成。这些主题式家族个案史研究，值得学人们关注。近年的学位论文也较多选择望族个案研究，如叶晔《明代中晚期越中望族研究》（浙江大学2006年中国古代文学硕士学位论文）、李玫《科举、家族与地方社会——以宋代德兴地区为中心的考察》（南昌大学2008年中国古代史硕士学位论文）、白宝福《明代如皋冒氏家族研究》（西南大学2010年中国古代史硕士学位论文），用的是断代区域科举家族研究法。此外，近十多年，中国文学界多喜欢从文学角度研究世家大族，称为"家族文学"①。相关成果十分多，在此无法一一例举。

　　张杰出版了专著《清代科举家族》，从经济基础、人文环境、日常生活、社会流动、地域变化、家族影响七个方面展开思考。张杰偶尔也用"科举世家"，涉及的主题有科举世家与地方政务，如《清代科举世家与地方政务——以婺源县程允中家族为例》（《辽宁大学学报》2001年第1期），科举

---

　　① 罗时进《文学家族学：值得期待的研究方向》，《中国社会科学报》2009年9月1日；罗时进《家族文学研究的逻辑起点与问题视阈》，《中国社会科学》2012年第1期。

世家与地方教育,如《清代科举世家与地方教育——以北方地区为例》(《中国文化史研究》2002 年秋之卷)。方芳《清代科举家族地理分布的特点及原因》则首次涉及了科举家族地理分布研究。李伟中《桂东南科举家族及其近代转型:以广西高山村为中心的研究》(广西师范大学出版社 2009 年)则是明确打"科举家族"旗号的个案研究专著,最接近于本课题的视野。

在相关的明代家族研究方面,常建华《明代宗族研究》(上海人民出版社 2005 年)、宗韵《明代家族上行流动研究》(华东师范大学出版社 2009 年)是近年值得关注、比较有分量的专著①。此外,陈支平《近五百年来福建的家族社会与文化》也可参考。

笔者自 20 世纪 90 年代初以来,关注浙东学术史研究。在参与管敏义主编《浙东学术史》(华东师范大学出版社 1993 年)时,较早地关注到了明代宁波杨范、杨守陈的学术研究,分析了其学术渊源,对其学术成就进行总结,归纳其学术风格为博考、深思、求是。近年,漳州师院中文系郑礼矩有《浙东杨守陈家族的文学创作》(《宁波大学学报》2008 年第 2 期),对杨守陈和其弟杨守阯的文学风格进行了研究,并提及杨氏之家学,首次研究了上起杨范、下迄杨德周的杨氏家族道统文学创作活动,重点关注了杨守陈兄弟,认为其理学不同于陈献章,文学创作上反映出翰林院宗宋的大趋势。吴仁安《明清江南著姓望族史》下编乙组《明清浙江著姓望族考录》有"浙东宁波府鄞县杨范家族",列举了杨氏家族的主要进士与举人。张如安等《鄞县望族》(浙江古籍出版社 2009 年)中的《门风正毅,词章发越——镜川杨氏家族》以人物为点,大致梳理出明代杨氏家族的发展脉络,对重要人物的学术成就进行了总结,研究较为深入。

由以上的研究现状可知,清代科举家族的研究受到了学界较大的关注,而明代的科举家族研究成果尚不算多,尤其个案研究不算太多。明代科举家族研究的广度与深度,均有扩展与提升的可能。由于宁波杨氏研究刚起步,有必要做出更为深入的个案分析。既要突出明代科举家族,又要重点阐述宁波杨氏家族及其学术贡献,于是就有了《明代科举家族:以宁波杨氏为中心的考察》这个研究课题。

---

① 更详细的情况,可参白宝福《20 世纪 80 年代以来明代家族史研究述略》,《中国史研究动态》2010 年第 2 期。

二、杨氏研究的基本文献

镜川杨氏研究的基本文献有二,一是宗谱,二是诗文集。杨氏重视文献之传,重视刊刻作品,杨自惩、杨守陈、杨守阯、杨承鲲、杨德周等均有文集传世,使得今人可以对明代杨氏发展情况做一个个案分析。

1. 杨氏宗谱

镜川杨氏之祖辈由华阴而南闽,由南闽而钱塘,由钱塘而姑苏。北宋真宗景德二年(1005),苏州人杨厚为鄞县教官,从此定居于鄞县十八都青山之长河港口。北宋后期,杨仁爽(1040—1107)迁居鄞县西南部的光同乡仲夏里(今鄞州区石碶镇栎社),成为镜川杨氏的肇基始祖。有元一代,镜川杨氏无人为官,但形成了诗书传家的优良传统。明初,一度受到打击。至明中叶,镜川杨氏宗族繁衍昌盛,人才辈出,"一门三部尚书",名赫于时。这个家族自明开始即编纂家谱,以后屡有编纂,直到1943年。

《镜川杨氏宗谱》,杨永赞、杨伟烈等纂修,三卷。清乾隆六十年(1795),四册。浙江宁波天一阁博物馆藏。

《镜川杨氏宗谱》,杨学载、杨伟倬等纂修,二十六卷。道光二十五年(1845)。浙江宁波天一阁博物馆藏(有卷一至六,一三至二六)。

《镜川杨氏宗谱》,杨习镜、杨存本等纂修,二十六卷。光绪十年(1884)。浙江宁波天一阁博物馆藏。

《镜川杨氏宗谱》,杨存淇等纂修,二十七卷,附润谱。1943年,十三册。浙江宁波天一阁博物馆藏。

天一阁所藏清代及民国四个版本的《镜川杨氏宗谱》,为宁波杨氏家族与学术的研究提供了第一手资料。

以上四个版本的家谱编纂,详参第三章。

2. 杨氏诗文

除了家谱,杨氏家族成员也留下了不少诗文集,可作为第一手的研究资料。杨范有文集《栖芸稿》,可惜没有传承下来。今所传者有杨自惩《梅读稿》,杨守陈《杨文懿公文集》,杨守阯《碧川文选》、《碧川诗选》,杨承鲲

《碣石编》、《西清阁诗草》，杨德周《铜马编》，杨学泗《杨氏一门忠节录》等。

（1）杨自惩《梅读稿》

《梅读稿》，全称《梅读先生存稿》，十卷，前八卷是古今诗，后二卷是杂文。附录五卷，收录别人纪念杨自惩夫妇的文章。此稿是杨守陈编辑的，时间在成化十一年（1475）。当时，杨守陈母亲张氏卒，杨守陈在家守丧。于是得有时间将父亲的遗文编纂成书。请父亲的朋友、祖籍宁波的杭州人夏时正（1412—1499）写了序。杨守陈对夏时正说："先子夙承先祖栖芸先生之教，传四圣之经，工文词，尤长于诗。所作为多，稿多不录，其存仅此焉，实家世之至宝也，愿序之，俾子若孙世知宝焉。"又说："先子早以敏瞻称，德履纯备，而材器侗傥。其如试竟屈于场屋，官止仓曹，而年不登下寿，哀哉！先子生平，唯吾子其知之深，非子谁白之？"[1]最后由次子杨守阯编定，弘治十八年（1505）五月刊刻。今天所见的版本，主要是《四明丛书》与上海书店出版社 1994 年影印本，均根据弘治十八年本而来。

《梅读稿》为五七言近体诗，"多纪行应世之作。其崇论宏议，高文大篇，已云散鸟没，不可复得"[2]。其优点是按时间编纂，可以让我们明白每首诗写作的顺序与背景，可以用于杨自惩平生活动与心态研究。

（2）杨守陈《杨文懿公文集》

杨守陈文集的编纂，始于杨守陲。和大部分人一样，早年的杨守陈没有保存习作的习惯。"少时囊中之作，悉云散鸟没，不复能记忆，盖弃之久矣。"天顺元年（1457）春，杨守陈偶到杨守陲家中，发现这位宗兄有意识地将他的部分成名前的作品汇编成册。作品数量当然不全，仅十分三四。杨守陈初不当回事，觉得"举无足观者"，后来发现"童稚之志，与其往还之区，游居之侣，粗具于是……况失之于数十年之前而今复得之，恍然若见夫旧交故仆于流离丧亡之余，虽其人无足道，亦不能不顾恤之也"，于是携归于家，抄录一份，这就是《晋庵稿》一卷。因为当时"锐意于自昭之功，而妄觊康侯之业"，所以称为《晋庵稿》[3]。此稿收集了正统七年至景泰二年（1442—1451）即 18 岁至 27 岁时的作品。杨守陈《晋庵稿序》的写作

①　（明）夏时正《梅读杨先生存稿叙》，见《梅读稿》卷首，《四明丛书》第 29 册，广陵书社 2006 年（下同），第 18249 页。

②　（明）杨守阯《梅读稿序》，见《梅读稿》卷首，第 18259 页。

③　（明）杨守陈《晋庵稿序》，见《杨文懿公文集》卷首，第 16003 页。

时间是在天顺元年十二月，是在鄞县家中时所作。经此启迪，杨守陈养成了一个好的习惯，重视自己作品的收集与编纂。

到北京以后，他养成了按时间段及时编纂文稿的好习惯。他将景泰三年至天顺二年(1452—1458)即29岁至34岁守丧期间的稿子，编成《镜川稿》四卷。天顺三年至成化三年(1459—1467)即35岁至43岁在翰林院任职时的稿子，成《东观稿》十卷。成化四年至成化八年(1468—1472)即44岁至48岁任职太子洗马时的稿子，编成《桂坊稿》五卷。成化九年至二十三年(1473—1487)即49岁至63岁间写的稿子，编成《金坡稿》九卷。弘治元年至二年(1488—1489)即64岁至65岁间稿子，成《铨部稿》一卷。

杨守陈是一位比较谦虚的学者，生前曾请几位知心朋友审读文稿。其中的章镒(1441—1486)审读完《东观稿》、《桂坊稿》后称："虽然，愿窃有告也。粤自西汉文章家若司马相如、董子、扬雄、刘向之徒，卓卓乎不可及，其所以传后者，皆不见其多，仅仅有数。唐之韩、柳，并驾齐驱，其集除诗赋外，诸体之文，韩三百余篇，柳四百余篇而已，其它不能遍举。今先生文集，镒所见者，计自天顺戊寅以至成化癸巳，十余年间，篇数已兼韩、柳二家。戊寅以前，癸巳以后，未及见者尚多。合而计之，无虑千有余篇，可谓富矣。镒不敢更以前贤渎听，如我朝杨文贞，为文亦负重名。正统间，有《东里集》行世，人皆愿见而乐得之。近者其子导刊其全集，人厌其烦，未及展卷，而先已欠伸矣。文果以多为尚哉？先生著述，不特文耳，外又有诸体诗，有《私钞》等书，几至充栋。若一一刊行，为费甚大。莫若敛博而约之，乃为精当。事在先生亲自裁择，以定去取。行世者，诗歌为类，文具诸体，各不过三四十篇，亦已多矣。余为别录，以藏于家可也。镒又惟，诸家文集，以年所为类者，不若以体制为类，便于观览。他日定稿以体类，如何？"①章镒提出的按类编排原则，没有为杨守陈所接受。显然，杨守陈的历史意识更浓，要保留不同时期的特点。不过，此书中提出的以少取胜理念，为杨守陈所接受。此处透露出的信息是，杨守陈的文章可能上千篇，可见数量之巨。从研究角度来说，值得全部出版；从阅读角度来说，只要精选即可。章镒的观念，显然属后者。

---

① (明)章镒《上杨先生镜川公》，《明文海》卷一五一，《四库全书》文渊阁本，第1454册，第591—592页。

　　弘治二年十月,杨守陈临终前,对自己文集的编纂定下了一个基本原则:"吾文宜精选,凡有关于道德伦理者,稍工则取之。若止为一人议论者,非极工不取。其溢美过情者,虽工亦去之。"①这是自选文集,自然要求比较严。杨守阯不敢违遗命,于是"掇取议论、叙事、杂著之文数百篇,为三十卷",交由小侄子杨茂仁刊刻,这就是今天所见的《杨文懿公文集》。从杨守阯写序的时间来看,最后应刊成于弘治十二年(1499)。今入《四库未收书辑刊》五辑。万历十六年(1588),杨守陈后裔杨德政曾重刊《杨文懿公文集》。万历二十八年(1600),杨德政又出了增修本三十六卷。此三十六卷本今未见。目前常见版本有《四明丛书》本,据弘治十二年本刊刻。上海书店出版社1994年所刊的《丛书集成续编》本,则据《四明丛书》而来。

　　顺便说一下书名,《四明丛书》本作《杨文懿全集》,那是张寿镛(1876—1945)的标名。此书版心及卷帙名,均题《杨文懿公文集》。雍正《浙江通志》也作《杨文懿公文集》。考虑到此书只有文,没有诗,称为《杨文懿公文集》更合适。

　　(3)杨守阯碧川诗文选

　　受其兄影响,杨守阯也喜欢及时编纂自己的文稿。杨守阯在少年时期,作有《碧川小稿》,科举入仕担任翰林院编修时有《玉署初稿》,充任两京侍读时有《华省南稿》、《华省北稿》,担任谕德时有《东寮拙稿》,升任学士时有《北门漫稿》,迁职南京吏部侍郎时作品收入《乾乾斋稿》,退休以后作品称《蹇蹇斋稿》,总数十卷,此外有诗集二十卷。正德三年(1508),杨守阯73岁那年,曾编辑《碧川文集》(或作《碧川文钞》)二十九卷,收录文章1400余篇。受其兄影响,也不敢轻易拿出来出版,只放在家中。经过反复筛选,成《碧川文选》,收153篇杂文。嘉靖四年(1525),外孙陆钶将《碧川文选》厘为四卷,刊刻于世,前有陈琳序。《碧川文选》遵循分类原则,分序、记、铭、文、颂、词、赋、书后几大类。由于选择标准太过严苛,导致杨守阯诗文作品传下来的数量太少。

　　后来,《碧川文选》板为火所烧。崇祯元年,后裔杨德周决意翻刻。从五世外孙庄学曾所作序来看,始于崇祯元年十月。李堂的玄孙李康先(1582—1641)负责了删订工作,"删文十之一,增诗十之三,用成完璧"。于

---

　　①　(明)杨守阯《杨文懿公文集序》,见《杨文懿公文集》卷首,第16002页。

是，"重梓金华署中"①，即《碧川文选》八卷、《碧川诗选》八卷。显然，杨德周版本更为全面，价值更高，实际是杨守阯的全集或诗文集，所以序总称《杨太宰碧川先生文集》或《杨碧川诗文选》。崇祯四年二月，杨德周"计偕至都"②，带上了新刊的书，请礼部尚书郑以伟(1570—1633)作序。由此可知，《碧川文选》四卷本与八卷本，仅是卷帙划分不同而已。

《碧川诗选》八卷，《别录》一卷，《附录》一卷，四册。中国科学院图书馆有完整收藏。《碧川诗选》由《鸾音小稿》25 首、《玉署初稿》80 首、《华省南稿》25 首、《华省北稿》21 首、《东寮退稿》10 首、《北门私稿》30 首、《南铨逸稿》88 首，共七部分，279 首诗。别录一卷，收录杨守阯《修省陈言疏》与《星变条陈事宜疏》、杨守随《碧川先生行述》、陆钶《刻碧川文选跋》、杨廷和(1459—1529)《明故南京吏部尚书致仕赠太子少保杨公神道碑铭》、杨一清(1454—1530)《碧川先生传》(正德十一年成)，附录一卷，收杨守阯《奉直大夫直隶永平府滦州知州薛公墓碑》、陆偁(1457—1540)《碧川杨先生遗行》。天一阁有一部残本，存卷五至卷八，一册，缺前四卷、别录、附录。

日本内阁文库也有《碧川文选》八卷，《碧川诗选》八卷，《碧川先生别录》一卷，《附集》一卷，6 册。民国时期，张寿镛刊刻《四明丛书》时，因没有找到完整的《碧川诗选》版本，结果只收了《碧川文选》八卷。

曹学佺(1574—1646)《石仓历代诗选》卷四二八《明诗次集六十二·杨守阯》选录了《碧川诗选》中的 64 首诗。崇祯四年，曹学佺作跋称："初予未得《碧川集》时，但于《四明文献》中拾其数篇而已。顷晤古田大令(杨)德周，即公之玄孙也，始以全集见遗。诗凡八卷，共若干篇。予不量，敬采其尤者百许篇。在明集中，亦称取精之多者矣。……时崇祯四年，石仓居士学佺跋。"由于杨守陈的诗没有传承下来，所以，杨守阯的诗是值得关注的。

(4) 杨承鲲《碣石编》二卷、《西清阁诗草》

杨承鲲《碣石编》二卷，详参第七章。

《西清阁诗草》，为宁波卢氏抱经楼收藏，上有"四明卢氏抱经楼藏书印"。后流入北平图书馆，今存台湾故宫。美国国会图书馆、英国剑桥大学图书馆有胶片。张寿镛编纂《四明丛书》时曾抄录一部，现藏浙江图书馆，

---

① (明)李康先《杨太宰碧川先生文集叙》，《碧川文选》卷首，第 16346 页。
② (明)郑以伟《赠少保南京太宰杨碧川诗文选序》，《碧川文选》卷首，第 16342 页。

十二卷,二册。《西清阁诗草》,《千顷堂书目》、雍正《浙江通志》作"四卷",王重民《中国善本书提要》作"十二卷"。此诗集按年编次,始于万历三年(1575),迄于万历十四年(1586)。"原刻至十年,十一年至十四年为续刻"①,前有刘凤(1517—1600)《重叙杨伯翼诗》②、钱文荐《杨伯翼西清集序》、杨德迁跋。由此可知,四卷是一个初刻本,而十四卷是一个续刻本。这十四卷本,可能是屠本畯(1542—1622)刊刻的选本③。不过,我们看到的台湾万历版本《西清阁诗草》,虽分卷但并没有标卷帙。

杨德迁跋语称:"不孝德迁痛先君蚤世,年仅弱龄,遗编在堂,无能求知音一言为重。稍长,始知先君之子期自在。无何,汉城先生又仙逝。先生遗先君书曰:我国家文如子威,诗如足下,有几人哉! 虽未及详序兹集,而片语自足千古。今钱先生雅敦夙契,永念人琴,蒙赐华衮之章,则先君无晏,有钱先生在矣。迁徒守遗经,勿克负荷为渐,然古人重知己而簿感恩,迁实竞竞云。"④查家谱,杨承鲲有两个儿子,长子是杨德建(1582—1655),为庠生,也是一个读书人。杨德建即杨德迁,可能是音近而误。汉城先生,指余寅。钱先生当指钱文荐(1573—?),慈溪人,万历三十五年(1607)进士⑤。由此可知,万历四十五年(1617),杨德迁已经 35 岁,想发扬父亲遗志,于是重新刊刻了《西清阁诗草》与《碣石编》二卷,分别请钱文荐与屠本畯写了序。《碣石编》二卷,赋一,诗五十九,记二,传一,序一,书六,疏一,收录了万历十年以后的部分诗文作品。

(5)杨德周《铜马编》二卷,详参第六章。

(6)杨学泗《杨氏一门忠节录》。全书五卷,首一卷,终一卷,道光二十六年(1846)由四知堂刊刻。今天一阁有藏。二册,前有"道光丙午春中,《杨氏忠节录》,同邑陈劢敬题",各卷题"六世族孙学泗谨辑,五世族孙伟儒、伟仪参校"。

---

①　王重民《中国善本书提要》,上海古籍出版社 1983 年,第 646 页。

②　(明)刘凤《西清阁诗草序》,见《镜川杨氏宗谱》卷一九《著述》,第 63 页。进一步检索,此为刘凤《刘子威集》卷三七《重序杨伯翼诗》。复检索《刘子威集》卷三九有《杨伯翼诗序》,文字不同,可见是初稿。从事实来说,后者表述更为清楚。

③　(明)屠本畯《碣石编序》有"往予尝选《西清集》中数十篇,授之剞劂而序其诗者"。

④　(民国)杨存淇《镜川杨氏宗谱》卷一九《著述》,宁波:分教堂,1943 年,第 64 页。

⑤　《万历三十五年进士登科录》作"年三十五,十月初二日生",见《天一阁藏明代科举录选刊·登科录》,宁波出版社 2006 年。

此外,《镜川杨氏宗谱·著述》也收集了杨氏宗人的不少诗文,可用于研究。

稍感不足的是,杨氏家族所传文集,均为自选文集。由于各人的思想理念不同,筛选标准是不同的。作者所重的文章,多偏重于文章本身的文学性与阅读性,侧重于自我形象的建构。从历史研究来说,全集是最为理想的,它透露的是全面的信息。

三、基本思路与基本内容

笔者 2000 年在复旦做博士后报告《国家、科举与社会:以明代为中心的考察》①时,曾拟设家族与科举一章,后因时间紧迫、材料不足而放弃。本书的研究与写作,想通过个案的深入研究,弥补这一不足,思考明代科举与家族的关系。

1. 基本思路

本书为什么要打"明代科举家族"旗号? 直接的动因当然是为了有别于张杰的《清代科举家族》,凸显本书的学术个性。进一步地说,突出"明代科举家族"是为了引导学界更多关注明代科举家族研究。明代科举家族是研究范围而不是研究主题,学人们可以从不同角度、不同主题来关注明代科举家族研究。之所以又加上了"以宁波杨氏为中心的考察"的副标题,那是因为《清代科举家族》属整体思考,而本书仅是个案专题思考而已。笔者选择杨氏作为个案研究,除了空间近、资料足之外,更主要的是杨氏具有代表性。自宋都迁移浙江,浙江成为全国的教育强省。元明清以来,持续保持了这一记录。全国科举家族最多的地方是浙江,浙江科举家族最多的地方是浙东,而杨氏则是浙东科举家族的代表。

以宁波杨氏为中心的明代科举家族个案史如何做? 笔者设计了纵横两个路径,一是历史的嬗变,谈宋元明时期的杨氏家族兴衰历史及家族特色。二是横向的论述,分别论述家族的维持、家族与地方关系、学术与诗文成就。本书重点谈宁波镜川杨氏科举家族的嬗变历程及其学术贡献,逻辑

---

① 北京图书馆出版社 2004 年。

结构十分清楚，体现了家族与学术两条主线。这也正结合了笔者的两大强项，一是浙东学术研究，二是明代科举研究，是两个研究方向的交接点所在。这是根据笔者的学术背景建构出来的科举家族研究模式。

2. 基本内容

本书近 40 万字，阅读理解不便。为便于读者把握，先依据各章顺序，将全书的主要观点介绍如下：

第一章为导论，分三个专题。同姓家族群体在传统中国乡村的广泛存在，使中国产生家族问题。近世家族由许多核心家庭、主干家庭或共祖家庭组成，共财单位很少超过同祖父的成员，但通声气、济有无的范围却可以远过五服。近世家族内部规则有两大特点，一是独立，二是互助。有士大夫领导的近世家族，可以称为"望族"。近世家族的核心是科举家族。"科举家族"是一个历史学概念，它对应的是"门阀家族"。就所出进士的总量、密集度、绵远度来说，杨氏可称为明朝第一科举家族。科举家族的直接结果是官宦世家，间接结果是"文化家族"。科举家族与文化家族结合的近世家族是比较理想的家族，宁波镜川杨氏正是这么一个经典案例。做官可获得家族的当代社会影响，而学术文化则可使家族获得长远的历史影响。目前，清代科举家族的研究受到了较大的关注，而明代的科举家族研究成果尚不算多，尤其个案研究不算多。至于宁波杨氏研究则刚起步，有必要做出更为深入的个案分析。镜川杨氏研究的基本文献有二，一是宗谱，二是诗文集。本书重点谈宁波镜川杨氏科举家族的嬗变历程及其学术贡献，逻辑结构十分清楚，体现了家族与学术主线。

第二章，明代的杨氏家族。近世科举家族是如何兴起的？这是让人好奇的。家族的出路，受制于执政民族与朝廷的政策。宁波杨氏初兴于宋，进入元朝以后，因不愿与元政府合作，晦迹于元。明初，又因富户而受打压，故明初杨氏诸族人多隐居不仕。进入永乐以后，这个家族靠自己的勤劳，积极努力向上层流动。杨起汶以自己的忍让，换来了家庭的暂安。其子杨范隐居教授，启杨氏文献之传，是杨氏科举家族崛起的起点，其孙杨自惩北上北京是媒介，最终玄孙杨守陈修成正果。景泰二年（1451），杨守陈中进士，这对镜川杨氏来说，是一个家运中兴、声名鹊起的时间点。杨守陈的成功，带动了家族其他成员，镜川杨氏集中出了六位进士。弘治以后，杨守陈、杨守阯、杨守随三兄弟官至尚书，杨茂元官至侍郎，杨守隅官至布政使，杨茂仁官至按察使。据统计，杨氏五世之中，有"四开府、三翰林、两台谏、四监司，而守牧以下无论也"。如此快速的增长，迅速将之推为官宦世家，引起了世人的注目。到了清初南明时期，更是集中出了"四忠双烈"，"遂以收三百年世臣之局"，同样引起世人的关注。

总结杨氏成功经验，有几点是值得注意的：一是进士的出现，是需要一定家族文化积累的。杨氏经济致富，文化强家，科举发家。二是遗传基因与榜样作用。有了经济基础、文化基础，才可能成为近世家族，才有可能进一步成为科举家族。在一个大小环境相同的情况下，一个家族能否发达，与家族成员是否能干有关。观察杨氏家族发展史可以发现，杨氏代有能人。这种勤奋与能干，施之农业，可以成为富户；施之科举，有可能成为科举家族。在科举时代，科举是家族兴旺发达的关键。而科举的衰落，则使它成为一个普通的家族。家族教育准备充足与否，应是形成科举家族的一个相当重要的内在因素。而且杨氏专攻《易》经，自杨起汶开始，前后几代，甚至女婿、外孙，均靠《易》经中进士。

第三章，近世家族的维持。宋元以后的家族形态，主流的方式是聚族而居，骨干家庭为主，人称为近世家族。维系近世家族的四大要素是族谱、族长、族祭和族产。镜川杨氏具备四大要素，正是这么一个典型的近世家族。由于行政权力的存在，族长的管理是宗法层面上的，而不是行政层面的，这是讨论近世家族族长制的前提。作为一个科举家族，镜川杨氏重视宗谱编纂，明代中叶以来，即重视宗谱编纂活动。清代以迄民国，又有四次大型宗谱编纂活动。与西方的宗教信仰相比，中国是一个祖宗崇拜的民族，镜川杨氏最为重视的活动就是祖宗祭祀活动。杨氏的学校，主要有两类，一是部分族人设立的收费学馆，一类是聘请塾师上门教学的义塾，此外，有族员到外面的私塾学习。这是符合东南沿海民间实情的。

第四章，杨氏家族与地方社会。杨氏的发达，也带动了相关的联姻家族陆氏与李氏。杨守阯的大女婿陆偁、二女婿李堂成为进士，陆偁的三个儿子均成进士。还有多位随杨守陈兄弟学习而成功者。这是科举家族对地方的影响。

明中叶正是朝贡贸易时期，宁波是中日朝贡贸易口岸。既要国防安全，又不想放弃朝贡美名，这让地方政府处于十分尴尬境地。成化时代，面对日本的不断挑衅，杨守陈想了一个比较绝对的方略，主张断绝朝贡贸易，不过礼部没有采纳。到了正德初年，退休在家的杨守阯，又有多项活动涉及朝贡贸易，与日本贡使曾有一段交往。与其兄不同的是，他反对全面禁止中外贸易。这种"通变宜民"的理念，是值得肯定的。受杨守阯教育影响的市舶太监，因杨守阯的出面，取消了从宁波地方征资建房的想法。

第五章，杨守陈学术思想研究。杨守陈出生于诗书世家，成长于学术氛围浓厚的四明地区，从小继承家学，广受大师之影响，逐渐形成强调自得而博采众长的风格。杨守陈在经学上研究颇深，并逐渐形成较为系统的经学思想，并做出兼注九籍的疑经实践，为后人所称道。杨守陈"兼收朱、张、吕、陆之长，不墨守一家"。具体地说，表现为专经，博涉，兼朱陆之学，强调自得，务著述。杨守陈这种"不惟人，只惟实"，博采求真的治学精神，在今天看来亦是难能可贵的。在理学上宗朱，主张以道德为首务，诗文为学者之末务；主张由朱子、孟子，以接近于孔子；认为朱子著作已比较完善，不必杂以后儒诸说。在官员全权代表百姓做事的政治体制下，优秀的中国士大夫往往喜欢用一颗悲天悯人的心，思百姓所思，做百姓想做的事。这种代民行事的思想，可称为民本思想。杨守陈正是这么一位士大夫。杨守陈颇关心时事，尤其是关心民间疾苦。

第六章，杨德周学术研究。晚明浙东学人杨德周是一个值得今日学界关注的文人学者。在晚明激烈的科举考试中，杨德周尽管出身科举世家大族，但并未占有太多的优势。杨德周拼搏到 35 岁，才得一个举人。再奋斗 15 年，到了 50 岁，仍未冲入进士圈，于是只能退而从会试副榜可做的学官开始。再经过 12 年的努力，也只得知州。至时，年龄已过 60 岁。杨氏一生的大好时间就这么投入到科举奋斗之路上，真正的入仕做官时间也就 12 年左右。由此，他只能做一些诗文创作，而不可能从事更为专业的学术研究工作，这正是古代科举教育与近代科学教育不同之处。杨德周主要是一个文人，偏重诗文创作。对杜诗的偏好，让其诗的创作风格也受诗史的影响。在晚明，作为一个举人级的地方士大夫，没有机会参与全国性学术文化工作。在这种情况下，做一些地方文献整理工作是可行的。而且，地方文献工作也确实是值得做的。

第七章，杨氏家族诗文研究。镜川杨氏诗文传家，族中子弟大多能诗善文。经过杨浩卿、杨范、杨自惩三代的积累，到第四代杨守陈兄弟时，杨氏诗歌创作终于出了名。到了晚明，主要有杨承鲲、杨德周诸人的诗文创作。杨守陈兄弟的诗文，须用政治与道德眼光来观察。作品是人类思想的表达，有什么样的思想就有什么样的表达。宋明提倡纲常与道德，于是道统文学流行。杨守陈兄弟又是官员，所以又有时政色彩。他们当时就不追求纯艺术，作品主旨的定位相当清楚。杨守陈兄弟处于天顺至正德初年的明代中期，何乔新、程敏政、李东阳、王鏊、吴宽、童轩诸人，均不同程度受其影响。相对于晚明以翰林院院外作家为主的状况，这一个时间段，翰林院院内是诗文创作中心地。杨守陈兄弟的诗文风格，既是台阁体的延续，又是向复古派转型的开始。

第二章　明代的杨氏家族

宋代以后,因科举教育的带动,宁波文化进入一个大发展时期。早在南宋时代,寓居四明的李璜作《重建(明州)州学记》时,称明州府"人才英拔,比他郡为甲"[①]。到了明代,宁波的科举风气相当浓厚,尤其是鄞县,陆瑜(1409—1489)《(鄞县)县学记》称鄞县"名儒辈出,甲于他邑"[②]。在科举中,出现了不少著名的科举家族,如杨氏、陆氏、张氏、屠氏四大家族。

杨守阰《镜川杨氏先茔神道碑铭》称:"灵宗初谍自有周,宣王支庶封杨侯。杨侯苗裔遍九州,镜川一派儒家流。相传诗礼学邹鲁,仕宦汴宋承箕裘。比肩左袵吾其羞,避世逃名夫何求? 经畬心地耕且耰,辛勤奕奕方有秋。一门荣禄功名收,永怀丰芑贻厥谋。"[③]这段话基本上概括了明以前杨氏的发展历史。而清人钱嗣容则称:"夫杨氏为四明望族,始迁于青山,继迁于镜川,而其后遂分为东、西二杨,子孙繁衍,入为尚书,出为方伯,为廉使,一时公卿辈出。自有明以来,建宦业而光简册者,灿若日星。孰非发祥之有自,而肇建之有基哉?"[④]这段话则概括了杨氏迁宁波以后的发展状况。

科举家族是如何兴起的? 一个家族要积累多少代才有可能中进士? 哪些家族有可能中进士? 这是让后人好奇的。下面拟通过宁波镜川杨氏的发展过程,对此作一探索。

一、由仕而守:宋元时代的杨氏

宁波杨氏家族的发迹有一个过程。杨守阰诗称"吾家得姓自杨侯,晋国流传到此州"[⑤],这首诗实际涉及了杨姓的起源与镜川杨氏的迁移历史。

---

① (元)袁桷《延祐四明志》卷一三《重建州学记》,《四库全书》文渊阁本,第491册,第519页。
② (清)高宇泰《敬止录》第五卷《学校考》。
③ (民国)杨存淇《镜川杨氏宗谱》卷一八《祠墓》,第16页。
④ (清)钱嗣容《式攀公传》,杨存淇《镜川杨氏宗谱》卷一五《行传》,第18—19页。
⑤ (民国)杨存淇《镜川杨氏宗谱》卷一八《祠墓》,第7页。

民国《镜川杨氏宗谱》卷七《仕宦》列举了一长串自周至宋代的杨氏官员名录，不明真相的读者以为是镜川杨氏历史上曾经出过那么多的名人。其实，那是全国范围内的杨氏历代名人，可不是宁波镜川杨氏的直系祖先。大空间的全国杨氏与小空间的某地某支杨氏，是两个完全不同的宗族概念，这是后人必须明白的事。

1. 杨氏溯源

中国人的姓氏，大都能找到自己的发源地。从时间上说，可以上溯到周朝，个别姓氏则可以上溯到三皇五帝时代。"夫万物本乎天，人本乎祖。黄帝子孙有本有支，分封别姓，散满天下，传数千百载，以至于今日，殆不偶然也。"①姓即祖姓，氏是子孙分支。从空间上说，中国姓氏起源地多在北方，这也反映出北方文明进化早的特点。从大的方面来说，中国的宗族制度经历了三个阶段：周代的宗法制阶段，东汉至唐中叶的士族阶段，宋以来的庶民宗族阶段。杨氏典型地经历了这么三个阶段。

（1）杨氏出姬姓杨国

从血缘上说，杨氏是姬周王室的后裔。不过，具体的祖先又有不同说法。《新唐书》卷七一《宰相世系表》称："杨氏出自姬姓，周宣王子尚父封为杨侯，一云晋武公子伯侨生文，文生突，突，羊舌大夫也。又云晋之公族食邑于羊舌，凡三县，一曰铜鞮，二曰杨氏。三曰平阳。突生职，职五子：赤、胖、鲋、虎、季夙。赤字伯华，为铜鞮大夫，生子容。胖字叔向，亦曰叔誉。鲋字叔鱼。虎字叔罴，号羊舍四族。叔向，晋太傅，食采杨氏，其地平阳杨氏县是也。叔向生伯石，字食我，以邑为氏，号曰杨石……"据此可知，周文王的后裔当中，有两支以杨为氏：一支是西周宣王的儿子姬尚父；另一支是晋国武公儿子姬伯侨。二说并存，一直流传下来。姬尚父受封于杨国，其地在今山西省洪洞县的东南。后来，古杨国被当时强大的晋国所灭。晋公将此地分封给了姬伯侨后裔、大夫羊舌氏，邑下又分设了铜鞮、杨氏、平阳三个县。到了四世孙叔向时，其采地分封到杨国。叔向之子遵循当时以邑为氏的习惯，开始姓杨。如此，山西省洪洞县东南成为普天之下杨姓中国

---

① （明）郑真《荥阳外史集》卷四〇《跋彩烟杨氏族谱》，《四库全书》文渊阁本，第 1234 册，第 238 页。

人的最早根源所在。

(2)以弘农郡为郡望

杨国后裔一支迁居陕西华阴。"叔向生伯石,字食我,以邑为氏,号曰杨石。党于祁盈,盈得罪于晋,并灭羊舌氏,叔向子孙逃于华山仙谷,遂居华阴。"[①]华阴境内有一山一水,山即五岳之一的华山,水就是渭水。山水相映,灵秀相依,土地富饶,这应是一块理想生活地。

到了西汉武帝元鼎四年(前 113),在此地置弘农郡,治所在今河南灵宝市东北的故函谷关城。弘农郡所辖地盘,在黄河南岸的长安、洛阳之间。汉魏六朝时代,门阀盛行,习惯以郡望称氏。因此,杨氏自称为"弘农郡杨氏"。六朝时期,世家大族往往编纂家谱,人称"家谱"。据郑樵《通志》卷六六《艺文略》,有《杨氏血脉谱》一卷、《杨氏家谱状并墓记》一卷、《杨氏枝分谱》一卷、《杨氏谱》一卷。六朝家谱的编纂,主要是为选举与婚姻提供法律依据的。

两汉时期,杨氏著名人物有赤泉侯杨喜、宰相杨敞、太尉杨震等。其中,"关西夫子"杨震以清白著称,留下名言"天知,地知,你知,我知",后人习惯以此"四知"名堂,称为"四知堂"。汉唐时期,杨氏是中国大姓。"自汉至宇文周,胤祚久远。普六茹由隋公受禅,杨氏遂为天族,贵莫与比。"[②]隋朝杨氏虽非正宗的弘农郡杨氏,但因冒称弘农郡杨氏,自然也让杨氏大出风头。不过,隋朝时间不长,所以杨氏当皇帝的时间也不长。

(3)杨氏后裔的在地化

家族的发展,有两个过程。一是时间上的不断下延过程,表现为子孙的不断繁衍,代代相传,种族线越拉越长。后裔想寻找家族的祖先,可以不断地往上推。在往上推的过程中,会发现自己的直系祖先、间接祖先,这是一个不断缩小的过程。最后,竟然找到了同一个原始祖先,这就是一本。中国人喜欢用自然界的水与木的变化过程来形容人类的自我繁殖现象。祖宗就是本,子孙就是末。另一个是空间的不断扩大过程,会从一个地方不断迁移到全国各地,可称为不断在地化的过程。家族越强,分支越多,地域分布也越广。杨氏的发展过程也不例外。随着家族的发展,杨氏不断向

---

① (清)雍正《山西通志》卷六四《氏族一》,《四库全书》文渊阁本,第 544 册,第 255 页。

② (明)郑真《荥阳外史集》卷四〇《跋彩烟杨氏族谱》,第 238 页。

全国各地迁移，成为一个全国性大家族。"其后，族人益蕃，遂有四院之谱，所谓华阴、闽、蜀、浙者也。"①由此可知，至少分为华阴、闽、蜀、浙四大派，人称"四院"。在浙江的杨氏，称为浙院。

宋以后，科举大兴，新兴的士大夫喜欢编纂族谱，各地杨氏纷纷编纂杨氏家谱，名称各异。"予尝观其《阆乡谱》、《大同谱》、《四院谱》、《龙图谱》、《靖共两院谱》、《蜀中院谱》、《渡江院谱》、《浙院谱》、《浦城谱》、《吉水杨庄谱》、《上径谱》、《涩塘谱》、《小南江谱》，今翰林杨公士奇所辑《泰和谱》，何其随寓而盛也。"②古人遵循五世为宗原则，即五世以下别自为宗，人称小宗。由此可知，五世一小宗，大宗不断派生出小宗。随着空间的扩大，宗族不断在地化、本土化，于是就有了各种支谱。以上各种杨氏宗谱，正是杨氏宗族在地化的结果。"古大宗小宗之法，圣人所以序天伦、属人心、厚风俗、扶世教者也。汉魏以降，宗法废坠，圣人之意泯矣。士大夫有志于维持风教者，始制为谱牒，以奠世系、辨昭穆。于是，人心可得而属，天伦可得而叙，亦圣人宗法遗意也。"③

家族发展的在地化，是一个相当正常的现象。中国这么一个大国，要想将全国的同一姓氏都凝聚在一起，是一件难度系数相当高的事，全国家谱的编纂更是不可能的事。不过，总有一部分士大夫会有这种全国大空间宗族联谊情结。那样的话，全国各地人又会被不同姓氏所统括。

本书要讲的镜川杨氏，正是杨氏地域化后在宁波鄞县的一支。

2. 仕宋沐恩

宋元时期的宁波鄞县的杨氏，经历了由显而晦的过程。"弘农杨氏先世，向以文学著闻于宋，晦迹于元，复显于明。积功累仁，栽培百有余岁。"④

（1）鄞州杨氏源出苏州

宁波杨氏源于苏州杨氏。苏州杨氏远祖杨康国（922—986），祖为杨天

---

① （元）虞集《道园学古录》卷三三《洛阳杨氏族谱序》，《四库全书》文渊阁本，第 1207 册，第 473 页。
② （明）解缙《文毅集》卷八《泰和杨氏族谱序》，《四库全书》文渊阁本，第 1236 册，第 715 页。
③ （明）黄仲昭《未轩文集》卷二《晋江杨氏家谱序》，《四库全书》文渊阁本，第 1254 册，第 379 页。
④ （清）杨秉慈《科名实录》，杨存淇《镜川杨氏宗谱》卷九《科贡》，第 1 页。

爵，父为杨宏。"生梁龙德二年八月十一日……卒于宋雍熙三年四月丙戌日。"①天福四年（939）进士，宋开宝间拜左司谏，官至刑部尚书。五代梁与北宋初，迁居苏州府长洲之澄源乡（源或作静，误），为宁波杨氏的远祖。可惜，查检《四库全书》，无此杨康国。

杨康国儿子杨砺，字汝砺，一字汉平，号居安，谥清敏。建隆元年（960）状元，官尚书。"生汉隐帝乾祐元年三月十五日，……卒于己亥八月十四日，寿五十六"②，即948—999年。生卒年写得十分确凿，实际上问题很大。948年至999年，才52年，非56岁。再查宋人记录，"杨砺，京兆人，……咸平元年，枢密副使。二年，薨于位，年六十九，赠兵部尚书"③。由此可知，杨砺的生卒年为931—999年。而且，他不是杨康国子。"杨砺，字汝砺，鄠县人。曾祖守信，唐山南西道节度使。祖知礼，后唐均州刺史。父仁俨，孟蜀丹陵令。砺建隆元年举进士第一，仕至翰林学士。咸平初，迁工部侍郎、枢密副使，有文集二十卷行于世。"④由此可知，杨砺是京兆鄠县（今陕西西安户县）人。其先分别是杨守信、杨知礼、杨仁俨，与杨康国无涉。

由此可知，镜川杨氏家谱于早期祖先及其职官的叙述，多有张冠李戴之嫌。这也是家谱编纂中普遍出现的现象，喜欢找个做官的名人为家族远祖。现存的中国家谱多为明清时代所编，故由回溯而来的宋元及以上的家族信息往往不太可靠，这是今人阅读家谱时须注意的现象。所谓家谱不可靠，多指这些溯源内容。

（2）迁鄞始祖杨厚

杨砺儿子杨厚（978—1031），字敦夫，号枫宸。"学由父师，渊源所渐，靡所不通。金陵郡邑，学者云集，誉著遐迩。时参知政事王旦荐授教职，司文江南。"⑤据家谱，北宋真宗景德二年（1005），28岁的杨厚为江南教官。考范纯仁，似即范仲淹次子范纯仁（1027—1101），后官宰相。又有林逋（967—1028）《题分教堂诗》："先生化雨沐宁波，功及当时启发多。光采乡邦红杏树，精神效野绿菁莪。金钟响处人知礼，木铎鸣余俗应和。不是圣

---

① （清）杨永赞《镜川杨氏宗谱》卷上《世系·青山一支世系》，第2页。
② （清）杨永赞《镜川杨氏宗谱》卷上《世系·青山一支世系》，第2页。
③ （宋）曾巩《隆平集》卷九《枢密·杨砺》，《四库全书》文渊阁本，第371册，第97页。
④ （明）凌迪知《万姓统谱》卷四一《杨砺》，《四库全书》文渊阁本，第956册，第625页。
⑤ （清）范纯仁《分教堂记》，杨存淇《镜川杨氏宗谱》卷一七《第宅》，第2页。

门真教法，岂能致此化神么？"杨厚和诗称："不随世上逐流波，忘却天边雨露多。云锁青山栖老鹤，火添丹龟煮新莪。数声调起仙鸣笛，几句歌闻牧唱和。稳睡不知天日午，王公富贵及侬么？"①考"宁波"是明洪武十四年（1381）才出现的地名，此诗中竟然有"宁波"，可见是一首伪造的明代诗。

这是一个因做官而迁居他处的家族。做官是被动的迁徙，定居是主动选择的结果。"鄞人求教者辐辏并进，声振东西，咸感而化。鄞人恐其思归，讽以贯籍，遂筑基构堂于湖之后山阳，扁揭分教，乃居焉。王旦闻之，喜曰：'厚教化江南，可司天下文衡矣。'移书荐公，公辞以泉石锢疾，誓不登仕。旦乃浩叹而止。"②门人捐 32 亩地，从此定居于鄞县十八（"八"或作"四"、"六"）都青山之长河港口（今东钱湖西北上杨村一带），讲习之所称为分教堂。子孙定居于鄞县，于是，杨厚成为迁鄞杨氏始祖。杨厚享年 54 岁。卒后，葬青山许家岭东首牛背脊山峰。

杨厚娶楼氏（或作林氏），有二子，长子为杨畏（1013—1095）。杨畏，字服之，宋仁宗庆历六年（1046）进士，累官礼部尚书。"绍圣三年，直宝文阁待制、知成德军杨畏知河中府"③，不知是否即此杨畏？次子为杨昱（1016—1046），一作"昇"，字敏之。根据杨砺的"清敏"谥号，分别命名两房，称为清房、敏房，以希望子孙们记住祖先。杨昱有二子，长子杨仁英（1037—1104），其后裔七世孙杨梦龙居青山藤穿石之北，为上杨；另一后裔杨梦鹤居青山长河港口，为下杨。他们两人分别成为上杨、下杨支的始祖。杨昱次子杨仁爽（1040—1107），字德明，人称松坞居士，有隐德，世居青山。

（3）镜川杨氏肇基祖杨仁爽

北宋后期，杨仁爽自青山迁居鄞县西南部的光同乡仲夏里的杨家堍。杨家堍在西杨明行桥北小漕东南，"在镜川之阳，小江之阴，麟、凤洲之上，谚曰杨家堍。堍者，方言即洲也"④，俗呼"杨家库基"。杨守阯《园东库》诗称："桥北东园中，旧名杨家库。金帛星散余，佳名尚如故。"⑤镜川在东边，

---

① （民国）杨存淇《镜川杨氏宗谱》卷一七《第宅》，第 2 页。

② （清）范纯仁《分教堂记》，杨存淇《镜川杨氏宗谱》卷一七《第宅》，第 2 页。

③ （宋）高斯得《耻堂存稿》卷二《九月二十三日进故事》，《四库全书》文渊阁本，第 1182 册，第 31 页。

④ （明）杨守陈《杨文懿公文集》卷一三《与柯孟时求志喜集序书》，第 16145—16146 页。

⑤ （明）杨守阯《碧川诗选》卷八《杨堍三十咏》。

是仲夏里各河的汇集处。西边的小江,又称小江湖,明代称碧川。杨守阯《碧川水》诗称:"源自碧溪来,名著魏文节。川流抱吾庐,命名慕前哲。"①

据乾隆本《镜川杨氏宗谱》中的西杨与东杨地图可知,这里东西向河流有近十条,南北向至少有两条。各条河流均是连着的,中间狭长的地块就是洲,也就是塊。读者当然可以用江南河网密布来理解,不过,历史上这可是著名的小江湖所在地。据学者考订,小江湖在宁波城西南三十里的清林—栎社—南塘湖—芝山一带②。石碶是小江湖的东泄口,洞桥乡仲夏河上的仲夏堰是小江湖的西泄口。杨守陈《小江湖诗十首》,其中有:"小江三十里,一碧湛清空。源出丹山表,波浮绿野中。七乡均引溉,双溪并疏通。忽变桑田后,谁知王令功。"又说:"湖废已云久,遗踪人未忘。清林连北岸,甬水漫南塘。栎社烟云秀,芝山雨露香。此中当旧日,万顷绿汪洋。"唐朝贞观十年(636)知县王令君疏浚后,可灌溉八百顷农田。太和八年(834),鄞县令王元暐修它山堰后,又整治了小江湖,仍可灌溉八百顷农田。小江湖的形成,显然与四明山溪水的自然流向有关。上游流下来的溪水,遍布低势的平原,积久遂成湖泊。

唐以后的小江湖是如何消失的?笔者曾以为与北宋后期明州太守楼异废"陂湖以为田"政策有关③。现在想来,更大因素可能与唐代它山堰的建成有关。宁波西南的淡水资源,主要来自四明山,四明山的主要溪水是漳溪。唐代之前,通过鄞江自然流入奉化江。奉化江是一条通海的江,它的水是咸水。当潮位升高时,海水会倒灌进来。据说,水位高的时候,可以倒流到现在的樟村,这严重地影响了周边的淡水资源。为了防止海水的倒灌,蓄积淡水资源,解决新明州城淡水资源,必须建一座堰加以阻隔。因为此堰是借助自然的高低地势,建立在它山旁的,故名"它山堰"。它山堰的建设,最大的亮点是可以人为地控制樟溪水的流向与流量。从西面四明山区流来的樟溪分为两支,向东的一支叫南塘河,俗称上江、小溪,经过鄞县西部平原到达宁波,沿途河渠织成一张密布平原的水网;先向南经它山堰复向东的一支俗称下江、大溪,汇入奉化江,经宁波汇入甬江入海。南塘河

① (明)杨守阯《碧川诗选》卷八《杨塊三十咏》。
② 周时奋《小江湖考》,《宁波师院学报》1991年第3期。
③ 钱茂伟《古时名湖今安在》,《宁波晚报》1999年7月29日。

在鄞江镇段，有一条流向北面的支流，称小溪港，就是碧川。杨守阯《小江湖》诗称："大江去宗海，小江汇为湖。"①此所谓大江与小江，似即大溪与小溪。四明山溪水因为有了人为的调节与控制，水的流向就开始规则化，主要的水流入了南塘河与奉化江。由是，原来小江湖的水资源减少，某些干涸。到了北宋后期，明州太守楼异的废"陂湖以为田"政策，进一步导致小江湖的缩小。比较有意思的是，"守"字辈兄弟的字称镜川、碧川、西川、澄川、南川，"茂"字辈兄弟的字称麟洲、凤洲、泗洲、竹洲、枫洲、龙洲、云洲及芝山、仁山，正由这些小河山地名而来。

杨仁爽从鄞县东乡的青山迁居到西乡仲夏里，其具体的时间点，杨守随认为是"吾祖正六府君，宋仁宗时，自青山徙居碧川之阴，镜川之阳，麟、凤洲之上。居凤洲者曰东杨，居麟洲者曰西杨。"②如果仁宗时期（1023—1063）说成立，则杨仁爽迁徙时间应在仁宗末期的青年时期。其迁移之因，据说是"宗族蕃衍，有别墅在西乡之仲夏里之小江之上，因徙居此"③。这也证明与明州太守楼异的废"陂湖以为田"政策无关，杨家早在此前已经建立草房而有所开发了。如此，杨仁爽成了小江湖较早的拓荒者之一。杨守阯《小江湖》诗称："自变桑田后，满目皆膏腴。"④因为杨氏不断地在此生根发展，这块地后来也被称为"杨家塅"，而杨仁爽自然也就成为镜川杨氏的肇基始祖。

（4）东杨、西杨始祖

杨仁爽有两个儿子。长子杨颙（1058—1117），字廷望，娶张氏，自明行桥北徙千丈镜之杨家塅，也称麟洲，为东杨；次子杨硕（1061—1127），字廷器，娶何氏，自明行桥北徙，居东南小漕西的西杨宅，也称凤洲。因漕底旧有合抱樟树，又名樟树下杨。杨颙、杨硕兄弟隐居乡村，是普通的农民。戴灏称"二公昆季，笃于天性孝友，良能垂统继志，蕴经世之才，然不及用。……可知一庭聚顺，蔼然太和之气，溢于两间。虽韬晦川原，而才猷自具，殆所谓君子藏器于身，待时而动者欤？"⑤东杨与西杨，中间隔了一条

---

① （明）杨守阯《碧川诗选》卷八《杨塅三十咏》。
② （明）杨守随《送公璧为僧纲司都纲序》，杨存淇《镜川杨氏宗谱》卷一九《著述》，第39页。
③ （民国）杨存淇《镜川杨氏宗谱》卷一八《祠墓》，第7—8页。
④ （明）杨守阯《碧川诗选》卷八《杨塅三十咏》。
⑤ （民国）杨存淇《镜川杨氏宗谱》卷一二《处士》，第1页。

河,实际是两片为河水所围绕的小洲。杨守阯《东西杨》诗称:"原自青山来,分疆如曾、卫。云仍数百年,同祖连枝墓。"①由西面的碧川发展到东面的镜川,正是杨氏家族人口发展的结果。

为什么杨家塊杨氏不称碧川杨氏而称镜川杨氏? 显然与杨守陈号镜川有关。杨守陈的成功,让"镜川"也跟着出名,于是后代就称为"镜川杨氏"。"人之名世者不择地而居,地之名胜者必因人而著"②,杨自惩的话道出了这个哲理。

杨硕有二子,即杨世二、杨世七,为迁鄞五世祖。次子杨世七后迁周家桥,即为中杨。从此,杨氏"鼎分为三"。杨世二有三个儿子,即杨百十二、杨百十四、杨正权(百二十),为六世祖。杨正权有四个儿子,即杨添四、杨添七、杨添八、杨添十二,为七世祖。杨添八的儿子即再十一公杨珪,为八世祖。以上四代人物,是南宋140年间镜川杨氏的主要祖先。这几代人物,没有大的事迹可记录下来,说明是一些普通的低层农民。

(5)杨四太尉建新风伯庙

两宋时期,流传下来的有关鄞县杨氏的事迹不多,设新风伯庙是值得关注的大事。北宋熙宁(1068—1077)间,鄞县令虞大宁鉴于它山堰配套的三座碶即乌金碶、积渎碶、行春碶设置空间有缺陷,即积渎碶与行春碶间隔了30里,道远途长,洪水难尽泄,淡潮未易通,于是在北渡的风珊新建望碶,以增加它山堰水的泄量。从此,"田畴可种,远迩咸欢"。有人为了感恩,在风珊边建庙纪念,人称风珊庙。后来,当地人将"珊"讹读为"伯",于是成为风伯庙。宋神宗元丰(1078—1085)末年,杨氏后裔有官至太尉者,人称杨四太尉。杨四太尉觉得此风伯庙离家太远,四时祭祀不便,于是"分其香火,立祠于第宅之南"③,人称新风伯庙。死后,杨四太尉祭于新风伯庙,人称"杨四太尉尊神"。这段事实如果存在,属于鄞县杨氏后裔发生的故事。民国《镜川杨氏宗谱》卷一九《著述》所谓"庙毁碑烬,遂失其名"是比较可信的。

据民国《镜川杨氏宗谱》,宋代杨氏进士有50人,这应是全国杨氏进士

---

① (明)杨守阯《碧川诗选》卷八《杨塊三十咏》。

② (明)杨自惩《梅读稿》卷九《曲江书屋记》,第18306页。

③ 佚名《风伯新庙记》,见杨存淇《镜川杨氏宗谱》卷一九《著述》,第1—2页。

统计数。其中，仅杨畏是鄞县青山杨氏后裔进士。问题是，查龚延明等《鄞县进士录》，这位杨畏也不见记载。由此可知，青山杨氏、镜川杨氏均处于草昧发展时期。所谓的"世为宋臣"，仅是就全国杨氏而言的。

3. 义不仕元

南宋灭亡以后，原来南宋地盘的汉人，称为"南人"。"南人"受故国情感因素影响，讲究民族气节，多不与蒙元政权合作，宁可自我边缘化，回归民间，以求经济文化上的发展。镜川杨氏正是这么一个家族。

（1）杨珪

杨氏八世祖杨珪，人称再十一公，少长于诗。南宋灭亡以后，以世为宋臣，义不仕元，作《咏史诗》，有"吾家世臣宋，绂冕兴如去。今虽为庶义，义不忘宋恩。国亡幸免死，忍复干禄云。耻为肤敏士，宁作殷顽民"之句。又作《书感》诗，称："枫江渡口草萋萋，桃浦桥边夕照低。惟有旧家双燕子，年年飞绕绿杨隄。潦倒江南一布衣，家贫岁晚寸心违。不堪倚杖枫江路，手种青松大十围。"[①]可见，杨珪过着十分普通的平民生活。他会作诗，讲究儒家气节，说明读过书。

杨珪有三个儿子，杨伯雷、杨伯震、杨伯霖，为九世祖。临终前，杨珪要求子孙不能出仕，称："张良大父父，相韩五世君。报仇误一击，佐命筹三军。灭秦复诛项，兴汉称元勋。始终心为韩，义烈千载闻。我家世仕宋，沐恩厚，不可以背旧主，臣新主。"[②]这可见宋代忠义观念教育影响之深。考虑到镜川杨氏两宋时代没有出过多少大官，所以，此所谓"我家"，应是就更大范围的杨氏而言的。再加上断续的科举制度，使汉族士人很难有机会出仕。如此，子孙守其遗训，没有人入元版，家谱中确实也没有做官记录，后人称为"镜川之杨，执义不仕"。

（2）杨杞

杨伯霖的儿子杨杞，人称"新五"，为十世祖，生卒年不详，大体在元代后期。"读书，善务仁人长者之行，守祖训，亦不仕元。"[③]本来，他的辈分

---

① （民国）杨存淇《镜川杨氏宗谱》卷一九《著述》，第2页。
② （民国）杨存淇《镜川杨氏宗谱》卷一九《著述》，第2页。
③ （清）杨永赞《镜川杨氏宗谱》卷中《处士》，第2页。

是"元"字，因厌恶元朝，将"元"字改成"新"，故称"新五"。

杨子杞是镜川杨氏发迹的关键人物。他不出仕，专注于教育与农业，经过不断努力，成为当地富户，"以高赀闻，大构堂宇"①。虽然富裕起来，但他并不欺贫，"见有孤寡无助者，辄周恤之"②。他对儿子教育非常严，"每饮酒，令诸子歌颂以乐，若有及他曲者，即叱出之，其严正如此"③。连乐曲都有限制，可见其为人处世要求之严。

杨子杞的贡献之一是确立了镜川杨氏按辈分取名的制度。说到中国特色的行第、辈分制度，在此有必要作一溯源考察。行是"雁行"，排行是指兄弟们出行如大雁一样排列有序。考察辈分制度，要注意单名与复名的不同，要区分同胞兄弟与同宗兄弟取名。因取名方式的不同，行第的表达方式也不同。汉唐时期，中国人多喜欢取单名。由此，兄弟取名的行第，往往是通过偏旁的相同性来体现的。"单名以偏旁为排行，始见于刘琦、刘琮，此后应璩、应场，卫瓘、卫玠之流踵之而出矣。"④汉唐时期，当然也有复名者。由是，兄弟间会用一个共同的行辈字来取名，顾炎武以为："兄弟二名而用其一字者，世谓之排行，如德宗、德文，义符、义真之类，起自晋末，汉人所未有也。"⑤需要说明的是，这个时期，不管是单名或复名，往往局限于同一父亲所生的同胞兄弟间，不是宗族兄弟间的行第名。同胞兄弟取名有相同性容易做到，但同宗兄弟较难做到。

同宗兄弟间讲行第，始于唐朝。唐人单名之外，多用"姓氏＋数字"格式，表达的是同族不同年月出生男子自然大小顺序，如白居易称"白二十二"之类⑥。这应是非正式的同宗兄弟称谓。这种模式的缺陷是不分上下代，只按出生时间排定。

同宗兄弟间普遍按辈分取复名习尚的形成，大体始于北宋。《宋史》卷二一五《宗室世系表》，明确有字辈。上行下效，于是形成习尚。到了南宋前期，民间已经有了按辈分取名习惯，如宁波著名的史氏家族，第四代为

---

① （清）杨永赞《镜川杨氏宗谱》卷中《处士》，第 2 页。
② （清）杨永赞《镜川杨氏宗谱》卷中《处士》，第 2 页。
③ （民国）杨存淇《镜川杨氏宗谱》卷一二《处士》，第 3 页。
④ （清）顾炎武《日知录》卷二三《排行》。
⑤ （清）顾炎武《日知录》卷二三《排行》。
⑥ 如岑仲勉《唐人行第录》，中华书局 1962 年。

"师"字辈,第六代为"弥"字辈,第七代为"之"字辈,第八代为"卿"字辈。此为目前笔者所见最早的完整的同宗兄弟辈分制度。这种辈代制度,应该是从士大夫家族开始的,进而影响到民间其他普通家族。要做到同宗兄弟取名的共同性,应是宋元等级宗族观念与宗族制度强化以后的产物,也是家谱编纂制度的产物。

不过,在行第演变过程中,民间还经历了"姓氏＋字辈＋数字"模式。杨子杞是杨氏家族中的文化人,有着较强的宗族共同体意识,开始重视家族辈分制度。他认为"宗族浩瀚,曷能备记? 后岂不有分处他邦,以至尊卑无辨,疏戚无分,失其源绪者耶"①? 于是按当时习惯,定下"梦觉云臣,时如应显,元成兴熙,自守茂美,承德秉文,式永益伟"②20 字,作为后辈取名之行第。从此,杨氏家族子孙的取名始有规矩,改变了随意取名的旧习惯,初具文化家族之气韵。不过,杨子杞确定的行辈,在"新、成、兴"三代,仅是作为统一行名出现的,行名、名字分离。如杨子杞的儿子杨景彝、杨景修、杨景芳、杨景常,四人名字中"景"是共同的,其行辈是"成",行名分别是杨成一、杨成二、杨成七、杨成九。这在其他家族中也有所反映,如江西婺源咸丰六年成的《槐溪王氏支谱·行第引言》称:"宋元以前,合族中一代之人,以一字为行,照生辰之先后,以数目叙之而为第。"这种"姓氏＋字辈＋数字"模式有别于唐代的"姓氏＋数字"模式,更加细化,突出了辈代概念。这可能是乡村文化层次较低家族经历过的同宗兄弟取名阶段。

从镜川杨氏来看,名字、行辈统一的时间点在元末明初。到了"熙"辈,多数人直接以辈名当人名,如东杨的杨熙洁(1344—1426)、杨熙文(1357—1425)、杨熙均(1364—1444)兄弟,名字、行辈完全统一,只有个别人如西杨的杨范兄弟仍坚持原来的名字、行辈分离模式,说明尚处于过渡时期。到了"自"字以后,杨氏后裔取名,名字、行辈完全统一。这也就是典型的明清辈分取名制度,其特点是:第一个字由家族字辈谱所定,是家族辈份的象征;第二个字由父母自由意愿所定,也是同辈不同男子的个性所在。由名字、行辈分离到名字、行辈统一,当然是一种更为规范、更易识别的行辈取名方式,尤其适合家谱编纂。不过,这类统一的、强制性的家族"谱名",有

---

① (民国)杨存淇《镜川杨氏宗谱》卷二三《旧谱序原》,第 10—11 页。

② (民国)杨存淇《镜川杨氏宗谱》卷四《行次》,第 1 页。

的个体小家庭并不喜欢,他们日常生活中可能会使用另外的名字,此为"小名"。进一步要说明的是,辈分制度主要适用于男子,女子取名不一定用。

这种不同反映了等级秩序的加强,即一个字辈表示一代,不同字辈形成自然的等级关系。《槐溪王氏支谱·行第引言》称:"族大人蕃,难以编载,故有自明来,易一字之行冠于名上,闻其名则知系属某代,事较简而齿亦易序也。"同宗男子结成了一个共同体,辈分体现的是宗族共同体内部的等级秩序,是确保家族血缘秩序永不紊乱的关键所在。这是理学家加强宗族共同体建设的结果,是唐代行第制度的深化。"自昔名贤严于辈行,尤笃通家之好,子弟见父执必拜,或立受,或答半礼,呼以排行,或称小字,书问,以从表兄叔自处。"①可见,辈分制度也是社会交往必须遵守的东西。

杨子杞四子,成家以后,分别称为仁、义、礼、智四房,可见理学文化色彩。不过,民间俗称大房、二房、三房、四房,为十一世祖。由于儿子数量多,"故其子孙独昌"②。杨子杞作《示四子诗》称:"人生有四德,仁义并礼智。人生有四子,伯仲泊叔季。吾幸承先德,生子今有四。四子分四房,宜以德为序。伯子为仁房,仲房即次义。叔子为礼房,智房季又次。四房分四德,交互思其义。仁存恻隐心,义发羞耻意。礼存恭敬心,智辨非与是。四端知扩充,万善无不备。此为赵氏简,汝曹当勉励。无忝尔所生,垂法贻后嗣。四子同一心,一心传百世。"③由此可知杨子杞对四子的精心寄托。杨子杞重视教育,"延师督课,各得成立"④。重视教育,这是家族发迹的关键因素所在。

杨子杞别有《游湖心寺》、《种竹》、《春寒》诗三首。杨子杞卒后葬小洞桥东南。杨守阯《祭新五朝奉墓》诗称:"家道中兴擅一乡,百年乔木历冰霜。一枝摧折三枝茂,八世承传五世昌。"⑤长子杨景彝后来立"仁实堂",以纪念父亲杨子杞⑥。

(3)杨景修

老大杨景彝,字佐道,仁房始祖,"守父遗训,以仁厚起家,敦本积行,一

① (宋)周辉《清波杂志》卷五,《四库全书》文渊阁本。
② (明)杨守陈《杨文懿公文集》卷一三《与柯孟时求志喜集序书》,第16146页。
③ (民国)杨存淇《镜川杨氏宗谱》卷一九《著述》,第2页。
④ (清)杨永赞《镜川杨氏宗谱》卷中《处士》,第2页。
⑤ (民国)杨存淇《镜川杨氏宗谱》卷一八《祠墓》,第11页;又见《碧川诗选》卷八。
⑥ (清)徐民望《仁实堂记》,见杨学载《镜川杨氏宗谱》卷一八《祠墓》,第12页。

乡称为善士焉"①。老二杨景修(1309—1381),字辅道,人称成二,为九世祖,属义房。杨辅道继承父亲仁厚之德,"振起家声,所谓光前裕后者"②。他是杨守陈的直系高祖。杨辅道卒于明洪武十四年九月十八日,可见是一位身跨元明两朝的人物。杨守阯《祭高祖成二处士》称:"明行桥东北渚边,亭亭华表识幽阡。封崇马鬣才四尺,树老龙麟几百年。熙正长房今有后,式中诸子已无传。缅怀物理荣枯事,拜奠西风为怆然。"③老三杨景芳,家中相当富。老四最能干,"创造有为,克阜厥家"④。

(4)族蕃家盛

元代时,镜川杨氏虽不与朝廷合作,拒绝入仕,然坚守诗书传家。不论是从文化抑或从经济角度而言,都算是当地名门望族。杨氏子孙大多治家有方,颇有资财。杨守陈说:"当宋元世,族蕃家盛,居室亦繁且侈矣。"⑤"在宋元时,世以高赀,武断乡曲"⑥。如仁房的杨起宗一支,"虽显荣者稀,而赀产之饶,人物之秀,读书俎豆之盛,环鄞四境,鲜或过之"⑦。杨自惩说:"我家全盛时,丰屋天际翔。三十六隈水,流落九明堂。"⑧可见漂亮房子已经相当多了。所谓"九明堂",是南宋以来江南典型的"三推(透)九明堂"豪宅。杨守陈《碧川》诗称:"碧溪流下庙湾东,一片蓝光远近同;……五桥冠履行天上,万户楼台入镜中"⑨这是诗人对碧川、镜川一带乡村田园风貌的描写。

由此可知,政治上没有前途的家族,同样可以在经济上与教育上取得不错成绩,获得地方上的荣誉。

二、富户败落:明初的杨氏

元明政权交替,国家政策不同,导致富户们的悲惨命运。浙江为天下

---

① (民国)杨存淇《镜川杨氏宗谱》卷一二《处士》,第3页。
② (清)杨永赞《镜川杨氏宗谱》卷中《处士》,第32页。
③ (民国)杨存淇《镜川杨氏宗谱》卷一八《祠墓》,第12页,也见《碧川诗选》卷八。
④ (民国)杨存淇《镜川杨氏宗谱》卷一二《处士》,第3页。
⑤ (明)杨守陈《杨文懿公文集》卷二四《对鸥阁记》,第16266页。
⑥ (明)杨守陈《杨文懿公文集》卷一三《与柯孟时求志喜集序书》,第16145页。
⑦ (清)杨永赞《怀德堂记》,杨永赞《镜川杨氏宗谱》卷下《第宅》,第6页。
⑧ (明)杨自惩《梅读稿》卷一《喜复故宅》,第18261页。
⑨ (清)李邺嗣《甬上耆旧诗》卷八《礼部尚书杨文懿公守陈》,宁波出版社2010年,第218页。

首富,其运更烈。洪武三年(1370)二月,朱元璋问户部:"天下民孰富?"对曰:"以田税之多寡较之,惟浙西多富民巨室。"①由此,浙西(钱塘江的三吴地区)富户受到的打击也最重。浙东的富户虽不及浙西,同样摆脱不了被打击的命运,杨氏即为其一。

1. 明初的豪右打击

西杨义房杨景修长子杨起汶(1349—1420),字浩卿,号颐正,排行兴七,为十二世祖。他是一个横跨元明两朝的人物,经历了新旧王朝的更替,备尝人间艰辛。由于家境优裕,杨起汶走的是读书之路,"究心儒书,兼通释典"②。其家到杨起汶时,"累世所畜之书,殆充栋矣"③。其弟杨起哲,字彦卿,号式中,亦能诗,有《式斋稿》。杨范有《贺式斋诗韵》,称:"老成人物擅吾宗,冠服从来有古风。笔阵已遵义献法,诗坛欲蹑孟韩踪。"④

新王朝建立的时候,杨起汶刚好 20 岁,正是可以入世时期。然而明初朱元璋实行打击豪右的政策,他将东南富人及从事"三产"之业的人统统迁徙到"二都"(南京、中都)及边境等地。"高皇帝初定天下,征江南诸郡民称大家者,悉赴阙。既至,造于廷,亲训谕之。"⑤吴兴商人沈万三"家富敌国",朱元璋就想借事杀掉他,马皇后反对:"彼固富可敌国,然未尝为不法事,奈何疑而杀之?"由于皇后的极力相救,沈万三得以不死,但仍被流放到云南⑥。据《明会要》卷五〇《民政·移徙》,至少有五次。吴元年(1367)十月,迁苏州富民于濠梁。洪武三年(1370),迁苏、松、嘉、湖、杭 4000 户于临濠。洪武七年(1374),迁江南民 14 万户于凤阳。洪武十三年(1380),苏浙地区四万五千多户富户被朱元璋强行迁到南京。洪武二十四年(1391)七月,迁浙江、应天等富民 5300 余户于京师。其他地区也有移民活动,如洪武二十二年(1389),迁杭、湖、温、松、苏等富民于淮、泗。"高皇帝既定滇中,尽徙江左良家闾右以实之"⑦。一直到永乐元年(1403),仍有迁直隶、

---

① 《明太祖实录》卷四九,洪武三年二月庚午。
② (清)杨永赟《镜川杨氏宗谱》卷中《处士》,第 32 页。
③ (明)杨守陈《杨文懿公文集》卷一《家藏书目序》,第 16020 页。
④ (民国)杨存淇《镜川杨氏宗谱》卷一九《著述》,第 3 页。
⑤ (清)张岱《石匮书》卷二〇七《货殖列传总论》,《续修四库全书》,第 320 册,第 233 页。
⑥ (明)陈建《皇明通纪》前编卷七,洪武十五年,第 235 页。
⑦ (明)谢肇淛《滇略》卷四《俗略》,《四库全书》文渊阁本,第 494 册,第 141 页。

苏州、浙江等 3000 户富民于北京之事。二是借故整治。当时人方孝孺（1357—1402）明确说："太祖高皇帝以神武断治海内，疾兼并之俗，在位三十年间，大家富民多以逾制失道亡其宗。"①又说："当是时，浙东、西巨室故家多以罪倾其宗。"②丘濬（1421—1495）称："我圣祖承元人叔季不纲之余，尤疾兼并之俗，豪家巨族往往以失道逾制获戾。"③方孝孺父亲方克勤（1326—1376）上皇帝书，其中就有"黜豪强，除暴敛"④一条，说明打击豪强是当时不少人的想法。

2. 镜川杨氏的败落

从镜川杨氏来看，明初打击富民的手法，主要有以下几途：

（1）借故灭族

在西杨四房中，老三杨景芳的礼房最富。"时独礼房豪富，而不善用其财"，从而留下了祸根。所谓"不善用其财"，主要是得罪了族人。族人杨仲延，家中贫穷，妒富心重。他常向礼房借钱，可能是礼房态度不好或其他原因，种下仇恨。洪武二十六年（1393）蓝玉（？—1393）党案起，下诏捕蓝党，杨仲延乘机诬告，将礼房当作蓝党成员。当时党案处罚相当重，一旦有人举报，不分青红皂白，一律处死。结果，"宗人被祸没籍者，不啻数十家"⑤。精确地说，礼房"一家四十八口抄籍殆尽，更有株连被害者数家"⑥。礼房杨景芳长子杨起嘉"以高赀闻，好施与，重祖谊，恤孤贫。洪武间，以豪右抵法，礼房遂绝"⑦。杨景芳次子杨起俦及其四子杨性善、杨敬善、杨惠善、杨复善均遭牵连而死，礼房差点断绝香火，族谱中没有礼房人员精确的生卒年及事迹，正是避讳的表现。这支惟杨熙慷、杨熙恺逃出，迁居罾湖夹塘。此外，其他房也有人牵连，如仁房兴三房的杨起

---

① （明）方孝孺《逊志斋集》卷二二《故中顺大夫福建布政司左参议郑公墓表》，《四库全书》文渊阁本，第 643 页。
② （明）方孝孺《逊志斋集》卷二二《采苓子郑处士墓碣》，第 642 页。
③ （明）丘濬《严旌别以示劝》，（明）黄训《名臣经济录》卷二七。
④ （明）方孝孺《逊志斋集》卷二一《先府君行状》，第 590 页。
⑤ （清）杨永赞《积庆堂记》，杨永赞《镜川杨氏宗谱》卷下《第宅》，第 5 页。
⑥ （民国）杨存洴《镜川杨氏宗谱》卷二一《辨疑》，第 5 页。
⑦ （清）杨永赞《镜川杨氏宗谱》卷中《处士》，第 32 页。

良被族人杨仲延诬奏，与三个儿子杨与贤、杨与忠、杨与敬均遭牵连而死[①]。阜卿公是第十二代后裔，也被籍家，宅屋荒废。杨浩卿《哭阜卿公故宅诗》："抚事哀歌泪万行，重临故宅益堪伤。极怜巢破无遗卵，空说兰枯有旧香。高树已倾苔鲜合，曲池初涸草莱荒。杖藜欲去仍回首，衰柳寒蝉又夕阳。"[②]这位阜卿公断子绝孙，家谱中连名字也没有留下来。不过，那位作恶多端的杨仲延也没有好的下场，"太祖以为诬告，敕仲延背命礼房，辨明，发落。仲延转到苏州而毙，礼房未之知也"[③]。也就是说，杨仲延死在了苏州。这一个案，让我们对明初党案的草菅人命有了深切的了解。

（2）重徭压身

西杨义房的杨起汶"以赀甲于乡"，他有点文化，头脑清醒，知道自己属豪右之列，主动"散其家千金"，而且让出自己的豪宅，避居到村西北几里地的葑里（今古林镇葑里村），建起几间草房，后称为葑里别业，也作葑里草堂。杨起汶《移居葑里》诗称："扰扰征徭八九年，千金散尽一身全。移居近向三家市，负郭惟余半顷田。满圃松葵含暮雨，绕门桑柘霭春烟。日高柴户无人到，醉向花阴自在眠。"[④]据此，约在洪武中期，杨起汶为逃避繁重的徭役而散财千金，最后只剩下半顷田。"新室官籍没，旧宅人逋亡。向来轮奂地，化作沙砾场"[⑤]，可见杨起汶房子被政府没收了。"国初，以豪右抵禁，曾祖、祖相率而避地，于是，杰栋华榱，鞠为蓬藋，久而故址陵夷，漫莫之省。"[⑥]由此可见，杨起汶迁移以后，原来奢华的房屋逐渐败落，成为一片沙砾场，最后连故址也难找到了，一个富室就这样败落了。杨起汶作《偶题诗》称："旧业枫江上，新居葑里中。小园春菜绿，香径晚花红。犬吠柴门月，莺啼柳树风。老夫尘事少，不放酒杯空。"[⑦]迁居葑里草堂以后，过着十分低调的生活。他们家本来有丰富的藏书，逃难时，只能将书放在空房子中，结果，"为虫鼠之所齿伤，风雨之所浥烂，邻叟里童之所窃去，其幸存者

① （民国）杨存淇《镜川杨氏宗谱》卷六《西杨总系》，第6页。
② （民国）杨存淇《镜川杨氏宗谱》卷一七《第宅》，第6页。
③ （民国）杨存淇《镜川杨氏宗谱》卷二一《辨疑》，第5页。
④ （民国）杨存淇《镜川杨氏宗谱》卷一七《第宅》，第7页。
⑤ （明）杨自惩《梅读稿》卷三《营屋有感》，第18271页。
⑥ （明）杨守陈《杨文懿公文集》卷二四《对鸥阁记》，第16266页。
⑦ （民国）杨存淇《镜川杨氏宗谱》卷一七《第宅》，第7页。

真泰山一毫芒耳"①。图书的四处散佚,对文化家族来说是一巨大的损失。

东杨的杨熙端,字可庄,自称:"余生平立志,近君子,远小人,力学躬耕,清贫自守。虽诸艺颇晓,要不敢以浮名绊世。奈险阻备经,不获宁息。二十年(1387),因诏筑沿海大嵩城池,差役到都抄扰。举家染疫,医祷费多,不堪其任。三十五年(1402),运粮德州交纳,路病,得痊。永乐改元(1403),被邻杨舍诬告,破坏家财,罪非缧绁。又以浮尸一事,家人图诬索命,拘棰几死。二子冤讼连岁月,幸张文鼎劝处得息。自后,江湖游学。亦尝设闱闾里,以授生徒。父亡于疫,吾兄弟三人,勤俭成家,独奉萱堂。永乐四年(1406),始建堂屋三间,族叔浩卿贺之以诗。"②由此可知,洪武时期,他经历了沿海修卫所城、长途运粮食到德州两次大的徭役折磨。永乐年间,又遭遇两次大的诬陷。直到永乐四年,才安定下来,建了三间堂屋。所谓族叔浩卿贺之以诗,指杨起汶《贺可庄居诗》,称:"构厦三间喜落成,安居高第乐升平。天心契合人心好,地道相宜家道荣。堂上慈颜应老健,室中昆季安得宁。莫贪爵位重重贵,但学遗贤教子经。"③由此可知富户杨浩卿的紧张心情。

经此折腾,杨氏破产。杨范《寄九渊弟》诗称:"忆昨家方盛,埙篪不断声。一朝全破产,两地各偷生。尔复移何处,吾犹寄此城。愁听云里雁,故作一行鸣。"④这位杨九渊可能即杨范二弟杨涑,因破产,只能客居别处求生。

(3)选任粮长

明初建立了粮长制度,把缴纳田赋一万石左右的地方划为一区,政府指派该地区土地最多、纳粮最多且具有威望的富户担任粮长,替政府负责催收和解运田赋。这是一种完全将政府责任转移到富户头上的民收民解政策,对富户来说,弊大于利。因为,粮食的征收与运输费用完全由富户来承担,政府既不出力也不出资。如此折腾,有可能让富户倾家荡产。杨起汶《旅舍书怀》:"去岁飘零烟瘴头,今年迢递上皇州。只因家富反多事,未

---

① (明)杨守陈《杨文懿公文集》卷一《家藏书目序》,第16020页。
② (清)杨永赞《镜川杨氏宗谱》卷中《处士》,第33页。
③ (清)杨学载《镜川杨氏宗谱》卷一七《第宅》,第8页。(民国)杨存淇《镜川杨氏宗谱》卷一二《处士》称"诗失",误。
④ (民国)杨存淇《镜川杨氏宗谱》卷一九《著述》,第5页。

得身闲镇是愁。野馆花明慵对酒,江城月落倦登楼。拂旌早晚东归去,高卧风亭对水鸥。""只因家富反多事",这样的痛苦境界,在以杀富济贫为己任的时代是理解不了的。

杨起汶曾负责将粮食押运到首都南京。有《杨子江诗》、《宿江浦》、《到京诗》、《镇江诗》,正是他途中写的诗。杨起汶《再到京诗》:"一别京华又几年,重来何事独凄然。……可堪落日思乡处,又送归人上画舟。"①说明他前后两次到过南京。离开家乡,一人独处南京,思乡之情十分深切。弟弟杨起哲作《寄浩卿》诗,称"君在京师我在家,两响凝睇路何赊"②。杨起汶《答彦卿韵》:"一从徭役远辞家,旅况凄凉别恨赊。……寒灯旅馆谁相问,落日穷途只自嗟。独有连枝情义重,偏题书札寄京华。"在农耕社会,区域之间人员的流动率低。从宁波到南京的交通不方便,偶尔去一下南京,已经感到十分远了,空间距离感一时难以适应。

粮长的风险很大。成九公杨宏道即杨景常,洪武间,担任本都粮长,仅因彩绘《鱼鳞图册》,系于狱,卒于南京。杨自惩《送粮长侄森》:"吾族惯膺徭,今推尔富饶。征完一乡税,去趁百官朝。"③由此可见,杨氏家族"惯膺徭",杨自惩的侄子杨森一度担任粮长。谁富谁就得承担粮长之任,就得承担相应的徭役,久而久之都倒霉。家谱中没有"杨森"名字,可见此人下场不妙。杨自惩《和人韵送粮长》:"交情欲尽双瓶酒,别意惟因万斛粮。铜浦帆开风正顺,钱塘客到日初长。薇垣若怪催科拙,为说民饥待发仓。"④铜浦即鄞县铜盆浦村(今属鄞州区首南街道),位于奉化江畔,可能是一个小型码头。粮长为了将万斛粮送到省城,只得与朋友分手,匆匆上路。可见,这是一份苦差。

(4)充为军户

西杨的杨兴十二,字礼卿,重宗族,处事有果断,喜音乐。代父任粮长,"进鱼鳞图本,违限,谪云南京东卫军,卒于彼"⑤。东杨后宅的杨兴道

---

① 以上诗作,均见杨存洪《镜川杨氏宗谱》卷一九《著述》,第 3 页。
② (民国)杨存洪《镜川杨氏宗谱》卷一九《著述》,第 4 页。
③ (明)杨自惩《梅读稿》卷一《送粮长侄森》,第 18262 页。
④ (明)杨自惩《梅读稿》卷一《和人韵送粮长》,第 18264 页。
⑤ (明)杨永赞《镜川杨氏宗谱》卷中《处士》,第 32 页。

(1308—1409)为第十二世祖，"洪武间，为方氏军，稍事，充南京水军右卫军"①。由此可知，他原是方国珍水军。方氏投降后，他被编排为南京水军。后来，其侄子杨仲暐代他充军，成为扬州卫军②。仁房杨景彝有五个儿子，即兴一杨起宗、兴二杨起祖、兴三杨起善、兴四杨起良、兴五杨起敬。"兴三戍盐井卫时，伯仲兴一兴二已析居，不与其难，为民户。独公同炊，遂为军籍。迨兴三没后，公子孙代为戍，绝无怨言。今子姓繁衍，衣冠不替，咸孝友之所致也，天道岂远哉？"③由此可知，由于杨起宗、杨起祖已经分家，成为民户；而未分家的杨起善、杨起敬兄弟则成为军户，世代为军户。军户是世袭的，所以杨起善死后，因没有子孙，其四弟杨起敬一家世代成为军户。在明代，民户充为军户，是一种家庭灾难，而不是荣誉。江浙一带流传至今的诅咒性话"充军"，正是这一现象的写照。杨起敬一家世袭军户，绝无怨言，只能是没有办法下的心态好。

（5）强为吏员

今天在县府做吏员（公务员）是一件人人羡慕的工作，而在明代却相反。因为明朝实行官、吏分流制度，吏近于今日西方国家的文员，无法成为官。杨起汶有三个儿子，长子杨范，次子杨涑，三子杨昱。杨昱，为地方政府"充吏"。永乐十年前，杨范作《勉昱弟十律》称：

> 穷通须守分，何事苦谋为。人孽诚难道，天心不可欺。
> 视金曾化土，炊饭已成糜。寄语诸贤季，此情知勿知。
>
> 富贵从天命，蚩蚩敢滥叨。求荣反作辱，谋逸转成劳。
> 吏事饿三载，亲年已二毛。取人勿苟合，须识笑中刀。
>
> 尊卑名已定，小大事惟难。独任能成乱，偏听必致奸。
> 慎思毋出位，履道莫逾闲。要识横渠子，西铭是订顽。
>
> 前修俱检束，后辈太荒唐。不解诔言恶，安知苦药良。
> 亲疏忘物则，厚薄反天常。怒甲犹移乙，差讹失审详。
>
> 结交须直谅，便佞莫相求。作伪劳而拙，思诚逸且休。

---

①　（民国）杨存淇《镜川杨氏宗谱》卷六《东杨派总系》，第4页。
②　（民国）杨存淇《镜川杨氏宗谱》卷六《后宅东房派世系》，第21页。
③　（明）杨学载《镜川杨氏宗谱》卷一三《宗公》，第1页。

己非无过耻，心放欲知收。早夜能勤慎，何忧事不周？

久执冬曹事，才能患不多。任人应在尔，舍己去求他。

家达邦还达，心和气始和。三年期不远，考绩欲如何。

常忆相逢好，相逢似九疑。语言安可合，恩义亦如衰。

风断衡阳雁，雷轰荐福碑。有家徒四壁，何日是归时？

世间多少事，错误在忙中。暴怒须知戒，勤劳必见功。

瞻称三语掾，珣作黑头公。克慎初来志，终当不困穷。

人非唐虞圣，焉能无是非。慎终惟慎始，防隐又防微。

谑浪中心悼，端严自已威。昕宵如白事，亦用转圆机。

忘形与同气，恩义是谁嘉。兄弟有急难，友朋空叹嗟。

当忧身上事，莫论眼前花。管鲍无人继，何如自一家。①

　　这首诗当是杨昱为吏以后所作。由此可知，杨昱担任冬曹事，即工科，任期是三年。家徒四壁，说明鄞里别业生活之简陋。官场生活，风险较高。于是，杨范写诗告诫弟弟，交待有关注意事项，譬如交友要有原则，知面又知心；做人要诚实，不要虚伪；办事要公正，兼听各方意见；做事要勤劳而谨慎，心态要平和，这些正是研究杨范为人处事思想的第一手资料。世间人祸确实难免，但天心不可欺，这就是知识分子的坚持。

　　可惜，吏不好做，杨昱最终仍是"被诬，征吏赃至万，别业亦荡覆"②。杨氏被逼得卖掉了鄞里别业，用来抵债。后来，杨昱只身逃难到直隶武清县小直沽（今天津）。正统十四年（1449），杨自惩《到直沽》诗称"扰扰征行客，离家近五旬"③。也就是说，杨昱离开宁波时约49岁。杨守陈《哭墓诗》称："公生富豪家，尘土殊珪璧。文肄黉业内，欲射金门策。岂料图南鹏，未翔先锻翮。漂泊至于斯，犹能大其宅。余尝奉尊颜，颜朱鬓才白。对酒笑轰雷，雄谈髯奋戟。气压五陵豪，心轻九州伯。抚我如亲孙，待之若嘉宾。累月始分携，忽复幽冥隔。"④由此可知，杨守陈幼时曾见过这位小爷爷杨

---

①　（民国）杨存淇《镜川杨氏宗谱》卷一九《著述》，第6—7页。

②　（明）杨守阯《碧川文选》卷八《镜川杨氏先茔神道碑铭》，第16444页。

③　（明）杨自惩《梅读稿》卷六，第18292页。

④　（民国）杨存淇《镜川杨氏宗谱》卷一八《祠墓》，第19页。

昱。考杨守陈生于洪熙元年（1425），则杨昱逃难天津时间应在正统初年。杨自惩《直沽哭季叔父》："南浦三鸣雁，飞飞独离群。秋风家万里，夜月客孤坟。花落无由见，鹃啼不忍闻。睽违犹子罪，空自泪纷纷。"①由此可知，杨昱客居天津以后，在宁波的亲人们不知道杨昱是何时故世的。杨昱生卒年不详，约卒于正统年间，有三个儿子，这一支情况不详。

蒪里别业失掉以后，杨氏一家只得重新回归到祖居枫江。这个时间点，应在永乐八年（1410）前后。杨自惩《喜复故宅》："家难久流离，归来喜可知。枫江鸥落处，桃浦燕来时。堂室徒悬罄，田园但卓锥。重闱总无恙，百事不须疑。"②由此可知，其故居地地名称枫江。据笺注，此诗为"永乐间，自蒪里别业复枫江故宅以后所作"。枫江故宅是恢复了，但一时无法住人，暂时只能租房。杨范"少生富家，长罹患难，穷窘至僦屋以居"③，可见他们重回镜川的时候，只能租房生活，可以说穷到了极点。族中杨自通建造房屋时，杨范赠《题德庆轩诗》相贺，称"吾宗闻望几荒坠"，可见杨氏之败落。

富户的落难生活，在杨起汶兄弟身上得到了全面的体现。失意之余，他们只能以消极态度应世。杨起汶《偶题诗》称"老夫尘事少，不放酒杯空"④。杨范《奉父命赋乐闲诗》称："吾亲明达笑蝇营，自喜优游过此生。心泰本来抛事物，年高犹自逼声名。黄鸡白酒家中宴，绿竹清泉世外情。"⑤此诗反映出杨起汶的自我边缘化生活。杨起哲《隐者诗》称："茅茨盖屋竹编笆，隐向南村鬓渐华。……功名好似蕉中鹿，富贵何如陌上花。"⑥经历过政府打压的富户们，如惊弓之鸟，能生存下来，就是万事大吉了。因为他们将生活目标降到了最基本的生存线上，少了功名富贵竞争之心，所以心态容易平和一些。

当地有一对孤儿寡母，有田数亩，有屋数间，被一学霸看中，蚕食殆尽，母子无以聊生。她想控告那学霸，无奈势单力薄。偶尔遇到杨起汶，哭泣着诉说起此事。杨起汶听后，为之恻然，即以自己的肥田七亩给了她俩。

---

① （明）杨自惩《梅读稿》卷六，第18293页。
② （明）杨自惩《梅读稿》卷一，第18261页。
③ （明）杨守陈《杨文懿公文集》卷一三《栖芸先生小传》，第16143页。
④ （清）杨学载《镜川杨氏宗谱》卷一七《第宅》，第7页。
⑤ （民国）杨存洤《镜川杨氏宗谱》卷一九《著述》，第5页。
⑥ （民国）杨存洤《镜川杨氏宗谱》卷一九《著述》，第4页。

那母子罗拜于地,曰:"愿尔家世世昌荣。"①前人多将此事作为杨起汶积德家乡的故事加以记录,其实也从侧面反映出富户不敢与强人斗法的心态。

洪武二十七年(1394)七月初九日,杨起汶夫人陆氏(1350—1394)死,其家穷到没地方可下葬。到永乐十八年(1420),72岁的杨起汶卒于先庐时,"先业之未鬻者,独和嘉阜耳"②。儿子想将父母葬到那儿,但不知道那块地是否吉利,于是请风水先生来察看,风水先生认为可以做坟地,于是,位于镜川故居西北三四里芝山之阳的和嘉阜成为杨氏坟地。永乐二十一年(1423)③,率先葬下了父亲杨起汶,和嘉阜从此成为杨氏祖坟所在地。当时,杨起汶继配陈氏(1349—1434)尚在世。

总体上看,明初的杨氏第十二、第十三两代,受到的打击最大。"国初,法令方严,一时故家大族,鲜有不及者。"④镜川杨氏正是这样受打压的大家族。明初,杨氏诸族人多隐居不仕。如东杨的杨熙洁(1344—1426),字仲恺,"昆季切磨,种学渊源,善于诗赋,笑傲丘园,日相唱和,诗酒神仙"⑤。杨熙文(1357—1425),字仲杰,善诗赋,与兄弟们"日相唱和,不以名利为念"⑥。杨熙均(1364—1444),字仲彬,"砥砺讲诵,学贯诸经,期于效用,不获自售,托于吟咏,与栖云公自相唱和"⑦。西杨智房始祖杨复初(1415—1496),"为人诚笃,涉猎经史,老而靡倦"⑧。由于仕途受阻,他们只能隐居乡村,教授子弟,以诗赋自乐。东杨后裔设立的堂,分别称为"积庆堂"、"积善堂"、"积德堂"、"怀德堂"、"尊德堂"、"德庆轩"。由这些堂名可知,他们祈求"庆"、"善"、"德",这正是高压政策下的产物。

三、读书应举:永乐至正统间的杨氏

进入永乐时代,明朝打击旧富户的政策大为减弱。在这个重新洗牌过

①　(清)杨学赞《镜川杨氏宗谱》卷中《处士》,第 32 页。
②　(明)杨守阯《碧川文选》卷八《镜川杨氏先茔神道碑铭》,第 16444 页。
③　(明)杨范《癸卯岁葬亲后作》,杨存淇《镜川杨氏宗谱》卷一七《第宅》,第 16 页。
④　(明)杨守陈《杨文懿公文集》卷一《家藏书目序》,第 16020 页。
⑤　(民国)杨存淇《镜川杨氏宗谱》卷一二《处士》,第 3 页。
⑥　(民国)杨存淇《镜川杨氏宗谱》卷一二《处士》,第 4 页。
⑦　(民国)杨存淇《镜川杨氏宗谱》卷一二《处士》,第 3 页。
⑧　(民国)杨存淇《镜川杨氏宗谱》卷一二《处士》,第 4 页。

程中,拥护新王朝的人们,通过科举考试,勤劳致富,逐步成长起来。镜川杨氏家族靠自己的勤劳,仍在积极努力向上层流动。有人参加了科举考试,如杨熙端(1371—1444),"素负雄才,读书好善,长于诗赋。屡试不偶,教授闾里间,讲道劝善,引掖不倦"①。尽管没有考中,说明仍在努力向上。有人以农致富,如杨熙均之子杨自通(1365—1455),"家赀巨万,粮富雄乡。素慕贤士,尝设一轩以礼之,轩名德庆。抱盖世之材,不欲仕进"②。由此可知,杨自通是一个大富户,但没有出仕想法。在农耕时代,粮食就是财富,粮多就可以雄踞一乡。杨范《题德庆轩诗》称"吾宗闻望几荒坠,幸尔重辉冠右间"③,这是对杨自通不屈精神的肯定。杨自通设立"德庆轩",请御史张铎题名,就是为了提升自己的社会地位。经过明初的政治打压,镜川杨氏声望几垮,杨自通的努力让杨氏重新成为闾右之家。

与侄子杨自通"以资赋长雄潜于乡"相比,西杨的杨范"以奥学巨儒遁于野"④,通过科举以求上升,无疑是另一种上升方式的代表。杨范"隐居教授,不蹈非礼,人以太丘(陈寔)、叔度(黄宪)称之,博涉坟典,刻厉于诗,实启杨氏文献之传"⑤。陈寔、黄宪均为东汉名士,将杨范当作陈寔、黄宪再生,可见评价之高。教育是通往科举家族的阳光大道。杨范、杨自惩父子由私塾教育而走上读书应举之路,是镜川杨氏成为科举家族的关键所在。

1. 启杨氏文献之传的杨范

杨起汶以自己的忍让,换来了家庭的暂安。其三子杨昱,字九晖,宣德(1426—1435)年间,以《易》补宁波府学庠生。这是明代镜川杨氏第一个进入官学的秀才,自然是一件令人高兴的大事。长兄杨范作《喜弟昱入郡黉学》诗称:"吾家自先世,但以豪富称。虽多尚文学,莫或登科名。我少良有志,蹉跎竟无成。爱尔颇聪慧,进之居郡黉。学文务挈汲,持己当战兢。道

---

① (民国)杨存淇《镜川杨氏宗谱》卷一二《处士》,第4页。
② (民国)杨存淇《镜川杨氏宗谱》卷一二《处士》,第4页。
③ (民国)杨存淇《镜川杨氏宗谱》卷一七《第宅》,第8页。
④ (民国)杨存淇《镜川杨氏宗谱》卷一二《处士》,第4页。
⑤ (明)张时彻《湖广沔阳州知州杨公茂清墓碑铭》,见焦竑《国朝献征录》卷八九,《续修四库全书》,第530册,第104页。

艺实根本,爵位乃华英。新民自明德,致用由穷经。勉旃慎无懈,仁见书贤能。"①由此可知,杨范对三弟能走科举之路十分期望。不过,杨昱后来受到了挫折,入为吏。后又逃难天津,子孙声望无闻。只有杨范一支才"以理学起家",其孙杨自惩"以勤谨守职,明德克承"②,从而走上读书复兴之路,逐渐成为江南科举家族,一个旧族得以新生。

(1)长罹患难

杨范(1375—1452),行熙十四,字九畴,人称栖芸先生。杨起汶长子,为第十三世祖。"体长,美风仪"③。他"性庄毅,丰颊伟髯,望之若神人。虽盛寒暑,衣冠皆有常度"④。由此可知,杨范个子高,长得相当英俊,风度也相当好。"进止有尺寸,生平操行诚确"⑤,说明杨范对自己要求较为严格。

杨范生于洪武八年(1375)三月十九日,完全是在新王朝出生与长大的人。可惜,他生不逢时,青少年时代正值家族最被折腾的时代,"少生富家,长罹患难"。家族的屡屡遭殃,让他感叹万千。杨范《览旧诗稿书所感闷》称:"十年诗句重论评,无奈心中暗恨生。亲戚几多都索寞,友人一半已飞腾。旧因徭役空家计,今幸文章著姓名。旅邸有愁聊自遣,开轩漫饮酒如渑。"⑥因为徭役的折腾,导致家破人亡,亲朋远离。幸其努力,通过诗文写作获得社会名声,重新成为儒士之家。

杨范《乍贫叹》:"人家十载不相似,古谚传来今信是。复道乍贫愁杀人,近验人情亦如此。吾家自古称右闾,连云大厦门如市。剩藏粟帛与金珠,被服烹炰总奢侈。花满庭除客满堂,酣歌日日春风里。一朝逢难只逃生,僮仆无情各分逝。家赀荡尽今始归,兄弟虽存乏生理。当时车马无复来,新雨荒苔满阶圮。妻孥困苦皆休论,可奈亲闱缺甘旨。回头但想十年前,长叹一声愁欲死。男儿到此须固穷,况我平生饱经史。浮云世事亦何常,且乐箪瓢欢菽水。"⑦这两首诗典型地反映了杨氏家族盛衰过程。十年

① (民国)杨存淇《镜川杨氏宗谱》卷一○《庠俊》,第1页。
② (清)杨学谨《世德堂记》,杨存淇《镜川杨氏宗谱》卷一七《第宅》,第13页。
③ (清)李邺嗣《甬上耆旧诗》卷四《栖芸杨先生范》,第99页。
④ (明)程敏政《篁墩文集》卷四九《栖芸先生传》,第185页。
⑤ (清)李邺嗣《甬上耆旧诗》卷四《栖芸杨先生范》,第99页。
⑥ (民国)杨存淇《镜川杨氏宗谱》卷一九《著述》,第8页。
⑦ (民国)杨存淇《镜川杨氏宗谱》卷一九《著述》,第5页。

之前与十年之后，生活面貌完全变样。这样的盛衰经历，对人的影响可想而知。

杨范关注民生，甚至要求钦察大人"先除钱谷弊"。杨范《赠邓侍御》："绣衣奉诏出金陵，千里江山别四明。……按节先除钱谷弊，坐令黎庶乐升平。"①这当然是杨范的个人希望而已。

据说，洪武初，杨范任转输至南京，"乡先达太史傅恕、晋王傅桂彦良慎许可，与之语，奇之曰：'差役中乃有斯人邪？'"②因得人赞美，"先生遂益自励"③。考慈溪人桂彦良（？—1387）为晋王府左长史，洪武十八年（1385）告归，则此事最迟应在洪武十八年，其时杨范才11岁左右，这个时间点可能有一些问题，但杨范到南京送公粮事倒是有的。杨范《粮役到京，寄涑、昱二弟诗》称："片帆风顺到金陵，万斛钱粮力进呈。历览河山千里胜，翘瞻日月九霄明。贵人济济多行志，远客凄凄独怆情。寄语雁行须笃学，诗文大抵出公卿。"④到南京以后，得与士大夫交往，让他知道了攻读诗文的好处，从而鼓励兄弟们努力读书。

由于屡屡受打击，他们只能小心求生存。杨浩卿《咏葑里别墅诗》"可是地偏心更远，不知人世有轮蹄"⑤，心态相当好，外面人世的变化与自己无关。这样的心态也影响了儿子杨范。杨范《述志》："荣辱声名罕所闻，寰区容得一闲人。心清不管世情浊，学事岂忧家计贫。静对简编思圣理，浩吟岁月见天真。趋炎附热非吾事，惟日嚣嚣乐此身。"⑥宣德元年（1426），杨范作《自遣》诗称："往岁萍波万里侵，近来安处荜门深。青云竟失飞腾志，白首惟存学问心。朝菜暮盐甘分守，春花秋月逐时吟。承家幸有三豚子，一任萧萧鹤发侵。"⑦这二首诗反映出杨范自我边缘化的心态，不再关心外面的世务，也不愿意趋炎附势。他已经不再有飞腾的志向，只能在家安心做一点学问，思考圣学之理，过着一种自得其乐的生活。

① （民国）杨存淇《镜川杨氏宗谱》卷一九《著述》，第6页。
② （明）程敏政《篁墩文集》卷四九《栖芸先生传》，第185页。
③ （清）李邺嗣《甬上耆旧诗》卷四《栖芸杨先生范》，第99页。
④ （民国）杨存淇《镜川杨氏宗谱》卷一九《著述》，第5页。
⑤ （民国）杨存淇《镜川杨氏宗谱》卷一七《第宅》，第7页。
⑥ （民国）杨存淇《镜川杨氏宗谱》卷一九《著述》，第6页。
⑦ （民国）杨存淇《镜川杨氏宗谱》卷一九《著述》，第8页。

（2）塾师生涯

由于家道中落,他只能过着耕读生涯。宣德九年(1434),杨范作《花朝写怀》诗,称:"花面笑人春有暇,柳眉愁我老无能。且将诗酒闲消遣,禾亩连阡属子耕。"①正统二年(1437)所作《耕隐轩为胡拱宸赋》称:"年来力穑是生涯,任尔萧萧发半华。负郭有田都种稻,绕门无地不栽花。一犁雨足春无耒,数叶烟生晓煮茶。骥子读书功益进,未应终作老田家。"②他本人不再出仕,但希望儿子读书做官,不再一辈子做老农。

杨范不能做官,也不敢经商,自然只能走教书之路。"杨氏在胜国为硕宗,中荡于兵燹,至先生数益奇,乃授徒里中。"③由此可知,永乐年间,杨范成为当地的私塾老师,以教书为业。宣德九年作《九月旦湖上偶兴》:"凉气萧萧菊月初,暂休讲席过罂湖。……此时野兴浑无极,回首俄惊日已晡。"④《自高桥馆回家,道中即事》:"枫江卅里路非奢,才过罂湖便是家。……老农辍作率耕稼,稚子来迎问啜茶。"⑤罂湖是当年广德湖消失以后残留下的小湖。由此可知,他主要是在北面的高桥(今鄞州区高桥镇)一带教书,经常往来于罂湖与枫江之间。据相关资料,主要在章氏家教书。《九日思家》:"去年家里过重阳,今年迟留在异乡。……高堂鸡黍时难奉,稚子诗书日久荒。"⑥说明他有时得到更远的外乡教书。

他的学生,多为大户人家。"邑中右族子弟,恒岁从游"⑦。所谓"邑中右族子弟",指章氏、朱氏、李氏等子弟。"经生学徒,屡恒满户"⑧,说明有时也在家中教书。"莅以威严,诲以礼义,多所成就,高第历中外者颇众。"⑨"诸生凡在先生门,俱能学古,尚气节,自立,人望之,知为杨氏门人也。"⑩由于杨氏要求严格,故培养出来的弟子也相当认真,不落人下。

杨范有一个小书房,称为"樟下书窝"。其诗称:"踵门诗侣偕吟咏,满

①　(民国)杨存淇《镜川杨氏宗谱》卷一九《著述》,第9页。
②　(民国)杨存淇《镜川杨氏宗谱》卷一九《著述》,第9页。
③　(明)程敏政《篁墩文集》卷四九《栖芸先生传》,第184页。
④　(民国)杨存淇《镜川杨氏宗谱》卷一九《著述》,第9页。
⑤　(民国)杨存淇《镜川杨氏宗谱》卷一九《著述》,第9页。
⑥　(民国)杨存淇《镜川杨氏宗谱》卷一九《著述》,第9页。
⑦　(明)杨守陈《杨文懿公文集》卷一三《栖芸先生小传》,第16143页。
⑧　(明)杨守阯《吏部侍郎栖芸府君像赞》,见杨学载《镜川杨氏宗谱》卷一五《佚传》,第1页。
⑨　(明)杨守陈《杨文懿公文集》卷一三《栖芸先生小传》,第16143页。
⑩　(清)李邺嗣《甬上耆旧诗》卷四《栖芸杨先生范》,第100页。

座儒流共讲论。更嘱子孙加努力,功成及早觐宸尊。"①此诗反映出乡村文人的聚会,吟诗论经。他的最大贡献是培养了多位进士。"道高学博,为世师表。三子九孙,皆其亲教。"②杨守陈称:"伏思先祖杨九畴,博学笃行,隐居教授,乡人尊称为栖芸先生。其弟子贤才颇众,处者多为儒师,出者有至方伯。臣及臣弟应天府丞杨守随、编修杨守阯、廪膳杨守陟、进士杨守隅,自孩提童蒙之年,历被朝夕严明之教,不由他师,概知宦学。"③由此可知,杨自惩、杨守陈二代,均是杨范教育出来的人才。

(3)学术交游

杨范"大肆儒业,学博德尊,名震郡国"④,"以道德文章鸣于乡"。其父十分满意,称"是必世吾学者"⑤。杨范"德学高迈,极简交流,慎许可"⑥,其交游以宁波本地学人圈为主。"时郡中宿学有洪先生敬道、周先生礼、黄先生润玉诸人,先生师事洪氏,与赟庵、南山称执友,故其学最为有本,时称栖芸先生。"⑦此外,与栎社中林村的李孝谦、李悌谦兄弟也"往来数数,论道德而谈诗书,或竟日,或一宿以去"⑧。现存《李悌谦以诗责赘侄都翁不回省侍示予索和之诗》、《借悌谦韵赠袁得邻》诗可证此说的成立。此二诗收入《丙午集》,时间是宣德元年(1426)。杨范曾在李氏家塾教书。

杨范始学慈湖心学。"初四明之学宗慈湖,弥久不衰,若司训洪敬道、舒仲权、徐公义,暨国子周程、金宪黄润玉,皆表表者。先生少师敬道,长友礼润玉,而又请益于仲权、公义,其学益振,盖自六经诸史、百家众技,无不涉猎,卒归宿于一心,故所自立如此。"⑨据此,明初宁波尚有不少慈湖心学传人,如洪敬道、舒仲权、徐公义、周程、黄润玉。杨范直接师承洪敬道,同时又与舒仲权、徐公义、黄润玉诸人有交往。特别与黄润玉是挚友,黄润玉"独与守陈祖栖芸先生,虽显晦不伦而以道德相契。往还间,人见两先生皆

① (民国)杨存淇《镜川杨氏宗谱》卷三《古迹》,第8页。
② (清)杨秉慈《科名实录》,杨存淇《镜川杨氏宗谱》卷九《科贡》,第1页。
③ (明)杨守陈《乞移赠祖考奏疏》,杨存淇《镜川杨氏宗谱》卷八《宠命》,第2页。
④ (明)杨守陈《杨文懿公文集》卷一三《与柯孟时求志喜集序书》,第16146页。
⑤ (明)程敏政《篁墩文集》卷四九《栖芸先生传》,第184页。
⑥ 《杨文懿公文集》卷一五《耕云处士传》,第16173页。
⑦ (清)李邺嗣《甬上耆旧诗》卷四《栖芸杨先生范》,第100页。
⑧ 《杨文懿公文集》卷三《送李持敬序》,第16043页。
⑨ (明)程敏政《篁墩文集》卷四九《栖芸先生传》,第185页。

伟貌丰髯,庄重严毅,畏之若神,莫敢即。所谈惟法,性道之渊,文辞之奥,未尝一语及世故。"①黄润玉在永乐二十一年(1423)作《栖芸室铭》,称:"芸在书,吾与同卷舒;芸在室,吾与共游息。惟兹,其可谓之栖。"②其后,杨自惩也作《南山歌一百韵》③,杨守陈为黄润玉作《南山黄先生墓碣铭》,可见杨范三代与黄润玉交往之长。

杨范后来也接受程朱之学。"德尊行方,于宋儒道学渊源,深造有得,为世师表。"④既接受心学,复接受朱学,这正是明初四明地区学术风格所在。"先祖之学,私淑诸晦庵、象山之徒之再传者也。于孔门所谓尊德性而道问学者有得焉。"⑤"吾乡盛陆学,朱学宗者希。吾父栖芸翁,私淑何常师。德性与学问,尊道两不遗。卓然耸山斗,后学咸归依。"⑥杨范"笃学好古,喜诵《尚书》。手抄训诂,曰惟圣学。自尧舜禹,精一执中。惟心为主,心法相传。斯道统绪,失其本心,枝辞何补?"⑦由此可知,杨范潜心圣学。杨范"通《易》《诗》《书》三经,博涉群籍,力希濂洛关闽之学。"⑧"学力所到,自信不疑。"⑨有自己独立的见解。"德性刚方,践履诚确,视当世毁誉荣辱漠如也。"⑩

杨范虽然不做官,但声名渐大以后,也就由不得自己了。宁波知府郑珞、鄞县知县张铎"或礼其庐,或宾致以咨政"⑪。郑珞是明代宁波最著名的知府,宣德七年(1432)、正统二年(1437)曾两度任宁波知府,至正统九年(1444),前后长达13年,任职时间最长。宣德十年(1435),江西清江人张铎任鄞县知县,杨范以"德学高迈,望尊一邦"而"首被延礼"。当时,杨自惩在县府担任吏员,张铎"知其然,亦甚器重"⑫。由此可见,这位鄞县知县有

① (明)《杨文懿公文集》卷二三《南山黄先生墓碣铭》,第16254页。

② (明)黄润玉《南山黄先生家传集》卷一一《栖芸室铭》,浙江图书馆藏约园抄本。

③ (明)杨自惩《梅读稿》卷四,第18278页。

④ (明)杨守阯《宠命世载录序》,杨存淇《镜川杨氏宗谱》卷八《宠命》,第2页。

⑤ (明)杨守阯《杨文懿公文集序》,见《杨文懿公文集》卷首,第16002页。

⑥ (明)杨自惩《梅读稿》卷一《西塾韵语》,第18261页。

⑦ (清)杨学载《镜川杨氏宗谱》卷一五《佚传》,第1页。

⑧ (明)杨守陈《杨文懿公文集》卷一三《栖芸先生小传》,第16143页。

⑨ (明)程敏政《篁墩文集》卷四九《栖芸先生传》,第184页。

⑩ (明)杨守陈《杨文懿公文集》卷一三《栖芸先生小传》,第16143页。

⑪ (明)杨守陈《杨文懿公文集》卷一三《栖芸先生小传》,第16143页。

⑫ 《杨文懿公文集》卷一四《送张时用尹陈留序》,第16157页。

恩于杨范一家。可惜，因守制，张铎任职三个多月就离任了①。明代前期地方官与地方士绅的互动比较好，"往时从政者，每以礼教为大务，于境内贤士大夫，岁时造请，往来仪节，雍容甚盛。乃至山林韦布，有修辞饬行者，辄亲屈邦君之重，与之为礼，其人皆褒衣大冠，盘辟雅拜，坐则讲说今古，移日乃罢，以为常"②。

由于与地方官联系较多，所以地方政府也常会将编纂之事交给杨范来做。"聘修实录者三，郡乘者一，俱为总裁。"③所谓郡乘，应是永乐《宁波府志》。所谓实录总裁，是指地方实录资料征集总裁。杨范永乐二十年（1422）完成的《壬寅集》收有一诗，小序称："近闻朝命，令郡国纂图志。郡博楼睦中先生以予能文报，官遣庠生蔡豹、杨迪敦请。自顾谫陋不足用，因作口号以自述。"其诗称："郡国修书聘总裁，远将尺素两生来。欲为一统方舆志，愧乏三长良史才。朴学粗知蝌蚪字，拙工难造凤凰台。逊辞再四终难免，拂拭荷衣起草莱。"④由此看来，他参加过永乐《宁波府志》编纂。康熙间学者李邺嗣说："会诏天下纂修图志，太守汪旭起李本总裁郡乘，书成而卒。"⑤考汪旭为宁波知府是永乐十九年（1421），则将修府志时间点定在永乐二十年是可以成立的。全祖望《鲒埼亭集外编》卷二四《永乐宁波府志题词》以为永乐《宁波府志》修于"（永乐）六年以前也"，这应该是将两次修志时间混淆所致。从有关情况来看，永乐时期的《宁波府志》纂修，至少有两次，一是为《永乐大典》服务的，时间在永乐六年前，二是为《一统方舆志》作准备的，时间在永乐二十年左右。鄞县栎社人李孝谦（1365？—1422？）参加了两次府志纂修，前次与纪宗德（1361—1431）⑥合修，后次与杨范合修。由于这两部方志是为大典或一统志作底本的，没有独立刊刻，所以没有流传于世。

杨范前后三次参加了实录资料集的总裁工作。根据有关记载，洪熙元年（1425）、宣德元年（1426）、宣德十年（1435），为了纂修太宗、仁宗、宣宗三

---

①　嘉靖《宁波府志》卷三《秩官表》，将张铎为鄞县知县时间定为永乐十九年至宣德五年，恐误。

②　（明）陆粲《陆子余集》卷一《赠郡倅常公序》，《四库全书》文渊阁本。

③　（清）李邺嗣《甬上耆旧诗》卷四《栖芸杨先生范》，第100页。

④　（民国）杨存淇《镜川杨氏宗谱》卷一九《著述》，第9页。

⑤　（清）李邺嗣《甬上耆旧诗》卷四《至孝李先生本》，第91页。

⑥　光绪《鄞县志》卷三二《纪宗德传》。

朝实录,曾派人到各省负责各郡实录资料的编纂工作①。杨范承担了这三次实录的资料搜集工作。正统二年(1437)成的《丁巳集》收有《纂修实录次总裁钱先生韵》:"圣主宾天甫半年,纂修史籍例何先。缙绅名宦当朝选,纶綍遗音率土传。美政安民沾笔录,元勋辅国拟碑镌。草臣野处无才思,法祖春秋讵敢偏!"②说明杨范在实录资料编纂中遵循了客观全面原则。从另有"总裁钱先生"来看,杨范仅是参与编纂者,不是总裁。

(4)晚年生活

晚年,杨范造履弥笃。"老而望尊赀给,子孙荣贵,其服食言行一如人,不见其少异焉。"③穷达生活风格不变,这样的描述是适合儒士的。

杨范喜欢在屋上种芸草,这是一种香草,可以防书虫,香化居室。其叔杨起哲《题栖芸室诗》:"吾家犹子异寻常,手植仙芸绕曲房。"④由此,将其书屋命名为栖芸室,自号栖芸生。杨范《自咏》:"后生绍我辛勤志,毋让元家旧阁名。少壮穷经未足夸,老摆芸草乐无涯。"⑤杨范七十岁所作《自述》称:"家住枫江守祖基,年登七十古来稀。能增旧业辛勤子,解织新缣老耄妻。……诗书是我平生事,一室香芸足可栖。"⑥此可见他的读书生活。正统、景泰间,鄞县人杨范、王用宾,定海人陈浩渊等结为诗社,"篇章流播,价重鸡林"⑦。这是明代中叶宁波文人结社的开始。

晚年更号思诚叟,正统元年(1436),杨范建思诚堂五架。杨范十分开心,作《秋日闲居诗》称:"旧居虽户窄,新构且轩明。……朝夕但思诚。"⑧《自咏诗》称:"少小思诚至艾耆,艾耆犹自识操持。但存方寸怀真实,不使寻常有诈欺。万语千言徒口佞,三纲五典是天彝。正当笃慎成终始,只恐违忘造次时。"⑨杨守阯《吏部侍郎栖云府君像赞》:"思诚有堂,潜心以处。真知实践,希踪邹鲁。栖芸有室,藏修之所。左图右书,博观约取。矢口为

---

① 参谢贵安《明实录研究》,湖北人民出版社 2003 年,第 131—135 页。
② (民国)杨存淇《镜川杨氏宗谱》卷一九《著述》,第 9 页。
③ (明)杨守陈《杨文懿公文集》卷一三《栖芸先生小传》,第 16144 页。
④ (民国)杨存淇《镜川杨氏宗谱》卷一七《第宅》,第 7 页。
⑤ (民国)杨存淇《镜川杨氏宗谱》卷一九《著述》,第 10 页。
⑥ (民国)杨存淇《镜川杨氏宗谱》卷一九《著述》,第 10 页。
⑦ 民国《镇海县志》卷二三《陈浩渊》。
⑧ (明)杨自惩《梅读稿》卷三《栖芸先生原韵》,第 18271 页。
⑨ (清)杨学载《镜川杨氏宗谱》卷一七《第宅》,第 8 页。

文，言质理钜。"①此可见杨范以诚为高，强调按三纲五典标准，修炼性格与涵养。正统九年(1444)，杨范七十大寿。作《自咏诗》："老处芸窗喜自闲，日逢初度倍开颜。一家服食田园里，七秩春秋典籍间。瑶罍献酬朋友礼，彩衣舞拜子孙斑。幸承先德能安此，漫声吟肩作两山。"②"一家服食田园里，七秩春秋典籍间"，这正是杨范耕读生涯的表现。

晚年，儿孙满堂，有9个孙子，2个曾孙，十分欣慰。正统七年(1442)正月十六日，作诗称："一点明星照我堂，子孙宦达应天命(祥)。文章得志名方贵，灯烛联辉夜未央。不用繁弦和脆管，且将鲜味配清觞。老年已喜跻中寿，自觉榆桑景尚长。"③景泰元年，曾孙杨茂元生，作《曾孙弥月喜成口号》："元孙生子是曾孙，拟显吾宗积善门。不展酒尊招客饮，止分汤饼任人论。一家保抱渠为幼，四世相看我是尊。堂上侵晨焚宝炷，拜酬先德与乾坤。"④四代同堂，其乐融融，幸福无比。

他尤其看到了长孙杨守陈的发迹过程。杨守陈行成人礼时，作《孙守陈加冕》诗，称"阶庭綵服孙，今已冠儒巾"，他期望长孙成为"折桂"人。杨守陈也确实不负所望，以治《易》补邑庠增广生。景泰元年，杨自惩上福建就任，杨守陈前往杭州参加浙江乡试，杨范作《与自惩携守陈出行诗》称："父向闽山子浙江，之官赴举两匆忙。……双亲皓首居堂上，日听佳音入故乡。"⑤杨范又作诗称："少处家庭我授文，长游京国友如云。经师引进闻名久，郡守称扬属意勤。道慕孔颜须得志，策希董贾务超群。秋风好折蟾宫桂，满袖天香觐圣君。"⑥杨范作《喜孙守陈中解元诗》："吾孙折桂入蟾宫，归带天香满袖中。十载雪霜原剋畫，万程云路拟乘骢。作兴每赖黄金守，指荐难忘绛帐公。未有涓埃施报礼，春闱催试已匆匆。"⑦不久，杨守陈上北京应会试。杨范作《期守陈会试中式诗》："二月九日礼闱开，吾孙入试聘奇才。准拟三场中程式，更期一宴陪鼎台。风云际会日边起，雨露恩荣天

① (清)杨学载《镜川杨氏宗谱》卷一五《佚传》，第1页。
② (民国)杨存淇《镜川杨氏宗谱》卷一四《寿考》，第1页。
③ (民国)杨存淇《镜川杨氏宗谱》卷九《科贡》，第5页。
④ (民国)杨存淇《镜川杨氏宗谱》卷一九《著述》，第10页。
⑤ (民国)杨存淇《镜川杨氏宗谱》卷九《科贡》，第5页。
⑥ (民国)杨存淇《镜川杨氏宗谱》卷一《庠俊》，第2页。
⑦ (民国)杨存淇《镜川杨氏宗谱》卷九《科贡》，第5页。

上来。仁待南薰拂窗户，五千里外佳音回。"①景泰二年，杨守陈中进士。不久，进翰林。《喜守陈中甲科选为翰林庶吉士诗》："秋闱发解已称元，春试登科入禁垣。非是早年勤圣学，可能今日受皇恩？黄金殿上频趋拜，白玉堂中细讨论。老我得沾分禄养，一经乐矣教诸孙。"②景泰三年（1452）初，作《东阁口号次守陈韵十首》，其一称："寰区均沐圣人清，士子穷经志得行。身入翰林沾宠渥，坐听宫树转春莺。"③自己亲自调教出来的长孙杨守陈，竟然破了杨氏天荒，进入翰林院，着实让祖父杨范激动了一阵子。

景泰二年十一月，长子杨自惩卒。此事对杨范夫妇的打击不小。景泰三年三月初，杨范自作墓志铭，称："少而慕古，壮而学古，老而益好古，吾之行也。"④到了三月二十四日，杨范过世，享年78岁。所著《四书直说》、《道统言行集》、《栖芸稿》，可惜没有刊刻，仅家中流传，今不传。"道统一编遗手泽，直从伊洛溯唐虞"⑤，可见《道统言行集》是杨范研究程朱之学成果的汇编。

程敏政称杨范："负用世之才，而卒老死岩穴，岂其本心哉？然先生诸孙，……前后以其遗经显于时，魁元相望，簪绂竞爽。其文行焯焯，类有先生之风。先生亦固自知其有今日哉？古仁人志士，不克自见者，必有所托，以尽发其平生，不徒终也。若栖芸者，非邪！"⑥从科举家族的兴旺过程来看，杨范是一个承前启后的关键人物。杨范沉潜乡村，从事私塾教育，是杨氏由经济富户转向文化家族的开始。正是有了杨范的教育积累，镜川杨氏逐步成为科举家族。

杨范的经历，让我们关注到了乡村塾师的贡献问题。塾师是明清两代基层私立学校的教师，属于"无位无官"之人。明清两代，塾师的足迹已达城乡各个角落⑦。私塾的出现是由古代中国教育体制的特殊性决定的。中国虽是古代世界上最为重视教育的国家，然而，古代中国没有类似今天

---

① （民国）杨存淇《镜川杨氏宗谱》卷九《科贡》，第5页。
② （民国）杨存淇《镜川杨氏宗谱》卷九《科贡》，第5页。
③ （民国）杨存淇《镜川杨氏宗谱》卷一九《著述》，第10页。
④ （民国）杨存淇《镜川杨氏宗谱》卷一八《祠墓》，第18页。
⑤ （明）杨守阯《碧川诗选》卷八《焚黄即事感怀七首》。
⑥ （明）程敏政《篁墩文集》卷四九《栖芸先生传》，第185页。
⑦ 陈宝良《"富不教书"：明清塾师之生存状态及其形象》，《福建论坛》（人文社会科学版）2010年第4期。

完备的教育体制,它只管考试,不管教育。虽然官方有府县儒学与国子监,但不是正规的学校,更像今天的助考教育机构。秀才进入这些教育机构,实际是注册,学官偶尔会有教育辅导,引导其参加乡试。秀才以前的教育,完全市场化,由民间自主解决。民间自发组织的教育机构,就是私塾。明清设塾方式,主要有两种,一是在家设塾,教授学生;二是为人所聘,上门服务,人称处馆。杨范一生从事塾师活动,既有上门服务,也有在家设塾活动。一般说来,私塾的规模不大,少者几人,多者也就十多人。数量多,规模小,成本高,这是私塾的一个特点。私塾教育包括了学前教育与成人教育两大类基础教育。任何时代,基础教育的贡献,总容易让人忽视。私塾是文献中看不见的基础教育,塾师是看不见的基础教师群体。相比较而言,浙东的科举比较浙西发达,而这正是建立在浙东乡村教育比浙西发达基础上的。

2. 走向复兴之路的杨自惩

明代以儒治国,以科举选人。"昭代崇儒术,华夷溢教声。皇图天共广,圣德日初升。礼乐威仪盛,文章治化明。风生因虎啸,云翕应龙兴。俊乂俱登用,贤良总发英。"[①]在这种国家政策导向下,全社会都围绕着科举教育而转。

杨氏家族,到了永乐以后,才逐渐恢复元气。杨范生三子,即杨自惩、杨自念、杨自忞,在家谱中分别称为义大房、义二房、义三房,为第十四代。教师总是比较重视子女的教育。为了家族的复兴,三兄弟做出了不同的努力。其中,长子杨自惩起了核心作用。

(1)志期复先业

杨自惩(1396—1451),字复之,号梅读。洪武二十八年十二月五日生。杨自惩如其父,个子很高,"长身而修髯,言动有则,人望之,知为君子"[②]。他"自幼颖敏,好问学,遵父母训。年十四能干蛊"[③]。干蛊,指儿子继承父亲

---

① (明)杨自惩《梅读稿》卷三《送林郎中大人往四川详审疑狱》,第18277页。

② (明)杨守阯《赠南京吏部右侍郎先府君神道碑》,杨自惩《梅读稿》附录卷五《幽光录下》,第18348页。

③ (明)杨自惩《梅读稿》附录卷四《幽光录上·明故泉州府仓副使杨君行状》,第18333页。

的事业。"吾乡素文献,吾家本诗礼。今我不力学,汩没良可耻。"①他像父亲一样,走上了塾师之路。永乐八年(1410),16 岁的杨自惩,到西塾做老师,靠知识赚钱养家。"我今年十六,趋庭方学诗。童蒙乃求我,我岂好为师? 学焉知不足,教焉困用知。自反仍自强,古人以为期。"②可见,他将教书视为进学途径之一,坚持教学相长理念。

杨范《示男自惩诗》:"巨航渡海次边城,长夜无眠听转更。客久怕渠慵进学,家贫愧我拙谋生。……向此勤勤过晚岁,春风三月候归旌。"③此诗收入《壬辰集》,成于永乐十年(1412)。可见,这年长子杨自惩曾巨航渡海到边城,可能是做幕僚。杨范担心儿子长时间在外,影响学业,故希望他早日回家。

杨自惩"温厚阔达,学古厉行,于孝友睦任尤笃,乡人至今称叹,以为莫及。通《易经》,博览百氏,文辞典雅"④。和父亲不同的是,他志向远大,"我有万间屋,结构胸中藏。志期复先业,力乏徒慨慷。草创三四楹,废址重开荒"⑤。永乐中期,他得在故居上建起三四楹的房屋,后人称为梅读公宅。《营屋有感》:"草间卧阶石,一石数丈长。豪家争睥睨,利诱还力攘。哓哓聒吾耳,口舌相支撑。我诿白诸翁,为言公怒瞠。曰此先世物,宝重逾琳琅。欲图一瓦覆,无论千金偿。取予非道义,吾宁畏豪强? 彼知不可夺,挥手去踉跄。旧物幸存此,泰山一毫芒。"⑥由此可见,曾有豪家用利诱加抢夺之法,想获取他们的屋基地。杨范父子坚决不同意,最终保住了这块祖基。

杨自惩"茹苦躬劬,营訾植产,卓然振奋于倾覆流离之余"⑦,从此,杨氏走上了复兴家族之路。他非常辛苦,《夜泊西渡》:"曙鸡三唱别亲庭,船过西津第一程。……回首郡城犹未远,便风时送夜钟声。"《夜泊西陵阻雪》"客船暂泊浙江头",说明曾到钱塘江以西。《元旦用前韵》:"忆自离家已越旬,忽惊今日是新春。……无药可医心内癖,有诗难济客中贫。悬知兄弟

①　(明)杨自惩《梅读稿》卷一《西塾韵语》,第 18261 页。
②　(明)杨自惩《梅读稿》卷一《西塾韵语》,第 18261 页。
③　(民国)杨存淇《镜川杨氏宗谱》卷一九《著述》,第 7 页。
④　(明)杨守陈《杨文懿公文集》卷一三《与柯孟时求志喜集序书》,第 16146 页。
⑤　(明)杨自惩《梅读稿》卷三《营屋有感》,第 18271 页。
⑥　(明)杨自惩《梅读稿》卷三《营屋有感》,第 18271 页。
⑦　(明)杨守陈《杨文懿公文集》卷二四《对鸥阁记》,第 16266 页。

亲庭下，拜寿称觞少一人。"离开家乡，外出赚钱，难解心头愁。《钱塘归兴》"公事才竣别异乡，月生潮长便登航"，说明年底到杭州是出差办事。《耕读》："君子当未遇，安居守田庐。安居岂素食，既耕时读书。潜心笃经训，委力躬菑畲。……筑场伺秋登，简编恒卷舒。……谋道复谋食，心力诚勤渠。……吾今耕且读，出处知何如。将为伊尹欤？将为董生欤？"这诗首则写出了他的耕读生涯，担心以后的出路。《次王士原写情韵》："吉凶消长每相随，命禀初生讵可违？……闲事世态趋炎热，莫与常情较是非。"这首诗写出了他的人生观，祸福命定，要想成就大业，就得有一种心态，不与世事计较。《遗安堂》："世人徇名利，冯河蹈虎尾。"《偶兴》："检束身心不外求，飘然应世一虚舟。执鞭求富诚为耻，被褐居贫亦寡尤。……区区人爵何须分，惟日孳孳天爵修。"①人爵、天爵说，始于孟子。所谓人爵，就是高级的官职；所谓天爵，就是高尚的品德。他的意思，官大官小不用分，更应追求永恒的道德，那才是完美的人格修养。

杨自惩的自强自力，得到了邻村栎社张侍宗的肯定，将其女儿嫁入杨家。张氏本江苏淮阴人，后迁苏州。祖先张礼"当宋季，避金兵，渡浙，宅于吾鄞之栎社。子姓繁昌，代有显宦，号称九世簪缨之家，名声烨乎郡国"②。可见，栎社张氏是一个北方来的移民家族，且是一个世宦家族。不过，张侍宗一支并不算太富裕，"曾祖、祖，皆不仕"③。张侍宗，攻书善诗，号春乐先生，有《春乐诗稿》藏于家。张侍宗有一个女儿叫张素纶（1400—1474），此女性格如其父，"少敏慧，烹饪、翦制之事，一学辄过人远甚。性婉嬺，寡笑言，志识高远"④。鄞人议婚重"世族"，时旧家子弟鲜有当春乐意者。一日，见一少年美秀而文，一问是杨范长子杨自惩，于是下决心将女儿许配给他为妻。杨家托媒婆问名，商量婚姻之事。张氏亲朋坚决反对，称："是虽旧家大族，奈其贫何也？"张侍宗亲自跑到镜川调查，有人指着杨范三间破屋说"此弊屋，仅三间，空如悬磬，奈何欲女之？"张侍宗态度十分坚决，认为："世有才如杨氏，而终穷者乎？"有人给其女张素纶出主意，称"汝父陷汝于贫家，将终身不任困苦"，为什么不要求母亲出面阻止呢？结果，张素纶

---

① 以上诗见杨自惩《梅读稿》卷一，第 18263、18264 页。
② （明）杨守陈《杨文懿公文集》卷一三《怀德堂记》，第 16152 页。
③ （明）章镒《敕封杨太孺人行状》，杨自惩《梅读稿》附录卷五《幽光录下》，第 18342 页。
④ （明）章镒《敕封杨太孺人行状》，杨自惩《梅读稿》附录卷五《幽光录下》，第 18342 页。

不为所动。张侍宗大喜,称:"吾固知吾女志识不凡。"①于是,婚姻成功,嫁入杨家,时间约在永乐后期。由此可见,张侍宗、张素纶父女看重杨自惩的正是其责任心与能力,相信他未来有较大的成长空间。

宁波杨氏的发迹,与夫人张素纶的聪明能干不无关系。结婚时,杨自惩仅有破屋三间,有田数亩,园圃数十畦,是一个小自耕农。婚后,杨夫人亲自"纺绩为布帛鬻之,又缀白华草为帽鬻之,又取其珠翠金银、绮缟组绣之物鬻之,赀用日裕,田园日增"②。杨夫人亲自织布帛、做草帽,且将之出售,这就是民间家庭手工业。宁波西乡有做草帽的传统,这是一个典型的案例。

(2)三献竟不售

杨自惩不同于其父,决心走科举之路。约宣德七年(1432)③秋天八月,杨自惩到杭州参加浙江乡试。其时 37 岁,人到中年,报考的是《易》经。张楷称"乡友杨公复之,三世读《易》,学行俱优,交好甚笃"④。杨自惩心情非常复杂,作《应举述怀》诗,称:"自少罹家难,辛勤幸有家。正宜锄莠草,强要踏槐花。白屋门将大,青云路不赊。犹嫌干禄晚,亲鬓已将华。"⑤由此可知,杨自惩参加科举考试,并非出其本愿,而是外力的作用,可能是受到地方官的推荐。按明朝习惯,得考中秀才,才有资格考举人。我们未见杨自惩成为秀才的记载,则他是经地方政府的推荐,直接报考举人的。明代前期,科举制度尚未完全定型,故有较多的例外管道可供特殊人才寻找出路。

明代的乡试在秋八月,共分三场进行,首场于八月初九日举行,次场在八月十二日举行,第三场在八月十五日举行。遗憾的是,也许是考试经验不丰富,杨自惩出师不利,落榜了。考完以后,杨自惩感叹:"是有命焉,然不可遽已,吾将利吾器,以俟命。"⑥他想回宁波,适遇大雨,作《失解将还,阻雨遣兴》诗。《雨夜书愁次友人韵》:"儿龄尚幼凭谁抚,亲寿将衰每自惊。

① (明)章镒《敕封杨太孺人行状》,杨自惩《梅读稿》附录卷五《幽光录下》,第 18342 页。
② (明)章镒《敕封杨太孺人行状》,杨自惩《梅读稿》附录卷五《幽光录下》,第 18343 页。
③ 有关文献只说"宣德间",未详何年。查明代科举文献,宣德间有宣德四年、七年两次乡试。从有关文献来看,他只考过一次。又考虑到宣德末马上被人强征为吏,则宣德七年可能性大。
④ (明)杨自惩《梅读稿》附录卷三,第 18326 页。
⑤ (明)杨自惩《梅读稿》卷二《应举述怀》,第 18265 页。
⑥ (明)萧镒《故泉州府仓副使杨君墓志铭》,杨自惩《梅读稿》附录卷四《幽光录上》,第 18335 页。

竟夕几回成永叹，何当忠孝两全情。……十年往事都成梦，万里修程未促装。"《端午感兴》："三历端阳不奉亲，今年侨寓倍伤神。囊金欲尽思归切，诗卷常增感兴频。"为了不让家中父母担心，他让仆人提前回家报信。《遣仆回家》："身居逆旅若羁栖，遥想双亲泪暗垂。一纸平安先走报，回期只在月圆时。"①《途中偶成》："劳生尘务苦相羁，跋涉艰难只自知。……自古圣贤多涉难，乐天安命复何疑！"②由此可知，杨自惩的心态尚好。

乡试虽然没有成功，但杨自惩成为鄞县著名人物。鄞县知县想找几个地方名人做吏员，他聘杨自惩为"从事"，但杨自惩坚决不干。何以如此？有两大可能，一是怕耽误科举前程。明代的吏与官，区分十分清楚，做了吏，就不能再走科举之路做官了。二是其叔父杨昱的负面经验，也让人产生恐惧心理。但知县软硬兼施，甚至将杨自惩二弟捆起来，逼着杨自惩来县府工作。书生斗不过知县，杨自惩没有办法，最后只得接受。宣德八年（1433），杨自惩带着夫人张氏来到了宁波城中，在县府南面租屋住了下来。杨自惩在县府的职务，或作"从事"，或作"书记"，精确地说是刑掾生，就是负责县府衙门刑科书记员工作。

杨自惩菩萨心肠，总想保护人，故时人对他的口碑相当好，人称"杨佛"。有一次，有一位叫吴甲的人，为势家所诬。知县下令痛打，流血满面，怒犹未息。杨自惩实在看不过去，跪着替吴甲求情，知县曰："此人越法背理，不由不怒。"杨自惩叩头曰："窃闻曾子云'如得其情，哀矜弗喜'，喜且不可，而况怒乎？"知县态度稍为改变。杨自惩家素贫，县吏有常例馈遗，他一无所取。遇到囚犯缺粮，他还会多方赈救。一日，有新囚数人待哺，他自己家中亦缺米。他与妻子商量，妻子曰："囚何来？"杨自惩曰："自杭而来，沿途忍饥，五日不食矣。"其妻张氏也很爽气，将釜中米撤下，改煮稀粥，让囚犯们吃③。

身在曹营身在汉，杨自惩虽在县府从事吏掾的工作，但仍想着科举之事。《次韵答闻国雍》："嗟予鲜才能，生长由村落。朝出事农功，夕归坐书幕。夏夜每囊萤，秋风期荐鹗。科名未有成，辟命何其迫。"他不喜欢县上急着聘他为吏。《客舍病中》："雨窗病卧叹羁栖，欲奏长杨事已

---

① 以上诗，见（明）杨自惩《梅读稿》卷二，第18265—18266页。
② （明）杨自惩《梅读稿》卷二，第18266页。
③ （清）雍正《浙江通志》卷一八八《杨自惩》，第198页。

非。老过四旬运不遇,荒残三径未能归。青云宦业成虚慕,白发亲颜奈久违。愁闷转深扶起坐,忽惊西日到幽扉。"由此可见矛盾之情。过了四十岁,仍没有成功,怎能不让人发愁。《自和》:"奈我于今出处非,……业勤经史从人笑……常想拂衣归隐处……"《次韵答李昂先生》:"官曹繁冗惭劳役,学馆清幽羡讲明",可见不喜欢为吏工作。《和卜振舍韵》:"独愧疏才负知己,何时挟策听传胪。"《奉和父亲为子感叹严韵》:"幸闻诗礼侍庭闱,射策深怀合有司。一落泥涂身久困,再瞻霄汉事都非。"①可见,在县府工作的他非常不安心。不过,妻子在身边照顾,多少有一些安慰。《遣闷》:"公退且欣家酿熟,一壶留客醉斜晖。"

他时刻想念着家中的父母。城内离乡下镜川有三十里路,有什么好吃的东西,他总会想着派人送到乡下。因为有了一个固定的工作,经济实力有所增加,杨自惩在乡下老家扩建了房屋。正统元年(1436)七月作新屋"思诚堂"。正逢打桩基,夫人生了第二个儿子,于是取名守阯。"我生一长男,今已十二岁。……立基子乃生,是名曰守阯。我今有两儿,长者颇腾异。少者知何如,竞爽未可冀。欲教俱成贤,从违听天意。"②有了两个儿子,他十分自豪,决心将两个儿子培育成才。从正统元年至五年,作的诗不多,可见生活比较平稳。

到了正统五年(1440),"满六载",杨自惩终得解脱,其时46岁。"正统庚申,上吏部。秋官郎中林厚延授诸子经。辛酉、甲子,试京闱,皆不偶。乙丑秋,满考,赐冠带。侍郎李公蕡延,如林礼。"③这是戚澜对杨自惩北京生活的简略描述,现在有必要再结合其他资料作一详细考察。

先来谈一下,杨自惩上北京做什么?杨守陈说"上吏部",冯损之称"公被荐入朝,请试艺于京闱,弗售"④。由此可知,他是经地方政府推荐,参加吏部考试,进而参加顺天乡试的。杨自惩宣德末年曾参加浙江乡试,现在又可以参加顺天府乡试,说明当时乡试应试人员来源尚广泛,优秀的吏员也有资格参加乡试考试。

正统五年九月,杨自惩与三弟杨自忞一起,从宁波出发,往北京方向

---

① 以上诗,见(明)杨自惩《梅读稿》卷二、卷三,第18266—18267、18270、18272—18273页。
② (明)杨自惩《梅读稿》卷三《名子志喜》,第18271页。
③ (明)戚澜《明故泉州府仓副使杨君行状》,杨自惩《梅读稿》附录卷四《幽光录上》,第18334页。
④ (明)冯损之《敬梅轩记》,《梅读稿》附录卷一,第18317页。

走。杨自惩作《惜别》："秋月何皎皎，我心何悄悄。行迈逼公期，家常说难
了。二亲古稀年，鬓发总华皓。温清奈暌违，甘腴愁缺少。一弟独当家，百
事胶且扰。亲故需往还，田园虞旱涝。为嘱慎支吾，家声务承绍。回头顾
病夷，莫为离愁搅。晨昏自调燮，勿药早安好。竭力事公姑，宽心抚诸小。
大儿年二八，时务未能晓。颇解诵诗书，丁宁力探讨。小儿尚茧茧，但觅梨
与枣。三儿又呱呱，提携方襁褓。舍之强升堂，劝亲勿忧恼。百拜话言多，
薄晚犹谓早。忍泪出门畿，中心怒如捣。念昔奉明海，誓全忠孝道。远行
岂徒哉，遗体当慎保。名期厕甲科，绩当书上考。坂马骤康庄，辇鹰奋云
表。早晚锦衣还，团圞谢穹昊。"①这是杨自惩兄弟第一次远行北京。当
时，上有二老，中有病妻，下有三个儿子，家中只有二弟当家。为了全忠孝
道，他只能忍痛割爱，希望早日取得功名。儿子杨守陈也作《惜别》诗，反复
叮嘱："悽悽重悽悽，父子生别离。临歧长太息，再拜前致辞。父行在功名，
迢迢上京畿。道路阻且长，焉能免驱驰。宿水更餐风，临深复登危。晨昏
谁定省，出入谁扶持。全躯宜自调，保燮须以时。"②杨自惩《与侄守陶诗》：
"已将心许国，肯把泪沾巾。"③经过杭州时，多住了一段时间。《途中寄
友》："读书半担上神京，船过钱塘缓一程。萍水多逢新契友，金兰难忘旧交
情。"可见，他在杭州交了不少朋友。

　　从关有信息来看，杨自惩到北京以后，一时没有找到做官机会。不过，
他通过给官员子女当私塾老师而结识了不少官员，如刑部郎中林厚。广东
潮阳人林厚是永乐十九年(1421)进士，他有林廷举等五个儿子。林厚在家
设文馆，请杨自惩做家庭老师，教授其子应考。正统六年(1441)春，翰林院
检讨陈纪在林厚家文馆识杨自惩，于是将自己儿子陈祯也送来读书。"先
君子德学高迈，仕虽落拓，而所交多显贵俊贤魁垒之士。与人虽泛爱博容，
而心之所契合，口之所称许者无几。"④这说明杨自惩在北京的交游是比较
广的。

　　杨自惩的北京旅舍在明时坊一带。三月十九日，父亲生日到，作《父亲
生日》："去岁今朝捧寿筋，今年卧病在他乡。"不久，父亲杨范写来一首诗

① (明)杨自惩《梅读稿》卷三，第18272页。
② (明)杨自惩《梅读稿》卷三《同题守陈作》，第18273页。
③ (明)杨自惩《梅读稿》卷三，第18273页。
④ (明)杨守陈《杨文懿公文集》一三《送陈先生序》，第1页。

信,称:"秋深别我到春中,未见音书便附鸿。觐阙何时登禄仕,居家投老作儒翁。乡间亲旧情无异,畿甸交游志埶同。待汝高攀蟾窟桂,显扬教子一经功。"这首诗充分表达了杨范的望子成龙之情。如果科举成功,就会让杨氏教子一经的功效得到验证。

侨居生活是十分单调的,《和林进士廷举秋兴八首韵》"客居全似出家僧",《遣兴》"旅馆如僧舍,萧条历岁时"。时间过得相当快,回报却没有结果。因没能及时考取功名,自然无法报答家人,《除夜》:"君亲未有涓埃报,争奈星星发渐多。"藕桥朱氏是其母亲娘家,新庄周氏是其母姨家,两者处于相邻之村。杨自惩偶也给宁波的亲戚写信,《寄朱、周二姓亲契》诗称:"忆陪群彦笑谈初,争为浮名迹渐疏。……乡音契阔嗟无雁,旅馆从容幸有鱼。欲待蟾宫攀桂后,香风满袖拜华居。"《寄栎阳李宅诸亲》:"湖上扁舟成别恨,云中尺素寓归心。"《寄张三舅》:"今喜此身强健在,平安先写报姻亲。"①栎社的李氏、张氏,也是杨自惩亲戚家。因为要参与科举竞争,竟然与亲戚们联系也少了。这里表达了他准备考上进士后回乡看亲戚的愿望。

约正统六年,杨自惩作《南山歌一百韵》:"少年于此巢云松,壮游湖海名誉隆。迩来侨居都城中,都人目作南山翁。……长安街上一相逢,为言命在须信从。草不谢荣于春风,木宁怨落于秋冬。但能宣宣求诸躬,自然利动为时庸。话阑始觉情兴浓,歌作南山持赠公。"②由此可见,他在北京时曾与父亲老友、同乡黄润玉有所联系。黄润玉的鼓励,让他精神大增。

杨自惩参加了正统六年(1441)八月的顺天府乡试。可惜,杨自惩落榜,时年46岁。不过,他仍不死心,决心再搏一次。《京闱失解遣怀》诗称:"桂香会见重开日,杏苑应知别有春。更把韦编三过读,流行坎止任洪钧。"③《奉和父亲严韵》:"秋风未遂飞腾志,夜雨宁忘读诵心。"④

他十分惦念在家读书的儿子杨守陈。《示男守陈》诗称:"旅寓虽云风月多,不堪光景渐蹉跎。欲攀丹桂徒劳尔,深忆黄花可奈何。大父母前心必敬,慈亲膝下气须和。力行尽有余闲日,务向镫窗细琢磨。"忙于科考的杨自惩,没有心情欣赏四时岁月,一直为光阴流逝过快、没有考试实效而备

①　以上诗,见(明)杨自惩《梅读稿》卷四,第18276—18280、18286页。
②　(明)杨自惩《梅读稿》卷四,第18278、18279页。
③　(明)杨自惩《梅读稿》卷四,第18278页。
④　(明)杨自惩《梅读稿》卷四,第18278页。

受折磨。他要儿子孝顺长辈，同时抓紧时间学习。杨守陈奉答诗称："一自违颜岁月多，遥闻仕路尚蹉跎。久疏温情知安否，缺奉甘腴奈远何？大器欲成终在晚，严寒将尽定回和。却怜愚子犹童稚，也把窗前铁砚磨。"①杨守陈表达了自己的关注之情，也鼓励父亲坚持大器晚成之念，自己虽小，但会刻苦努力的。

三弟杨自忞觉得北京的文化教育氛围好，也可能是意识到长兄杨自惩科举考试成功概率过低，转而将希望寄托在下一代人身上，鼓动大哥将侄子杨守陈带到北京来读书。杨自惩同意了，于是，杨自忞年底回到了宁波。正统七年(1442)春节后，杨自忞带着杨守陈来到了北京，那年杨守陈18岁。到了年底，杨自忞、杨守陈再次回宁波过年。

转眼到了正统八年(1443)春，在北京已经生活了三年，杨自惩因不能替父亲作寿而遗憾，《春日思亲》："为客三年不寿亲……归计无由决，青衫苦绊人。"不久，杨自忞带着杨守陈再次来到北京，杨自惩作《喜勉之携守陈复至》诗："宦途犹未达，旅舍静如庵。久矣亲僮仆，俄然会弟男。剩沽邻舍酒，香擘故园柑。至喜拼沉醉，挑镫彻夜谈。"②能吃到故乡的柑，从邻居家购来剩下的酒，高兴地彻夜交谈，可见杨自惩激动之情。杨守陈《奉和》："大器无人识，深藏且待时。浩歌风拂座，高枕月穿帷。慕主期匡主，怜儿肯教儿。凭将一编《易》，更质几重疑。"③

正统九年(1444)八月，杨自惩再次参加顺天乡试。可惜，再次失败。《甲子京闱又失解》："屈首穷经鬓半斑，岂知入芥转多艰。科名又在孙山外，仕宦无论季孟闲。王氏三槐曾手植，却林一桂待儿攀。"他知道自己科考无望，只能寄希望于儿子来实现了。科场失意，使他精神受挫，大病一场，《病后感怀》："病卧经旬不出庐，起来殊觉意踌躇。"④这一年，他49岁。思考再三，不得已，只好退而求其次，出仕小吏。杨自惩大为感叹："治经学道，犹将以行之也。不意命之奇一至此乎！"不过转而一想，"孔子犹为乘田委吏，况吾二亲尚存，敢择禄耶！"⑤这是他为自己寻找到的合理理由。

---

① （明）杨自惩《梅读稿》卷四，第18278页。
② （明）杨自惩《梅读稿》卷四，第18281页。
③ （明）杨自惩《梅读稿》卷五，第18286页。
④ 以上诗，见（明）杨自惩《梅读稿》卷五，第18282页。
⑤ （明）杨守阯《梅读稿序》，见杨自惩《梅读稿》卷首，第18259页。

正统十年(1445)，三月十九日，父亲生日又到，作《乙丑三月父诞日》。这年，林厚长子林廷举中进士，林厚出任山西参政，于是林家教馆要取消。这个时候，兵部侍郎李贲看中了杨自惩，"闻先生之贤，延聘于家，授其诸子经，而林氏昆季泊予子祯，复得就正门墙"①。李贲(? —1448)，字茂实，长洲人，永乐进士。由于教馆缘故，林厚、李贲成为杨自惩的两大知己。八月，入官吏部、给事工部。详细工作没有说，应是为吏。从《潞河晓发》"行李不如旧，衣冠颇觉新"、杨守陈奉和诗"季父琴书旧，家君衣冠新"②来看，他穿着新官服。年底，父亲来信，杨自惩作《奉答父亲寄示诗韵》："严父高堂远寄声，开缄如见彩云生。诗宗李杜原无敌，道学程朱更有名。只愧愚儿违孝养，空随俊士慕恩荣。如今报道归宁日，花满春山锦绣明。"③

到了正统十年底，杨自惩兄弟、父子三人没有回宁波过年。到了除夕夜，伤而作《除夜》诗："新岁将来旧岁过，客窗便觉转阳和。且然爆竹除残耗，还著朝衫看舞傩。绿酒饮余愁尚在，清灯坐久夜如何。君亲未有涓埃报，争奈星星发渐多。"④这首诗充分体现了杨自惩的忠孝素志，"辞气温厚，属对精切，而蔼然忠孝之念见之，篇终所谓和而庄，宽而密，发乎情，止乎礼义者欤！……夫当天空景晏、旅寓孤羁，其寄情节序，忘其抑郁不平而惟君亲在意，非知道能然欤！"⑤杨守陈成名后，在京的李贲、林厚、丘濬、许彬、张楷、钱溥、夏时正等37位知名士大夫读了此诗后，纷纷奉和。成化十三年，杨守陈整理箱中旧稿，编成了《岁除高咏卷》。冬天，夏时正作叙。成化十四年(1478)九月，韩雍作《跋梅读先生遗卷》⑥。

正统十一年(1446)四月，自京师谒告，三人归宁波。四月初，大理寺副陈纪作文送他。四月十一日，从潞河出发，正式开始返乡之旅。一个多月以后，回到宁波。这次在家省亲时间比较长，近三年。在这段时间里，与张楷、金湜、陈敬宗、黄润玉、姚夔、陆瑜、毛弘、章镒等有较多的交往，相互唱和了读《易》方面的诗⑦。正统十三年(1448)，其时已53岁，《记年》："今年

①　(明)陈纪《送杨先生归省序》，杨自惩《梅读稿》附录卷三，第18329页。

②　(明)杨自惩《梅读稿》卷六，第18288页。

③　(明)杨自惩《梅读稿》卷五，第18287页。

④　(明)杨自惩《梅读稿》卷五，第18287页。

⑤　(明)夏时正《岁除高咏卷叙》，杨自惩《梅读稿》附录卷二，第18319页。

⑥　(明)杨自惩《梅读附录》卷二，第18325页。

⑦　见(明)杨自惩《梅读稿·梅读附稿》卷一。

五十三,渐觉鬓星添。……一经难致用,三径未容潜。"虽然一经难致用,他仍在等待机会出仕。

在杨自惩离家期间,家中之事全靠二弟与自己夫人张氏料理。张氏将金银首饰拿出来典当给人,用来借谷。尤其是鼓励儿子杨守陈读书。宁波屡遭岁荒,家中无法开支。又卖掉了一些首饰,供儿子读书。又取下自己头上两个银簪给儿子,杨守陈不好意思拿,张氏说："吾无用此矣。愿汝力学,成尔父之志。幸而得遂,可偿我以凤冠霞帔,此安足惜。然汝当常宜存惜簪之念,学则勤苦,必成,则清白无玷可矣。"①张氏留下一首诗,称："妾本农家素服儒,儿童莫怪食无鱼。菜羹亦勿和油煮,留与青灯夜读书。"②作为沿海的宁波人,最喜欢吃鱼,有鱼吃是最为快乐之事。也可见当时菜油相当稀缺,油灯也用菜油。为了读书,宁可省下炒菜所用菜油。这确实是一个会勤俭持家的母亲。

正统十四年(1449)三月,杨自惩重回北京待选。到钱塘江时,正逢征讨处州叶宗留起义的官军经过,结果无舟可借。幸他的学生、御史林廷举送了双舟,解决了杨自惩北上的交通工具问题。三月十六日,得从杭州拱宸桥的枯树湾入京杭大运河。四月到达天津,谒拜了小叔坟墓。不久到达北京,《到湾登车入城》："客路五千里,辛勤良可哀。陆行嗟踯躅,水涉苦沿洄。"③八月,北元进攻北京,皇帝准备亲征,杨自惩知道后,草疏大略,称:"兵,凶器;战,危事。万乘之重,不宜轻举,惟明信赏罚,以驭将士之用命与不用命者,则虏不足平也。"不久,发生土木之变。十月,北元进攻京师,引起军事危机。杨自惩"目击时事,忠愤痛切,为作《咏史集句》二十章。识者以为长歌之哀过于恸哭者也"④。

(3)晚任仓副使

正统十四年底,杨自惩"随例,积功劳",终谋得泉州府仓副使一职,从此"入仕版"⑤。对此,杨自惩自然不满,但也没有办法,年岁不饶人,只得

---

①　(明)杨自惩《梅读稿》附录卷五《幽光录下·敕封杨太孺人行状》,第18343页。

②　(民国)杨存淇《镜川杨氏宗谱》卷一九《著述》,第15页。

③　(明)杨自惩《梅读稿》卷六,第18293页。

④　(明)杨守阯《赠南京吏部右侍郎君先府君神道碑》,杨自惩《梅读稿》附录卷五《幽光录下》,第18348页。

⑤　(明)杨守阯《赠南京吏部右侍郎君先府君神道碑》,杨自惩《梅读稿》附录卷五《幽光录下》,第18348页。

将就。另一个原因，应是浙江乡试时间来临了，长子杨守陈将回浙江应乡试。景泰元年(1450)过年以后，杨自惩兄弟南归。《赴官泉州途中偶兴》"兄弟谈笑出都城"，由此可见，杨自惩兄弟心情十分好。前后十年，总算没有白费劲。四月十一日到家，再次看望父母。同时，也得集中时间辅导儿子杨守陈应举。秋八月，杨自惩带上三弟杨自忞及两个儿子到杭州。因为，杨守陈要参加八月初的浙江乡试。杨自惩自己则带了三弟杨自忞与小儿子杨守阯赴泉州上任，作《武林别守陈》诗，称"父向南闽子在杭"。《张埠夜雨》称："南奔北走知何事，不觉令人早白头。"《甘岭夜宿》："尽道为官多自在，谁知经涉许多难。"①

杨自惩到福州，作《到福州城》："遥想浙藩开榜处，大儿应已占鳌头。"九月十日，杨自惩一行三人到达泉州府，正式上任。到任后，受府檄，监押重囚十多人到按察司论决。同押者怕犯人路上逃跑，主张打断犯人们的小腿。杨自惩坚决反对，"彼所犯法，惟应一死耳，不宜非法虐之。且审录之际，或有可生之路。今虐之，因而致死，是法未必死而虐之以死也。不死，亦为废人矣。法未必死而致之死，无废疾而使为废人，吾不忍为也，惟谨护之而已。"②由此可见杨自惩的慈悲与守法想法。

不久，传来儿子杨守陈考上浙江乡试第一名即解元的消息，杨自惩好不兴奋，作《喜守陈中解元》诗："读书中举分当然，何幸题名独占先。更拟来年春色好，五云深处听胪传。"③杨守阯作《次韵寄解元兄》："弟今闻喜兴遥想，衣钵他年许可传。"④在桐城的从弟杨守阽听说杨守陈中举后，作《次韵寄兄》"小弟愚顽无所成，也思读《易》绍家传"⑤。由此可见，杨守陈的成功，鼓励了家族成员纷纷走科举之路。

到了这年的年三十，杨自惩在泉州，无法回家过年，在北京的杨守陈也无法回宁波过年，十分伤感，作《岁除偶成》："我在他乡父在家，大儿应已到京华。可怜骨肉分三处，何日团聚共一家。"杨自惩是一个非常顾家的好男人，

---

① 以上诗，见(明)杨自惩《梅读稿》卷七，第18295—18298页。

② (明)杨守阯《赠南京吏部右侍郎先府君神道碑》，杨自惩《梅读稿》附录卷五《幽光录下》，第18348页。

③ (明)杨自惩《梅读稿》卷八《喜守陈中解元》，第18301页。

④ (明)杨自惩《梅读稿》卷七，第18301页。《碧川诗选》卷一作《闻镜川大兄领解额次家大人韵志喜》。

⑤ (明)杨自惩《梅读稿》卷七，第18301页。

但为了功名，他又不得不牺牲与家人团聚的机会。景泰二年（1451）初作《辛未正旦偶题》："去年今日觐龙颜，今日栖栖在八蛮。潦倒尽添双鬓雪，勤劳亦尽寸心丹。"①

这年二月，杨守陈参加北京的会试，考得十三名。三月殿试后，成为进士。又得选为庶吉士，入馆读书。消息传来，杨自惩真是高兴，作《得男守陈庶吉士兄》："武林一别半年余，日日凝望未得书。旅馆忽逢天上客，喜闻潇洒玉堂居。"②杨自惩高兴地说："吾平生有志科第，非以徼利达欲，为行道之阶耳。今吾儿阶此以进道，其可行乎！"由此可见，实现自己的经世思想，是杨自惩努力奋斗科举的目标所在。勉励杨守陈行忠义仁恕、致君泽民之道。又对弟子们说："顺理行将去，从天付命来。"③杨守阯《次韵寄吉士兄》："伯氏胸藏万卷余，一官还读禁中书。"从弟杨守陾《次韵同寄》："愚蒙见此犹思奋，谁肯终身浙水居。"④兄弟们也想着有机会到北京发展，不想长期局于浙东一隅。

一直苦于应举的杨自惩入仕以后，工作积极性相当高。景泰二年（1451）夏五月，因深得地方官的信任，被派往德化县，代理知县事。德化县在群山中，瘴气相当重，其他官员多不肯前往。杨自惩欣然前往，称："吾常恨不得一郡一邑，以施吾经世安民之道，此犹不可为之兆乎！"不久，上司要他到永春县，负责指挥民兵，对付邓茂七起义余部，别人不肯去做，他也很乐意，称："吾恨不得一障乘之，以施吾禁暴戢兵之策，此岂不可以少试之乎！"于是，他往来二县间，"抚创残之民，平反侧之寇，保之如赤子，扰之如龙蛇，卒致民安而寇弭，四境宁谧"⑤。杨自惩《寓德化县布政分司偶成》诗称："操习民兵奉府书，不应暂假此公居。三间冷屋秋风里，四望焦原野烧余。兰蕙根苗须灌溉，菅茅萌蘖务芟除。于今境土皆宁靖，欲恤疲癃愧不如。"此诗表达了安抚地方的决心。杨守阯《奉和》诗称："邑里经兵燹，公私一燎毛。吏胥无案牍，徒隶尽弓刀。勤政头如葆，忧民目正蒿。宦途谁复

---

① 以上诗，见（明）杨自惩《梅读稿》卷七，第 18302 页。
② （明）杨自惩《梅读稿》卷七，第 18302 页。
③ （明）杨守阯《赠南京吏部右侍郎先府君神道碑》，杨自惩《梅读稿》附录卷五《幽光录下》，第 18348 页。
④ 以上诗，见（明）杨自惩《梅读稿》卷八，第 18302 页。
⑤ （明）杨守阯《先大夫梅读存稿目录序》，杨自惩《梅读稿》卷首，第 18259 页。

尔,吾父独贤劳。""瓦砾创残地,春来土不毛。士风忘俎豆,民俗竞锥刀。……于焉设政教,朝暮不辞劳。""奉檄初来日,烦苛如蝟毛。强梁腹有剑,柔佞笑中刀。……流离民渐复,耕凿不知劳""抚绥才两月,犬足已生毛。有地皆牵犊,无人更佩刀。"①由此可见,杨自惩工作十分投入。经过他的努力,也确实取得了一些实绩,流民得以安定下来,从事农耕生产。杨自惩是一个有理想、也想有所作为的士大夫,他也是一个历经艰难才好不容易入仕的人,自然十分珍惜这种可以实现自己理想、可以锻炼人的机会。这是他与那些轻松入仕、不肯吃苦的官僚不同的地方。从杨自惩的所作所为可以发现,明朝部分地方官员的为民思想是相当浓厚的。

秋九月,还泉州,受到监司御史的肯定。

杨自惩由于长期"不获如志",信心受挫,"恒悒悒不乐",导致身体不好。过分投入工作,拖垮了他的身体,又不适应环境,从而患上了"疫疾"②。景泰二年十一月三日卒于官,享年 57 岁。夏时正称:"复之先生学行过人,老而弥坚,徘徊仕途,竟得一司仓。有子登科,已禄养而大,故及之,岂非命欤!"③年底,杨自忞、杨守阯叔侄经过长途跋涉,扶柩归乡。夫人张氏大为悲痛,称:"君顾父母之养,命我不随任,孝也。我从君之命,欲成君之孝,亦顺也。子孝妇顺,而神不我祐,奈何乎天!"④确实,为了科举考试,杨自惩夫妇牺牲了大部分的相聚时间,长期分居两地。

杨守陈《自述》:"我家古大族,累叶擅高赀。国初法令严,豪右势皆危。明明曾大父,避地能见几。网罗幸仅免,重徭犹困之。遭讼复逃难,父子各东西。脱归傡人屋,旧宅荡无遗。我父抱才志,干蛊自童时。挥金复故亩,扫砾筑荒基。虽罹百艰冗,经术犹自治。孝友无间言,睦姻众皆推。家业一已立,文藻日益摛。奋欲取科第,隆主庇群黎。文场偶未捷,被迫入曹司。三献竟不售,一命嗟何卑。昂昂九皋鹤,垂趋随群鸡。骐骥困处坂,顿踣埋尘泥。平生经世才,卒老不获施。惟有克家绩,百代犹足垂。遗荫终

---

① 以上诗,见杨自惩《梅读稿》卷八,第 18303—18304 页。
② (明)洪常《赠兵部职方司员外郎韦庵公行状》,杨存淇《镜川杨氏宗谱》卷二七《轶传》,第 1 页。
③ (明)杨自惩《梅读稿》附录卷四《幽光录上》,第 18338 页。
④ (明)杨守阯《赠南京吏部右侍郎先府君神道碑》,杨自惩《梅读稿》附录卷五《幽光录下》,第 18348 页。

所赖,孤儿独长思。仰视白云屋,俯观绿水畦。物在人已亡,能不增痛悲。"①这首诗概述了明初镜川杨氏的兴起过程,怀念了父亲的成绩,这应是杨守陈中进士以后所作的自述诗。回顾杨氏发迹过程,是与其祖父孙三代的持之以恒的辛勤努力分不开的。杨范从教是起点,杨自惩兄弟上北京是媒介,最终杨守陈修成正果。杨自惩虽然只谋得小官,但带出了儿子杨守陈。也许正因为这种奠基作用,所以,杨守陈念念不忘替祖父争取恩荣。这个过程花了一些时间,但最终达到了目的。天顺六年(1462),以长子杨守陈贵,赠翰林院编修。成化十五年(1479),加赠侍讲学士。弘治十二年(1499),以次子杨守阯贵,赠通议大夫、南京吏部右侍郎。

杨自惩作品有《梅读稿》、《大明律赋》、《潜虚注》,今惟《梅读稿》传世。"以资禄养,非其好也。亦善词赋,与父竞爽,名闻海上。"②

杨自惩擅长《易》经。"治经莫于《易》,羲、文、周、孔四圣之精蕴在焉。以程、邵、朱之说为入门,潜心力学,无间寒暑晨夜。取唐人诗'起傍梅花读《周易》'之句,因号梅读。其后,一门《易》学,屡魁多士,实肇乎此。"③在杨氏发迹过程中,杨自惩扮演了经师的角色。他的《易》学虽来源于父亲,但杨范没有科举考试的实战经验。杨自惩参加过三次乡试,有着丰富的理论与实践经验,这是他能成为优秀《易》学经师的原因所在。

杨自惩一生,可以说是一个没有自我利益的人,一生为国为家而努力。《送贰尹范君某之黄陂序》:"牧民之职,莫重于县官之设,有令有佐,虽其职位有差而责任之重则无差焉。……余惟圣朝设官分理,所以为民也。尔之往亦惟体圣朝爱民之心,……奚暇与一邑之等差校哉?"④他不计个人利益得失,不计个人职位高低。这种将国家利益置于个人利益之上的人生观,正是中国正直士大夫的典型人生观。"予尝读鲁论,有曰:不患无位,患所以立。至哉,圣人之言也! 今观世之人,惟思不得崇其位者为患,不思所以立乎其位者为患。苟不思所以立乎其位,虽微倖崇乎其位而不致下人之

---

① (民国)杨存淇《镜川杨氏宗谱》卷一九《著述》,第20页。

② (明)张时彻《湖广沔阳州知州杨公茂清墓碑铭》,见焦竑《国朝献征录》卷八九,《续修四库全书》,第530册,第104页。

③ (明)杨守阯《梅读稿序》。查《四库全书》电子版,"起傍梅花读《周易》"为宋人魏了翁所作,见《鹤山集》卷一〇《十二月九日雪融夜起达旦》。

④ (明)杨自惩《梅读稿》卷九,第18307页。

讥,贻自己之辱者,吾未之见也。"①可见,明朝时,官员的个人利益至上倾
向到底是国家利益至上? 如何兼顾个人利益? 两者如何平衡? 这是一个
古今都难以处理好的问题。

对一个身处浙东的士人来说,要想取得科举考试的成功,中间要付出
的成本是相当高的。从杨自惩的奋斗经历,可以让我们注意到一个失败者
的艰难与曲折。顺利者的故事往往平凡,而失败者则有着较为曲折而丰富
的故事,这也许就是我们要不厌其烦地叙述杨自惩科举故事的原因所在。
杨自惩的故事,让我注意到了当时全国各地士人到北京求发展的历史。要
想在国家政治舞台上有所作为,必须到首都求发展。杨自惩是杨氏家族第
一个参加乡试的人,他之所以屡试不爽,与他参与乡试时间过晚(已 37
岁)、科举知识积累不足有一定关系。不过,总算开了一个好头。那个不入
流的仓副使,由上而下来看,真不算什么官。但由下而上来看,从杨氏家族
小范围来说,已经是一个相当好的结果了,他开启了镜川杨氏做官之路。

3. 杨自愈与杨自惩的辅助

(1)独持家政的杨自愈

杨自愈(1402—1474),字乐之,号见素。娶妻张素纨(1405—1480)②。
生平"履素蹈真,恪守礼法,不尚浮靡。经书、史略、李杜诗诵数过,终身不
忘"。老大与老三"宦学京师"时,他一人在家,独持家政。"居乡,平心率
物,未尝亏人以利己。""一门四十余人,怡然礼法,无一愆侮者。"家中有四
十余人,可见杨氏确实是一个大家庭。

杨自愈一直隐居乡村,没有到外面走动过,所以,杨守随做官后,想接
他出去,因怕出远门而没有答应。不过,他家教严,关心儿子。有一次,儿
子杨守随正在公庭鞠狱,适父亲杨自愈的家信到,上面写道:"昔庭坚不祀。
汝为刑官当公,体天地好生之心,钦恤民命,无使宗庙不血食也。"由此,可
知杨自愈的古道心肠。他的贡献是培养出了长子杨守随。成化八年
(1472),以子杨守随贵,封江西道监察御史。成化十一年(1474)七月卒③。

---

① (明)杨自惩《梅读稿》卷九《送泉州府广平仓副使何君考满序》,第 18312 页。
② (明)杨守阯《碧川文选》卷七《叔妣张孺人墓志》,第 16440 页。
③ (民国)杨存淇《镜川杨氏宗谱》卷六《西杨义二房世系》作"生于建文四年壬午十月初十日
亥时,……卒于成化十一年乙未七月二廿日辰时,寿七十四"。

弘治十二年(1499)，加赠通议大夫、南京大理寺正卿①。

(2)塾师为业的杨自忞

杨自忞(1409—1479)，自勉之，号韦庵。"为人英敏豁达，夙承家庭之训，五经史传、古文、李杜诗，皆能默诵讲解，而尤精于四书、《周易》。尝治举子业，不偶而弃去，专以养亲为事。凡亲之所欲为者，必先意承颜，务得其欢心。……故称其孝者，言无间于宗族乡党也。"②由此可知，杨自忞曾参加过科举考试，只是没有成功，觉得此路非己所长，放弃了科举之路而已。正统末，从长兄到京师，"至则以所学淑诸人，且以束脩佐费，其受业者多所成就"。譬如吴兴人、刑部员外郎陆矩的儿子陆璇就是他的学生③。由此可知，杨自惩、杨自忞兄弟都曾替在京官员教授其子弟。杨自忞曾亲见正统末年权奸误国事件(土木之变)，所以后来每次说到此事，就切齿怒骂，可见他是一个有血性的人。杨自忞到北京后，觉得北京的文化环境好，建议将大侄子杨守陈带到北京来学习。天顺初，闻夺门有功事，辄曰："此辈贪天功以为己力，其能免乎？"④后来果然验证其说。由此可知，杨自忞比较关注时事，忠诚可见。景泰初，随长兄杨自惩到泉州，太守闻其贤，欲以怀才德抱荐之，不就。仍以教授为业，"郡邑大夫之子弟皆来从学"。旧俗，子弟读书坐立，视其父兄官秩高下为序，他改为以齿为序。景泰二年十一月，长兄故世，他扶兄灵柩归乡。从此，在家乡以教授子弟为业。"于经书皆口授，或讲古今事实，虽隆冬盛暑，必衣冠整肃，至夜分乃止。"经常告诫子弟要用功，"为学贵勤，勿勤勿成也"。他举了早年在北京的一个案例，有一个叫林皋的宣卫学生，资质很笨，但最用功，自朝至傍晚，足不出户，晚上则仔细琢磨白天所学内容。后来，果然中了景泰七年(1463)举人。最后告诉子弟："尔等若能效其所为，何患学业不成耶？他日有成，当悉心求尽守官之道，俾无添于前人可可。"天顺二年(1458)五十大寿时，杨守陈捧冠带作为三叔的寿礼，杨自忞一看，大发脾气，将一砚台摔碎，说："汝料尔弟不会做官耶？我受你的冠带也？"⑤杨守陈急忙下跪认错，他才气消和颜。

---

① (民国)杨存淇《镜川杨氏宗谱》卷七《仕宦》，第25页。

② (明)洪常《赠兵部职方司员外郎韦庵公行状》，杨存淇《镜川杨氏宗谱》卷二七《轶传》，第1页。

③ 《杨文懿公文集》卷七《送陆生珩归吴兴序》，第16082页。

④ (民国)杨存淇《镜川杨氏宗谱》卷七《仕宦》，第25—26页。

⑤ (民国)杨存淇《镜川杨氏宗谱》卷七《仕宦》，第25—26页。

由此可知,杨自惩是一个相当有自尊心的人。杨自惩懂法律,持论公平,结果,乡间有官司,往往先到他那儿评理。杨自惩别明是非,晓以利害,打官司的人多服从而去。成化年间,天气非常不好,连年下雨,自然灾害严重。成化十二年(1476),洪水突发,全村的房子都被淹没,只能转移到屋顶上生活。杨自惩因家有小楼,情况略好,但小楼只容一家人居住而已。洪水过了一天多,仍没有退,邻居们无法下地烧饭,饥饿难受。杨自惩命家人煮了粥,乘着船,一户户分发,从而解决了相当多邻居的吃饭问题。离自己家西南一百多米处,有座普光庵,庵中住着八个和尚。杨自惩担心房屋倒下,命童仆乘船将八人带了出来。不久,普光庵果然倒了,那八个和尚感谢不已。事后,杨自惩帮助修复了普光庵。当时,许多村庄受灾严重,镜川杨氏因杨自惩的努力,得渡过难关。这年,杨守陈为了答谢三叔教育之功,遵例,代三叔输粟于边,杨自惩得授散官宣义郎。地方政府在其家立牌坊,称"世德名家",上面拟刻杨范及其三个儿子的赠官名。杨自惩见过世面,比较要面子,坚持不要刻空头的"宣义郎",只书名而已。

　　到成化十五年(1479)时,杨自惩有四个儿子,六个孙子,八个孙女。等儿子们长大以后,因所居太狭,在碧川河的北面购了一块空地,建了新房,这就是今天西杨后岸布政房的开始。新房快落成时,杨自惩得了重病。当时,自然灾害很严重,又适值青黄不接,缺粮人家相当多。病中的杨自惩念念不忘:"吾有而不能食,彼欲食而无粥,不亦可悯哉!"于是,要邻居们到家中吃饭。到了六月十九日,杨自惩故世,享年71岁。弘治五年(1492),以四子杨守隅贵,赠工部营缮司主事,这才补刻上官名。杨自惩妻陈氏(1415—1496),享年82岁。弘治十二年(1499),加封奉直大夫兵部职方司员外郎[1]。从杨自惩家中有小楼、有较多的粮食、有能力帮助别人可知,他确实是当地的富户。

　　从以上杨自惩三兄弟经历可知,走上科举之路,确实是一件难度系数较大的事。在三个兄弟中,只有长兄杨自惩走上了科举之路,其他两个弟弟,或照顾家中父母,或外出为塾师,实际成了科举考试的辅助者。可见,科举需要得到家人的全力支持,做出不同的家庭分工才有可能成功。杨自惩一代的努力,为其后代的成功奠定了基础。

---

[1]　(明)洪常《赠兵部职方司员外郎韦庵公行状》,杨存淇《镜川杨氏宗谱》卷二七《轶传》,第3页。

四、名盖东南：景泰至正德间的杨氏

杨范、杨自惩父子的努力，虽然只取得了较小的回报，但到了孙子辈，教育成果充分展露出来了。景泰二年（1451），长孙杨守陈中进士，破镜川杨氏科举之天荒，此时距明朝开国 84 年。从此，镜川杨氏家运中兴、声名鹊起。张邦奇（1481—1544）说："予惟镜川旧族，自……礼部尚书文懿公之兴，伯仲子姓，文行功业，蝉联辉映，为海内所歆慕。"①这样的观察是准确的。此后，杨氏"金榜题名，五世十科进士；玉阶听履，一门三部尚书"，"半壁宫花春燕罢，满床牙笏早朝归"②，可见杨氏在明中叶社会的影响。

1. 礼部尚书杨守陈

（1）少师祖父

杨守陈（1425—1489），字维新，号晋庵，人称镜川先生。杨守陈生于洪熙元年七月十七日。其性格更类其父。启蒙教育是由其祖父杨范承担的。宣德四年（1429），五岁，就家塾，日记数百言。六岁，学对句。九岁，学诗歌。自称："予自少时，大父日教以小学之道。于书，则先授之《小学》、《四书》，以次及五经，亲为之倍读讲解。而予力弱息微，不能高声久读，但展卷默视，一目下四五行，不数过而已熟。然逾旬越月，则已忘之。顾亦喜览他书，为五七字诗，余未之学也。"③所谓"日记数百言"，就是每天默读记忆。杨守陈重点学习了诗歌、古文创作，"余少时，读古书，求古道，攻古文辞，惟师先大考耳"④。

宣德十年（1435）十一岁时，一度随鄞县知县张铎学习。张铎称杨守陈"早慧，亦蒙召见，大获称赏。久益亲爱，视犹其子，命人署居"，与其儿子张

①　（明）张邦奇《张文定公靡悔轩集》卷九《明故广西布政致仕杨公墓志铭》，《续修四库全书》，第 1337 册，第 87 页。
②　（清）方亮《监单金事文琦传》，杨存淇《镜川杨氏宗谱》卷一五《行传》，第 12 页。
③　（明）杨守陈《杨文懿公文集》卷一《割锦类编序》，第 16017 页。
④　（明）杨守陈《杨文懿公文集》卷五《送徐生升序》，第 16060 页。

时用"同砚席",亲加教诲①。后来杨守陈忆及此事称:"舞勺之年,受知于河南布政使、清江张公,俾兼时学,以俟选举。"②由此可知,张铎开始教授时学。此后,随父亲之友吕澹庵学习,"时先考赠编修府君之执友曰澹庵吕先生,方以德行文学雄郡庠,名声蔼郁,赢粮负笈者麇至,余奉命从之。"③由此可知,吕澹庵是宁波府学教师。这个时期,杨守陈假馆于同县马阜(1396—1466)家。别人说杨守陈早慧,马阜初不信,等他看见杨守陈"读书目数行下,连倍(背)十余卷如流",于是惊叹说:"名果不虚得也。"④

正统二年(1437),十三岁,学举子业。十五岁,学古文⑤。"所作词理兼优,迥出伦辈,四方学者往往传录,所作经义论策之文以为式。"⑥可见,杨守陈的举业文章写得相当好,受到老师们的肯定。有位先达看了他的举业文章,一笑而已。杨守陈初不知其意,一直用这种风格写作。正统七年(1512),到北京学习,朋友们指出他的不足,这才知道,"义、论必用四书五经之辞,方为本色",而他本人所写文章,"多杂以他书"。于是,他下决心改变自己。可惜,少年时代所背诵的五经内容多已遗忘,写作时根本用不上。"定省之暇,因取五经并传注,分类而钞之,萃成六卷,庶可备临文之采用耳。……名之曰《割锦类编》。"⑦由此可知,到北京的学习,让他得以走上举业文章正轨。到北京以后的另一个变化是改掉了自己的喝酒习惯。他少年时代,受家庭影响,喜欢喝酒。从北京回宁波时,"自京还里,亲旧招延,往往至醉"。他觉悟到饮酒误事,于是作《戒酒箴》。由此可见杨守陈与自己坏习惯作斗争的决心与毅力。

此外,堂兄杨守陶(?—1449)也是他的业师。村中学习,县城工作,到北京求学,杨守陶一直追随叔父杨自惩。"学贯诸经,善于诗赋,尤精书法,累试不偶。郡守郑珞尤之,起为掾,历试留守卫令史。公为文懿公业

---

① 《杨文懿公文集》卷一四《送张时用尹陈留序》,第 16157 页。

② (明)杨守陈《杨文懿公文集》卷一六《送曹以诚序》,第 16183 页。

③ (明)杨守陈《杨文懿公文集》卷一六《送曹以诚序》,第 16183 页。

④ (明)杨守陈《杨文懿公文集》卷一七《马处士墓志铭》,第 16191 页。

⑤ (明)杨守陈《晋庵稿序》,《杨文懿公文集》卷首,第 16003 页。

⑥ (明)何乔新《椒丘文集》卷三〇《嘉议大夫吏部右侍郎兼詹事府丞谥文懿杨公墓志铭》,第 463 页。

⑦ (明)杨守陈《杨文懿公文集》卷一《割锦类编序》,第 16017 页。

师。"①由此，他与杨自惩父子的关系特别好，杨自惩《次钱塘寄侄守陶》"更念守陈同宿食，晨昏无使废焚膏"，《与侄守陶》"好忆传经日，频烦顾守陈"②，可见杨守陶确实给了杨守陈不少帮助。

到了杨范、杨自惩时代，杨氏家中的藏书有所积累，"吾祖暨吾父，中兴厥家，百务倥偬，而尝以畜书启后为计，亦未能遽如先世畜之富也"③。由于图书数量不多，随便放在箱子里。杨守陈读书之余，做了两个书架，放在房中，按照唐人所定的经史子集四部分类法，将图书有序地排列在书架上，为方便检阅，做了一个书目。他编纂的家藏书目，有一些变化，如将子部的儒家类移到经部，小学类置到子部，反映出他重视道学的思想。

杨范恐杨守陈溺于泛读，常常教诲他说："圣贤之学，以慎思力践为要，博文强记辅此而已。"杨守陈大有所悟，于是作《致知》、《力行》、《持敬》三铭，以见志④。《致知铭》称："人欲求道，先致其知。博学审问，明辨慎思。自心而身，以至万物。表里精粗，无一敢忽。穷彼万理，会于一原。是谓知至，可希圣贤。"《力行铭》称："人既知道，当力于行。始自孝弟，尊师信朋。至于百行，无一不勉。有过必改，务迁于善。日就月将，不偏不息。务底大成，圣贤之德。"《持敬铭》称："惟知与行，固为学则，必有主之，乃致乃力。丹书之敬，尧典曰钦，伊洛有录，考亭有箴，口诵心持，始终不易，庶几知行，两造其极。"⑤《窗左铭》称："尔祖缝掖，尔父纮綖，尔可弗学，以忝其先。学先于致知，尤莫难于克己。当秉烛以破幽，必选锋而攻锐。见卓尔于一原，养浩然以配义。立正位而居广居，追千古而待百世，庶有光于祖先而无愧于天地。"⑥这四篇铭，是杨守陈的人生座右铭。正是这种基本人格的训练，造就了杨守陈的优秀素质。"知行两造其极"，与后来王阳明提出的知行合一，已十分接近。强调思考与理解，重视执行力的训练，以人格训练为先，而以文化知识学习为后，这至今仍是不二的人才培养之法。

正统七年(1442)，18岁的杨守陈随三叔到北京学习，重点是义理之学与举业文章。有人说古人多强调易子而教。杨自惩认为举业可以自学，不

①　(民国)杨存淇《镜川杨氏宗谱》卷一一《吏掾》，第1页。
②　(明)杨自惩《梅读稿》卷三，第18273页。
③　(明)杨守陈《杨文懿公文集》卷一《家藏书目序》，第16020页。
④　(明)程敏政《篁墩文集》卷五〇《杨文懿公传》，第191页。
⑤　(明)杨守陈《杨文懿公文集》卷一，第16017页。
⑥　(明)杨守陈《杨文懿公文集》卷一，第16019页。

必请老师。他的理由是："古学难,时学直易耳。《五经四书大全》,此讲说之师也;《历科三试程文》,此笔削之师也。何必人师哉?"①于是,杨守陈不再请外人来教,在父亲指导下,以自学为主。父亲杨自惩亲自承担了杨守陈的《易》经教育。"仆与诸弟,少皆师先大父,而授《易》于先父。"②大体上说,早期启蒙教育由杨范承担,而举业的《易》学,则由其父担任。

北京之行以后,杨守陈名声大振,"学徒麇至,不能尽拒,因而抗颜,亦不得已耳,非好为也"③。由此可知,杨守陈也同时担任塾师之任。正统十一年(1446),22岁,"余自归京师,讲学于林庵"④。有一天,梦见一个老人,自称是邵康节,认为学道之要在于求放心,杨守陈大有感悟,于是作《求放心铭》,称:"人之一心,本居身内,一念妄兴,放而在外。……人则求焉,收使复入,至于厌心,乃任其放,……余誓自今凡百罔好,务求放心,以造于道,……嗟尔小子,务求圣贤,始是终是,无食尔言。"⑤由这篇铭序可知,他一直处于求道与做举业文章两难之中。"居今之世,求古之道,而不兼时学,则不能入仕而行道,故二者不可偏废也。"⑥由此可知,他是持举业与求道两不误理念的。由于杨守陈的努力,正统间,补为宁波府学增广生。

正统十四年(1449)⑦前后,杨守陈与丁氏结婚。丁氏也是鄞县人,其父丁瑄,正统间举乡荐,未仕。宣德五年(1430),丁瑄卒,时丁氏甫四岁。不久,其母楼氏改嫁宁波城南的王宗遂,她也随行。王宗遂也是一个读书人,尚义气,见丁氏"夙端悫,不苟訾笑,口授《孝经》、《小学》,慎为择对"。杨守陈以诸生赴省城参加乡试时,经过王宗遂家,王宗遂与他一交谈,惊讶地说:"此名世才也。"于是,将丁氏许配给了杨守陈。"宜人出富家,而杨氏世素儒,食指数百,藜菽苦弗继。宜人脱簪珥,躬织作,以佐养,且给公游学费。虽涉疲悴,了无怼色,人以为难。"⑧由此可见,丁氏嫁进杨家以后,给杨家不少帮助,杨守陈读书的费用,就是丁氏提供的。

---

① (明)杨守陈《杨文懿公文集》卷五《送徐生升序》,第16060页。
② (明)杨守陈《杨文懿公文集》卷一三《与柯孟时求志喜集序书》,第16146页。
③ (明)杨守陈《杨文懿公文集》卷五《送徐生升序》,第16060页。
④ (明)杨守陈《杨文懿公文集》卷一《求放心铭序》,第16019页。
⑤ (明)杨守陈《杨文懿公文集》卷一《求放心铭序》,第16019页。
⑥ (明)杨守陈《杨文懿公文集》卷五《送徐生升序》,第16060页。
⑦ 长子杨茂元生于景泰元年,据此逆推。
⑧ (明)李东阳《怀麓堂集》卷四九《杨君丁宜人合葬墓志铭》,第526页。

（2）一举成名

景泰元年（1450）八月，中浙江举人。"天子欲广揽俊豪，以宏中兴之业，诏开解额，一时得士为盛。吾浙百有二十二人，多宿学重誉负材器者。"①可见，这科浙江举人名额增加到122人。十月，长子杨茂元出生。不久，乡试以后，杨守陈上北京，准备参加会试。母亲张氏相当仔细，在杨守陈上北京应考时，听说途中多强盗，就将银数并缝在他的短袄中。

景泰二年（1451），他得顺利考中进士，时年27岁。《景泰二年进士登科录》作："杨守陈，贯浙江宁波府鄞县，民籍，县学增广生，治《易》经，字维新，行十一，年二十七，闰七月十七日生。曾祖浩卿，祖九畴，父自惩（泉州府仓副使），母张氏，重庆下。弟守防、守随、守阯、守阞、守隰、守陉、守陒、守隅。娶丁氏。浙江乡试第一名，会试第十三名。"②这里值得注意的是其兄弟数量较多，其实包括了堂兄弟。古代大家族多不分家，往往将堂兄弟也算进来。杨守陈何以能考取浙江乡试第一名、进而顺利考取进士？有三个因素显然是值得关注的，一是他起步早，二是到北京见过世面，三是父亲应试经验的积累。杨守陈已经是第三代，汲取了长辈们的精华。

中进士后，选为翰林院庶吉士，益肆力于学，杨守陈"得尽读中秘书，由是学益博，文益有名"③。

景泰三年（1452）三月，因父亲过世，在翰林院才一年的杨守陈奔丧归乡。继丁栖芸先生忧，又丁祖母朱夫人忧。"在丧七年，居庐读礼，有所得，作《礼记》、《周礼》、《仪礼》私钞。继而，旁读群经，悟先儒注释不能无失者，又作《孝经》、《大学》、《中庸》、《论孟》、《尚书》、《周易》、《春秋》、《诗》私钞，皆正其错简，更定其章句，其于诸儒之传，惟是之从，附以己见，有不合者，虽濂洛关闽大儒之说，不苟徇也。"④

在宁波期间，杨守陈重点辅导了弟弟的举业，仍然攻读《易》学。服阕后，杨守陈准备回京复职。临行前，母亲张氏引杨自惩话说："事必循乎理，

---

①　（明）杨守陈《杨文懿公文集》卷一七《故乡贡进士赵君墓志铭》，第16191页。

②　《天一阁藏明代科举录选刊·登科录》，宁波出版社2006年。

③　（明）何乔新《椒丘文集》卷三〇《嘉议大夫吏部右侍郎兼詹事府丞谥文懿杨公墓志铭》，第463页。

④　（明）何乔新《椒丘文集》卷三〇《嘉议大夫吏部右侍郎兼詹事府丞谥文懿杨公墓志铭》，第463页。

命皆听乎天。德行文学必视在前者而思进，富贵利达则视在后者而思退。"①这段话，颇可见杨自惩的处世哲学。

(3)三十年馆阁

天顺二年(1458)正月，杨守陈起复北京任职。朋友们聚集于栎社，"张灯望月，社之群彦推齿长者为之主，为乡人饮酒之礼，宾饯翰林于闾塾而介以塾师"②。第二天，塾师将诗歌汇编成《灯宵燕别诗》，请退休在家的黄润玉作《灯宵燕别诗序》。70岁的黄润玉又作《送杨翰林守陈起复赴京二首》，其一称："镜川处士有贤孙，那得从栖辟蠹芸。阀阅已看登上第，箕裘还喜振斯文。"其二称："祖父传家课一经，喜君云路快蜚腾。秋闱荐鹗魁多士，春殿传胪锡百朋。"此诗歌颂了杨守陈的科举成功。

天顺二年六月，杨守陈回到北京，授翰林编修，预修《大明一统志》。不久，皇帝要他授徒内侍省，杨守陈不肯，想辞职，皇帝不同意，最后只能接受。在教授内侍时，"严教规，正师道，虽素贵幸者，皆肃然承教，罔敢肆"③。这段时间，杨守陈十分挂念家乡的弟弟们，曾作忆诸弟诗。杨守陈原想将母亲张氏接到北京生活，但张氏没有同意，称"北京远且寒，不能往。若南京，则可"④。丁氏相当孝顺，"每制新衣，及致珍味，封袭以归成也"⑤。

成化元年(1465)，为皇帝经筵讲官。

成化三年(1467)七月，升侍讲，以九年秩满⑥。《英宗实录》成，迁司经局洗马。

成化四年(1468)秋七月二十一日，离京省亲，丁氏随行。当时天气仍热，路途十分辛苦，汗流满面。但因为好久没有回家了，虽劳苦也十分高兴⑦。李廷美作《送杨维新归四明省亲》诗："我昔隐居白云边，耳闻学士杨大年。比来偶尔识丰采，岿然如睹蓬壶仙。云霄籍籍纷簪组，学士才华独

①　(明)章镒《敕封杨太孺人行状》，杨自惩《梅读稿》附录卷五《幽光录下》，第18343页。
②　(明)黄润玉《南山黄先生家传集》卷三一《灯宵燕别诗序》，浙江图书馆藏约园抄本。
③　(明)何乔新《椒丘文集》卷三〇《嘉议大夫吏部右侍郎兼詹事府丞谥文懿杨公墓志铭》，第463页。
④　(明)杨守陈《杨文懿公文集》卷一四《送南京驾部主事范君序》，第16154页。
⑤　(明)李东阳《怀麓堂集》卷四九《杨君丁宜人合葬墓志铭》，第526页。
⑥　《明宪宗实录》卷四四，成化三年秋七月丁丑。
⑦　(明)杨守陈《杨文懿公文集》卷二〇《东墅倡和诗序》，第16226页。

奇古。史笔浑雄司马迁，词源浩瀚唐韩愈。十年坐对玉堂春，九重眷顾应殊伦。大羹未试调和手，陈情暂乞归宁亲。……吾皇图治初励精，瓦缶毁弃黄钟鸣。先生欲副苍生望，移孝为忠是别情。”[①]这首诗颇能反映杨守陈当时的状况。“史笔浑雄司马迁，词源浩瀚唐韩愈”，是对其才华的高度肯定。天顺二年重新出山后，至成化四年，已经“十年坐对玉堂春”，他十分眷顾母亲。

杨守陈以洗马归省，经过一个驿站。那位驿丞不知“洗马”为何级别官员，平起平坐地与杨守陈聊天，且冒失地问杨守陈：“公职洗马，日洗几马？”杨守陈风趣地回答说：“勤则多洗，懒则少洗，无定数也。”一会儿，有人通报，有一位御史将来驿站，驿丞催促杨守陈让出上等房间给御史住。杨守陈说：“此固宜然，待其至而让未晚也。”等那位御史到，御史长跪在杨守陈面前问好，才知是杨守陈的门人，驿丞吓得伏在地上谢罪，杨守陈笑笑，没有与他计较[②]。这是一则经典故事，由此可见杨氏的雅量。

经过杭州时，见到了准备参加会试的弟弟杨守阯，拟参加乡试的从弟杨守阞、杨守随、长子杨茂元。八月二十七日，任杭州僧纲司都纲的宁波人顾本源邀请他们一行游览了天竺山[③]。这是他们平生第一次游览此寺。

杨守陈是一个孝子，屡次以不能归省为忧。“母子之亲，天性也。有舍其亲以仕于国者，惟以君臣之义不可废，且觊禄令貤封，以致养与荣于亲耳。不然，何庸仕也？”归省时，曾作诗“赫赫三公位，堂堂万金赀；何如茅檐下，母子相娱嬉”[④]，写出了他的天性之乐。

成化五年(1489)，母亲张氏获得了孺人称号。八月十六日，组织了母亲的70大寿庆祝活动。“藩臬府卫而下上寿者，雕鞍画舫，弥旬不绝于路，里人以为荣”[⑤]。黄润玉作《敕封孺人杨母庆寿序》，称：“锦衣前列，班衣后从，煌煌乎家庭之间，芳邻盛族，尊俎具陈，瞽师伶童，笙歌迭奏，寿觞举而乐，作采袖舞而欢腾，是诚孺人四德全五福备，而善教子之明效也。”[⑥]

---

① (明)曹学佺《石仓历代诗选》卷四四五《明诗次集》七九《李廷美》，第1392册，第877页。

② (明)耿定向《先进遗风》卷上，第1041册，第384页。

③ (明)杨守陈《杨文懿公文集》卷一七《游天竺山记》，第16189页。

④ (明)杨守陈《杨文懿公文集》卷一九《承恩归侍图序》，第16209页。

⑤ (明)章镒《敕封杨太孺人行状》，杨自惩《梅读稿》附录卷五《幽光录下》，第18343页。

⑥ (明)黄润玉《南山黄先生家传集》卷三八《敕封孺人杨母庆寿序》。

成化七年（1471）八月，主持应天府乡试①。倪谦（1415—1479）作诗称："先生自是文中豪，魁名烨烨驰清朝。早登翰苑阅中秘，寻入宫坊居上僚。京闱多士如云集，圣主亲烦司黜陟。经幄初辞讲读班，词垣暂辍丝纶笔。"②

成化八年（1472），迁侍讲学士。成化九年（1473），校正《通鉴纲目》。十一月，预修《宋元通鉴纲目》。

成化十年（1474）十一月十日，三弟杨守隰卒，才36岁。母亲张氏伤心过度，十一月十五日，母亲张氏卒，享年75岁。其时，父亲已经故世23年。成化十一年二月，杨守陈离任，回宁波守丧。"远在数千里之外，生不能定省，病不能扶持，死不视敛，不孝至此，尚复何言！"③当时杨守陈才五品官，没有资格享受官祭礼。不过，皇帝念杨守陈资格老，命礼部遣官谕祭太孺人七品命妇。这让杨守陈十分感动，"在仆受非常之赐矣。仆官虽久，而家尚贫，丧葬之费，皆借贷以给之"④。由此可见杨守陈之廉洁。三月，杨守陈将朋友们写的有关父母的行状、墓志铭、祭文、挽诗、哀辞等，汇编成册，称《幽光录》，共二卷，上卷录父亲有关资料，下卷录母亲有关资料。六月，又汇编父亲遗稿成《梅读稿》，请夏时正作序。由此可知，杨守陈的历史文化意识相当强。如果不是他在守丧期间整理父母的资料与遗稿，今天想要研究杨自惩是不可能的。

成化十四年十月，服除，还任。倪岳称："自笑宦情淡泊，还惊诗律清严。"⑤

以杨守陈升侍讲学士，夫人丁氏封为宜人。杨守陈迁少詹事后，丁宜人"始得通籍中禁，预两宫朝贺，屡荷锡赉"⑥。

成化二十年（1484），杨守陈年届六十。成化二十一年，其夫人丁氏也年届六十，家中人为他们做了六十大寿。倪岳称："绯袍翠翟，交辉于堂陛

　　① （明）王偁《思轩文集》卷四《送洗马杨君试士还朝诗序》，《续修四库全书》，第1329册，第441页。

　　② （明）倪谦《倪文僖集》卷五《送杨洗马京闱较艺还朝》，《四库全书》文渊阁本，第1245册，第276页。

　　③ （明）杨守陈《杨文懿公文集》卷二二《谢张布政书》，第16247页。

　　④ （明）杨守陈《杨文懿公文集》卷二二《谢杜布政书》，第16248页。

　　⑤ （明）倪岳《青溪漫稿》卷三《和镜川杨先生斋居之作》，《四库全书》文渊阁本，第34页。

　　⑥ （明）李东阳《怀麓堂集》卷四九《杨君丁宜人合葬墓志铭》，第526页。

之上；童颜鹤发，相映乎杖屦之间。……父父子子，夫夫妇妇，兄兄弟弟，肃如也，穆如也，庆具于一家，声动乎一时，顾其为瑞，孰能加诸！"①这一场景，十分可观。

　　杨守陈是一个十分本分的人，"仆平昔守礼与法，虽造次未始违之。苟非礼法所得为者，虽高官大爵，不以芥蒂于胸，而况区区者乎？召公又曰：为山九仞，功亏一篑，小嫌曲谨，此仆之所常致力而老犹不懈者也。嗟乎！今之位高显者，多谓已能自致，视卑晦者皆无能之人，不复一念及之。"②这段话明确地反映了杨守陈的为官理念：以礼法为标准，只做符合礼法的事，而不会刻意追求高官厚禄。他更反对等级价值观念，以官大为成功，官小为失败，以做官级别的大小来判断人的能力。由此可见，杨守陈不会刻意钻营，"泊然退处，未尝求进"。结果，五品官当了十六年。他不是一个为追求做官而做官的人。有一位权幸想拉笼他，派手下人传达此意，结果杨守陈回绝了。私下对那人说："吾犹嫠妇也，守节三十年，今老矣，岂白首而改节耶？"③此话一时成为名言。虽然如此，他的内心是不好受的。"且入朝班，满前皆少年新贵人，独以一白发青衫厕其后，虽未谋引去，宦况已索然矣。以此，日勉强一朝外，辄闭门却扫，第与弟子相谈语，教孤侄、长孙读书，引数小孙玩庭中花木，游屋后园地，日用是消遣耳，余皆置之度外。"④他只能调节心态，自娱自乐，以教育孩子为业。《西园杂咏》"吾衰无复梦，宅畔且锄犁"⑤，也生动刻画出了杨守陈晚年的心态。

　　杨守陈的官邸在大时雍坊（今西长安街南的正阳门与宣武门间）之高坡巷，这条巷地势高而干燥，特别明亮。初没有名，杨守陈将之命名为高坡巷，从此这个名字就叫开了。天顺二年（1458），重回北京，始置室四层（意似"排"），每层一间。天顺六年（1462），复购买了旁边的房室，有意建后花园。成化十年（1474），对原来的四层作了翻新、扩充，各层有七间

---

　　①　（明）倪岳《青溪漫稿》卷一八《镜川杨氏具庆图诗序》，第 238 页。原文作"成化壬寅孟秋望后二日，先生寿届六十"，壬寅为成化十八年，误。杨守陈夫妇才差一岁，故应是成化二十年。

　　②　（明）杨守陈《杨文懿公文集》卷二七《复尹侍郎正言书》，第 16305 页。

　　③　（明）何乔新《椒丘文集》卷三〇《嘉议大夫吏部右侍郎兼詹事府丞谥文懿杨公墓志铭》，第 464 页。

　　④　（明）杨守陈《杨文懿公文集》卷二六《与少詹事徐时用书》，第 16287 页。

　　⑤　（清）李邺嗣《甬上耆旧诗》卷八《礼部尚书杨文懿公守陈》。

或五间。成化二十一年(1485),后花园成,称为后乐园,亭称风咏亭①。一段时间,他喜欢在后乐园植蔬菜以自乐,指挥僮仆在其中忙碌。因为精心种植,收获颇大,"蔬菜日茂蕃"②。因为忙于工作,杨守陈的后花园前后经营了24年。"余自居此巷,未尝他徙,逮今垂三十年",可见文章写于成化二十三年(1587)。在三十年中,高坡巷有了较快的发展,人气大旺,"昔之民居化为官舍十六七,而一门父子兄弟同显者又七八家,他巷皆莫能逮,岂京华之秀气尤萃于兹巷也耶?一日,余与寮属坐东阁,偶语及此,共叹其盛,谓宜易其名,曰联芳巷,以表异之"③。可见,这条巷的风气十分好,连连出进士,所以才有"联芳巷"或"联珂里"之说。在这里,杨守陈兄弟经常宴请朋友。程敏政称:"咫尺高坡巷,翛然绝市尘。……歌彻江南弄,杯空白下春。高风镜川老,不是草玄人。"④倪岳称:"长怀廊庙匡时学,犹见园亭宴客诗。宦业自高心自乐,平生佳兴许谁知。"⑤

(4)晚升吏部侍郎

到了晚年,杨守陈还是等来了上升机会。

杨守陈是太子的老师,日侍讲读。以《文华大训》成,升詹事府少詹事,仍兼侍讲学士。成化二十三年,宪宗过世,孝宗即位,例迁宫寮执政,本来准备任命杨守陈为南京吏部右侍郎,皇帝审查时,临时取来御笔,涂掉"南京"二字。当时的吏部,王恕为吏部尚书,刘绍和与杨守陈为左右侍郎。三人协心为政,相得甚欢。"凡黜陟人才,公于其人忠邪憸愿奸,侃侃言之,不以为嫌。王公知公好恶无私,率皆听用。故当时所用舍,天下以为当。"⑥

鉴于宪宗为内官驾空的教训,文官集团们决意改变旧习。弘治元年(1488)春二月,杨守陈上《请讲学听政疏》,请上日御经筵及午朝听政,大略谓:"陛下御极以来,听纳忠谏,躬览题奏,人谓可几尧舜。臣愚过虑,若内养未深,外资未博,岂能始终如一。伏愿遵祖宗遗制,开大小经筵以讲学,御早、午二朝以听政,慎择讲官,与之征诘疑义,曲赐清问,左右惟置经书及

① (明)杨守陈《杨文懿公文集》卷二九《后乐园记》,第16326页。
② (明)杨守陈《杨文懿公文集》卷二五《送熊君良佐守镇江序》,第16285页。
③ (明)杨守陈《杨文懿公文集》卷二七《三世承恩图诗序》,第16307页。
④ (明)程敏政《篁墩文集》卷八一《三月廿六日饮镜川杨学士后乐园亭》,第614页。
⑤ (明)倪岳《青溪漫稿》卷七《题镜川杨先生园亭宴客诗卷》,第63页。
⑥ (明)何乔新《椒丘文集》卷三〇《嘉议大夫吏部右侍郎兼詹事府丞谥文懿杨公墓志铭》,第464页。

祖宗典训，轮阁大臣尝值殿右厢备顾问，必使居文华之时多，居乾清宫之时少，则所得于内者深矣。午朝章奏，俱亲为裁决，有大政则召诸大臣面谕得失，使各尽谠议，诸臣俱得进言，常用天下之耳目，为一人之聪明，则所资于外者博矣。内外交养，日深以宏，即尧舜何远之有！若日讲午朝，徒应故事，章奏并付司礼，积弊未革，臣窃忧其所终。"①这篇奏疏的核心思想有二，一是把皇帝从内廷的种种羁绊中解脱出来，二是以儒家经典一点一滴地去影响皇帝，最终达到改造、塑造皇帝之目的。幸孝宗听得进意见，次月即御经筵午朝。程敏政作《镜川杨学士经筵进讲图赞》称："其色粹则占其养之也完，其容舒则知其见之也定，老成可竦乎具瞻，诚意足回于上听。然为学之勇，思造渊泉；入仕之迟，每惭捷径。是有得乎心传之懿，无取于口给之胜者欤！"后数年，皇帝时时召辅臣论政。有人谓孝宗十八年圣治，"俱公一疏发之"②，这样的判断有一定的道理。

修《宪宗实录》，杨守陈为副总裁，仍兼理部事。杨守陈上章，请求解除自己吏部职务，专门负责修史之职。没有同意。再上奏疏，皇帝仍是不同意。"已而，嗜进者以评为直，诬诋大臣，君子不自安。"杨守陈叹曰："吾可久处此耶？"八月，上疏要求致仕，说："吏部进退百官，众怨所集，闻望如尚书王恕者，尚招人言，况臣迂疏，岂胜此任？伏望放臣致仕，俾养疴林下，以尽余年。"皇帝不许致仕，要他以吏部侍郎兼詹事府丞，史馆供职如故。③

这一年，杨守陈长子杨茂元在宁波城内府学右边（今宁波图书馆东侧），建构了镜川书屋，准备给杨守陈退休以后居住。"杨文懿公镜川里第在城南，盖镜川者，仲夏诸流之所汇也。书院何以在城北？则公子麟洲侍郎闻其父累疏乞休，故建此以待公之归。公卒于京，不及开讲其中，而吾乡学人向尝受业于公者，仍聚业于此，故其斋舍弗替。"④这是杨氏最早在宁波城内建造的居处。"越六年，李公行来守宁郡，深慕其德行理学，遂将侍郎所建以奉生者，爱立主以祀之，俾前日受业诸生仍聚讲于其中。"⑤这应

---

①　（清）李邺嗣《甬上耆旧诗》卷八《礼部尚书杨文懿公守陈》，第209—210页。

②　（清）李邺嗣《甬上耆旧诗》卷八《礼部尚书杨文懿公守陈》，第210页。

③　（明）何乔新《椒丘文集》卷三〇《嘉议大夫吏部右侍郎兼詹事府丞谥文懿杨公墓志铭》，第464页。

④　（清）全祖望《鲒埼亭集外编》卷一六《城北镜川书院记》，第347页。

⑤　（清）杨学泗《镜川书院》，杨存淇《镜川杨氏宗族》卷一七《第宅》，第22页。

是弘治八年(1495)的事。李行,字遵化,江西人,弘治元年至弘治十年(1488—1497)间任宁波知府。李行深慕杨守陈的德行理学,借镜川书屋场地,立文懿公祠,鼓励杨守陈的学生们在此聚讲。"今吾郡大夫又为先文懿公作镜川书院"①,可见,文懿公祠称为"镜川书院"。杨守阯应侄子杨茂元之请,作《文懿公祠,茂元求记》,称:"吏侍官同韩退之,礼书追赠亦相夷。忠言直道三朝望,懿德雄文百世师。公议在廷加美谥,私抄传世释群疑。乡邦崇祀新祠立,安得东坡作庙碑。"②

弘治二年(1489)冬十月,杨守陈生病,十月十六日,病情加重。杨守陈对弟弟杨守阯及儿子杨茂仁说:"吾学至为君子,吾仕登三品,吾年迈六帙,夫复何憾!惟受今天子厚恩未能报,先祖栖芸先生未及封,汝曹勉图报称,以继吾志。"又说:"吾生平所友,皆天下名士,惟太宰王廷贵、司寇何廷秀、少宰刘绍和相知最深,我死,可请廷贵(王傲)为神道碑,廷秀(何乔新)为墓志铭,绍和(刘宣)为传,庶几传后不诬。"③两天后,端坐而逝,享年六十五。由此可知,王傲、何乔新、刘宣三人是杨守陈晚年最为知心的僚友。

据记录,"杨文懿公临终,于先墓衣冠北拜辞皇帝。或进曰:'医诸?'曰:'医者,医病也,吾其病乎?'曰:'祷诸?'曰:'祷者,有所愿也,吾所祷非吾所愿。'曰:'若是,将何以为归?'曰:'亲在,安归?'徐起,徘徊四顾,若远行状,乃敛手足,端坐而逝。公为学直窥性宗,而践履真至,故死生之际脱然。"④这是一段非常形象的记录。

何乔新称:"上闻讣,嗟悼,赠礼部尚书,赐谥文懿,命礼部谕祭,工部营葬。"⑤"今杨守陈任三品官,未及三年病故,伊弟杨守阯为伊奏乞赠官,并请原任三品诰命封及祖父。除请原任三品诰命封及祖父例难准理外,所据赠官一事,臣等未敢擅便定夺。缘奉钦依,吏部看了,来说事理。弘治四年

---

① (明)杨守阯《碧川文选》卷四《桂岩书院题咏序》,第16398页。
② (明)杨守阯《碧川诗选》卷八。杨存淇《镜川杨氏宗谱》卷一八《祠墓》第37页,作《记文懿公谥诗》,芝山公撰"。
③ (明)何乔新《椒丘文集》卷三〇《嘉议大夫吏部右侍郎兼詹事府丞谥文懿杨公墓志铭》,第462页。
④ (清)屈大均《广东新语》卷七《人语·杨文懿》,《续修四库全书》,第734册,第572页。
⑤ (明)何乔新《椒丘文集》卷三〇《嘉议大夫吏部右侍郎兼詹事府丞谥文懿杨公墓志铭》,第462页。

十二月十八日具题。次日奉圣旨，是杨守陈赠礼部尚书，钦此！"①由此可见，杨守阯上奏，要求替杨守陈及祖上赠官。杨守阯《蒙恩赠先兄礼部尚书谥文懿不胜悲慨诗》作于"三年六月廿四日"，相差一年。称："一封奏书达宸居，咫尺纶音下玉除。实录功深韩史部，褒荣官重汉尚书。太阳光照黄泉底，湛露恩沾宿草余。感激不胜悲喜集，无由晤语欲何如！"②由此可知杨守阯的感激之情。

弘治三年二月十九日，吴宽（1435—1504）作《翰林祭杨文懿公文》，称："公以易直之资，高明之志，美丽之才，清雅之思，心有所独得，每订定乎经书，口有所欲宣，悉发挥于文字，信贤科之有人，置词林而得地。今上之初，进贤以类，识公老成，侈以禄位，辍之宫僚，擢之吏侍，固俾展其才猷，实欲试之政事。四海之内，方共仰其功能，数月之间，已屡避乎名势，疏封竟获乎陈请，馆阁遂专乎载记。何信史之垂成，俄哲人之长逝。惟盖棺之后，而士论始公，况易箦之时，而令命亦治。此可见其身之归全，庶不忧乎人之责备。今则恤典既加，复赐之谥，出朝廷之殊恩，为儒者之极致。"③这篇祭文全面评判了杨守陈的学问、从政之功。

吴宽复作挽章二首，称："词苑年来失老成，越乡魂去镜川平。史编未就多遗恨，恩典初行已易名。海内雄深传制作，尊前萧散见神情。玉延亭上留题处，手墨如新泣后生。病深跌坐绾朝绅，手削封章避位频。吏省却缘儒术重，宫寮偏荷圣恩新。群经自得私抄意，小圃能容后乐身。已矣不夸门地盛，白头谁复见杨椿！"④此所谓杨椿（455—531）为北魏大臣，足智多谋，官至太保，喜夸门第。

丘濬（1418—1495）《祭吏部侍郎杨公文》称："呜呼！先生人中之凤，文中之虎。其人则今，其文则古。一家之父子兄弟，济美联芳；一世之经学文名，蜚声独步。屡绅金匮之书，专掌玉堂之署，擢贰天官之乡，兼处宫端之副，于德可谓不孤，所志允为无负。"⑤"人中之凤，文中之虎"，这样的评价是相当高的。

---

① （明）王恕《王端毅奏议》卷一四《吏部议在京三品官病故请给诰命奏状》，第677页。
② （民国）杨存淇《镜川杨氏宗谱》卷一八《祠墓》，第38页。
③ （明）吴宽《家藏集》卷五六《翰林祭杨文懿公文》，第1255册，第516页。
④ （明）吴宽《家藏集》卷一八《杨文懿公挽章二首》，第131页。
⑤ （明）丘濬《重编琼台稿》卷二四，杨存淇《镜川杨氏宗谱》卷一八《祠墓》第37页作《祭文公懿文》。

费宏(1468—1535)作《祭镜川先生文》,称:"公之学,直贯旁穿,海涵地负,人能不服其博。公之文,合正出奇,日光玉洁,人能不服其精。……凡编纂,经公之手者,皆大制作;奏疏,出公之口者,皆大建明。而拘儒典士,肤见薄识,曷足以测其涯涘及瞰其间庭。"①称其学博而文精,编纂为大制作,奏疏为大建明。

杨一清(1454—1530)《挽镜川先生二首》,其一称:"一代文章韩吏部,百年道术董江都。官尊未改山木兴,病起犹怀社稷图。"其二称:"极知辅硕由天降,谁遣中朝失此翁。……家无长物镜湖上,国有遗忧金匮中。"②一代文章比韩愈,百年道术董仲舒,可见评价之高。

杨守陈学问渊博,"自六经诸子史氏之籍,先儒笺疏传注之说,外至山经地志,星历、释老、稗官、纪录之书,靡不搜览。其为文,必本于经,雄丽精深,蔼然仁义之言。读其文,知其为君子也。……皆超然独见,先儒论议未尝及是也"③。杨守陈"为人恬静直易,仕虽龃龉而守正不变,为文闳辩奇丽,一时人称爱重之"④。

彭韶(1431—1496)赞曰:"无思不通,无书不读。讲章震主,听者悚服。羡彼世光,袍笏满床。有三尚书,有六桂坊。吁嗟我公,直笔如竞。奏草已具,死不目瞑。"⑤

杨守陈"处禁近论思之地四十年,其道德师表海内,而学以六经为本。尝语学者,谓文章不本于经,为无用之文章;政事不本于经,为无用之政事。故其子弟群从,……其文学之渊懿,宦绩之奇伟,卓然为名卿才大夫,皆无愧于公之家学。缙绅间论族望之华者,必以四明杨氏为首焉。"⑥这段话概括了杨氏的家族贡献。由此可知,经是杨守陈文章、政事之本。

杨守陈作品,除了《杨文懿公文集》外,还有《庭闱唱和集》、《朝天唱和集》、《志喜集》。"诗倡和莫盛于弘治,盖其时古学渐兴,士彬彬乎盛矣,此

①　(明)费宏《太保费文宪公摘稿》卷二〇《祭镜川先生文》,第665页。

②　(明)杨一清《石淙诗稿》卷三,《四库全书存目丛书》,集部第40册,第391页。

③　(明)何乔新《椒丘文集》卷三〇《嘉议大夫吏部右侍郎兼詹事府丞谥文懿杨公墓志铭》,第465页。

④　《明孝宗实录》卷三一,弘治二年十月壬寅。

⑤　见廖道南《殿阁词林记》卷六《吏部侍郎兼侍讲学士杨守陈》,第230页。

⑥　(明)费宏《太保费文宪公摘稿》卷九《送四川按察司副使杨君志道序》,第430页。

一运会也。"①李梦阳这段话，揭示了明中叶唱和诗集盛行的原因。谢铎《题杨氏庭闱唱和卷》，称"《庭闱唱和卷》，古律绝诗联句，凡五十八首。皆少宰杨文懿公与其弟侍读君所作，以遗其从昆弟应天府尹今广西参政者也。联句则公之从弟冬官主事惟德与公之子湖广宪副志仁、秋官主事志道，以及宪副之子美珩皆在焉。自公而下，后先凡六人，不四十年，皆以进士高第至显官，而其文章行业，又皆骎骎趾美于公。噫！亦盛矣。予所及见者，吾两浙门第之盛若商文毅公、姚文敏公，皆父子同朝，而其兄弟群从之贤且罕，公实过，于乎，岂偶然也哉！盖我国家必世之仁精醇和粹之气充溢两间，而杨氏之举，适际其盛，故公一倡之而骈发递见有如此者。不然，虽圣如尧舜，亦或不能尽得于父子兄弟之间，况其他哉？是卷参政君所藏，故其和章不复自见，然于此不独见以一门遭遇之盛，而其离合悲欢之际，所谓人事之得失，世道之升降者，亦于是乎可考矣。然则参政君之宝之也，亦岂直区区之美观也哉？"②参政君，即杨守随。这是杨氏一门在北京工作相聚期间完成的作品，可见杨氏的鼎盛面貌。《杨文懿讲学集》一卷（清人曹寅《栋亭书目》作六卷二册）、《杨文懿公敷奏集》四卷、《割锦类编》六卷③。《明经世文编》卷六十六有《杨文懿公奏疏》一卷，收《题礼仪事》一篇奏疏。杨守陈遗稿相当多，杨守阯曾与大侄子杨茂元商量，想将杨守陈其他文稿、诗集、奏议、五经四书私钞续刊，结果没有成功。此后，这些作品没有传承下来，这是一个非常大的遗憾。

杨守陈"髫卭颖出，读书目五行下。考正诸经，辨疑发晦。钞录论议，出人意表。出而应试，举浙江解元，登进士高第，入翰林，历宫坊，为编修、侍讲，为洗马，为侍讲学士、少詹事。其举业精确，录于有司，传之四方。又见诸考校，为鉴衡模范，昭不可掩。及播而为纪述制作之文，奇耸健拔，脱凡化腐。叙事写物，迭出层见，伟然成一家之言，尤晚生稚笔所觊望而不可及者。传之后世，不卜可知也，夫是之谓文。若开门授徒，汲引牖导，因才而教，温颜而善诱之，不烦惩创刈艾之力，而士多成材，世获其用。居家雍睦，与诸弟为师友，无宿怨，无间言。处官际物，纡坦夷之怀，履平直之行，

---

① （明）李梦阳《朝正唱和诗跋》，《明文海》卷二六二，第66页。

② （明）谢铎《桃溪净稿》卷三〇《题杨氏庭闱唱和卷》，《四库全书存目丛书》，集部第38册，第467页。

③ （民国）杨存淇《镜川杨氏宗谱》卷一九《著述》，第15页。

而祸机不加于身，嫉言不闻于耳。荣名显爵，以寿自终，夫是之谓懿。文言学，懿言行，文见乎外，懿兼乎内，体用之谓也。"①由此可知，谥号"文懿"，已经概括了杨守陈一生事迹及形象。

弘治三年，丁宜人扶着杨守陈丧归鄞，以积忧成疾。到了六月十一日，丁氏也卒，享年 64 岁。十一月六日，杨茂元将父母合葬于故乡玉堂山之原。李东阳称："文懿公以家学名天下，其子姓群从蒙养童习，皆是物也。及其渐积涵洽，以底于大成，岂独庭训，固亦有内则哉！铭曰：霤霤深闺，左书右诗，为女中师。"②女中师，既俭又勤，勾勒出丁氏的总体特征。

在西杨村，有大宗伯第，也称尚书第，在西杨前岸。成化六年（1470），因人口众多，杨自惩、杨自念、杨自惹三房分家。杨守陈将原来的祖屋十余间分给了两位叔叔，自己另在西园建新屋。成化十年（1474）成三间，次年又成四间，共七间，后人称为尚书第。新房建成后，曾发生一件趣事。"新第初成，一日偶出门外，见一老者，自来而遇，拱手谓文懿曰：'子识我乎？'文懿迟疑未及对，老者微晒曰：'子固不识乎！'文懿揖之，进坐，徐云：'借纸笔，赠子新第一诗可乎？'既其疾书：当年曾向此中过，门巷幽栖长薜萝。令祖先生方振铎，贤孙学士未登科。将军曹氏坟连陇，卖酒王婆店隔河。今日重看新第宅，烟波缓棹听弦歌。"③杨守陈听后叹赏不已，对那老叟曰："君诗诚吾家传也。"他要将诗珍藏起来，留给后人。想请那老人吃饭，好好地赏赐一下，但老人坚决推辞而去。④

两房之间相连的阁，称为对鸥阁。杨守陈作《对鸥阁记》、李东阳（1447—1516）作《对鸥阁赋》、程敏政（1444—1499），写《广对鸥阁记》。⑤弘治初年，程敏政称："今公出领铨曹，可以黜陟生者；入总史事，可以荣辱死者，固当无所容心其间，俾是非不昧，贤否不淆，为巨儒，为宗臣，则天下后世，盖将知公之承其先者，不徒取于对鸥之适而已。"⑥这个阁今不存，其

---

① （明）李东阳《怀麓堂集》卷三八《拟杨文懿公谥议》，第 411—412 页。
② （明）李东阳《怀麓堂集》卷四九《杨君丁宜人合葬墓志铭》，第 526 页。
③ （清）高宇泰《敬止录》卷三七《荟丛考》上，《北京图书馆古籍珍本丛刊》，史部第 28 册，第 641 页。
④ （明）朱国祯《涌幢小品》卷二二《野叟诗》，文化艺术出版社 1998 年，第 534 页。杨存淇《镜川杨氏宗族》卷一七《第宅·野叟献诗》第 16 页与此书同，"当年"作"昔年"。
⑤ 《杨文懿公文集》卷二四《对鸥阁记》，第 16266 页。
⑥ （明）程敏政《篁墩文集》卷一六《广对鸥阁记》，第 276 页。

位置,乾隆版与道光版《杨氏镜川宗谱》标在世德堂边,而光绪版与民国版《杨氏镜川宗谱》则标在西杨前岸中部凹进弯河的北角。哪个更精确呢?从时间上说,越早越精确些。而且,从西园建新屋来看,似应在世德堂一带。因为,栖芸书屋在其东部,那是老宅。

2. 吏部尚书杨守阯

杨守陈的成功,带动了家族其他成员。第三代出了 4 位进士,杨自惩二子,杨守陈进士官礼部尚书,杨守阯官吏部尚书,杨自念子陈守随官工部尚书,杨自忞子杨守隅官广西布政使。"景泰初守陈登进士,而弟守随、守隅亦跻显宦,其子侄宗族会集于群英之中……青紫焜焜萃于一门。"①杨守随称:"自远祖仁爽积德以来,虽多显白于当时,而更发迹于吾辈,得至大官。"②正如杨守阯所言:"今镜川聚族数千指,显白当世者有之,退处保和者有之。世无孔子,虽有称述,孰尊信之?"③"迄今弘治间,有守陈、守随、守阯、守隅者,俱身都显宦,驰声迈誉,而为公卿之表仪也,将以大厥宗传,展其尊祖敬宗之心。"④"自国初以来,四明元魁鼎甲,始于二公。嗣后,科第联芳,簪缨世济。"⑤

（1）伶俐老八

杨守陈二弟杨守阯(1436—1512),字维立(维,明人多作"惟"),号碧川。杨守阯生于正统元年七月七日。据说,其母张氏怀孕八个月时,梦见一颗大星在家中耀耀生辉,梦醒以后,就生下了杨守阯。这可能是一个传说。不过,此人幼即警敏,倒是真实的。正统六年(1441),六岁的杨守阯与从兄杨守随一起,随祖父杨范学习经传,一学即通大义,杨范十分欢喜,称为"伶俐八"。他排行八,故有此称。他擅长写古诗文,迥出同辈。景泰元年(1450),作《元日》诗:"我生岁在辰,正统历颁新。忽届成童日,更逢景泰春。三阳回淑气,四海仰皇仁。还忆龙沙驾,何时返紫宸。"⑥

---

① （明)戴灏《枫江杨氏宗谱序》,见杨永赞《镜川杨氏宗谱》卷序,第 15 页。
② （明)杨守随《镜川宗谱序》见杨存淇《镜川杨氏宗族》卷二三《旧谱序源》,第 13 页。
③ （明)杨守阯《镜川杨氏宗谱》,见杨永赞《镜川杨氏宗谱》卷序,第 18 页。
④ （明)屠滽《杨氏宗谱序》,见杨存淇《镜川杨氏宗族》卷二三《旧谱序源》,第 12 页。
⑤ （清)杨秉慈《科贡实录》,见杨存淇《镜川杨氏宗谱》卷九《科贡》,第 1 页。
⑥ （明)杨守阯《碧川诗选》卷一。

这年,14 岁的杨守阯随父亲到泉州上任,作《侍家大人之官别太夫人》:"欲从严父违之官,临发其如别母难。安得化身成两体,一留一去各承欢。"①途经福州,作《到福州城奉和家大人韵》:"闽越南来第一州,城中三岛列仙游。诸番珍舶来重译,万顷涂田种两收。榕巷书声灯火夜,蓼汀渔唱棹歌秋。道山亭在烟霞里,未得登临最上头。"②次年,因父卒,随三叔回宁波。其后,祖父母杨范夫妇过世。于是,大哥杨守陈回乡守丧,前后七年。在这段时间,随杨守陈学习。他"于书无所不读,然必以六经、四书为宗,笃行力修,不专事文艺"③。并表现出推崇程伊川的想法,画了像,摘录事迹,题写壁上,称"吾师也",表现出求道之志。

景泰间,杨守阯补为宁波府学增广生。

天顺二年(1458)守丧完后,杨守阯入府学读书。约天顺四年(1460),受到知府张瓒的肯定,聘为博士弟子师,且经常向他咨询政务。他以优异成绩成为府学生以后,"愿受业者踵相接"④。宁波府学教授成矩是侍御成规之弟,对杨守阯、杨守随、屠滽、杨文卿等有不少影响。"予始游郡学,时姑苏坦庵成先生为教授,模范甚良,出其门者,后多显闻。"⑤

(2)浙江解元

成化元年(1465),杨守阯不负众望,中浙江乡试第一。这一科,堂兄杨守随中 38 名。杨守陈听说后,非常高兴,作《喜舍弟守随、守阯并中乡选诗》:"有客初从浙上来,佳音传播满兰台。一门兄弟俱登选,八卦文章复占魁。乔木已成连理端,明廷须用出群才。朝绅相贺多乡旧,三月还听动地雷。乙战南宫得胜来,春光正满柏梁台。"⑥朋友们听说,"自京师至于四方,凡能诗者,无不属和,累数百首,萃成巨轴",称为《志喜集》⑦。宁波的朋友们纷纷作诗歌颂,称《华鄂联芳集》。前辈黄润玉贺诗称:"吾邑多魁榜,谁家独擅场?草玄杨子宅,常隶解元坊。月旦无虚誉,乡闾有耿光。"⑧

① (明)杨守阯《碧川诗选》卷一。
② (明)曹学佺《石仓历代诗选》卷四二八《明诗次集六十二·杨守阯》,第 679 页。
③ (清)李邺嗣《甬上耆旧诗》卷八《太子少保吏部尚书碧川杨先生守阯》,第 220 页。
④ (明)杨一清《碧川杨先生传》,见《碧川诗选》附录。
⑤ (明)杨守阯《碧川文选》卷七《故陈孺人成氏墓志铭》,第 16343 页。
⑥ (民国)杨存淇《镜川杨氏宗谱》卷九《科贡》,第 6 页
⑦ 《杨文懿公文集》卷一三《与柯孟时求志喜集序书》,第 16146 页。
⑧ (明)黄润玉《南山黄先生家传集》卷九《闻杨生守阯魁乡试》。

　　杨守阯中举后，与杨守随、杨守陞一起，提前上北京，准备会试。成化二年二月，参加会试。会试三场结束，杨守阯闻知母亲病危，立刻归家，侍奉病母，直至痊愈。闻从兄杨守随中式进士，作《喜从兄惟贞登第次韵》："六龄同弟壮年来，同入芹宫上桂台。……科名倒置真堪笑，甲第先登始见才。"①尔后，杨守阯入国子监学习。成化五年会试，同社其他成员多中了进士，杨守阯失利。

　　杨守阯性格，比较外向，群体意识强，喜欢交友。成化六年（1470）冬，杨守陈、杨守阯、商辂、范理、姚夔、卢楷六位浙江乡试解元，聚会北京杨守陈寓舍，陆瑜主持，为六元之会②。姚夔口占一绝，有"四十年来六解元"句。其他人一听来了兴趣，于是以此句分韵赋诗。成化七年春，在京组织了丽泽会，"有友二十五人"③。"居都下，日与四方名士讲业，号丽泽会，期必取进士乃已"④。"四明杨守阯维立为丽泽之会，声誉甚都，一时士大夫咸慕与交，贵游子弟争从受业，莫不以抢魁拟之"⑤。杨守陈记录得最为详尽，称："成化辛卯春，监之士有雅相善者廿有五人，胥约以文会，而主于卢解元楷之第。会则取五经群籍相讲解问难，各出所著，其修润之，德善相劝，过失互规，充然各有得焉。一日，燕欢，取唐杨巨源《东城早春》诗廿有八字，分为韵而诗之，总曰《丽泽会诗》。……今诸士之解经修辞，讲也；劝善规过，习也。真得丽泽之象，过唐人之私试夏课远哉！"⑥

　　在太学期间，祭酒邢逊之等三人为怨家所倾，坐赃系狱。杨守阯率六馆学生，伏阙讼其冤。此事影响甚大，虽然没有达到目的，但名声因此很大。

　　成化七年（1471），杨守陈作《辛卯元日忆母诗》，杨守阯回赠《和大兄辛卯元日忆母诗次韵》："客居淹滞五云乡，陟屺迢迢望北堂。闻说鬓丝添岁月，愁看手线在衣裳。"⑦见不到母亲，杨守阯十分思念，又作《归思》诗："我为浮名累，别母来京都。定省一以旷，音问亦云疏。不胜孺慕情，泪下沾衣

---

① （明）杨守阯《碧川诗选》卷一。
② （明）杨守阯《碧川文选》卷四《恩荣文翰录序》，第16400页。
③ （明）杨守阯《碧川文选》卷八《祭武选主事杨景奇文》，第16453页。
④ （明）吴宽《家藏集》卷四二《抱璞南归诗序》，第375页。
⑤ （明）章懋《枫山集》卷三《文山先生吾君墓表》，第96页。
⑥ （明）杨守陈《杨文懿公文集》卷二一《丽泽会诗序》，第16230页。
⑦ （明）杨守阯《碧川诗选》卷一。

裾。如何天性恩,乃为名利渝。拂衣便东归,慰我堂上慈。"成化八年
(1472)八月会试失利后,杨守阯因想念母亲,束装即还。社友以诗赠之者
十四人,联为巨卷,题曰《抱璞南归诗》。"观于此卷,投赠谆切,至于累篇,
岂特见诸君之贤,得免乎议,而君受而藏之,若护奇物,则君之贤,不尤见
乎!然则所谓丽泽者,独在于文艺之间乎?"①

　　成化十年(1474)二月初六,三弟杨守隅卒。八月十二日,杨守隅夫人
王氏卒。不久,杨守隅小儿子杨茂勤死。儿孙们的过世,打击了母亲张氏。
十一月十五日,母亲张氏卒。这年,可谓杨氏灾难最严重的一年,一连死了
四个亲人。按习惯,杨守阯回家守丧三年。

　　成化十三年(1477),从弟杨守隅、侄子杨茂亨中举,杨守阯作《丁酉维
德弟茂亨侄中举次韵》:"乙酉年过丁酉来,家声又振桂花台。才逢鸡岁双
闻捷,不值龙飞独让魁。云路已联鸿雁序,竹林又出管箫材。蹇予久困专
相待,三跃龙门共一雷。"②看着弟弟、侄子们中举,而自己仍是一个举人,
杨守阯心理压力之大,可知而想。

　　(3)中年榜眼

　　成化十四年(1478)参加会试,得第四名。不久,殿试,获进士第二,即
榜眼。三月,授翰林院编修,时年43岁。《成化十四年进士登科录》载:"杨
守阯,贯浙江宁波府鄞县,官籍。国子生。治《易》经,字惟立,行八,年四十
三,七月初七日生。曾祖浩卿,祖九畴,父自惩(仓副使,赠编修),母张氏
(封太孺人),永感下。兄守陈(侍讲学士),弟守隅。娶全氏。浙江乡试第
一名,会试第四名。"至此,已经是第五次参加会试。可见,杨守阯的进士之
路十分辛苦,不如其兄一考即中。杨守阯作《戊戌登第次韵》:"再世科名俱
合辙,半生驽钝独非才。明朝又听传胪去,绕殿声呼几阵雷。"③花了半生
时间参加进士竞争,时间代价确实大。

　　杨守阯中进士以后,"日以学未闻道,愧然孤陋,欲友天下之士,取诸人
以为善,一时英俊,鲜不交游"④。成化十五年(1479)春,杨守陈兄弟、胡
谧、杨文卿、沈述之、谢迁、黄珣,复为七元会。杨守陈为首席,取欧阳修贡

---

①　(明)吴宽《家藏集》卷四二《抱璞南归诗序》,第375页。

②　(明)杨守阯《碧川诗选》卷一。

③　(明)杨守阯《碧川诗选》卷一。

④　(明)杨守阯《碧川文选》卷四《送南京光禄少卿汪君文渊致仕序》,第16393页。

院诗,分韵赋诗,成七元文会诗①。成化二十三年(1487)春,杨守陈兄弟、胡谧、沈继先、谢迁、王华、李旻,又为后七元会。这是一种特殊的在京浙江同乡会。每次聚会,"必分韵赋诗,迭为序引,所以宣上恩、修臣职、敦僚友之义,序少长之礼,洽宾主之情者,无不具焉。至于交相期勉,尚友古人,许身稷契,济美元恺,希从周汉唐宋之贤,以立德立功立言垂之百世为重,不以一时科名能尽一乡一国天下之士自足也"②。杨守阯将三次聚会诗文汇编成册,称《浙元三会录》。正德元年(1506),范理之子、广德州知州范昌龄将之刊刻于世,今失传。

成化十七年,参与成化元年浙江乡试榜同年会,作《乡同年酬会》,称:"秋闱曾愧在卢前,屈指光阴十七年。公等真为清庙器,吾侪敢调玉堂迁。"③成化十八年,杨守阯充廷试弥封官。成化二十二年,授徒宫内侍。翰林教授内侍,为士流不齿,但教育效果是有一些的。

(4)兄弟分典南北词垣

成化二十三年,翰林编修九载秩满,按例当得以升迁,然因其从兄杨守随受奸人李孜省诬陷案的牵连,出为南京翰林院侍读。怡然就道,曰:"此吾家盛事,何怼耶?"或作:"吾兄以直道黜,亦私门盛事也!"④杨守阯作《二十九日蒙恩升南京翰林侍读》:"素飡玉署久怀惭,迁转留都圣泽覃。躔庆星移犹拱北,扶摇风顺且图南。不贪富贵千钟粟,只患清闲一味甘。已解佩鱼除禁籍,从今无虑失朝参。"⑤可见,杨守阯的心态十分好。

当时,杨守陈署翰林院事,兄弟分典南北词垣,为时人所羡。有客人称:"两京文翰之司,分掌一门两兄弟之手,至奇事也。"杨守阯答曰:"客之言美矣,天固未易知也。惟君恩如天,愚兄弟一时幸遇,感激悚惶,罔知倏报,措躬无地耳,又焉知其他?"于是,作近体诗一章,寄给杨守陈。杨守陈作二首回寄,杨守阯称:"吾兄之诗,序事道情,笃于伦理,有风雅之余韵焉。……讽咏之间,可兴可观,足可传者。"于是,他复作《兄弟分典词林》诗:"天风吹断雁鸿行,霄汉平分两玉堂。小弟初怀南署印,大兄又绾北

---

① (明)杨守陈《杨文懿公文集》卷二五《七元文会诗序》,第16274页。
② (明)杨守阯《碧川文选》卷四《浙元三会录序》,第16400页。名字参《四库全书总目》卷一九二《浙元三会录》。
③ (明)杨守阯《碧川诗选》卷二。
④ (明)杨守随《碧川杨先生行述》,杨存淇《镜川杨氏宗谱》卷一五《行传》,第2页。
⑤ 《碧川诗选》卷四。

门章。累累不是权豪客,鞿鞿同依帝德光。仰止前修称二赵,丝纶对掌并流芳。"①

　　成化二十三年(1487)三月二十六日,就任南京翰林院事,作《初署院印》。二十八日,侧室钟氏生下双胞胎儿子,取名杨茂深、杨茂潜。杨守阯喜作《视篆后二日得孪子》:"自笑秋瓜生并蒂,休嘲老蚌出双珠。多男且得宽怀抱,未计将来贤与愚。"②

　　初到南京工作,心理上一时颇不适应。作《对食感怀》:"斗栗京华乐共炊,独食南国苦相思。"③复作《寿大兄生日》:"频年拜庆欢同宴,此日离居恨独醒。"④《次大兄芍药感怀诗韵》:"十载金门同委质,一朝玉署俄相失。……南国词林闲似僧,北窗卧看钟山青。"⑤由此可知,杨守阯习惯了北京兄弟相处生活,一时相当不适应南京的生活,尤其是南北首都忙闲之别。

　　此时的长兄杨守陈,身体素质明显下降,出现失眠现象,曾作《夜不寐诗》。杨守阯作《和大兄夜不寐诗》:"耿耿无忧国,惺惺欲补天。"⑥这年底,作《岁余感怀》:"莺花三月到南州,冰雪相看一岁周。天上故人多特达,周南太史尚淹留。海桑世事眼前变,水竹幽居梦里游。最忆去年当此夜,弟兄相守醉新筶。"⑦看到朋友升迁,而自己滞留于南京,而且得承受骨肉分离之苦,这让杨守阯心情不舒畅。

　　成化末,弘治帝登基,杨守陈为吏部侍郎。杨守阯作《贺大兄升吏部侍郎诗》,称:"玉署青宫四十年,盛名天下共称贤。闲情自拟迁南都,御笔亲除掌内铨。一代文章称领袖,九流人物仰陶甄。喜来吟步萝庭月,遥见文昌北斗边。"⑧这是杨氏家人首次荣登副部级官员,自然是狂喜之事。

　　弘治元年(1488)五月,召修《宪宗实录》。杨守陈为副总裁,杨守阯为编纂,兄弟再次在北京相见,作《初召入史馆有作》:"金匮琅函次第开,青宫

　　①　(民国)杨存淇《镜川杨氏宗谱》卷九《科贡》,第6页。也见杨守阯《碧川诗选》卷四《华省南稿》。
　　②　(明)杨守阯《碧川诗选》卷四。
　　③　(明)杨守阯《碧川诗选》卷四。
　　④　(明)杨守阯《碧川诗选》卷四。
　　⑤　(明)杨守阯《碧川诗选》卷四。
　　⑥　(明)杨守阯《碧川诗选》卷四。
　　⑦　(明)杨守阯《碧川诗选》卷四。
　　⑧　(明)杨守阯《碧川诗选》卷四。

玉署集群才。……谬书未敢呈黄阁，先进吾兄副总裁。"①在史馆，杨守阯非常敬业，遍及六馆，《迁馆久别》诗有"修文未已还修武，问礼方来又问官"句。李东阳作诗称："一代编年尊国史，六曹分局重天官。同垂汗竹夸群彦，对掌丝纶见二难。"②在史局四年，"所至毕力搜罗，无敢怠忽。至于纪时事，评人物，去取与夺，不苟同于人。诸公之在馆者皆推让之，以直笔称焉"③。

弘治二年（1489），与经筵，召充日讲官。《镜川兄在成化间尝为讲官，今余实嗣讲事，又赋一首》称："先朝曾赐兄重席，今日还惭我滥竽。班伯弟昆皆殿讲，桓荣家世并朝儒。将何继续前人美，欲献周公无逸图。"④于是，每进言，进君子，退小人，为治乱之机，言甚激切。皇上为之改容，接受他的意见。十月，长兄杨守陈卒。《试院事毕闻大兄讣》："一入词垣已十朝，每当较艺辄先辞。昔缘群从登科日，今值亡兄发引时。"⑤为位哭奠者三年，为此视力出现昏花现象。《考绩至吏部伤怀》："赐环前岁谒铨司，鼎立薰风笑语怡。今日山公犹健在，吾家坡老竟安之。判花公署空遗墨，梦草西堂已废诗。俯仰伤怀双滴泪，断鸿云外一声悲。"⑥由此可知，长兄杨守陈的故世，让杨守阯伤心不已。当时，杨守阯年已54岁。

弘治四年（1491）八月，《宪宗实录》成编，得升左春坊左谕德。作《进实录有感》，有"遗泽九原犹有望，吾兄会副总裁官"⑦。

弘治五年七月，受诏，清理武选贴黄，次军功，纪年月，虽纤悉不遗。主考顺天府乡试，时称得人⑧。

弘治六年（1493），杨守阯三兄弟分家。这有几个因素，一是杨守陈过世已三年，守丧期结束。二是杨守隑的两个儿子也已长大成人。三是长辈们纷纷过世，只剩下杨守阯。守丧结束后，杨茂元与杨茂礼到北京，请求分

---

①　（明）杨守阯《碧川诗选》卷五。
②　（明）李东阳《怀麓堂集》卷一六《次韵杨维立侍读馆中见怀》，第174页。
③　（明）杨守随《碧川杨先生行述》，杨存淇《镜川杨氏宗谱》卷一五《行传》，第2页。
④　（明）杨守阯《碧川诗选》卷五。
⑤　（明）杨守阯《碧川诗选》卷五。
⑥　（明）杨守阯《碧川诗选》卷五。
⑦　（明）杨守阯《碧川诗选》卷五。
⑧　（明）杨一清《碧川杨先生传》，见《碧川诗选》附录。

家。开始杨守阯不同意,说:"汝辈皆孤子,吾何忍为是哉?"①后来从弟杨
守隅等人也主张分家,于是只得勉强同意。杨守阯以上田十余亩作为父亲
的祀田,杨守陈诸子受田九十余亩,三弟遗孤受田六十八亩,自己仅受田十
九亩,不足十分之一。大家都认为这样的分配方案不公平,杨守阯自有一
套道理,称:"吾兄早宦,今薄田多其所置。少弟不禄早世,二子孤贫,稍以
此资之。吾尚有一官可望也。"他仍然每年提供三十两银子,作为侄子们的
生活补助。这是杨范后裔第二次分家。

这一年,佥宪王公按临浙江,"激扬有体,风裁凛然,间尝枉顾寒家,令
有司作集贤乡、聚魁里二闾门。公固举其宪职,寒门得此则不世之遭也。"
作《谢王佥宪为作闾门》:"忆自登科十五春,闾门如旧为家贫。草庐谁复能
三顾,绰楔君来始一新。通德标名乡有郑,高阳更号里居荀。衰宗敢望前
贤武,高义如君迈古人。"②晚年复作《集贤乡》诗,称:"何地不生才,此乡贤
所集。栋梁与榱桷,明廷旋收拾。"又作《聚魁里》诗:"发解省廷试,魁元凡
有几。庆归积善家,聚在高阳里。"③

弘治八年(1495),升翰林侍讲学士,主考应天府乡试。作《奉命主考应
天乡试》:"论秀奉丝纶,南畿有凤鳞。行将入吾网,献作禁园珍。"④

弘治九年(1496),署翰林院事,主修《玉牒》,并教授庶吉士。作《被旨
掌院事,修玉牒,教庶吉士,屠太宰赠以诗,次韵答之》:"玉署承恩愧菲才,
金章斗大手亲开。增修帝纪千年历,疏析天潢一派来。教有英才真是乐,
文非狂简若为裁。青宫少保诗成后,东壁增光籍上台。"⑤

这一年四月,发生了传奉官谢恩与科道官廷杖两件怪事。杨守阯写信
给同年兼亲戚、都御史屠滽(1440—1512),称:"今月十三日早朝,鸿胪寺奏
引传奉官谢恩者至四十余人。及午刻,锦衣卫逮捕科道官,廷杖者至六十
余人。一日之间有此二事,非小变也。士论咸谓三原公在,必有论谏,今四
明公亦有意乎否邪?天下之士所以责望阁下者重矣。……阁下及今犹可
一救,非惟救言官也,救国体也,亦阁下所以自救,以塞天下之责也。若夫

---

① (明)杨守随《碧川杨先生行述》,杨存淇《镜川杨氏宗谱》卷一五《行传》,第3页。
② (明)杨守阯《碧川诗选》卷二。
③ (明)杨守阯《碧川诗选》卷八《杨塊三十咏》。
④ (明)杨守阯《碧川诗选》卷六。
⑤ (明)杨守阯《碧川诗选》卷六。

传奉之事亦未有所论列,岂遂已乎? 抑有所待乎? 伏望阁下思圣天子所以信任之笃,士大夫所以责望之重,无使忠谏之路塞而侥倖之门开,天下幸甚!"①屠滽接受了杨守阯的建议,上报皇帝,科道官得释放。

弘治十年(1497),修《大明会典》,充副总裁。这年大计京官,杨守阯时掌院事,言:"臣与掌詹事府学士王鏊俱当听部考察,但臣等各有属员,进与吏部会考所属,则坐堂上,退而听考,又当候阶下。我朝优假学士,庆成侍宴,班四品上。车驾临雍,坐彝伦堂,视三品,此故事也。今四品既不与考察,则学士亦不应与。臣等职讲读撰述,称否在圣鉴,有不待考察者。"诏可。学士不与考察,自守阯始②。

弘治十一年(1498),东宫太子(即后来的武宗)出阁,杨守阯随往侍讲。这段时间是杨氏家族为官的鼎盛时期。《次韵寄守隅郎中》称:"高坡巷里向南衙,轮奂新修也自华。"③兄弟间也相当亲,《次韵奉大理家兄》称:"亲如鲁卫仕华衙,情似韩维念子华。……何幸一门蒙帝渥,瀼瀼露重紫荆花。"④

(5)南京吏部右侍郎

弘治十二年(1499),升南京吏部右侍郎。杨守阯作《升南吏部侍郎有作》:"两京游宦二十余,六十里霜鬓已疏。黄纸除书腾彩凤,青毡旧物佩金鱼。……圣德如天恩似海,涓埃图报欲何如!"⑤

南京官事颇简,杨守阯得沉潜于学。自号"乾乾叟",作《乾乾叟》,称:"卦位乾居南,卦象乾为天。叟为南天官,进修日乾乾。"⑥弘治十三年(1500),署南京兵部事。以星燮,协府部人员,杨守阯上《条省陈言疏》,条陈五事,皇帝高兴地接纳了。

弘治十四年(1501),署南京国子监事。时祭酒刘震卒,诸生乘机改易簿书,以规速进,杨守阯悉为更正,但也没有处理作弊者。勤者劳之,惰者勉之,贫不能存者厚给之,士皆感德。譬如祝允明,就十分感激杨守阯的赏识。

---

① (明)杨守阯《碧川文选》卷六《与屠朝宗书》,第 16426—16427 页。
② 《明史》卷一八四《杨守陈传附杨守阯》。
③ (明)杨守阯《碧川诗选》卷七。
④ (明)杨守阯《碧川诗选》卷七。
⑤ (明)杨守阯《碧川诗选》卷七。
⑥ (明)杨守阯《碧川诗选》卷七。

　　杨守阯十分关注屡试不中的祝允明，称："始吾在史馆，见所叙上武功遗事者，赏之，询而知为子笔，谓武功之有孙也。继望子来以显而屡失之，后喜子举于乡，庆吾王先生之得人已。复寂然，第春试，辄从榜录觅子名而不得，知其滞矣。"又说："比岁之闻，则或谓子崇饮，夫过必勿惮改行，必求副文名，必欲协实，年弥长则见弥定，子必力勉之。"①这让祝允明既激动又惭愧。

　　弘治十四年八月，朝廷同意杨守阯回宁波省墓。自从外出做官以后，他已经17年没有回宁波了，思乡之情可想而知。到宁波以后，他先到了城内的新家。杨守陈三兄弟分家以后，杨守阯的家人首次到城内建立新的住所，在日湖东的采莲桥建立了大冢宰第，立兄弟尚书坊。新宅的修建，杨守阯学生、太监张和帮了不少忙，助以木石。田产不满三百亩，聊足以充子孙糊口之资。作《到家喜入新第》四首，第一首称："几度思乡假寐还，今归真得到家山。帆樯风正舟来驶，鼓角城深门未关。秉烛对人犹似梦，举杯留客且怡颜。……"②第二首称："曾将奏疏入金銮，敕赐园廛廿亩宽。苟合苟完成此室，爱居爱处咏干墙。……欲作休休亭自逸，君恩未报敢求安？"③第三首称："新居门瞰日湖边，一脉南来自碧川。爽垲更新齐相宅，清寒依旧广文毡。无何文字五千卷，有此辛勤三十年。歌咏落成贻后世，能师吾俭是为贤。"④

　　除了祭祀的祖先，他也祭祀了外公、舅舅与老丈人全直道。《祭外祖张公并舅氏墓悲感有怀》称："栎社桥名宝佑桥，外家营构自前朝。当时九世簪缨族，今日孤坟楮币标。庙同故居他姓得，渭阳哀思我心焦。欲如靖节书公传，故老相传事几条。"⑤由此可见，杨守阯外公家在栎社的宝佑桥（今属栎社村），到弘治年间，已经衰落，连故居也为外姓人所得。他想替外公作传，但事迹已经渺茫。《祭外舅直道先生全公墓》："好古常称直道民，平生诗酒乐天真。游心鸟迹工书篆，寄兴梅花为写神。泰岳一峰颓已久，佳

———————

①　（明）祝允明《怀星堂集》卷一二《上堂尊少宰四明先生书》，第527页。

②　（明）杨守阯《碧川诗选》卷八。

③　曹学佺《石仓历代诗选》卷四二八《明诗次集六二·杨守阯》也收录《到家喜入新第》。

④　（清）李邺嗣《甬上耆旧诗》卷八《太子少保吏部尚书碧川杨先生守阯》，第227—228页。

⑤　（明）杨守阯《碧川诗选》卷八。

城千载见无因。馆甥久作瀛洲客，今日归来荐藻频。"①由此可知，其岳父人称直道先生，喜欢诗歌与书法，也喜欢饮酒，可见是一个文化家庭。

弘治十五年(1502)七月回到北京。当时《大明会典》已经修了六年，尚无法定稿。内阁奏请杨守阯任《大明会典》总裁，他作《史馆述怀》："奏绩遥趋凤阙来，岂知留却在麟台。三长殊愧古长史，再命仍叨副总裁。东观每迎朝旭入，西垣频带晚霞回。自知哀拙勤何补，润色何资馆阁才。"②在史馆期间，杨守阯"精力阅书，未尝少懈"。另一总裁、尚书吴宽称："顷以考绩至，内阁大臣以纂修会典事严奏留之，予每与共食，见惟立食已，辄操笔属草，其精勤如此。"③王鏊(1450—1524)作诗称："东角门前十馆开，史家自昔总难才。病容野客随行入，远喜诸公取次来。气合每联朝食坐，事多长后午朝回。扬雄识字今谁及，疑义须烦一一裁。"④由此可知，杨守阯非常尽责。前后花了五个月时间，《大明会典》成稿。记载精详，为人称道，人称他是"杨太史"。

弘治十六年(1503)三月，杨守阯想回南京吏部。有人出主意，称："六年未就之书，成于五月，功亦伟矣。留此月余，柄用可待。"杨守阯坚决不干，认为用不用取决于命。五月，吴宽升礼部尚书，杨守阯迁左侍郎，加俸两级，复旧任。时人有"功同报异"之讥，杨守阯作诗称"五月辛勤图要地，三秋依旧做闲官"。别人作诗称"荣枯原不关心事，只竭忠诚愧素餐"⑤。

弘治十七年(1504)元日，作《甲子元日》："去年正月候朝参，此日瞻天北斗南。新喜岁华逢甲子，早传家事付丁男。避贤未许六旬九，祝圣惟呼万岁三。重禄坐叨无以报，伐檀每诵不胜惭。"以疾请老，不许。六月，杨守阯奏，南京宝源局当铸弘治通宝二千五百六十六万，所费不少见。今灾伤特甚，乞暂停铸造。皇帝同意，命量减原数三分之一⑥。

杨守阯作为南京吏部侍郎，考察南京诸司官属，去取当乎人心⑦。

① (明)杨守阯《碧川诗选》卷八。
② (明)杨守阯《碧川诗选》卷八。
③ (明)吴宽《家藏集》卷四六《乾乾斋稿引》，第414页。
④ (明)王鏊《震泽集》卷二《次韵杨维立初入史馆》，第142页。
⑤ (明)杨守随《碧川杨先生行述》，杨存淇《镜川杨氏宗谱》卷一五《行传》，第4页。
⑥ 《钦定续文献通考》卷一一《钱币考》。
⑦ (明)杨一清《碧川杨先生传》，见《碧川诗选》附录。

（6）激流勇退

弘治十八年（1505）五月，孝宗卒，武宗即位。杨守阯草时政疏，言十事，"极严毅，不为时讳"。都宪彭泽造访，读后以为不合适，烧了奏稿。杨守阯说："吾既不能致身以事君，乌可苟禄以居位耶？"下定决心辞职①。五月，父亲遗稿《梅读稿》刊成。六月，年七十，以六年考满，病不能赴京，乞休。杨守阯退休决心相当强，六月上乞休奏章以后，就动身回宁波了。六月九日，按照三品赠官可立神道碑例，得替父亲重立神道碑，作《赠南京吏部右侍郎先府君神道碑》②。八月，覆诏，升南京吏部尚书，致仕③。十月，收到诏书，杨守阯作《诏晋升吏部尚书致仕》诗，称："礼年登七合投簪，况复衰颜病已侵。再疏陈情归待报，九重恩命愧难任。崇阶进蹴尚书履，厚蓄何须季子金。林下清风贫亦乐，不忘忧国老臣心。"④

他治《易》出身，对《易》经理解相当深，"乾之与时偕行，蹇之见险能止"两句话对他影响深远。退休以后，因脚有点小病，复号"蹇蹇翁"，作《蹇蹇翁》："昔号乾乾叟，今称蹇蹇翁。时行乘道泰，险止戒途穷。落落王臣节，飘飘逸士风。衰年惟玩易，无复梦周公。易称山上水，我病遂加蹇。且足归田乐，何愁行露难。蓝舆来靖节，故步失邯郸。杖立浮云外，乾坤纵大观。"⑤这可见杨守阯退休后的洒脱心态。

弘治年间，与翰林出身的南京吏部尚书倪岳、户部侍郎郑纪、礼部侍郎董越、祭酒刘震、学士马廷用，"相与醵饮，倡为瀛洲雅会，会必序齿"⑥。

正德三年（1508），刘瑾（1451—1510）窃政，夺杨守阯新封的南京吏部尚书秩。杨守阯退休回家时，有积俸四百金，本来准备分给两个儿子。不意，从兄杨守随为刘瑾罚输米千二百石，苦于无从筹措，杨守阯拿出了自己的全部积蓄。其夫人有点不悦，杨守阯大怒说："兄弟急难，岂暇顾其子耶？"⑦事后，杨守随想以自己的产田还杨守阯，杨守阯坚持不要，称："患难

---

① （明）杨守随《碧川杨先生行述》，杨存淇《镜川杨氏宗谱》卷一五《行传》，第 6 页。

② 《梅读稿》附录卷五。

③ 《明武宗实录》卷五，弘治十八年八月庚辰。杨守随《碧川杨先生行述》作"十月"，这应是收到诏书时间。

④ （明）曹学佺《石仓历代诗选》卷四二八《明诗次集六二·杨守阯》，第 679 页。

⑤ （明）杨守阯《碧川诗选》卷八。

⑥ （明）黄佐《翰林记》卷二〇《瀛洲雅会》，第 1079 页。

⑦ （清）李邺嗣《甬上耆旧诗》卷八《太子少保吏部尚书碧川杨先生守阯》，第 221 页。

相恤耳,岂望报乎?"①由此可见杨守阯兄弟之谊。正德五年,刘瑾败,杨守阯官复原职。《林木养高》诗称:"平生林下拥皋比,笑看鹓雏集凤池。锦诰已承明主赐,云山还系故园思。鸿飞碧汉凌尘垄,鹤向青田啄玉芝。老眼静看人世事,夕阳亭外几枰棋。"②

做事认真,是杨守阯的一个特点。他敬恪不懈,讲究礼节,态度严肃。"善善恶恶,则又不少假借也。……凡辞受,一以道义而不苟。"平时写文,亦必端坐,用楷书。人问其故,他回答说:"敬不可须臾忘也。"正德初年,屠滽重新出山,杨守阯、杨守随、宁波知府褚圻送行,屠滽准备告辞。杨守随说:"亲家少留,余备一小羔,置酒于高桥章宅,少伸别意。"褚圻半开玩笑地对杨守阯说:"五老先生是小羔,八老先生想是小羊也。"杨守阯听后,将"小羊"误听为"小杨",很不高兴地教训道:"先兄镜川发解浙闱,予后忝继之,人皆呼予为小解元。及先兄为学士,人亦呼予为小学士。先兄后为吏部侍郎,人皆称予为小侍郎。未闻以'小羊'呼予者,褚公何以有是言耶?"结果,没有终席就回了。第二天,褚圻带领诸属上门谢罪,杨氏并不领情③。这个故事,反映出杨守阯一本正经的为人风格,这正是传统官僚的不苟言笑形象。

杨守阯是一个大公无私的人。这种大公无私,表现在两个方面:在事务上,只有公义,没有私利。"若义有不可,辄怫然,终莫能夺。"有一次,弟子、御史张承仁巡按到宁波。到宁波以后,乘着夜色,先谒访杨守阯。结果,杨守阯不买账,说:"御史未谒庙,何先枉临?"张某屏退左右,悄悄地说:"恐有所赐教耳。"杨守阯正色说:"疑老夫以事相干,岂待我意耶?"于是,默不答,张某惶恐而去④。在钱财上,不敢积财,稍有钱财,即救助别人。"性好施与,不事积蓄,周人之急,不遑恤家。"⑤成化十六年七月,乡人倪应奎(光)为了儿子应试,向杨守阯借了二十两银子作为路资。后来儿子死在外面,其父倪应奎替儿子还债,杨守阯坚决不要,说:"汝衰老穷独,我当恤之,而复取之,非义也。"⑥正德四年,侄子杨茂仁卒,临终遗言,要求葬在杨守

① (明)杨守随《碧川杨先生行述》,杨存淇《镜川杨氏宗谱》卷一五《行传》,第6页。
② (明)曹学佺《石仓历代诗选》卷四二八《明诗次集六二·杨守阯》,第680页。
③ (明)陆偁《碧川杨先生遗行》,《碧川诗选》别录。
④ (清)李邺嗣《甬上耆旧诗》卷八《太子少保吏部尚书碧川杨先生守阯》,第221页。
⑤ (明)杨守随《碧川杨先生行述》,杨存淇《镜川杨氏宗谱》卷一五《行传》,第7页。
⑥ (明)杨守随《碧川杨先生行述》,杨存淇《镜川杨氏宗谱》卷一五《行传》,第4页。

阯预先准备的城南祖关山墓地，杨守阯也满口应承了，且写了墓志铭。杨守阯儿子要求补差价，杨守阯坚持不同意①。一直到正德六年九月，仍在救助别人。这月，同年朋友牛正郎的儿子从南京来宁波，生活十分狼狈，杨守阯问夫人钟氏家中还有什么值钱东西否？钟氏说："顾家无余物，惟妾簪珥尚余数金，可以助之。"杨守阯当即决定把簪珥给了牛氏。临终前，杨守阯说："吾仕宦虽久，而家无所遗，特患汝辈无以为计耳。"②死后，家人向从侄孙杨美珩借了二十两银子，才办了丧事，可见杨守阯家中经济之拮据。

到了正德六年，杨守阯已经76岁。奇怪的是，仍无白发。作《七十六不见白发》："七十六年华，闲居老态加。耳鸣闻众籁，目眩见虚花。支屦成三足，辅车存二牙。独饶头未白，人道寿无涯。"③

杨守阯似乎是一个有第六感觉的人。正德七年七月七日，这是杨守阯77岁生日。杨守阯可能预感到生命终期将来临，于是决定办一个大规模的生日宴会。那天，命诸子置办酒席，聘请了鼓乐队，召来同族数百人，欢天喜地痛饮了一天。杨守阯离席时，客人们礼节性地说"后会有期"。结果，杨守阯慢悠悠地回复说："此会后，未可期也。"大家听了十分茫然。到了七月十六望日，要儿子们将自己平时阅读的书收起来，放进筒中，桌上只留文稿与《素问纠略》（元代名医朱震亨撰）一册。到了八月十日，整理完自己的文集，在稿子封面上题写了几行字："学文师韩吏部，学道师程伊川。官同吏部二品，寿过伊川二年。文章可得而闻，望道而未之见。困学勉行，老而不倦。守正嫉邪，至死不变。"这段话典型地反映出了杨守阯一生的学术与品行特色。八月十五日中秋节，杨守阯逝世。赠太子少保，赐祭葬如例。正德九年二月，葬芝山（今属鄞州区鄞江镇芝山村，有芝山公墓）之阳④。

杨守阯孝友天至，事祖父母，能得其欢心。杨守陈、杨守阯兄弟关系相当好。"其兄守陈，学行冠世。守阯自相师友，博及子史。为文谨严，编纂考校极精详。尝对海外使，历举其中国事，其人惊服。其文学议论与所履

---

① （明）杨守随《碧川杨先生行述》，杨存洤《镜川杨氏宗谱》卷一五《行传》，第6页。
② （明）杨守随《碧川杨先生行述》，杨存洤《镜川杨氏宗谱》卷一五《行传》，第7页。
③ （明）杨守阯《碧川诗选》卷八。
④ （明）杨守随《碧川杨先生行述》，杨存洤《镜川杨氏宗谱》卷一五《行传》，第8页。

历，略似守陈，而同为解元、学士，吏侍一时，对署两京翰林，时尤羡之。"①
杨氏家族有一个互帮互学的传统。从弟丰城县学训导守阶、广西布政使守
隅、从子南京兵部侍郎茂元、乡进士茂亨、四川按察使茂仁，均曾受到杨守
阯的教育。《自咏》："浙中旧族数吾杨，积善绵绵衍庆长。两世七人叨里
选，一门五子站朝行。家声渐显翻忧惧，祖德常修敢迨遑。共仰八元能济
美，珥貂谁慕汉金张。"②这可见他既喜复忧的谨慎态度。

杨守阯《大兄和东坡龙钟三十九诗见寄次韵奉答》："先世本儒宗，环堵
图书半。传家峄阳桐，一唱而三叹。吾兄博群书，礼乐勤服玩。开口韶钧
鸣，下笔云雾散。一举冠同乡，结交青云伴。制策对天人，名声腾月旦。朝
趋金马门，日食青玉案。汗简手编摩，一一书治乱。诗文驰四方，应酬失楘
盨。先后十年余，一阶迁陟缓。节操冰霜同，忠诚日月贯。行年未四旬，志
强力不惓。胡为诧龙钟，置我肠中炭。愿保千金躯，逍遥在三馆。夏宜葛
苎凉，冬宜狐貉暖。重为皇家珍，饔飱加白粲。"此诗反映出杨守阯对长兄
杨守陈的尊敬之情。

杨守阯平时对门人说："为学非但事文艺之末，尤当以道德为本。"训儿
子，则说："居家以孝友为先，事君以忠敬为主。"对乡人，则说："谨事长上，
无惰农业。"对有司，则说："惟清、慎、勤可以称职。"③这样的理念，正是当
时的意识形态所要求的。

杨守阯作品不少，有《浙元三会录》一册、《困学寡闻录》(或作《困学寘
闻录》)十卷、《集程朱议论》(或作《程朱二先生文评》)一册④、《碧鲜坛》。
此外，弘治十六年(1503)，杨守阯辑《宠命世载录》、《宠命世载录外编》。此
外，完善了《道统言行录》、《五经四书私抄》、《程朱文评》等书，"虽镜川先生
草创，而删述润色则皆出于先生之手笔也"⑤。

廖道南(1494—1547)曰："予读《碧川文稿》，其论天下事，若指诸掌，
略无依阿腆腼，而耿直孤抗，盖其得于家庭者多矣。赞曰：谠言不讳，国
是惟贤。直气不回，士节则坚。金紫盈门，图书满筵。谁珥彤管，愿续

---

① 《明武宗实录》卷九一，正德七年八月丙辰。
② (民国)杨存淇《镜川杨氏宗谱》卷一九《著述》，第47页。
③ (明)杨守随《碧川杨先生行述》，杨存淇《镜川杨氏宗谱》卷一五《行传》，第8页。
④ 民国《鄞县通志·文献志》将集程朱议论当作《困学寡闻录》内容。
⑤ (明)陆偁《碧川杨先生遗行》，《碧川诗选》别录。

青编。"①

王鏊《杨侍郎维立像赞》称："退兮其似怯乎,临事则甚勇也;钝兮其似拙乎,思致则甚工也。荼兮其似癯乎,所养则甚充也;渊兮其若虚乎,所出乃不穷也。"②这是对杨守阯为人的描述。

熟悉杨守陈兄弟的杨一清(1454—1530)称,杨守陈兄弟"奋奇挺灵,来自南服,蔚然以文学名天下。践更馆阁,典制作之柄,进位列卿。要其所造,皆自明经学古中来。彼以词艺求二先生者,皆见之浅也。若济时行道,用其本怀。顾未尝授之以政,无以自见,而犯颜纳说之风,则于进讲时略发之。使二先生早得柄用,其建明树立可量哉!其不然者,天也。"③这样的观察是比较到位的。

戴鱀(1490—1556)代人作的《祭杨碧川先生文》云:"文章之兴,与世高下。际我皇明,继有作者。公与伯氏,并起浙东。大肆厥辞,遂为儒宗。旁搜百家,上窥韩、董。"④由此可知,杨守陈兄弟可并称为浙东儒宗。

这些赞语,从不同侧面,展示与肯定了杨守阯的学行。

3. 工部尚书杨守随

在镜川杨氏中,杨守随是做官级别最高的人,致仕前已官至工部尚书,而非如杨守陈与杨守阯兄弟,杨守陈是卒后赠尚书,杨守阯是致仕前加封一级而成。

杨守随(1435—1519),字维贞,号贞庵,晚更号文湖。杨守随是镜川杨氏第二位进士。杨守随生于宣德十年八月十五日,正好是中秋节。正统九年(1444),十岁,祖父杨范"授以《四书》、《史略》诸书,则以通大义"。正统十四年(1449),十五岁,从杨守陈"受《易》"⑤。天顺三年(1459),补为宁波府学庠生。成化元年(1465),与堂弟杨守阯为浙江乡试举人。当时因家中

---

① (明)廖道南《殿阁词林记》卷五《侍讲学士拜兵部尚书杨守阯》,第216页。

② (明)王鏊《震泽集》卷三二《杨侍郎维立像赞》,第471页。

③ (明)杨一清《碧川杨先生传》,见《碧川诗选》附录。

④ (明)戴鱀《戴中丞遗集》卷七《祭杨碧川先生文》,《四库全书存目丛书》,集部第74册,第93页。

⑤ (明)寇天叙《涂水先生集》卷三《资政大夫工部尚书掌大理寺事致仕文湖杨公行状》,《四库全书存目丛书》,集部第65册,第520页。杨存淇《镜川杨氏宗谱》卷一八《祠墓》称:"年谱、行状,寇公天叙撰,已失。墓志、神道碑铭,俱无传。"今幸仍可查得寇天叙所撰行状。

很穷,杨守随想就教职,早点赚钱,但没有成功。成化二年(1466),顺利考中进士,时年 32 岁。据《成化二年进士登科录》,"陈守随,贯浙江宁波府鄞县,官籍,府学生,治《易》经。字惟贞,行五,年三十二,八月十八日生。曾祖浩卿,祖九畴,父自忝,母张氏。具庆下,兄守陈(编修)、守防,弟守阯(举人)、守陹、守㷖、守陉、守碱、守隅,娶陈氏。浙江乡试第三十八名,会试第六十八名。"①值得注意的是,"字惟贞",包括杨守阯的"字惟立",明朝文献多作"惟",而今所见清以来的杨氏家谱则作"维"。也许,"惟"与"维"两个字可以通用。

成化三年(1467),初授江西道监察御史。想将父亲接过来,但父亲不喜出远门,没有同意。他自处甚严,"有权贵相招延者,守随独不往。犯法,独按问如律"。为纠仪事,廷杖二十。成化四年(1468),实授江西道监察御史。成化五年(1469),巡视济宁至南京等处河道。时庄阳水涸,杨守随要求"诸闸时其启闭,于是漕运大通"。有一个近宦"纵其家奴兜揽运粮,通标驿递者,公悉以法绳之,于是河路肃清"②。

成化六年(1470),巡按直隶监察御史杨守随言六事,"其一明谥法。郕王薨逝,谥之曰戾。戾者,罪也,乖也,在谥法为不悔前过。郕王当英宗北狩之时,奉命监国,以宗社计,不得已而即位,北悍戎狄,南平闽广,定人心于将变,安国势于阽危,其有功于社稷甚大,威虏以甲兵,啖虏以金币,而迎回大驾,尊养之于南宫,不为贼臣离间,其兄弟之情甚厚,任信大臣,听纳忠谏,兴学劝士,加惠恤民,其善政之在天下甚夥,虽末年少有过愆,岂可以一眚而掩众善耶?况恶谥非出先帝之本意,乃一二造衅幸功奸臣之邪议,至今公论为之不平。古之定谥者,苟有一善,以一善谥,兼有众善,节以一惠。惟无善可称,方得恶谥。近时大臣,有奸回贪墨者,尚滥美谥,岂可以陛下之至亲,乃泯其善,而使久蒙恶谥乎?乞敕廷臣会议,取其善行而改谥之,则公道昭明,谥法允当,而陛下亲亲之令名,亦无穷矣。其二重大臣。太子少保、吏部尚书李秉为给事中萧彦庄所劾,革其太子少保,致仕。夫李秉之禀性有偏,处事失当容或有之,然奉公守法,效忠于国,亦一时之良臣也。

① 《天一阁明代科举录选刊·登科录》,宁波出版社 2006 年。

② (明)寇天叙《涂水先生集》卷三《资政大夫工部尚书掌大理寺事致仕文湖杨公行状》,《四库全书存目丛书》,第 520 页。

使彦庄所言之事一一皆实，亦皆公过，非私罪也，矧皆攍撼之虑乎？伏望圣明复其太子少保，起而用之，伸明公道，使在位者知所劝。一守法律。谓律令，犯公罪者，不至罢职。近来御史朱贤、娄芳等，俱以公罪革职为民。盖以法司奏当之外妄参希旨，以致一时圣断有非祖宗法律本意。今悉宜叙复之，且戒法司自后不许妄参，一以律令从事。一备储蓄。各处仓储匮之，官俸兵饷至有过时逾年不得支给者。宜令所司，于岁额起运税粮，量加存留，以济其乏。凡有军需织造等费，宜取赃罚库银用之，毋得辄用存留粮价，则官吏军民，俱有所赖。一禁奸诈。谓近例，军职犯罪，不就逮者，以为未结，正会赦复任。故凡当逮者，辄展转推，避而不就理，卒幸以免，相习成风。自以为金锡叠瓶，跌扑不碎，长恶纵奸，靡所不为。今后有犯例，应带俸差操，立功除名者，虽不会逮，左验明白，即同狱成。虽遇赦免，亦不得管军治事，则军职畏法而奸诈以息。一息馈饷。谓西征之役，以数万甲兵而讨出没不常之虏，以千里馈粮而为旷日持久之计，外患未夷，内境先弊，犹之人身有疾，针药久加，而元气不无耗损。今宜遣官行边，相时度势，旋令班师，申严边帅，固守疆域可也。"疏入，上以所言事俱处分已定，下其章于所司①。这封奏疏的核心要义有六，一是重定景泰帝的谥号，二是重用大臣李秉，三是因公得罪不宜罢官，四为加强边仓储蓄，五是要求立刻处理军职犯罪，六是停止西征。由此可见，均是一些具体的事务性建议。

成化七年（1471），陕西失机，时镇守太监秦刚、都御史王锐俱都逮，总兵官房能独夤缘，托疾回京。杨守随上疏，"以为法度贵乎划一，刑赏不宜异同，请并论以法"。四月，奉敕查盘大同等处仓库，杨守随"素精数学，至则执簿书推算，毫发必尽，官吏有望风解甲去者，亦有系颈就狱者，人皆服公之精明焉"②。因册立东宫，受恩赐。十二月，以考绩例，父母受封。

成化八年（1472）十月，以灾异边警，杨守随等上言九事："一京师城隍沟渠，久淤不浚，夏秋雨潦，公私庐舍多坏。明春，调军浚隍，而令居民自治沟渠。一公侯伯，率由荫补，靡费厚禄，请更于十二营内建一营，令诸应袭子侄，并武职之带俸者，日习武艺，逾年试其材而任用之。一京师北迩边

---

①　《明宪宗实录》卷八二，成化六年八月乙卯。

②　（明）寇天叙《涂水先生集》卷三《资政大夫工部尚书掌大理寺事致仕文湖杨公行状》，《四库全书存目丛书》，集部第65册，第520页。

塞，而永宁又其要地，黑峪荆子村，厄塞数十处兵，多调遣西征。其留戍者，又率为将校私役，致虏乘虚肆掠，有直犯城下者。请亟简都指挥一员，暂益以兵，往镇守之。一京畿岁比不登，民甚困乏，请如上年例，以京通仓储粜二三十万，而保定等府县，则急发公帑，劝富室以广赈恤，仍戒有收处，毋遏籴其牛具种子，令有司给之。一虏聚西陲，守将各拥兵自卫，畏缩难用，而天下亦岂无将才未用者？请诏兵部，檄所司各察其官属之谋勇者，举送试用。其有抱文武全才堪大将者，则明著其实，以俟特擢。一各处饥民，或假名复仇，借贷行劫，所司多匿不以闻，遂致滋蔓，如满四、刘千斤是已。请通戒有司，备御抚安，盗发则亟扑灭之，毋养成大患。一贪淫官吏，迩因天变，虑有枉抑，许再诉辨，遂致混渎，幸而复官，甚非常法。请已许辨者，毋得更辨，已复职者勒令闲住。一边将遇寇，辄坚壁不出，及出战，又多夺兵士首功，付其私人，而怯懦将校，亦往往有市首级以为功者。请敕参赞等官，苟其人畏缩失机，即奏逮重罪之，纪功官务审验其实，毋令冒报。一团营兵，最号精选，亦多老弱，且其数不足，此皆将校之弊，请敕兵部，严加校阅，毋徇情作弊，更密诏给事中等官，时点视之，庶兵足而缓急可用。"诏下所司议之①。这就是城濠等九事疏，多关于军民官之事，据说多见采纳。

　　成化九年（1473），杨守随巡视江西。八月，上言："顷因山东灾伤议，许在京办事及寄名吏纳银，俱免京考。见在当该者，俱免考试，给与冠带，悉依资格选用。是盖救荒权宜于一时者。殊不知爵赏不可以无律，名器不可以假人。今吏典纳银，越次受职，其文移之通否，年岁之老耄，一皆不问，将见幸门一开，荡无纪极，争相黩货以骤进，其于害政，莫此为甚。乞速为停止，或量留漕粟，以为济荒之策。"疏入，上曰："朕患吏道不清严，考试以为进退。今若募吏胥入赀赈饥，免考登仕，是教吏贪也。御史言是，亟罢此例勿行。"②

　　道教正一嗣教大真人张元吉（1435—1472）因为前后杀了四十多人而谪戍，反而借口要修养，乞恩，宪宗皇帝同意了。杨守随率众，力言不可，当时的舆论非常肯定。劾奏奸僧继晓妖术罔上之罪，直声惊动朝野。

①　《明宪宗实录》卷一〇九，成化八年冬十月丁亥。

②　《明宪宗实录》卷一一九，成化九年八月庚寅。

杨守随又见"天下诸司文卷不明,请每三年差官一次照刷,至今为例"①。

时有欲试吏部权者,为之例曰:"凡方面官铨选,俱令京堂推举;京堂缺,必由内降。"守随抗疏言曰:"是例行,是废公道而右豪贵也,必不可。"得旨,夺俸②。

成化十年(1474),因"随宜沿革,发奸摘伏如神,赃官污吏一时黜革殆尽,人皆称快"③。

是年,杨守随受命监临江西乡试。"初,试院席舍,皆以竹席为之,公令易为板,经久而省费。又能查革奸弊,是科得人为盛。"④

成化十一年(1475)八月⑤,因父亲逝世,归家守制。

成化十四年(1478)四月,外艰服阕,赴京,改授福建监察御史。成化十五年,按治江西,弹劾佞臣李孜省(?—1487)变幻为奸暴于乡里,按罪当谪戍。结果,李孜省走京师,结纳中贵,以左道惑皇上,得幸。不久,李孜省为太常寺丞,杨守随即劾奏李孜省以赃得罪,不宜典郊庙百神之祀,称:"自古帝王之御天下,施政必由乎旧章,用人必先于表行。盖政由旧章,而后人知遵守,士修素行而后官能称职。是以奸伪自止,流品不杂。我祖宗鼎定天下,凡百政事,无不立为定法,垂训后世。如官人也,或由进士,或由吏员,或因才干,出身皆有一定之资格。如祭祀也,罪人不容供事,刑官不令省牲,疾病刑丧不容陪祀,皆有一定之典则,盖酌古准今,历万世而不可易者。近太常寺寺丞缺员,皇上特命听选官李孜省升补。孜省先充布政司吏,枉法受赂,事觉逃匿来京,实为未结之囚,于例不宜出入坛庙,以供祀事。且其出身资格,止该八品。纵无前罪,应合选用,自有一定资格,于例不宜超越四级,骤迁在京堂。上命下之日,士论沸腾,用此等奸狡赃秽罪人,奉事

　　① (明)寇天叙《涂水先生集》卷三《资政大夫工部尚书掌大理寺事致仕文湖杨公行状》,《四库全书存目丛书》,第520页。

　　② 雍正《浙江通志》卷一五九《杨守随》。

　　③ (明)寇天叙《涂水先生集》卷三《资政大夫工部尚书掌大理寺事致仕文湖杨公行状》,《四库全书存目丛书》,第521页。

　　④ (明)寇天叙《涂水先生集》卷三《资政大夫工部尚书掌大理寺事致仕文湖杨公行状》,《四库全书存目丛书》,第521页。

　　⑤ 其父生卒年,(民国)杨存洪《镜川杨氏宗谱》卷六《西杨义二房世系》作"生于建文四年壬午十月初十日亥时,……卒于成化十一年乙未七月二日日辰时,寿七十四"。《资政大夫工部尚书掌大理寺事致仕文湖杨公行状》系于成化十年,误。而且,他是成化十四年起复的,也可证在成化十一年离任。

天地宗庙赫赫之灵，非徒不能昭格，反为亵渎。伏望皇上追回成命，或明正其罪，或罢归田里。"①吏科给事中李俊等亦以为有理，成化十五年(1479)四月，改太常寺寺丞李孜省为上林苑监左监副。

锦衣卫都指挥牛循事多不法，杨守随纠问充军。都御史王越荐杨守随"练达事体，堪以大受"。吏部拟任杨守随为南京大理寺少卿，又拟任为寺丞，因李孜省作梗，均未果。上时政五事②。

成化十六年(1480)正月，改应天府府丞。二月，母亲病故，当时杨守随正在上任途中，丁忧去职。成化十九年(1483)二月，服阕，复任应天府府丞。杨守随作《将赴应天府丞，家兄维新出饯深沟寺和韵》："送别招提境，纷纷车马阗。酌先论去客，醉后爱逃禅。池草方成句，天花乱入筵。他年来报政，依旧雁行联。"③杨守阯作《上元后与维新、维贞二兄小酌，时维贞以应天府丞入觐》："联骑珂声叠里闾，紫荆花底解金鱼。苏家宣政同朝久，谢客东嘉述职初。酒启黄封中禁出，烛消红蜡上元余。良宵漫叙天伦乐，月转孤棱映绮疏。"④

成化二十一年(1485)，南都外罗城坏，旧例工部与应天、宁国等府分修。后应天独当其任。杨守随曰："徭役不均，民病日滋。"乃按诸司职掌，呈抚按分任其事。内府松枝、国子监膳夫、乡试供给筵宴诸费，俱奏行各府均派。原来，南京科道并各部属于例得之外，又至府索取隶役，月收工价，杨守随上奏后，一律禁止⑤。

成化二十二年(1486)，提调应天府乡试。当时，守陵太监蒋琮等私浚湖壖地为田，又到禁地后湖打渔。杨守随至，悉绳以法，由此得罪太监蒋琮⑥。蒋琮等与李孜省相勾结，报复杨守随。成化二十三年(1487)正月，杨守随来朝，时李孜省为礼部侍郎掌通政使司，有密察百官权，于是借机报复，谗于上。"陛辞日，朝既退，宣谕吏部，上守随历任之由。吏部言：守随

①　《明宪宗实录》卷一八九，成化十五年夏四月癸卯。
②　(明)寇天叙《涂水先生集》卷三《资政大夫工部尚书掌大理寺事致仕文湖杨公行状》，《四库全书存目丛书》，第520页。
③　(清)李邺嗣《甬上耆旧诗》卷六《太子少保工部尚书杨康简公守随》，第148页。
④　(清)李邺嗣《甬上耆旧诗》卷八《太子少保吏部尚书碧川杨先生守阯》，第227页。
⑤　(明)寇天叙《涂水先生集》卷三《资政大夫工部尚书掌大理寺事致仕文湖杨公行状》，《四库全书存目丛书》，第521页。
⑥　雍正《浙江通志》卷一五九《杨守随》。

以御史升应天府府丞，赴任中道，闻母忧。既而起复，无缺，添注管事。奏入，上曰：守随既系添注官，可调除外任。时守随已补丁忧府丞张达之缺矣。"①于是，出调南宁府知府。在南宁期间，"承檄勘忠州事，暮夜馈金，坚却之。时吏治多不法，守随独亢节自奋，罢里甲供馈，禁佐属勿得擅受讼诉，督课诸生，惩男女之不以礼婚者，郡俗为之一变"②。

这年九月，弘治皇帝登基，李孜省伏法。弘治元年（1488）二月，杨守随升应天府尹。弘治二年，复提调应天府乡试。弘治三年正月，为南京守备太监蒋琮③所诬，降为广西布政司右参政。弘治七年（1494）五月，升广西按察使。

弘治八年（1495）二月，升南京都察院右佥都御史。不久，提督操江。约在这个时间段，杨守阯作《宿都宪五兄第中》诗："冀北频年忆广西，陟冈遥望暮云低。壶公缩地知无术，灵运登云喜有梯。宪府冰霜全晚节，夜床风雨咏新题。清灯坐久谈文运，五纬何时再聚奎。"④

弘治九年（1496）十月，升南京大理寺卿。参核详明，一时讼狱称平。弘治十三年（1500）七月，转大理寺卿，不久充经筵官。为大理寺时，尝偕三司谳大监张瑜狱，抗众杖之，必欲尽发。以后三年中，因禋祀礼、廷试读卷官、东宫蓄发活动，不断受皇帝恩赐。

弘治十七年（1504）二月，因年已七十，要求辞职，皇帝没有同意。疏刑名十事，皆著为令甲。

弘治十八年（1505）三月，充廷试读卷官，受到皇帝恩赐。十二月，升为工部尚书，仍掌大理寺事，以九年秩满也⑤。杨守随抗疏，要求辞职，不准。当时，近侍张瑜及太医院官四员因误用御药导致弘治皇帝死，系于狱。新皇帝派内宦李兴审问此案，李兴承内意，认为"可矜疑"（司法术语，意为其

---

① 《明宪宗实录》卷二八六，成化二十三年春正月癸亥。陈建《皇明通纪》后编卷二四，成化二十三年正月条有更为详细的记录，称"会守随以朝觐到京，既辞朝行矣，忽中官传旨，问吏部何不黜守随。部以廉能对。乃令具履历揭帖。明日，又问吏部服阕添注之由，复令奏闻。"（第929页）

② （清）汪森《粤西文载》卷六五《杨守随》。

③ 《资政大夫工部尚书掌大理寺事致仕文湖杨公行状》作"陈祖生"，陈祖生是级别更低的内臣。

④ （明）曹学佺《石仓历代诗选》卷四二八《杨守阯》。

⑤ 《明武宗实录》卷八，弘治十八年十二月辛未。王世贞《弇山堂别集》卷五一《工部尚书表》漏杨守随，但"掌大理寺者"有杨守随名字，但作弘治十七年升，误。

情可怜，其罪可疑）。杨守随知道后，坚决反对，称："先帝梓宫在殡，臣子忧愤方殷，君父之事，误与故同例，以春秋许止之律，岂宜轻贷?"①李兴默然泣下，大家怕杨氏，案件得公正处理。

正德元年(1506)四月，掌大理寺、工部尚书杨守随奏："每岁天气暄热，会审罪囚，事例行于在京而不行于南京。五年一审录，事例详于在京而略于在外。事体有偏，刑或不当。宜通行南京，审囚之时，三法司一同会审。其在外审录所奏，亦照此例，会审具奏，庶事体无一偏之弊，刑法合众论之公。"上从之，且曰："人命至重，录囚有循情稽滞窥伺者，令该科参究。"②

当时，太监李兴负责弘治帝陵墓建造，收受柴银，盗伐长陵松木，下三司，罪当死。其党刘瑾、谷大用等屡以密牍，嘱咐宽待李兴，杨守随屡次严词拒绝③。

正德元年(1506)十月，巨珰刘瑾等擅政，从内宫传出圣旨，取户部余盐四十万充内宫之用。户部尚书韩文率九卿廷诤，又传出圣旨："此何大事，遽尔伏阙?"退朝后，韩文对诸大臣说："果然，天下事甚有大于此者。今八虎相扇为恶，恣行不轨，势危社稷，奈何舍此不言?"韩文于是重新起草奏疏，会众伏阙下，请治瑾等罪。得圣旨，已经处分，命刘瑾掌管司礼监，诸珰出筦机要。杨守随说："祸益大矣。"又专门上疏，称："臣等力陈诸珰之罪，谓必立正国法。今反授以政事根本之枢，兵财机务之地，阳为远放而阴近之，名为疏斥而实亲之。政柄一入其手，将来事势必有不可言之事。伏愿陛下乾纲独断，立诛此数人，远鉴延熹既往之愆，无使臣蹈蕃、武已覆之辙。"皇帝没有回应。刘瑾积衔入骨，到了除夕，促使皇帝下圣旨，勒令杨守随等人致仕④。

正德二年(1507)正朔，因致仕到朝廷致谢。过了两天，陛辞，没有见到皇帝。旧例，凡大臣休致，必面觐辞谢，赐宴而退，家给禄米人夫。这次破例，一切俱免。杨守随退朝时，舆隶们怕得罪刘瑾，四处奔走。杨守随只能徒步长安街上，有吏胥数人肩舆拥公归第。第二天，到达北京郊外的通州张家湾。刘瑾派军校尾随而行，随时准备找差错。结果，杨守随自己租了

①　(明)寇天叙《涂水先生集》卷三《资政大夫工部尚书掌大理寺事致仕文湖杨公行状》，《四库全书存目丛书》，第521页。

②　《明武宗实录》卷一二，正德元年夏四月癸丑。

③　雍正《浙江通志》卷一五九《杨守随》。

④　(清)李邺嗣《甬上耆旧诗》卷六《太子少保工部尚书杨康简公守随》，第148页。

车回家，一点没有麻烦官府，如此免了祸①。

杨守随以为退休以后，就可以功成身退，其实哪会这么简单。三月，刘瑾复矫诏，将杨守随与刘健、谢迁、韩文、林瀚、张敷华等凡五十三人定为朋党，颁示天下②。即使如此，刘瑾仍不罢休，派浙江巡按御史提问。正德三年（1508），杨守随复为刘瑾所构，系狱八月，允许罚粟千石来代替，到宣府上纳。正德四年，杨守随家本无余财，至鬻先人遗田，请贷兄弟，一簪一衣不得留，尚输不给③。七月，二儿子杨茂慎（1481—1509）④受令到宣府上纳，竟死于途，才 29 岁。其他任职于朝的杨氏家族成员杨守阯、杨守隅、杨茂元四人均受到牵连，或夺诏敕，或削官职。

正德五年（1510）正月，复借口将杨守随削为平民。先是，鄞人有死狱，审录此案的郎中董恬及佥事龙霓谓其情可矜，下大理寺驳谳。至是，刘瑾以杨守随私其乡人，勒为民，仍罚米二百石⑤。继而夺任职以来的所有诰命。杨守随只得将自己的居室卖了，甚至脱簪珥来还偿，家奴也登啼号援。不过，杨守随"伤时忧国，论事感激，宴如也"。到了九月，刘瑾终于倒台。科道官交章奏举，称他"名望素著，才识俱优，守正秉直，非阿谀奔竞者比"。因刘瑾余党仍在，皇帝并不重视，奉旨，复原职，致仕。十月，诏给还前夺诰敕。尽管此后两京科道官累荐杨守随可起用，皆不报。正德十二年（1517），进杨守随为资善大夫，赠陈氏、董氏为孺人。

正德十四年（1519）⑥六月二十五日，卒，享年 85 岁。杨守随临终前，寇天叙偕僚友问疾，杨守随"怡然起坐，犹为礼容，然已不能言矣"。不久，有一阵风如雾般从牖间漂入，杨守随端坐，瞑目而逝。赐葬祭，赠太子少保，谥康简。杨守随在月湖西青石桥建第，人称康简公第。

杨守随资禀颖异，诚悫。"所学者正，读书立官，即有志勋业，加累遭颠

---

① （明）寇天叙《涂水先生集》卷三《资政大夫工部尚书掌大理寺事致仕文湖杨公行状》，《四库全书存目丛书》，第 522 页。

② 《明武宗实录》卷二四，正德二年三月辛未。

③ （清）李邺嗣《甬上耆旧诗》卷六《太子少保工部尚书杨康简公守随》，第 148 页。

④ 《资政大夫工部尚书掌大理寺事致仕文湖杨公行状》作"杨茂显"，查家谱，应为杨茂慎。杨茂显卒于嘉靖八年，而且行状后面仍提及杨茂显。

⑤ 《明武宗实录》卷五九，正德五年春正月己未。

⑥ 《资政大夫工部尚书掌大理寺事致仕文湖杨公行状》与家谱均作正德十四年，实录误作正德十五年。

蹶，而志不少刲，故所建立光明俊伟"①。当时，与兵部尚书刘大夏、户部尚书韩文并称。

杨守随很孝顺，顾家，节约。"平素不绮罗，食不兼味。历官十余年，泊如也。"②退休以后，杨守陈经常穿着葛布野衣，徜徉于山水间。曾经与宁波城内的六七个士大夫结成文会，以诗酒自娱，人称甬上耆旧二集。

杨守随以公家为至上。"谨家教以训宗戚，敦行义以表乡间。每春秋乡饮，有司必礼公正位大宾。司府有过访者，则告以民间利弊，不一及于私也。"③如正德十三年（1518），寇天叙（1480—1533）为宁波知府，"每就访政务，必尽言无隐，所益良多，而公亦不鄙外，久而益亲"④。临终前，对儿子杨茂显、杨茂允说："吾位六卿，寿逾八帙，礮栝平生，今得毙于正矣。第以受国恩厚，无补万一，此没世之恨也。敬戒后宜世图报称。"⑤儿子们问及家事，则摇摇头不说一句话。

杨守随为人敦朴，少邃《易》学。与杨守陈、杨守阯相砥砺，雅有士望。居官刚直，建白甚多，遇事无所顾忌。杨守随素清慎，家至屡空，而心裕如也⑥。

杨守随博通经史，著有《历官奏议》、《贞庵集》，可惜今不传。

值得注意的是，杨守随、杨守阯，均作"官籍"，再查《碑录》也作"官籍"。而其他杨氏中进士人员均作"民籍"，为什么杨守随、杨守阯是"官籍"？可能是杨守陈成功以后奖励的。由杨守隅及杨茂元、杨茂仁仍是民籍来看，奖励是个案性的，一次性的。

---

① （明）寇天叙《涂水先生集》卷三《资政大夫工部尚书掌大理寺事致仕文湖杨公行状》，《四库全书存目丛书》，第 523 页。

② （明）寇天叙《涂水先生集》卷三《资政大夫工部尚书掌大理寺事致仕文湖杨公行状》，《四库全书存目丛书》，第 523 页。

③ （明）寇天叙《涂水先生集》卷三《资政大夫工部尚书掌大理寺事致仕文湖杨公行状》，《四库全书存目丛书》，第 523 页。

④ （明）寇天叙《涂水先生集》卷三《资政大夫工部尚书掌大理寺事致仕文湖杨公行状》，《四库全书存目丛书》，第 523 页。原文作"正德庚午承乏宁波"，庚午为五年，误。寇天叙的生卒年，网络上作 1488—1533，也误。据吕柟《明兵部侍郎涂水先生寇公墓志铭》，见《涂水先生集》附录。

⑤ （明）寇天叙《涂水先生集》卷三《资政大夫工部尚书掌大理寺事致仕文湖杨公行状》，《四库全书存目丛书》，第 523 页。

⑥ 《明武宗实录》卷一八七，正德十五年六月辛巳。

4. 布政司使杨守隅

杨守隅(1447—1525),字维德,号默庵,又号西川,杨自忞的第四个儿子。幼时,宗党呼为"乳学秀才"。稍长,习举子业。天顺四年(1460)14岁时,杨守陈将之召到北京,亲自指导学习①。这样做,显然有报答叔父栽培之意。当年正是杨自忞决意将杨守陈带到北京学习,从而得顺利走上科举之路。

成化六年(1470),以《易》补宁波府学生员。成化十三年(1477),与侄杨茂亨回杭州,参加浙江乡试,叔侄并中式为举人。杨守陈《喜从弟守隅从子茂亨并中乡试诗》:"秋香又入镜川来,黄气盈楼又满台。嘉尔籍咸新并举,光吾轼辙旧重魁。庭阶共喜芝兰秀,薪樗宁嫌朴樕材。伫见东风桃浪暖,禹门双鲤共乘雷。"②

成化十四年,参加会试,失利,继续回南京国子监读书,被魏国公徐氏聘为家庭老师。成化十五年(1479),父亲杨自忞过世,丁外艰,回乡守丧。

成化二十年(1484)二月,杨守隅顺利通过会试。三月,顺利过了殿试,中进士,据《明清进士题名碑录》,"贯浙江宁波府鄞县,民籍"。

这年中秋节,杨守陈、杨守阯、杨守隅、杨茂元、杨茂仁、杨茂珩六人在京,十分高兴,作《中秋家宴联句》,杨守陈称"兄弟情欢洽,儿孙喜气融"③,可见当时兴奋之情。

成化二十一年(1485)正月,为了省支俸,吏部尚书要求放回新进士,杨守隅于是只得归乡依亲。为了省笔薪水,朝廷竟然可以让进士归乡依亲,这样的事情,在今天看来是不可思议的。

成化二十三年(1487),授工部营缮司主事。弘治三年(1490),改兵部车驾司主事,司职邮传符檄,而中贵滥用黄马、快船,道路骚绎。杨守隅请以堪合入内府,需此以行,宿弊遂蠲。故事,岁命勋臣一员,董牧马役,岁终,以倒死椿头稽报。时南和伯方寿祥恃宠不法,杨守隅论置之罪。弘治五年(1492),出按陕西马政,划剔宿蠹。弘治六年,升职方司员外郎,专理

---

① (明)吴克明《西川公行状》,杨存淇《镜川杨氏宗谱》卷一五《行传》,第9页。
② (民国)杨存淇《镜川杨氏宗谱》卷九《科贡》,第7页。
③ 《碧川诗选》卷三。

军伍。弘治九年(1496)，升本司，署郎中事、员外郎。因母亲病故，回宁波守丧三年。弘治十一年(1498)，服阕，实授郎中。杨守阯作《次韵寄守隅郎中》："高坡巷里向南衙，轮奂新修也自华。已展檐牙重复簟，不愁两脚密如麻。连枝圃小池生草，后乐园深树隐霞。"①高坡巷是杨守陈兄弟在京的寓所，后花园中有杨守陈的"后乐园"、杨守阯的"小圃"，杨守陈称小圃为"连枝"。

弘治十七年(1504)正月，迁江西左参政，有政绩。宁府禄米，石征银一两，后渐增十之五。杨守隅入请于王，裁减如旧。临江盗横，遣兵剿捕，杨守隅曰："安有众无统领，事克济乎？"闻县丞刘氏有智能，指授之以遣。数日，置酒召僚友曰："将以侍捷也。"人以为戏，酒甫行而捷报至②。

正德四年(1509)五月，拟任云南右布政使，有旨，令致仕。正德五年三月，时刘瑾弄权，有诬人不法事，罪应籍没，杨守隅独廉其诬，刘瑾怒，先后罚米四百石，遂夺其职。

正德五年(1510)八月，刘瑾倒台，杨氏得重新出山。这一年九月，杨守隅官陕西参政，杨茂元为江西参政，杨守阯作《四弟五侄两参政被诏起用，弟任陕西，侄任江西，诗以赠之》："星轺接轸越江南，诏起吾家两大参。牵复喜占阳道长，允升感荷圣恩罩。春回陕右融冰雪，日转匡庐散雾岚。秦楚今逢双召伯，黍苗阴雨泽泓涵。"③时"流贼"肆掠，蜀汉两地骚动，杨守隅严加防备，关中赖以平安。

正德六年(1511)十二月，升广西右布政使④。这是从二品官。正德七年(1512)闰五月⑤，中途上书，恳乞骸骨，得致仕以归。

杨守隅"端谨淳厚，性温而励，事有不可，则义形于色"⑥。杨守隅退休后，仍住在西杨村，日与诸伯仲觞咏自适。曾对人说："世岂有久视长生者哉？吾得此殊足矣，然不图遽至是也。"等到杨守阯、杨守随过世后，就再也不上城里。退休14年后的嘉靖四年(1525)六月二十三日，杨守隅卒，享年

---

① (明)杨守阯《碧川诗选》卷七。
② (明)吴克明《西川公行状》，杨存淇《镜川杨氏宗谱》卷一五《行传》，第9页。
③ (明)杨守阯《碧川诗选》卷八。
④ 《明武宗实录》卷八二，正德六年十二月丁亥。
⑤ 《明武宗实录》卷八八，正德七年闰五月戊寅。
⑥ (明)凌迪知《万姓统谱》卷四一《杨守隅》，第638页。

79 岁。张邦奇有《祭方伯杨公文》,见《张文定公环碧堂集》卷十。他是"守"字辈兄弟中较晚过世的人。有《默庵稿》、《西川手稿》,"为诗文浑厚方正"①,惜今不传。

杨守隅娶都宪张楷的孙女张氏(1448—1481)为妻,生二子一女,张氏享年 34 岁。续娶厉氏(1462—1496),享年 35 岁。妾何氏(1481—1510),享年 30 岁,生二女。前后三任妻子,均年寿短暂。杨守隅后裔,在宗谱中称为"义三布政房"。长子杨茂信为郡庠生,早逝。

杨守隅故居尚存,在碧川的后岸,宗谱称为"布政宅"。这座古宅较多地保留了明清风格。这是一座坐北朝南、面河而建的宅院,可见想像,当年的屋主人是通过碧川河道与外界保持交通联系的。由南而北入门,依次为旗杆(已毁)、大门(已烧掉,70 年代另建普通房屋)、照壁、前天井、大厅、后天井、后明堂,这是一座三进宅院。后堂的东西两旁,分列着两座规模较大的古代民居,这应是当年主人居住的房屋。后堂与门楼系后期重建,而照壁与大厅建筑虽经多次整修,仍保持明代风格,特别是硕大的柱础石、古朴的梁架以及照壁下的条石,具有明显的明代特征。

这座古宅的主人,当地老人说是小尚书宅,且说是管水利的,于是有人推测是陈守随的住宅。2010 年 9 月公布、2011 年 6 月立的碑称为"杨尚书第"。其实为民间误传,据家谱所附古地图,标注为"布政公宅",即杨守隅宅。据杨学载《镜川杨氏宗谱》卷十七《第宅·方伯宅》,在西杨北岸,后堂五间,中间一间,左右各二间,以象五行,成化十五年(1479),由杨自恣造,这应该是给幼子杨守隅住的。弘治五年(1492),杨守隅复建前厅。后堂后毁,仅重建了中堂。同治十年,又毁。由此可见,杨守隅一家迁到了后岸。

除了以上三兄弟最成功外,别有二个兄弟值得注意:

杨守隰(1439—1474),字维平,号澄川,澄川房始祖,是杨守陈的三弟。初攻举业,善属文,尤工钟、王笔法。弱冠,游庠,补廪。成化初,有诏,举经明行修之士,福建龙溪知县孙珏举之,移文至家,起之以应诏。公以两兄出仕,母老不克奉养,固辞不就。色笑承欢,终其身不懈,年三十六而卒。后其兄守陈、守阯为宫保,上其事,宪宗嘉其高节,敕赠征士郎、中书科中书舍

---

① (明)张邦奇《张文定公靡悔轩集》卷九《明故广西布政使司右布政致仕杨公墓志铭》,第88 页。

人，命曰九聘先生①。

杨守阣（1437—1501），字维宁，号颐庵，杨自悫长子，杨守隅兄。宁波府学生，弘治三年（1490）岁贡，廷试第一名，授直隶苏州府儒学训导，调江西丰城县儒学教谕②。

5. 刑部侍郎杨茂元

继"守"字辈而兴的"茂"字辈，属第十六世，也比较成功。杨守陈有三个儿子，老大杨茂元、老三杨茂仁兄弟中进士。

杨茂元（1450—1446），字志仁，号麟洲。杨茂元生于景泰元年，那年，正是父亲杨守陈中举人之年。他自幼颖异殊常，六岁入小学，日诵数百言。客有指铜炉，令作破题，辄应声曰："范金以为体，燃火以为用。"③同乡钱琎（1425—？）是景泰五年（1454）新科进士，馆于杨守陈家。有一次，背诵释经，甚是塞迫。七岁的杨茂元在旁笑他。杨守陈让儿子茂元来读，读过一二遍就能背诵。长大以后，悟性越强，父亲"一以圣贤之学是训"。天顺二年，杨守陈到北京做官。不过，杨茂元仍居宁波，承担其教育任务的是叔父杨守阯。成化元年（1465），杨守阯中进士，茂元随叔父到北京定居，学习举业，"语即惊人"④，其时 16 岁。杨茂元夫人钱氏，也生于景泰元年（1450）。他们的结婚时间不详，由其长子杨美珩生于成化五年（1469）推断，约成化三年前后结婚。

成化七年（1471），杨茂元回浙江参加乡试，中举人第五名，年 22 岁。

成化十一年（1475），杨茂元参加会试，魏俍（1438—1517）⑤《送杨志仁会试》："多才追贾谊，素来似刘歆。魁夺贤豪第，光滕翰墨林。孤鸾怀汉表，双鹬起江浔。重念相游契，难为欲别心。"⑥杨茂元会试考得第四名。

①　（民国）杨存淇《镜川杨氏宗谱》卷一〇《庠俊》，第 2 页。

②　（民国）杨存淇《镜川杨氏宗谱》卷一八《祠墓》，第 10 页。

③　（明）雷礼《刑部侍郎杨茂元传》，见焦竑《国朝献征录》卷四六，《明代传记丛刊》本，第 111 册，第 249 页。

④　（明）雷礼《刑部侍郎杨茂元传》，见焦竑《国朝献征录》卷四六，《明代传记丛刊》本，第 111 册，第 249 页。

⑤　（明）陈槐《明故江西赣州府石城县儒学训导魏先生墓志铭》，见章国庆《天一阁明州碑林集录》，上海古籍出版社 2008 年，第 99 页。

⑥　（明）魏俍《云松诗略》卷五《送杨志仁会试》，浙江图书馆藏约园抄本。

廷试得第二甲第七名,《成化十一年进士登科录》称:"杨茂元,贯浙江宁波府鄞县,民籍,国子生,治《易》经,字志仁,行一,年二十六,十月二十二日生。曾祖九畴,祖自惩(副使,赠编修),父守陈(侍读学士),母丁氏(封孺人),具庆下。弟茂贞、茂义、茂智、茂忠。娶钱氏。浙江乡试第五名,会试第四名。"①

这年八月,杨茂元授刑部陕西司主事。他熟悉法律规则,善于执法,刑部尚书林聪(1417—1482)相当倚重他,凡遇要联合审查的案件,都让杨茂元兼理,人称"掌三法司"。巨珰汪直(? —1559)诬刑部主事杨仕伟受贿,要他陪赃,部僚们莫敢借贷给他。杨茂元独自敢借钱,而且在封面上署上"刑部主事杨茂元俸银十两"。汪直惊叹说:"此人好大胆气。"真可谓邪不压正,汪直因此只得作罢。成化十七年(1481),升福建司员外郎。成化十九年(1483),升四川司郎中,"明慎"之声益著。成化二十二年(1486),奉使,到南京"虑囚"(复核),平反冤案甚多,后来刑部录其论奏为例式。

成化二十三年,出为湖广按察副使,奉敕清理屯田。湖广巡抚梁璟(1430—1502)"推重其才,有大狱,辄委理之。案牍丛集,从容剖决,罔弗精当"②。

弘治二年,父亲杨守陈过世,回乡守丧。不久,母亲丁氏也故。他连续在老家守丧六年。弘治六年(1493),兄弟分家,建第于西杨南岸。这年服阕,改任山东按察副使。

弘治七年(1494)二月,张秋镇的黄河大堤决口,朝廷诏都御史刘大夏(1436—1516)治河。四月,复遣中官李兴、平江伯陈锐继往。李兴等初至,祭大河之神。当时天气阴晦,出现怪现象,用于祭祀的帛很难点燃,后来终于焚烧了,仍有一部分遗留下来,宛如人面,耳目口鼻均具。山东按察司副使杨茂元听说后,以为神明显灵,必有警戒。又听说李兴等参随人员相当多,饩廪之外,日费银七两。又见同知王珣上呈银二千两,不足十日之费③。十月,杨茂元上奏,主要内容有三:一是要求专责。"张秋之役,官多

---

① 《天一阁明代科举录选刊·登科录》,宁波出版社 2006 年。
② (明)雷礼《刑部侍郎杨茂元传》,见焦竑《国朝献征录》卷四六,《明代传记丛刊》本,第 111 册,第 249 页。
③ 《明孝宗实录》卷九九,弘治八年四月辛巳。陈建《皇明通纪》后编卷二六作"杨茂仁",误。

而责任不专，供亿甚钜，日费百金。臣闻各官初祭河神，天气阴晦，帛不能燃，久之似焚，不焚之处，宛然人面，耳目口鼻皆具，万目盛见，众口骇叹，神示此怪，岂偶然哉？乞取太监李兴、总兵陈锐回京，专任都御史刘大夏，以责其成功。若太监、总兵官不可取回，亦乞将带来匠作人等，尽行取回，量留一二名，以备役使。"二是裁抑外戚与太监。"水者阴象，后戚之家，威权大盛，假名姓者，不可胜数，乞裁抑之，以消灾变。又欲放回画士，以绝淫巧。罢山东镇守内臣，以苏民困。"三是要求恢复黄河故道。"黄河之水，必当浚流其上，使复故道，则漕运可通。今欲作滚水坝，徒费力工。"又言："河南之民，不欲黄河入境，但见山东委官，往彼增筑贾鲁堤，即谋欲杀之。此非细故，乞令河南巡抚等官，严加禁约。"①

杨茂元的奏议上呈朝廷后，下工部议。工部回奏称："治水患，恤民隐，俱朝廷重事。茂元所言，取回差官人匠，乞为裁处。其欲止滚水坝，请行典等，会议处置。河南之民，阻筑河堤，亦请行巡抚等官禁约。"皇帝要求工部会官议处以闻，于是工部会多官廷议，"以为自兴等至张秋之后，始与大夏相地势水势所宜，即决口西南，开越河一道，致粮运可以通济。且今霜降水落，正系修筑之时，而调到官军民夫数多，亦正可并工修筑。请仍令兴、锐、大夏同心协力，务底成功，仍惜财恤民，减省冗费。严禁所部人匠，不许生事害人。其工役人等，加意抚恤，毋致失所。河南之民，该管有司不行禁止者，一体治以重罪"。皇帝认为成大事者不惜小费，同意工部意见②。也就是说，只有治河建议得到了采纳。

不过，第二条意见得罪了张后与太监们。李兴等反告杨茂元所奏皆妄说，张后下巡抚都御史熊翀、巡按御史王槐勘实。两御史回奏，称所奏供亿，多过其实。"焚帛之异，在始祭一日，特形似。偶然日费之数，盖有司所拟，以备不足。茂元得之传闻，遂为地方过虑，其实廪饩之外，兴等未尝过取。而茂元于兴等，亦非訾诬，第所奏工食银数，以少为多，不能无罪。"③刑部因请下御史逮问，皇上不允，命执送锦衣卫狱。锦衣卫百户胡节受命，往山东逮捕杨茂元。山东父老半路遮道诉告胡节，乞还杨副使。见到皇

---

① 《明孝宗实录》卷九三，弘治七年十月甲戌。

② 《明孝宗实录》卷九三，弘治七年十月甲戌。

③ 《明孝宗实录》卷九九，弘治八年四月辛巳。

帝,杨茂元长跪,不肯下伏。皇帝大怒,置之诏狱。胡节遍叩中官,备言父
老诉冤状,中官多所感动①。外廷刑科都给事中庞泮等言:"茂元身居风
宪,过虑地方,偶有一得之愚,遂为三事之献。乃者千里械系而来,大班反
接而见,无异累囚。陛下所以处茂元者,虽未究厥终,而一絷见之间,已不
胜其辱矣。本为纳忠而反以速祸,本为报国而反以辱身。区区一茂元,固
不足惜,但恐人人自危,括囊相戒,保位持禄,谀佞成风,甚非国家之福。"北
京十三道御史并南京十三道御史,亦论救之。杨茂元被狱具在刑部,刑部
原拟杨茂元"赎杖还职"。结果皇帝内宫传旨出来,"茂元奏事不实,降二
级,调别任"②。于是,杨茂元被降为湖广长沙府同知。

　　杨茂元为什么会大胆上疏?《明孝宗实录》提供了一种版本,称:"初,
茂元病痔,漏剧。自分不复能仕,乃锐欲掠名而去,将与巡按御史攻讦,又
谓其不足异。会李兴絷辱按察正官,茂元适代视篆,惧其波及,遂密遣人奏
之。从父守阯时在翰林,欲沮之,弗得。既谪,病良愈,始复悔之。"③因为
生痔疮严重,怕无法再做官,于是借此一博。实录这一说法有以小人之心
度君子之腹嫌疑,不合实情。杨茂元"生平倜傥有胆略,见义当为,毅然为
之不目顾"④。他的国家责任心太重太急,才是上奏的内在原因所在。也
因为心急,未经周密调查,就匆忙上奏,导致部分信息失实,从而给人留下
把柄。当时廷议谓《三事疏》与文懿《讲学听政疏》,实相表里而剀切过之,
所谓有是父必有是子也⑤。这样的评判是准确的。程敏政作诗:"文懿家
声却有光,喜从郊野见孤凰。许身价抵千金重,爱国心随万里长。九辩赋
存堪侑席,贰车官好胜监仓。当今圣主恩如海,刻日鸣珂入建章。"⑥罗玘
(1447—1519)作诗称:"玉堂昼静学士下,白云司闲主事归。一家父子聚言
语,今日朝廷公是非。爱尔为人支矮屋,从渠攘臂著绯衣。镜川先生真不

---

　　① (民国)杨存淇《镜川杨氏宗谱》卷七《世宦》,第35页。又李邺嗣《甬上耆旧诗》卷一二《刑
部侍郎鳞洲杨公茂元》。

　　② 《明孝宗实录》卷九九,弘治八年四月辛巳。

　　③ 《明孝宗实录》卷九九,弘治八年四月辛巳。

　　④ (明)雷礼《刑部侍郎杨茂元传》,见焦竑《国朝献征录》卷四六,《明代传记丛刊》本,第111
册,第251页。

　　⑤ (明)雷礼《刑部侍郎杨茂元传》,见焦竑《国朝献征录》卷四六,《明代传记丛刊》本,第111
册,第250页

　　⑥ (明)程敏政《篁墩文集》卷九一《送杨志仁宪副谪长沙通判》,第741页。

死，太传忠魂亦有依。"①

　　杨茂元到长沙以后，非常敬业，抵府即署事。当时长沙百姓正面临饥荒。杨茂元常常想"宽一分，则民受一分之赐，故革驿传之包当，禁属邑之馈送，却屋税以支应，量地方以供祀，要以省民已耳"②。醴陵的渌江桥通七省，交通位置显要，自李唐来，已有七墩立江中，架木其上。杨茂元到任不久，桥毁，百姓只能用舟摆渡，结果经常出现人被水所溺现象。杨茂元听说后写文劝谕大家，并且率先蠲俸，倡导大家捐资。百姓高兴地响应，不久，所募资金上千。杨茂元将全部资金移交给醴陵知县。后醴陵知县因丁忧离任，后任不重视，这笔资金被"官贷民侵"，结果大桥一直无法重建③。除了想修桥，还重视文化工作，以兴起斯文为任，为岳麓书院建尊经阁、极高明亭，表章隐德。又考朱文公年谱，"凡事系长沙者，分以八题，题以篆勒，谱以楷录，亲为之赞，赞以隶书，皆手笔也"④。嘉靖五年(1526)，长沙人将杨茂元等六位对岳麓书院建设有贡献的地方官列入"六君子祠"加以祭祀⑤。

　　弘治九年(1496)左右，杨守阯遇湖广按察使林俊(1452—1527)⑥，一起小酌，问及侄子消息，十分感怆，作《寄从子茂元》："我怀孤侄在长沙，天北天南各一涯。为问同年外台客，不知何处郡丞衙。"⑦朝廷移文湖广，要求杨茂元出任安庆知府，两年没有回应。弘治十一年(1498)，杨茂元以病重，乞归。杨守阯作《从子茂元同知得请致仕》，称："董宜处地犹强项，陶令归田懒折腰。……彼谗有待投豺虎，还待忠良翊圣朝。"⑧此后，吏部及抚按诸司皆下檄浙江省，希望劝驾，杨茂元不为所动。"家居五年，绝意仕进，

────────────

　　①　(明)罗玘《圭峰集》卷二九《送杨志道之长沙》。此诗作"因言事被谪"，故"杨志道"应为"杨志仁"之误。

　　②　(明)雷礼《刑部侍郎杨茂元传》，见焦竑《国朝献征录》卷四六，《明代传记丛刊》本，第111册，第250页。

　　③　(明)雷礼《刑部侍郎杨茂元传》，见焦竑《国朝献征录》卷四六，《明代传记丛刊》本，第111册，第250页。

　　④　(明)雷礼《刑部侍郎杨茂元传》，见焦竑《国朝献征录》卷四六，《明代传记丛刊》本，第111册，第251页。

　　⑤　《大清一统志》卷二七七《长沙府·杨茂元》。

　　⑥　原文作"湖广宪长林大用"，据"同年外台客"线索，林俊字待用，比较近似。查《明孝宗实录》卷一一七，弘治九年九月乙丑，"湖广按察司按察使林俊乞归养病，从之"。

　　⑦　(明)杨守阯《碧川诗选》卷六。

　　⑧　(明)杨守阯《碧川诗选》卷七。

言官论荐者无虑数十疏。"①由此可知，至弘治十六年的五年间，杨茂元一直在宁波。

弘治十六年（1503），因尚书马文升（1426—1510）的推荐，杨茂元起为安庆知府。杨守阯作《拟茂元调知府得旨俞允闻喜》："启事迁官荷德音，传闻中外惬人心。旧持宪节风凛，新命专城雨露深。……不知五马临何处，得过南都会竹林。"②六月，杨茂元上任前，来南京看望小叔，流露出辞官之愿。杨守阯复加勉励，作《六月望，茂元至南京，欲乞休致，予勉留之》："遥忆长沙千里驹，俄看玉树在庭除。江东久旱甘霖至，林下清风溽暑祛。尊酒相逢吾老矣，清朝未许子归与。愿言更竭涓埃报，解组还乡学二疏。"③

杨茂元上任非常另类，关凭至，知府伍符率僚属诸生抵庐州迎接，责以大义。结果，杨茂元只携带了两个仆人去上任。地方志称杨茂元安庆知府任内，"文章政令，炳然可观。勤恤民隐，小歉则赈，小渗则祷"④。安庆府许多地方容易着火，大白天就会起火，军民均感头痛。杨茂元为文，责备城隍，结果火患弭息了。安庆连年灾旱，杨茂元吃斋素，徒步恳祈，雨果然大注。平时活动相当俭约，"然应祀神宇，则竭力营治。他如旌贤坊忠节祠，城垣衢路，罔弗修缮。其却盐税，逐倡优，奏减胡羊价银，及革天下税课司之在州县者，尤有裨于民"⑤。因弘治十七年下大雨，十一月，知府杨茂元上奏："本府水旱连年，乞存留兑军正米四万石，以备明年赈济。湖广岁额，本府粮二万石，宜趣起运，以济军饷。如道路险远，许胡羊折色，每石银五钱。"户部覆奏，从之⑥。十二月，入觐，吏部尚书马文升对众人说："若杨某者，天下第一知府也。"

经过南京时，杨茂元再次看望叔父杨守阯。

约在南京这段时间，杨茂元遇见幼时同学吕㦤。吕㦤"感今怀昔，情见

---

① （明）雷礼《刑部侍郎杨茂元传》，见焦竑《国朝献征录》卷四六，《明代传记丛刊》本，第111册，第250页。

② （明）杨守阯《碧川诗选》卷七。

③ （明）杨守阯《碧川诗选》卷七。

④ （明）李贤等《明一统志》卷一四《安庆府·杨茂元》。

⑤ （明）雷礼《刑部侍郎杨茂元传》，见焦竑《国朝献征录》卷四六，《明代传记丛刊》本，第111册，第250页。

⑥ 《明孝宗实录》卷二一八，弘治十七年十一月己丑。

乎词"，作诗称："去国行囊一叶微，敢言那问是还非。潮来西涧舟横渡，月照故宫花满衣。往事只须浮白醉，高官或与汗青违。何能便逐鸥夷伴，湖水烟蓑共钓矶。"①

弘治十八年五月，武宗即位，检讨刘瑞复请诏杨茂元，称："茂元以直言获罪，宜诏复原官。"六月，升为广西右参政。杨守阯作《次韵喜侄茂元宪副蒙诏对，原品调任》："齐楚行台两建衙，长沙一谪几年华。……明时事与古先别，铁树春回已放花。"②在广西，杨茂元"风采益厉"。当时，思恩府土官岑浚③攻打田州土官岑猛，贻患地方。正德元年（1506），朝廷命"三府"进兵十万余，平岑浚。朝廷下诏，改思恩、田州二府土官为流官，降岑猛为福建平海卫千户。结果，岑猛不服，拥兵自治，势甚猖獗。杨茂元亲临其境，谕以祸福，岑猛解释说："不便远迁故耳。"杨茂元说："是不难，即今鱼窝等寨苗贼背叛，汝能备兵从讨，以功赎罪，吾将奏请，为尔免迁。"岑猛即叩头，愿照此办。马平县五都的鱼窝寨等，属柳州庆远猺獞（今称瑶族、壮族），其酋长韦朝宣等叛乱。"三府"将此情况上报，朝廷敕令出兵征剿。乃协同将官，剿破鱼窝寨等地。事定，杨茂元上奏，免岑猛远迁福建。广西况村④黄文昌兄弟三人一直是思明府的祸患，正德二年（1507），两广总督陈金乃委同总兵官相机抚剿。黄文昌听说后，面缚乞降，于是徙黄文昌于外地，其党平定⑤。

正德三年（1508），杨茂元请求回家养老，朝廷没有回复。正德四年（1509），刘瑾差遣御史孙迪校勘钱谷，查盘广西布政司库，各道皆措银千两以馈瑾，杨茂元置若罔闻。同乡谢迪规劝说："无千金，难免桎梏之祸，盍审图之？"杨茂元对曰："千金之馈，非盗官帑，即剥民脂。以此自救，是谓无妄之灾。而犯有名之律，遣将益深，谓之智可乎？"誓死不为。这年夏，吏部拟进杨茂元为江西右布政使。当时，刘瑾恨杨守随，遂矫旨，夺了杨茂元官，令致仕。杨茂元也自得其乐，给儿子信称："昔求之不得，今不求而得之，喜

---

① （明）吕恵《赠杨志仁并引》，沈季友《檇李诗系》卷一〇。
② （明）杨守阯《碧川诗选》卷八。
③ （明）雷礼《刑部侍郎杨茂元传》误作"岑峻"。《明代传记丛刊》本，第111册，第250页。
④ （明）雷礼《刑部侍郎杨茂元传》误作"况材"。《明代传记丛刊》本，第111册，第250页。
⑤ （明）雷礼《刑部侍郎杨茂元传》，见焦竑《国朝献征录》卷四六，《明代传记丛刊》本，第111册，第250页。汪森《粤西文载》卷六五《杨茂元》。

可知矣。"当天即买船回宁波①。回家后,"屏居玉堂洞山"②。

正德五年(1510)九月,因刘瑾诛,起任江西左参政。适宁王朱宸濠(?—1521)横行霸道,不过宸濠因其盛名在外而有所惧怕,请以羡余储库。杨茂元说:"此小物也。"就同意了。

正德六年(1511)正月,升云南右布政使,未至,不久转左布政使。正德七年(1512)三月左右,安南长官司(今云南蒙自县老寨乡老寨村大黑山西麓)土舍(土司属官)那代作乱,朝廷派兵征剿,破其寨,擒那代并其党七十余人,斩首三十七级③。杨茂元馈饷有方。事后,关心伤者,给帑医治,士兵十分感激。司库有余银几百镒,称为"无碍钱",吏员有要求就可支取。杨茂元觉得不合适,称:"此正枉法赃也,乌得无碍?"于是一一登记在册。当地有大理奇石等特产,杨茂元一切不取。

正德七年(1512)三月,升都察院右副都御史④,巡抚贵州地方,兼理军务,奉敕兼制四川酉阳、湖广湖北诸道,讨平篁子坪诸苗。了解情况以后,杨茂元"以为兵粮已集,事贵神速。若需交承,寇有备矣"⑤,于是驻扎湖、贵中部边界,遣将募兵。不一月,寇悉奔溃,取得大捷。事后,杨茂元做了很多善后工作,减轻平民的受伤害程度。他的治理风格,"惟以镇静安集为主"⑥。据《武宗实录》,八月,改杨茂元为南京都察院管事,新巡抚沈林至。不过,杨茂元仍在贵州,因为有案在身,讨平篁子坪诸苗时,为了方便,擅自"置造旗、牌各五"。十月,工部议覆:"旗牌必奏乃给。茂元未请擅造,宜量罚之,并毁其所造。"皇帝"宥其罪,仍夺俸三月"⑦。其年冬,遣人数敕,始抵贵州。杨茂元以疾归浙江,要求辞职,朝廷不许。

① (明)雷礼《刑部侍郎杨茂元传》,见焦竑《国朝献征录》卷四六,《明代传记丛刊》本,第111册,第251页。

② (明)杨茂元《明故孺人王工墓志铭》,见章国庆《天一阁明州碑林集录》,第98页。

③ 《明武宗实录》卷八六,正德七年四月辛卯。

④ 《明武宗实录》卷八五,正德七年三月癸酉作"升云南左布政使杨茂元为都察院右副都御史,巡抚贵州地方,兼理军务"。雷礼《刑部侍郎杨茂元传》作"升贵州巡抚、金都御史……俄改南京都察院右副都御史"。

⑤ (明)雷礼《刑部侍郎杨茂元传》,见焦竑《国朝献征录》卷四六,《明代传记丛刊》本,第111册,第251页。

⑥ (明)雷礼《刑部侍郎杨茂元传》,见焦竑《国朝献征录》卷四六,《明代传记丛刊》本,第111册,第251页。

⑦ 《明武宗实录》卷九三,正德七年冬十月戊辰。

正德八年(1513)九月,升南京兵部右侍郎。久之,始赴任。正德九年(1514)九月,转刑部左侍郎,为正三品官。杨茂元累辞,朝廷不许,只得就任。任职期间,与刑部尚书张子麟(1459—1546)、侍郎冯清同心弼教。张子麟盛赞杨茂元有"古人风,吾辈所不逮"①。正德十年(1515),兵部录贵州功,杨茂元得赐白金二十五两,织文、纻丝二表里。正德十一年(1516)二月,杨茂元又想辞官,朝廷不允。八月二十七日,以疾卒于北京,享年67岁。这样的客死北京结局,与其父亲杨守陈十分相似。实录称杨茂元:"持宪有风节,台谏多论荐者。及晚年衰老,依违不能早引决以去,士论少之。"②这样的评价是不公正的,从以上的叙述可知,杨茂元并不恋职,屡次要求辞职,只是朝廷不同意而已。杨茂元"少登高第,跻膴仕,人不见色喜。中遭偃蹇,屈下僚,略无怨悔"③。这样的评判才是公正的。

杨茂元"问学宏博,为诗文飘逸俊丽",有《麟洲存稿》若干卷,可惜没有传下来,只有片言只语见于家谱等文献。尤工书法,隶、篆、草书均擅长。"其草书,士夫家多以为珍玩。张都谏弘谓其字画遒劲,匪特临池之功,抑亦正气随寓而见也。"④这样的评价是不为过的。张都谏弘,即都给事中张弘至,为华亭书法家,擅长草书。

杨茂元孝友天至。"凡往吊有丧者之家,虽数十里不烦。其饮食,岁遇祖父母、父母讳辰,必斋素终日。丧祭悉遵家礼,成(杨)文懿未就之志,与碧川拓始祖及五世祖墓地,树碑益田,以时享之。从弟二人,蚤失怙恃,抚爱周至。长求分异,乃垂泣,谕以长策,不可回,以文懿所遗田若干亩与之,仍岁给俸余,以为常。贵州有吏单兴者,邻邑人也,故窜不能还,妻子号诉,携之抵其家,道里之费弗计也。其义举懿行类此。"⑤在西杨,至清中叶,尚存长公大司寇第。

① (明)雷礼《刑部侍郎杨茂元传》,见焦竑《国朝献征录》卷四六,《明代传记丛刊》本,第111册,第251页。

② 《明武宗实录》卷一四〇,正德十一年八月丙子。

③ (明)雷礼《刑部侍郎杨茂元传》,见焦竑《国朝献征录》卷四六,《明代传记丛刊》本,第111册,第251页。

④ (明)雷礼《刑部侍郎杨茂元传》,见焦竑《国朝献征录》卷四六,《明代传记丛刊》本,第111册,第251页。

⑤ (明)雷礼《刑部侍郎杨茂元传》,见焦竑《国朝献征录》卷四六,《明代传记丛刊》本,第111册,第251页。

6. 按察副使杨茂仁

杨守陈三子杨茂仁(1460—1509),字志道,号凤洲。生于天顺四年十月十七日。宁波府学增广生。成化十九年(1483)中举人,杨守陈有《喜季子茂仁中乡选诗》:"忆渠才上四龄来,便肯随兄侍讲台。经学又传吾父业,科名且让别人奎。西江二陆渊尤少,蜀郡三苏辙也材。老我无成空有志,尔曹迁改作风雷。少年幸中礼闱来,且莫区区慕省台。试看一时卿相辈,何如千古圣贤魁。圭璋特达方为器,杞柳低垂不是材。勉尔为山成九仞,经纶行且看风雷。"①

成化二十一年(1485),在太学时,受到丘濬、费誾两位祭酒的赏识。他与费宏、金洪三人气味相投,组成丽泽会。费宏每次遇杨茂仁,"与之上下,其议论真所谓虚而往,实而归者。盖志道既精于《易》,而于《诗》、《书》、《三礼》、《三传》,类能含其英华,采剥其膏实焉,其渐于家学者深矣"②。由此可知,杨茂仁的经学功底相当好。

成化二十三年(1487)二月,中会试。杨守阯《徐州闻茂仁中会试诗》:"谁递南宫捷报来,经过西楚霸王台。喜蒙犹子叨登第,借问何人夺取魁。观睹香囊怀汝少,栽境玉树竭吾材。临风笑咏移舟去,百步洪涛走万雷。"③三月,中进士。《成化二十三年进士登科录》载:"杨茂仁,贯浙江宁波府鄞县,民籍,国子生。治《易》经,字志道,行三,年二十八,十月十七日生。曾祖九畴,祖自惩(赠侍讲学士),父守陈(少詹事兼侍讲学士),母丁氏(封宜人),具庆下。兄茂元(按察司副使),茂贞,弟茂礼,茂行,茂清。娶陈氏。浙江乡试第五十名,会试第二百八十三名。"④

杨茂仁授刑部江西司主事,升江西司员外郎、广东司郎中,深得几任刑部尚书的器重,"志道于听讼处当,必核情丽法,讫于威福,人无冤呼。大司寇更数公,皆贤志道。凡章奏,必志道看详乃上。议者以奇请他比,猥琐不可行,属志道刊定,布之天下"⑤。

---

① (民国)杨存淇《镜川杨氏宗谱》卷九《科贡》,第8页。
② (明)费宏《太保费文宪公摘稿》卷九《送四川按察司副使杨君志道序》,第430页。
③ (民国)杨存淇《镜川杨氏宗谱》卷九《科贡》,第8页。
④ 《天一阁明代科举录选刊·登科录》,宁波出版社2006年。
⑤ (明)费宏《太保费文宪公摘稿》卷九《送四川按察司副使杨君志道序》,第431页。

茂仁任刑部广东司郎中时，曾负责修订条例。"先是，委议《问刑条例》，兼总本部十三司章奏，谙达事体，士论韪之"①。《问刑条例》修订于弘治十一年至十三年（1498—1500）。弘治十四年（1501）十二月，韩重（1442—1510）以右副都御史巡抚辽东，首劾辽东镇守中官梁玘，杨茂仁偕给事中往按，尽发其罪。

弘治十四年，刊刻苏洵《谥法》四卷。

陈洪谟（1476—1527）讲到一个故事："予同年吴江，字从岷，为刑部主事，差还复命。鸿胪寺官语之曰：'声音要洪大（正选通政时也），起身不要背上。'至日早，吴果努力高声，亦无音节，又横走下御街西，上为之解颜。时同僚杨郎中茂仁作一对句云：高叫数声，惊动两班文武；横行几步，笑回万乘君王。一时盛传资谑云。"②这个故事，反映出杨茂仁的聪明才华，能信手拈来做成一副好对句。

弘治十七年（1504）八月，出为四川按察副使③，为正四品官员。正德四年（1509）五月，升四川按察使④。同年六月三十日，卒于家，享年50岁。

杨茂仁为人端重刚介，与伯兄麟洲，时称"二难"。当官守职，表树焯然。清介特立，不愧家声⑤。有《凤洲遗稿》。在西杨，至清中叶，尚存少公观察第。由于杨守陛、刘丙、费宏写的墓志、神道碑、传记没有传下来，所以有关杨茂仁的事迹最少。相对说来，他的轨迹较为平淡，主要在北京与四川工作，中间曲折少一些。

万斯同《鄞西竹枝词》，其一称："人物杨家称最奇，一门诸老出同时。村前流水澄千丈，想见群公冰雪姿。"⑥这首诗形象地刻画了杨氏诸老的骨气。杨氏科举为什么会成功？这有多种可能因素。一是明代前期，教育水平有限，整体的科举竞争不太强。二是有家族文化积累。镜川杨氏宋元以来即是望族。到了明初，虽一度受挫，但因为基础好，所以，重新起家稍为容易。三是掌握了科举窍门，一经传家。马绍荣称"梅读羲经授子孙，一门

---

① （明）杨廉《侍郎杨文懿公言行录》，见徐纮《明名臣琬琰续录》卷一八，第466页。

② （明）陈洪谟《治世余闻》下篇卷二，中华书局1985年。

③ 《明孝宗实录》卷二一五，弘治十七年八月戊寅。

④ 《明武宗实录》卷五○，正德四年五月辛丑。

⑤ 《明史》卷一八四《杨守陈传附杨茂仁》。（明）凌迪知《万姓统谱》卷四一《杨茂仁传》实为《杨茂元传》，而所谓"弟茂义，字志道，丁未进士，历官四川按察使"，当为杨茂仁。

⑥ （清）徐兆昺《四明谈助》卷三六《南护沙》，第1184页。

频见夺魁元"①，这是对杨氏靠《易》经入仕的写照。四与杨氏大家族内部
的互助教育体制有关。杨范后裔，第一次分家是成化六年，第二次是弘治
六年。他们在一个相当长时期内，是生活于大家族之中的。古代的大家
族，相当于今天的一个小型社团，内部存在一种互助精神。杨范在世时，儿
子、孙子均亲自教授。杨范以后，杨守陈、杨守阯承担了教育之任。由此，
经优秀的老师培养，在二三代之内，出了相当多的进士。"士生世家，攻道
艺专而不易，勤而不懈，以妙龄盛气得售文场，而踵世科之美，非善学者莫
之能也。"②最终是否保持科举家族之美名，则完全要靠个人的不断努力。
总之，一些内外特殊条件结合在一起，使杨氏成为东南最有名的科举家族。

7．"茂"字辈其他人物

（1）杨茂贞（1458—1482），杨守陈的第二子，25 岁就过世了。无子，以
杨茂元次子杨美璜为后。值得关注的是其配范氏（1458—?），是杨守陈府
学时同学范润③的女儿。杨守陈发达早，而范润晚，天顺八年（1464）中进
士，后官南京兵部车驾司（驾部）主事。到北京述职考核时，住杨守陈家，杨
守陈听说范氏有一个女儿很贤惠，适与二子茂贞同龄，就主动提出结为亲
家。下聘礼那天适下大雪，结果包聘礼的红布因雪变成白色。仆隶们啧啧
私语，以为不祥。杨守陈笑而不信。婚后九年，生了两个女儿，结果均早
卒。成化十八年（1482），杨茂贞卒。范氏发誓不再婚。杨守陈每想到此
事，"痛彻心骨，老泪下如雨"④。

杨守阯有杨茂清、杨茂深、杨茂潜三个儿子。其中，杨茂深、杨茂潜是
双胞胎。三兄弟官至府州知府或通判。

（2）杨茂清（1480—1566），字志诚，号芝山。杨守阯初娶全氏，无子。
复娶钟氏。成化十六年（1480），杨守阯 45 岁时，生长子杨茂清，可谓中年
得子。杨茂清自儿时即嗜学。稍长，步履应对，俨若老成。成化末年，杨守

---

① （明）杨自惩《梅读稿》附录卷四《幽光录上》，第 18340 页。

② （明）杨守陈《杨文懿公文集》卷九《贺章生益中乡举序》，第 16106 页。

③ 《天顺八年进士登科录》作"年三十七"，又《书驾部主事范君时泽墓志后》称"（卒）年才四
十有四"，则应该是范润（1426—1469）。问题是，《书驾部主事范君时泽墓志后》作"既第，乃官仅十
载而遽以病卒"。如果天顺八年当年做官，至少是成化九年（1473）左右卒，与成化五年（1468）不
合，故登科录所述可能是官年。

④ （明）杨守陈《杨文懿公文集》卷三〇《书驾部主事范君时泽墓志后》，第 16335 页。

阯任职南京翰林院侍读时,携家小迁到南京生活。杨茂清学书课诵,渐露其奇。已而,出就外傅,其所从执经师,都以"伟特"期望。杨守阯对儿子们的学习抓得紧,《次韵勉小儿茂清等》:"闭户攻书莫出衙,须教道义胜纷华。膏粱不愿甘藜藋,文绣无求服布麻。青史辉光千古词,红尘势利片时霞。鸡窗分寸阴当惜,继晷还亲灯烛花。"[①]

杨茂清选为宁波府学生。弘治十四年(1501)七月,回乡参加浙江乡试。杨守阯《送茂清归应乡试》:"七月中旬七日过,雨晴行色旴庭柯。仰桥俯梓含芳润,起凤腾蛟感咏歌。父在南雍论追士,子归东浙应贤科。吾家西岁常联桂,试问嫦娥今若何?"[②]可惜,杨茂清没有中举。于是,以父荫为太学生。杨守阯退休后,集中精力辅导儿子读书,《夜坐课子读书》:"力辞重禄一身轻,危坐长更对短檠。熟玩诸儒传道语,喜听三子读书声。壮心不遂年华老,幼学尤资夜气清。经训葍畣无厚产,勿言汝父拙谋生。"[③]可惜,杨茂清屡次参加乡试,屡次不第,最后只得走恩荫之路。

正德三年,大妈全夫人卒。正德七年,母亲钟宜人、父亲杨守阯先后过世。杨茂清泣血悲恸,全力办好丧事,使长辈们没有遗憾。正德十年(1515),守制阕,需次铨部,授为南京鸿胪寺司宾,署丞,以"谦恭雅度,兼有文章,大异流辈"[④],得到大鸿胪刘乾的赏识,称"此唐裴、李,宋范、韩之后也,孰谓任子无奇哉?"在散曹任职九年,生活清苦,"茹疏服敝,以寡约自持",与贵游公子崇尚奢侈风格,形成鲜明的对比。"禄入甚少,乃以月俸所积,计口书日而食之,不溢用一钱。"

约嘉靖七年(1528),秩满考绩,杨茂清升贵池知县。贵池"滨大江,使传往来如织,民好嚣讼,难治"。杨茂清"因土俗,相时宜,廉民情,稽故牒,去所不便,而与其所便,期月之内,上信下服,俗用以熙,有古循良之风焉"。他重视教化,很会审案子,留下了不少查疑申冤的断案故事,由是,"八乡黎赤,率从化导,贤能懋著,檄委无虚日,在邑讫不暖于席"。上级官员的评价很高,交荐于朝。巡抚陈凤梧称:"读书守分,足征家学。

①　(明)杨守阯《碧川诗选》卷七。
②　(明)杨守阯《碧川诗选》卷七。
③　(明)杨守阯《碧川诗选》卷八。
④　(明)张时彻《湖广汭阳州知州杨公茂清墓碑铭》,见焦竑《国朝献征录》卷八九,《续修四库全书》,第 530 册,第 105 页。

节用爱人,不愧此心。"巡按叶镗曰:"行己克敦,古道治民,无愧循良。"历任六载,被上级旌举十多次。

嘉靖十三年(1534),迁知山东沂州(今临沂)。诸部使者听说后不服,叹曰:"岂有美如贵池而与之恶地者哉?"沂州滨海,是山东的瘠壤地,"十岁九歉,逋负公赋,动以万计。凿山煮海,萑蒲之盗武相望也。前政因循,败者踵接"。杨茂清"抚字多方,征敛有法,积负渐输,民以宁居。去之日,惟败橐数事,图书萧然,倾一县人出送,无不泣下者"。

嘉靖十五年(1536),迁湖广沔阳州(今湖北仙桃市)知府。杨茂清上任时经过贵池,父老商旅听说后,到江边迎接他,摩肩踵履,"何幸复见吾父母乎?"有的人掩袂泣下。至沔阳州,"即其所以治池与沂者,参而布之,而治行炳然于全楚矣"。

嘉靖十九年(1540),因三载考绩功,恩赠母亲钟氏为宜人。当是时,"贤声益懋显",仍有上升机会,不过,年已61岁的杨茂清有点厌倦了,说:"夫仕凡以为亲也,生则致其养,没则荣其号,非以章绶私其身也。今母氏已被国恩,吾何求哉?且白首而殉禄,贪人所以自阱也。知止而免辱,哲士所以全身也。吾其休乎!"于是力请于当道,引年以归。"致沔政,归且五祀矣。……时嘉靖辛亥岁三月上浣谨书。"[1]辛亥岁为嘉靖三十年(1551)。据此,杨茂清应是嘉靖二十五年(1546)左右致仕的,时年67岁。

回宁波以后,"居闲,以文艺自娱,而于先祖遗文手泽,虽单词只字,亦必宝之,若琬琰拱璧,不敢捐弃"。又重视家族,"缉祖父之墓,敦宗谊,饬家教,课子姓,于户外事一无所问。与乡老南江戴公(鲸)辈为耆英会,啸咏风月,白首庞眉,步履矫捷,望之若仙。每监司行部,及郡邑长吏,无不折节宾礼。春秋乡饮,率尊之为宾,盖藉以励俗也"[2]。杨茂清寿长,或称"年至九十,犹手抄古今野史、丛谈,及里中先辈诗"[3]。据宗谱,杨茂清卒于嘉靖四十五年十一月,年87[4],未及90。

---

① (民国)杨存淇《镜川杨氏宗谱》卷二〇《祀典》,第4页。
② (明)张时彻《湖广沔阳州知州杨公茂清墓碑铭》,见焦竑《国朝献征录》卷八九,《续修四库全书》,第530册,第105页。
③ (清)李邺嗣《甬上耆旧诗》卷八《太子少保吏部尚书碧川杨先生守阯》,第221页。
④ (民国)杨存淇《镜川杨氏宗谱》卷六《义大房碧川房派世系》,第1页。

（3）杨茂深（1487—1555），字志通，号泗洲。正德八年十月，以父恩荫，由庠生补国子生。后授北京光禄寺署寺丞，升福建邵武府推官，转广东惠州府通判。享年80。

（4）杨茂潜（1487—1545），字志昭，号明洲，由庠生援例补国子生，授江西玉山县丞，升四川绵州通判。享年70。可见，杨守阯的三个儿子均长寿。

杨守随有五个儿子，杨茂恕、杨茂庄、杨茂慎、杨茂显、杨茂允。

（5）杨茂恕（1472—1530），字志行，号仁山，杨守随长子。弘治十二年（1499）十一月，以父荫，由庠生补国子生①。授中军都督府都事，升南京前军都督府经历，赐三品武服，赞理守备操江事。嘉靖九年（1530），以给由赴部疾，卒于京。卒后，命下，升湖广汉阳府知府。

（6）杨茂庄，字志敏，杨守随二子。年十七，补郡庠廪生。性沉静笃学，集经史子集偶语数十卷，名曰《骈枝纂》。力学不倦，呕心而亡。

（7）杨茂慎（1481—1509），字志德，号白茅，杨守随三子。成化间，补郡庠廪生，屡试不售，赍志以终，享年29。著有《四书增释》等书，藏于家。

（8）杨茂允（1486—?），字志忠，号竹洲，杨守随五子。以《易》补郡庠廪生，嘉靖二十一年（1542），岁荐北上，授南直隶常州府儒学训导，升山东曹州府儒学学正。

（9）杨茂端（1472—1543），字志本，号云洲，杨守隅二子，能继父之志。

（10）杨茂格（1489—1550），字志正，号枫洲。智房杨自忍（1412—1478）孙，杨守阳（1458—1527）子。"风仪秀整，性度端严，沉酣经史，一目数行。"以《易》补县学庠生，屡冠多士。杨茂元、杨茂仁两兄弟，每以"昂霄之干、图南之羽"器重之。相面的人说他"发科不利于南"，因此援例进入北国子监，补为国子生。可惜，屡试顺天乡试，均失败。后侍父病，不再应科试。嘉靖七年（1528），广西有猺獞之乱，诏牧守选文武具备之才，杨茂格被选中，授为浔州府桂平县知县。上任匝月，"化行颓俗，义动顽民，贼悉远他境"。曾经说："居官三字诀，惟法、礼、义耳。"杨茂格讲气节，虽权贵恃宠来临，抗志不少阿。分巡翁万达（1498—1552）一向不喜欢他。考翁氏为广西按察副使在嘉靖十八年（1539），则应是此后的事。时副都御史陆键（1465—?）同为鄞县人，是杨茂格的外甥。论辈分，杨茂格为舅；论爵位，杨

---

① 《明孝宗实录》卷一五六，弘治十二年十一月壬午。

茂格是下属。杨茂格坚持按辈分相见,称:"贵不敌亲,舅岂参甥者乎?"就以平常礼节相见。显然,杨茂格尚未成为"政治人",不熟悉官场等级规则。果然,事后陆键记恨于心,在翁万达面前说闲话。翁万达因为无间可乘,在其任期满考核时,勉强以"调简"(即调为级别更低的知县)报吏部。杨茂格听说后称:"宦中滋味尔尔,何以宦为?"这段话非常有意思,颇有城内城外之感。没有当过官的人,成天寻思着当官;当过官以后,发现当官的味道不过如此。遂解组,归于乡。嘉靖二十九年(1550)卒于家。嘉靖三十六年(1557)十二月,以长子美益贵,赠文林郎、山东道监察御史[①]。

(11)杨茂义(1461—1501),字志和,号南川,杨守防之子。

杨守防有四个儿子,即杨茂亨、杨茂利、杨茂智、杨茂恭。

(12)杨茂亨(1453—1478),字志嘉,号龙洲,杨守防长子。早掇贤科,成化十三年(1477)浙江举人。次年参加会试,不第,卒于京,享年26岁。

(13)杨茂利(1455—1499),字志公,义官,属封赠。

(14)杨茂智(1465—1496),字志学,号须静。弘治间,补郡庠廪生,屡试不售,赍志以没。

也有为乡村塾师者,如杨茂斌,学问渊源,在蛟川"阐教"。杨茂瑾,学问渊源,设教乡塾,多所造就。杨茂枋,督耕课读,家规井井有条。

由上可见,"茂"字辈仍在努力参加科举考试,成绩尚可,有9人做官。从功名上说,出了二位进士,一个举人,14位庠生或国子生。值得注意的是,杨守阯的三个儿子,均靠父亲的恩荫做官,没有一个靠科举成功的。他的三个儿子的科举为什么不成功?是因为杨守阯在外做官没有时间教育吗?是儿子们个人不努力吗?是晚年得子导致儿子们智商不高吗?这些偶然因素均有可能发生作用。

五、家声少替:嘉靖以后的杨氏

杨氏家族,到了"美"字辈、"承"字辈、"德"字辈、"文"字辈四代时,科举竞争力明显下降。在上百年历史中,虽然也出了三位进士,但声势明显不强,官做得不大。让人的感觉是,科举家族进入稀疏期。

---

① (清)杨习镜《镜川杨氏宗谱》卷七《仕宦》,第38页。

1. 杨美益及其他"美"字辈人物

"美"字辈，属第十七代。这一代，最有代表性的人物是杨美益与杨美璜。其中，杨美益一人中了进士。只是，他是智房的后裔，非义房。

(1)杨美益(1515—1578)，字以谦，号受堂，智房杨茂格子。嘉靖二十五年(1546)举人，嘉靖二十六年(1547)会试，中进士。《嘉靖二十六年进士登科录》载："杨美益，贯浙江宁波府鄞县，民籍，县学附学生。治《易》经，字以谦，行五十八，年三十三，五月初八日生。曾祖自忍，祖守阳(义官)，父茂格(知县)，母鲍氏，具庆下。兄美璟、美寿，弟美爵、美祺、美祉、美禋、美恒、美裕。娶陈氏。浙江乡试第四十九名，会试第二百二十。"由此可知，经过了杨守阳、杨茂格两代的努力，才有了第三代中进士。这可以说是西杨第二波进士家庭。

杨美益初授行人司行人。有位族兄杨美禄①充宁波府府掾，因为没有检举前吏遗弊，宁波府推官昌应时问罪，拟永远将他戍边。此事相当枉屈，杨美益知道后，极力出面调解，历巡按六更，最后终得雪其罪，由此也得罪昌应时。嘉靖二十九年(1550)，父卒，回家守制。嘉靖三十一年(1552)，外艰服阕，选授山东道监察御史。嘉靖三十四年(1555)，奉敕巡视陕西茶马。时关中失年，民不堪命，杨美益将本院赃赎备赏易马之费六千余两，委官买米以哺嗷嗷，救活六万人。又以所买米止供一月之需，复条上救弭之策，请发内帑四万多两，散济关内褒城、略阳等处，度食三月，民饥始苏。又武事久弛，秋防难恃，疏请加设宁武一关，与偏头、雁门联络壮势。嘉靖三十七年(1558)，巡按山西，典乡试事，是科得人最盛，士民为立祠以祀。嘉靖四十年(1561)，提督北直学政，甄拔皆知名士，执法如山，权要无敢以片语请者。嘉靖四十一年六月，以山东道御史，升大理寺右寺丞。所平反案件，一洗肺石之冤。福建缺巡抚，吏部以杨美益名上。昌应时害怕，乃嘱其甥、御史林顺，将杨美益列入"京察拾遗"名单。时严嵩、徐阶方柄国，杨美益与他们关系"落落，失其欢心，由是中蜚语"，杨美益左迁江西按察金事，寻转贵州左参议，升大仆寺少卿②。隆庆六年，致仕。

---

① (民国)杨存淇《镜川杨氏宗谱》卷一一《吏掾》没有此人，说明宗谱记录不全。
② (民国)杨存淇《镜川杨氏宗谱》卷七《仕宦》，第40页。

因发迹,杨美益从西杨迁居城内桂芳桥(今宁波开明街桂芳巷),人称
闾卿宅,有永庆堂、日涉所。嘉靖三十八年(1559),在平桥前立柱史坊。嘉
靖四十二年(1563),在桂芳桥立大文宗坊。家居六年,万历六年(1578)卒,
从祀名宦贤祠。

杨美益重视古籍刊刻,嘉靖三十五年(1556),与人合编《新刻古文选
正》八卷。嘉靖三十八年(1559),刊刻刘向《刘氏二书》三十卷。有《西巡
稿》、《续稿》,今不传。《镜川杨氏宗谱》卷一九《著述》收录了杨美益几十首
诗,略可见其诗歌创作。郑本立《西巡稿序》称:"我受堂杨子,以卓越之才
而充之以博大之学,乃岁乙卯,奉命按全陕,越明年丙辰,余亦承乏同事,会
于长安,政暇相过,辄出是编见示,皆关中作也。归而读之,阅日夜不能遍,
美哉! 洋洋无所不备矣。宏而丽,藻而典,高而不削,赡而不秽,体裁清脱,
而格致自然,其汉魏之遗音,盛唐之雅韵乎! ……夫丙辰距乙卯仅期月尔,
而所积乃如是之富,非其学优才敏,安所取是! ……今杨子之按关中也,击
奸贪,划豪滑,振纲纪,植法纪,辄车所至,庶僚整肃,不检之徒,喙息喘惕,
奉首鼠窜,赫然称名御史焉。至读其茶法、马政、盐课、赈恤诸疏,洞析理
道,切中机宜,实与是诗相表里,措之于事,明效已睹。"①由此可知,这是杨
美益巡视关中时所作的诗文稿。

(2)杨美瓃(1474—?),字以和,号容唐。杨茂元二子。弘治六年
(1493)六月,以祖杨守陈荫,补国子恩生②,授左都督府都事。正德十二年
(1517),升南京中军都督府经历,掌留都城钥。正德十六年六月,因给事刘
洙等为之申雪,世宗诏复原职,升工部营缮虞衡司郎中。后擢云南广南府
知,寻改广西知府,致仕。杨美瓃娶魏玉姬为妻,系魏傛孙女③。

杨美瓃一生中最为光辉的一节是正德十四年(1519)阻止了逆阉江彬
的阴谋。此事,三个地方有记录:

当时的抚州知府陈槐(1453—1544)称:"我武宗正德己卯年,因宸濠倡
乱江右,乃亲统兵南。时已平定,于是驾至南京。江彬从中府私取京城门
锁钥于二鼓后,经历杨美瓃以京城禁门,祖宗定制,不许夜启,乃执不与。

---

① (民国)杨存淇《镜川杨氏宗谱》卷一九《著述》,第56—57页。
② 《明孝宗实录》卷七七,弘治六年六月庚辰。
③ (明)陈槐《明故江西赣州府石城县儒学训导魏先生墓志铭》,见章国庆《天一阁明州碑林
集录》,上海古籍出版社2008年,第100页。

次日，江彬诈传旨拿杨经历赴狱，人皆危之。时留守参赞机务重臣乔宇反责杨固滞之失，禁之颇久。逆彬以非圣意，不敢决行。九卿畏其权势，不敢执奏。忽一日，有旨疏放。当时官僚皆隐忍，以待江彬口传。越数月后，驾发南京，始脱禁狱。则彼时夜索城门锁钥，虽无甚大变，是视京城若私家所有也，事势亦危，赖一经历能守法制耳。"①

实录也有记载，称："诏复南京中府经历杨美瓛原职，仍命吏部量加升用。初毅皇帝驻跸南都，江彬差拨旗牌官校，分守南京各门，复索各门钥于中府，美瓛坚执不发，彬诬以他事，下南京法司狱。至是，刑科都给事中刘洙等为之申雪，故有是命。"②

时人谢蕡（1487—?）称："江彬又拘唤南京署中府经历杨美瓛，取要十三门钥匙，彼伊坚执不从。江彬嗔怪，就诬捏赃私事情，将伊拿送南京刑部监问，至今未结。"③

这三段记录，可以互为补充。在杨美瓛被捕理由上，《闻见漫录》未及，《武宗实录》仅说"诬以他事"，而《后鉴录》最为详细，"诬捏赃私事情"。在城门环节，《后鉴录》最为详细，明确是南京十三门钥匙。后面的事，《闻见漫录》详细，涉及了南京吏部尚书乔宇（1457—1524）协助江彬一事。关于杨美瓛释放过程，全祖望说得清楚，称"已而，有旨释诸囚，南理臣犹畏彬，羁公以待命，众以为必死，幸武宗虽幸彬，而英明未替。彬虽擅命，不敢私有杀害。及北还，竟释之。彬诛，世宗闻公事，嘉叹，迁工部虞衡郎"④。家谱对复职情况有详细交待，"有交章论彬罪状者，以公不附彬，有持公守正、志节可嘉之旨，遂脱禁狱，复原职"⑤。

关于杨美瓛坚持不开门之事，明人尽管有详细记载，但外界了解不多，仍时有错误。如《明史》将不肯拿出钥匙的人归于乔宇头上，嘉靖《宁波府志·杨美瓛》仅模糊说"不附彬谋逆，被系，彬诛始释"。《献征录》则归于孟尚书。清代学人全祖望读陈槐《闻见漫录》，发现了这个细节，于是"爰采之以补史，并正诸家之谬"，作《知广西府杨公传纠谬》。在这篇文章中，全祖

---

① （明）陈槐《闻见漫录》卷上，《四明丛书》本，第 7513 页。
② 《明世宗实录》卷三，正德十六年六月乙酉。
③ （明）谢蕡《后鉴录》下，见《国朝典故》卷一百九。
④ （清）全祖望《鲒埼亭集》卷三五《知广西府杨公传纠谬》，第 838 页。
⑤ （民国）杨存洪《镜川杨氏宗谱》卷七《仕宦》，第 39 页。

望情绪相当激动,称:"呜呼,是时江彬逆谋虽未成,然视京城若私家门户,其威福任意,危矣,以参赞重臣,坐视其矫传,以系命吏,而不敢违,而公能当之,是贲育之勇也,抑亦文懿公以来之教泽,所谓不愧世臣者乎!然而诸重臣愧死矣,诸重臣之所不能,而小臣能之,乃仍掠小臣之名,以归之重臣,可为太息者矣!……明人重甲科,故其以任子有名于史者甚少。虽贤不得登大寮,向使起李卫公于是时,所不平也。大节如公,得为重臣,岂非坐谈而落淮南之胆者!世宗既知之矣,而仍听其浮沉夷徼以老,不亦弃才如草芥乎!"[①]

(3)杨美珩(1469—1501),字以节,号前江,杨茂元长子。杨美弇,字以阴,号孔江,杨茂元四子。为了争夺父荫名额,他们俩兄弟曾在家族中发生争吵。杨茂元夫人钱氏想把杨茂元恩荫名额给四子杨美弇,结果长子杨美珩也要这个名额。兄弟争持不下,母亲钱氏将此事上报朝廷。最后皇帝下达圣旨,称杨美珩不孝,杨美弇不弟,将恩荫名额给长孙。考虑到杨美珩长子杨承明是庶出,又给了第四子杨承立,由是,杨承立得受祖荫[②]。这件事也可以看出,杨氏家族到了"美"字辈,科举竞争力相当弱了。他们只能寄希望于祖父之荫,才有可能出仕;如果得不到恩荫机会,也就断了出仕之路。四十四年(1615)[③],杨美弇以孙杨德政贵,赠中大夫、福建布政司左参政。由杨美珩兄弟恩荫名额事说明,杨茂元后裔尚居住北京。

(4)杨美琚(1482—1556),字以文,号静堂。杨茂仁长子。以《易》补郡庠生,授例补国子生,授江西按察使司知事,升山东登州府栖霞知县。

(5)杨美冕(1485—?),字以周,一字致仲,号坳堂。杨茂仁次子。正德十一年(1516),中浙江乡试举人。正德十二年(1517)会试,房师费宏拟取荐会元,主考官以为他的策论有些语句批评了时政,将他置之乙榜。杨美冕非常愤忿,就选吏部考,居第一,授礼部司务,时在嘉靖十一年(1532)[④]。后升工部员外郎、郎中,时与权相严嵩不合,左迁湖广衡州府通判,升四川

①　(清)全祖望《鲒埼亭集》卷三五《知广西府杨公传纠谬》,第838页。
②　(民国)杨存淇《镜川杨氏宗谱》卷七《仕宦》,第41页。《明武宗实录》卷一四三,正德十一年十一月己卯作荫刑部右侍郎杨茂元子美弇为国子生。
③　(民国)杨存淇《镜川杨氏宗谱》卷八《宠命》。杨美政祖母、父亲、母亲的褒命均在万历二十九年。而杨美弇的褒命在杨德政卒后的万历四十四年才颁布,正说明兄弟争荫事件有负面影响。
④　(明)俞汝楫《礼部志稿》卷四四《历官表》。

涪州知州，致仕。具体时间不详，只知嘉靖二十七年（1548）尚在外做官。萧然行李，所在皆有生祠。中年断弦，不再续娶。家居杜门二十余年，惟著书为事，郡县罕睹一面，门生故知就榻一茶，馈遗绝不一取，怡然清苦而已。卒年不详，约在隆庆至万历初年的某年三月初八日。所著有《坳堂判语》行世，诗文若干卷藏于家①。杨美冕所居称知州宅，在今宁波城内月湖西的三板桥。

（6）杨美木（1509—1593），字思秋，号乐山。杨茂清之子。以《易》补邑庠生，援例补国子生，授福建布政司检校，升常州府无锡主簿，以湖广黄冈县丞致仕，享年85岁。

（7）杨美琼（1490—1542），字以献，号埜堂，杨茂礼二子。嘉靖四十四年（1565），以子杨承闵贵，赠承德郎、刑部湖广司主事。

（8）杨美瑶，字以嘉，号秋堂，杨茂礼长子。嘉靖间，补郡庠生。七次入浙闱，不售，愤疾卒。杨美瑶七次参加乡试，均没有成功，由此可知，到了嘉靖年间，要想取得举人，竞争都相当激烈。

（9）杨美环，字以玉。智房后裔。嘉靖间，父杨茂衢为鄞县从事，缘事获罪，挈妻子北游，客居京师四十年。万历元年（1573），援开国事例，杨美环被除授山西潞王藩德化王府典膳。德化王平时很器重他，不称名字，只称字"以玉"或"四明先生"，而且要他不离左右。于是，落户山西之潞安。他娶北京人华氏为妻，有子杨承学。

（10）杨美璿，字以齐。弱冠，补诸生。尝赴乡试。以母卒而回，不久父亦卒。与两弟析居，凡美田宅悉推之，而自取其瘠者。后屡举明经，不第。益居贫自励，无所求于人。退居西谷，与社老故交饮食娱乐。卒年83②。

由上可见，"美"字辈杨氏后人科举竞争力明显下降。从功名上说，只出了一个进士、一个举人，27个庠生或国子生③。而且，这个进士是其他支系的，杨自惩直系后代只出了一个举人。这说明，要保证每一代均有进士

　　①　（民国）杨存淇《镜川杨氏宗谱》卷七《仕宦》，第40页。
　　②　（民国）陈训正、马瀛《鄞县通志》文献志甲编人物二《杨美璿》，宁波出版社影印2007年，第508页。
　　③　（明）薛晨《明故中顺大夫广州知府范公（禄）暨安人周氏合葬墓志铭》（章国庆《天一阁明州碑林集录》第113页）作"女二人，曰秉洁，适太学生杨美表，太宰碧川公冢孙"。查民国《镜川杨氏宗谱》卷一〇《庠俊》，碧川房"美"字辈有杨美琚、杨美木、杨美稷、杨美采、杨美柱五人为太学生，无"杨美表"。再查卷六碧川房谱系，也无"杨美表"，而且无娶范氏为妻者，不知何故？

是有难度的。

2. 杨承闵及其他"承"字辈人物

"承"字辈属第十八代,只有杨承闵一人中进士,他是杨守陈后裔。

(1)杨承闵(1522—1603),字子孝,号水南。嘉靖元年九月十八日生。嘉靖二十八年(1549)举人,第33名。嘉靖三十五年(1556)进士,廷试二甲七十六名。《嘉靖三十五年进士登科录》称:"杨承闵,贯浙江宁波府鄞县,民籍,国子生,治《易》经,字子孝,行二,年三十四,九月十八日生。曾祖守隰,祖茂礼,父美琼,母姜氏,慈侍下,兄承颜,弟承诲、承远,娶孔氏。浙江乡试第三十三名,会试第二百五十三名。"①观政工部,授行人司行人。嘉靖四十一年(1562),升刑部湖广清吏司主事,丁内艰。嘉靖四十三年(1564),复任主事。嘉靖四十四年,升员外郎,升郎中,奉敕南直录囚。隆庆三年(1569),升广东潮州府知府。据乾隆《镜川杨氏家谱》卷中,知潮州时,获海盗十余人,有海盗乘机装了数瓶金子要求放免,杨承闵大怒说:"身为司牧,不能为民除害,反受此非义之财以殃民乎?"严厉斥之,最终按法处治。调补雷州府②。旋调湖州府知府,俱有政绩。后官四川按察使。致仕归,年82卒,则在万历三十一年(1603)。他有四个儿子,即杨德先、杨德充、杨德亮、杨德见。杨承闵居城内普照桥,称知府宅,在今宁波城内南大路与大沙泥街交叉处。

(2)杨承鲲(1551—1590),字伯翼,号桓溪。杨美益三子。关于杨承鲲卒年,屠本畯(1542—1622)《碣石编序》作"吾友杨伯翼谢世三载,乃辛卯孟冬十二日夜,梦寄三十字于余",辛卯年为万历十九年(1591),由此倒推三年,是万历十七年。鄞县志杨承鲲传,据此称"伯翼之卒,当在万历十七年己丑",王重民《中国善本书提要》也作"万历十七年卒"③,张如安据此作"1550—1589"④。此说有误。考杨承鲲万历十六年(1588)入京,"明年,社中入彀者六人,公独见遗,遂愤郁成疾。归居,恒赋诗,有'商量四十告衣

---

①　《天一阁明代科举录选刊·登科录》,宁波出版社 2006 年。

②　《嘉靖丙辰同年世讲录》,台湾学生书局 1969 年。

③　上海古籍出版社 1983 年,第 646 页。

④　张如安等《鄞县望族》,浙江古籍出版社 2009 年,第 212 页。

衿'之句。岁庚寅，公年四十，果以疾终"①。庚寅为万历十八年（1590）。《镜川杨氏宗谱》卷六《智房御史房派世系》更为明确，称杨承鲲生于嘉靖三十年（1551）六月十八日，卒于万历十八年（1590）七月初五日。屠本畯序作于万历四十五年（1617），时年 76，离杨承鲲逝世已近三十年，显系记忆有误。一般说来，在生卒年问题上，家谱的记录更可靠一些。

关于杨承鲲入县学时间，《镜川杨氏宗谱》卷一〇《庠俊》作"万历间，补邑庠廪生"，卷一五《行传》所收李邺嗣所写《承鲲公传》作"年十六为诸生"，而李邺嗣《甬上耆旧诗》卷二二《杨桓溪先生承鲲》作"年十五六为诸生"②。如年十六，应是嘉靖四十五年（1566），非"万历间"。

杨承鲲性格相当直爽，自称："仆无纤芥之善，而有必不可化之性，谓是是非非，贤贤黜不肖，古今儒者大权，断断不可枉。诚心直躬，高行阔步，毁誉无所护，曲直无所强。"③"为人守古独行，执廉隅，于当世少所许。"④他只和几个知心朋友有交往。

杨承鲲虽颇有文才，却不擅长应试，考运不佳，几次参加浙江乡试均失利。约万历十五年，杨承鲲补为国子监太学生。万历十六年春正月北上，四月到北京。"离寒触暑百许日始至都。至三日而病，病百日始解。"⑤由此可知，杨承鲲水土不服，身体不好，到北京以后就生病了。在北京期间，杨承鲲带病，与董其昌（1555—1636）、王衡等七人结成七子社，从事诗文创作与评论。其间，写下了《蓟门行》，一时名满京城，引起不小的轰动。"客辐辏至，不胜款对"⑥。由于生病，乡试也考得不理想。"薄了试事，踉跄而南"。董其昌等社中成员六人顺利考取进士，只有杨承鲲落选，这对早负才名的杨承鲲是一个巨大的精神打击，从此他对科举出仕心灰意冷。这次应试失败后，杨承鲲告别京师，重回宁波。"抵家复病，病复百许日，稍安毂。顾迄今不了床簀债，如之何？"⑦

杨承鲲喜欢山水旅游，是一位典型的田园派诗人。万历十二年（1584）

① （民国）杨存淇《镜川杨氏宗谱》卷一〇《庠俊》，第 5 页。
② （清）李邺嗣《甬上耆旧诗》卷二二《杨桓溪先生承鲲》，第 645 页。
③ （明）杨承鲲《碣石编》卷下《答朱叔仁书》，第 7940 页。
④ （清）李邺嗣《甬上耆旧诗》卷二二《杨桓溪先生承鲲》，第 645 页。
⑤ （明）杨承鲲《碣石编》卷下《答金华李允达书》，第 7941 页。
⑥ （清）李邺嗣《甬上耆旧诗》卷二二《杨桓溪先生承鲲》，第 645 页。
⑦ （明）杨承鲲《碣石编》卷下《答金华李允达书》，第 7941 页。

前后，在小溪旁筑茅屋一间。"出城南五十里，舟行水石间，一峰宛宛出林，末为小山，下为小溪，盖锱宋时小溪镇，古句章城废址在焉。余因山构茅茨为老计，左江右溪，长林修竹，平畴广野，高台幽轩，无不有也。晏坐之隙，时与山僧野翁谈经问字，较晴量雨。兴至则杖策游西山诸寺。每有佳晨好夕必会，会必小饮，期在必畅。甲申八月十三，月色甚佳，呼酒召客，欢咏竟夕，尽十七天，无纤云，遂各赋诗五首。"①《述伏牛山记》称："不穀怀五岳远矣，老困一经，疲马栈行，无能自引决，北不尽云龙，南不过彭蠡，踽踽人代，寥廓之士，往往笑之，即不穀亦自丑焉。"②

　　归家后，"居里中，布袍芒屩，翛然逸尘"③。他在城外老龙湾西建有小园"翛园"④，园内有长春圃、泛爽亭诸胜，有西清阁，成天啸咏其中。全祖望《杨氏翛园》诗称："地踞双湖胜，人称一代才。"其与友人书云："城南有先人遗业一区，桎枫白柏栗，隐映若碧城。天风海涛，生几席间。菱茄、荷芰、蹲鸱、薯蓣之属，至死不饥。伏腊之暇，想足老矣。"⑤翛，无拘无束之意，可见其性情。杨承鲲表面上颇为享受这种悠然自得的田园生活，却充满着郁郁不得志的感伤。杨承鲲《翛园观刈稻咏怀》云："老觉衣裳薄，寒摧捃拾频。寻常村径小，来往路人新。沼静饥鱼出，林皋宿鸟驯。鸡豚与闾巷，不厌野夫贫。"这首诗描述作者身处乡村闾巷之中，有鱼鸟清幽之乐，远离喧嚣，清净怡然。虽是如此，亦是"老觉衣裳薄"，颇有悲凉之意。乡友屠本畯对杨承鲲的认识比较深刻，认为"人徒羡其擅风雅而裁吟咏，乃不知其哕心肝而示牢骚也"⑥。科场失意、怀才不遇的他，以游历古迹名山为乐，诗文咏怀，颇有些汉魏名士之遗风。杨承鲲好云游，自言"仆山水之癖，宇内所知"⑦。近者游浙中诸名山川，远历燕赵鲁齐之地，足迹遍布南北。"性爱佳山水，不极幽险不止。尝夜半过送骨岩，雾黑林深，风飒飒，竖毛骨，怡然也。"⑧旅途闲暇之际，作诗为文，抒情写意。由于精神状态不好，身体不

①　(明)杨承鲲《西清阁诗草·甲申·八月十三夜小山望月》，浙江图书馆藏约园抄本。
②　(民国)杨存洮《镜川杨氏宗谱》卷一九《著述》，第76页。
③　(清)李邺嗣《甬上耆旧诗》卷二二《杨桓溪先生承鲲》，第645页。
④　(清)徐兆昺《四明谈助》卷一九《南城诸迹》认为翛园在城中南湖的桂芳桥畔。
⑤　(明)杨承鲲《碣石编》卷下《答天台林存阳书》，第7938页。
⑥　(明)屠本畯《碣石编序》，见《碣石编》卷首，第7923页。
⑦　(明)杨承鲲《答金华李允达之书》，《碣石编》卷下，第7941页。
⑧　(清)李邺嗣《甬上耆旧诗》卷二二《杨桓溪先生承鲲》，第645页。

好，英年早逝。时人胡应麟称："吾乡李能茂、杨承鲲，英英上足，仆素以大业期之，一岁奄然，同殡狐貉。"①

卒后葬五郎桥。阁臣沈一贯（1531—1615）《哭墓诗》称："世人无达识，此道只论声。独好君家事，堪高我辈名。""杨生喜任侠，末路弥纵横。死后诗当贵，生时世莫名。"②

杨承鲲身后，宁波诗人陆宝（1581—1661）③作《杨孝廉伯翼》诗称："孝廉好奇服，诗中杨白眉。手炼五色石，补天计安施？天龙下与争，焱火怒雷师。余时偶在侧，叫噪如猱儿。败甲莽不收，元气纷淋漓。易散者彩云，无根萎琼枝。四十称早夭，秋风号羁雌。悲哉广陵散，弦绝此其时。"④这首诗应是杨承鲲卒后所写。而《过杨伯翼鯈园故址》则写出了杨氏身后的悲凉之象："园景如诗峭绝伦，诗亡园亦化荆榛。旁观解惜玄亭撤，才鬼难甘白屋贫。疆理云无迷故处，歌呼鸟代作新怜。一湾池水清无底，瘦影还疑照昔人。"⑤

（3）杨承龙（1534—1601），字伯时，号震川，杨美益长子。以《易》补邑庠生，嘉靖四十三年（1564）、隆庆元年（1567），参加浙江乡试，两列副榜，援例补国子生。生平倜傥有胆略，见义当为，毅然为之不少顾。万历十六年（1588），发生饥荒，杨承龙连续煮粥十五日，救活数千饥民。万历二十五年（1597），授鸿胪寺司仪，升署丞。官司仪时，有人送一个女子给他，当时已经以五十余金成交，上门一见，见那女子愁容有泪，一问，才知家中有病夫幼子，于是改变了主意，归还了妇女，且没有收回成交钱。升山西泽州州判，多有惠政，百姓称他为"佛心爷"。有一次到沁水县诇查，发现了羡银4800多两，他主动上交朝廷，受到朝廷的表彰。后官别驾。万历二十九年（1601），卒于官⑥。

（4）杨子龙，号少谷。杨美璿之子。这是杨家水畈一支后裔。嘉靖间，以《易》补邑庠生。嘉靖三十一年（1552），浙江乡试举人。"嘉靖中，

①　（明）胡应麟《少室山房集》卷一一六《报王承父山人》。
②　（民国）杨存淇《镜川杨氏宗谱》卷一八《祠墓》，第50页。
③　民国《四明月湖陆氏宗谱》卷二《世表纪·二柱》，第63页。
④　（明）陆宝《霜镜集》卷二，《四库禁毁书丛刊》，集部第143册，第27页。
⑤　（明）陆宝《霜镜集》卷一一，《四库禁毁书丛刊》，集部第143册，第131页。
⑥　（民国）杨存淇《镜川杨氏宗谱》卷七《仕宦》，第41页。

知天长县(今属安徽),首议经费里甲,继请撤还驿传,及革护城河槖籴之税,至修学宫东西月池,排纂县志,皆关为政大体。"①隆庆四年(1570),为高州府通判②。授湖广荆州府归州知州。

(5)杨承明,字用晦,号鸥池,晚号鸥南。杨美珩长子。由庠生,援例补国子监生,授北京南城兵马指挥。

(6)杨承立,字用豫,号玉泉。杨美珩四子。以祖荫,补国子生,授国子监典籍,升都察院照磨。丁外艰服阕,补福建布政使司照磨,升广西桂林府通判。

(7)杨承宾,字国器,号斗峰。杨美弅儿子。廪膳生员,久试不中。万历七年(1579),以子德政,赠翰林院编修。万历二十九年(1601),加赠中大夫、福建布政使司左参政。

(8)杨承嵩(1562—1607),字镇望,号斗逵。杨守隅玄孙。嘉靖间,为宁波府学生。

(9)杨承学,山西潞州府学廪生。万历间,选贡。

(10)杨承鳌(1537—1595),字伯鳞,号小海。杨美益二子。以《易》,补县学庠生。援例,补国子生。授上林苑监录事。

(11)杨承平,岁贡,官经历。

(12)杨承教,字克安,号见梅。援例,礼部儒士,授京卫经历。

(13)杨承敇,字克时,号见山。援例,礼部儒士,授京卫经历。

"承"字辈杨氏人员,出了一个进士,一个举人,38位庠生或国子生。

3. 杨德政及其他"德"字辈人物

"德"字辈,属第十九代。只有杨德政一人中进士,也是杨守陈后裔。

(1)杨德政(1547—1605),字叔向,一字公亮,号楚亭,杨守陈曾孙。少有文名。隆庆元年(1567)举人。宁波地方为此科举人立"振海蜚英坊",在宁波城西街。

万历五年(1577),中进士。《万历五年进士登科录》载:"杨德政,贯浙江宁波府鄞县,民籍,国子生,治《易》经,字公亮,行二,年三十一,八月三十

---

① 雍正《江南通志》卷一一八《杨子龙》。
② 雍正《广东通志》卷二七《职官志》。

日生。曾祖茂元（通议大夫、刑部右侍郎），祖美弁（监生），父承宾，母俞氏。慈侍下。弟德孜、德启。娶舒氏。浙江乡试第十六名，会试第六十四名。”

杨德政中进士后，改庶吉士，万历七年，除编修。万历十一年（1583），杨德政续补杨守阯《宠命世载录》，共收录 105 道旨意，重加刊刻于世。从杨范开始，至杨德政，已经七代。“龙章凤藻，先后映辉，国恩之厚将覆载，不足比伦矣。”①

杨德政以政见忤于时，出为福建右参议。迁福建副使。万历二十一年（1593）二月甲午，起补广西副使②。后管河南修河。后升陕西提学。历山东参政，修阙里孔子庙，总理工程。万历二十九年（1601），改福建布政使司左参政。不久，升福建按察使。万历三十三年（1605），推补山东右布政使，命未下，以病告归，旋卒③。

杨德政有《梦鹿轩稿》二卷，可惜没有传下来。《明诗综》录诗二首，《苑田观获》：“南风吹城阙，西苑鸣桑鸠。帝庙雨露偏，田畯职亦修。维时麦稼登，满地黄云稠。播植良苦艰，喜见千仓收。皇情念民依，感之纾殷忧。愿以庾廪资，勤息罩遐陬。咏哉七月篇，庶几追成周。”《河西阻风，戏示同行者》：“失路依依独问津，杨花飘荡扑征轮。东风正似邮亭吏，只解迎人不送人。”

杨德政有三个儿子，即杨秉惺、杨秉悌、杨秉恢，均为庠生。长子杨秉惺，字元度，也字僧郎，补国子生，能诗，与林奕隆兄弟唱和最多④。

杨德政所居称按察使宅，即镜川书院，位于今宁波中山公园旁横河街东侧。其书房称梦鹿轩。康熙三十八年（1699），杨德政孙松泉公曾立下《遗据》，称：“我祖所建学宫旁之第，且付祝融，所存者仅石鼓一对，忠祐庙境主神前匾额，题‘里人杨德政’，为吾祖旧迹。沧海变迁，自古而然。……宅名杨家河头，今河在而杨家旧第仅存焦土矣。基贴射圃，有腾字号，盖地贰亩七分三厘七毫，在杨官祀输粮。予祖自回禄后，在城北西河营横矮屋数椽，课吾辈诵读。”⑤由此可知，镜川书院早在万历中叶即已被烧，杨德政

---

① （明）杨德政《宠命世载录后序》，杨存洪《镜川杨氏宗谱》卷八《宠命》，第 4—5 页。
② （明）傅泽洪《行水金鉴》卷三六。
③ （民国）杨存洪《镜川杨氏宗谱》卷七《仕宦》、朱彝尊《明诗综》卷五八《杨德政》。
④ 同治《鄞县志》卷三三《杨德政》。
⑤ （清）杨永赞《镜川杨氏宗谱》卷下《第宅》，第 22 页。

已迁居稍北的西河边了。

至明季,镜川书院倾圮。清初,尚存"镜川书屋"悬匾,后之园至清尚称"杨家园"①。康熙三十七年(1698)三月十八日,因蒙师的劝告,松泉公把府学边的部分地基捐给了府学,由此得道宪胡承祖、府宪高启桂、鄞县知县张廷相的批准,"行学注册"。松泉公规定:"后子孙克振家声,仍得起造,否则,毋许一房私卖,庶地在而祖灵亦与之俱在矣。"②乾隆初年,全祖望写《城北镜川书院记》,加以表章③。后来,附近的徐姓,将此地据为己业。道光十五年(1835),双方为此打官司,久而不决。

(2)杨德周(1579—1649),字南仲,一字孚先。晚年字齐庄,号紫凝。万历四十年(1612)举人。杨德周是杨茂清次子杨美秉(1513—1573)后代。父亲为杨承烩(1545—1621)。历官金华县儒学教谕、古田知县、高唐州知州。隆武二年(1646)任尚宝司卿。杨德周住城内日湖边的采莲桥。详参第七章。

(3)杨德伟(1565—1634年后),字异度,号海虞。杨茂恕后代。父杨承敬,祖杨美晋。由礼部儒士,授福建延平府将乐县主簿,调山东县主簿,升江西九江府经历。客居京师,因无力南还,遂定居北京长安街。杨德周有《长安寓异度五兄邸舍二首》,称"兄今家是客,弟复客为家"④。杨德伟工山水花鸟,名闻海内,争相购求,得其成帧,胜越百朋。为诗浑厚和平,发诸性情而畅于景物,有韦应物、柳宗元之风。有二子,长子秉曾,字伯颖,官主簿。次子秉昭,字季颖,官典史⑤。

(4)杨德亮,字翼少,号敬亭。杨德政弟。有诗《送异度五弟入都》、《下邳感事》、《别大兄东归》、《翠微庄绝句二首》⑥。杨德伟上北京时,杨德亮送行,《送异度五弟入都》有"游子上河梁,离心暗自伤"。《下邳感事》则记录了沿途所见惨相,"苦雨凄风江上行,村中愁绝不堪论。几有破室征秋税,满地寒芜给晚飧。辽左未全虚战斗,江南犹或煽讹言。蠲租赈恤经年

---

① (清)董秉纯《小钝居士集》卷五《奉外舅徐先生书》,《北京师范大学图书馆藏稀见清人别集丛刊》,广西师范大学出版社 2007 年,第 134 页。

② (清)杨永赞《镜川杨氏宗谱》卷下《第宅》,第 22 页。

③ (清)全祖望《鲒埼亭集外编》卷一六《城北镜川书院记》,第 348 页。

④ (明)杨德周《铜马编》卷下,第 7972 页。

⑤ (民国)杨存淇《镜川杨氏宗谱》卷二《卜籍》,第 5 页。

⑥ (清)全祖望《续甬上耆旧诗》卷四《隆万以后诸韦布·杨德启》,上册,第 49—50 页。

望，野哭哀哀昼掩门"。所谓大兄，当为杨德政。《别大兄东归》称："天涯回首惜离群，驿路劳劳别梦殷。……奈何庭闱衰病在，晨昏药饵莫烦君。"可见，父母身体不好，他只得辞别大哥，回到宁波。

（5）杨德忠，号静原。援例，授永陵卫百户，升蓟辽守备。

（6）杨德述，字明叔，号后彭，杨承龙二子。鄞县县学廪生，九次参加浙江乡试，五次列为副榜。乡试副榜即备取生，始于嘉靖时期。一般按正榜五比一数录取，无权参加会试，但可以参加下次乡试。万历十三年（1585）岁贡第七名。由此可知，科考相当不顺。

（7）杨德逊（1557—1606），字敏叔，号茂越。生于嘉靖三十五年（1556）十二月十九日（公元当为 1557 年），卒于万历三十三年（1605）十二月二十三日（公元当为 1606 年），享年 50 岁。杨承龙子，杨美益孙。援例，补国子生，为应天府乡试副榜。

（8）杨德亮（1548—1610），字士来，号仰南，杨承闵三子，浙江乡试副榜。

（9）杨德容，号君立，天启间，南直隶武乡试第一名。

（10）杨德宽，字君达，南直隶武乡试第六名。

"德"字辈杨氏，出了一位进士，一位举人，29 位庠生。又据《庠俊》，"秉"字出了 30 位庠生，"文"字辈出了 28 位庠生。清初"文"字辈庠生共 9位。可见，杨氏一直在努力，但成效较低，多停留于秀才一级。

杨氏甚至有宗教官员，如杨公璧，法名琪，东杨前宅杨自逊次子，可见是"守"字辈人物，杨存淇《镜川杨氏宗谱》卷十二《处士》有记录，但东杨前宅谱系图没有其名，这是由和尚上不谱的规则限制的。他在松岩、延庆寺等寺院做和尚，升授宁波府僧纲司都纲。杨守随作《送公璧为僧纲司都纲序》，强调都纲是一个宗教官员，不再是普通的和尚，得按"清慎勤"严格要求自己，才可以称职①。杨美琪，字以瑞，嘉靖间补郡庠生，援例授都司知印。还有围棋高手，如杨秉琨，字公琰，天启间补邑庠生。性好弈，心之所思，手之所指，虽途行亦不忘，咸称高手②。

晚明的杨氏，也出了不少富户。杨守阳（1458—1527），字给辉，号云

---

① （民国）杨存淇《镜川杨氏宗谱》卷一九《著述》，第 39 页。
② （民国）杨存淇《镜川杨氏宗谱》卷一〇《庠生》，第 3 页，第 8 页。

楼。少有大志,充拓基业,创构大厦,富甲于乡。被回禄者九回,而富益增,人称为"火烧九老人"。弘治间,因输粟,授官宣义郎,义官①。杨智,弘治十七年,赈饥事,赐宣义郎。杨茂利,字志公,弘治间,输粟,授官义郎。杨茂摈,字志良,弘治间,奉赈恤饥荒事,例输粟,赴京奏请,钦授将仕郎、本府阴阳学正术。说明在弘治年间,地方上出现了不少新的富户。

富户们乐于施与。杨美诚"饶赀,好礼乐,喜施抚"。杨承镒"刚方正直,逊礼无骄,轻财好施,自得逍遥,福田广布,乡党钦高,所施庵寺桥路,装塑佛像,不止三百余数。本境七乡桥亭,公所重建,奉化方桥、常普庵大殿,皆公重建。舍肥田三亩余,永为斋僧,夫妇同塑像于彼"②。杨德坤"小时因祖上清廉,无寸土之授,甘忍自约。每务勤俭,忠厚孝弟,遂致苟完之富,养亲葬祖。喜令子孙读书。性不饮酒,隐居山中数十年,以寿终"③。杨秉志"赀雄于乡,捐饷给,贫者多赖之"④。

据统计,杨氏从"守"字辈到"文"字辈五世之中,有"四开府、三翰林、两台谏、四监司,而守牧以下无论也"⑤。所谓十进士,嘉靖前有6人,及嘉靖以后,有杨美益,嘉靖二十六年(1547)进士;杨承闵,嘉靖三十五年(1556)进士;杨德政,万历五年(1577)进士;杨文瓒,南明唐王隆武元年(1645)恩赐进士。

此外,《镜川杨氏宗谱》上有杨觐光、杨观光兄弟进士。杨觐光(1585—1635),字星仲,号拱宸⑥,继改百芝。以《礼记》,补山东登州府招远县庠生,万历三十四年(1606)中山东乡试举人。万历三十五年,中进士,官至陕西布政。《镜川杨氏宗谱》称"转通政司使,升兵部侍郎",据《钦予祭葬百芝杨公墓志铭》,仅官至南京通政使,没有做过兵部侍郎。"历宦二十有九年,使署八,部曹六,藩臬五,大冏正四,纳言流寓一,林居一,外内艰四……廉于公家,悴与王事"⑦。杨观光(1597—1644),字用宾,号旭仑,补山东登州

①　(民国)杨存淇《镜川杨氏宗谱》卷一一《吏掾》,第1页。
②　(民国)杨存淇《镜川杨氏宗谱》卷一二《处士》,第6页。
③　(民国)杨存淇《镜川杨氏宗谱》卷一二《处士》,第7页。
④　(民国)杨存淇《镜川杨氏宗谱》卷一二《处士》,第7页。
⑤　(清)徐兆昺《四明谈助》卷一九《南城诸迹三上》,第626页。
⑥　(民国)杨存淇《镜川杨氏宗谱》作"杨觐光号葵忱","杨观光号葵宸"。
⑦　杨文玉、王克恩《明赐进士第通议大夫南京通政史钦恤祭葬百芝杨公墓志铭考释》,中国文物信息网2008年2月28日。

府招远县庠生。天启七年（1627），中山东乡试举人。崇祯元年（1628）为进士，入翰林院庶吉士，官检讨，后官至左春坊左春谕。李自成入北京，投奔大顺政权，封为礼政府侍郎。有《证思集》传世。

杨觐光、杨观光兄弟似乎是外迁镜川杨氏后裔，故《镜川杨氏宗谱》卷二《卜籍》称："一派居山东招远县，有讳槐者，生子州牧，州牧生三子。"事实上，这个记载是错误的。据天一阁藏《招远杨氏族谱·特卷》，明初，招远杨氏始祖杨彦通，由浙江宁波府鄞县贡士到山东登州府黄县任教谕，后定居于招远。明初，镜川杨氏受打击，没有人出仕。复据天一阁藏光绪《光溪杨氏宗谱》，杨彦通属鄞县鄞江桥光溪杨氏后裔，他们与镜川并不同支。永乐年间，杨彦通参与修《光溪杨氏宗谱》，明确作"彦通，字梅斋，迁招远祖"。

科举是一种竞争相当强的活动，秀才、举人、进士，实际是三个层级。举人与进士的数量，取决于底层秀才的数量。秀才数量多，才有希望出稍多的举人，进而出进士。明中叶镜川杨氏之所以出了那么多进士，与杨范的严格教育是分不开的。科举考试是一种激烈的教育竞争，教育的质量直接决定考试的成功率。明朝没有正规教育体系，只有考前辅导机构、助考机构。从中央到地方的儒学，均为秀才集中地。在此之前，必须靠民间教育来完成。由此可知，一个人能否成才的外在因素取决于是否有优秀的塾师与官学中的辅导老师。杨范擅长教育，亲自承担了三子九孙的教育任务，找到了《易经》这样的突破口，终于取得了可喜的科考成绩。

晚明以后，杨氏科举竞争力的下降，从小环境来说，主要是缺乏杨范那样的优秀师资，缺乏互相传承的教育传统。科举考试是一种教育竞争，所以教育积累相当重要。只有优秀的师资与优秀的生源相结合，才可能有优秀的教育成果。杨范时代，杨氏是一个三代同堂的大家族，杨范承担了儿子、孙子们的教育之任。杨范之后，杨守陈、杨守阯、杨守隅继续承担了后代教育之任。但弘治五年（1492）以后，杨氏分家，成为小家庭。这样的结果是，家族互助式教育传统中断，家族成员的教育水平下降，应试能力也跟着下降。从大环境来说，晚明以后，教育越来越发达，参与科考的士子越来越多，科举竞争越来越激烈。当然，也不排除一代不如一代的自然规律。弘治以后，杨范一支已经迁移到宁波城中。"守"字、"茂"字两辈的成功，为家族带来了巨大的荣誉与利益。在这种情况下，后面几代子孙有资本可依，自然会出现努力程度不够的现象。不少子孙缺乏长期刻苦努力与竞争的精神,只想着走捷径,通过恩荫入仕。科举家族的兴衰是必然的,因为缺乏持久坚持的机制。科举竞争的成功率,有一定的偶然性,难度系数比较高。科举教育本质上是一种高端政治资源竞争,并非人人适合,人人可以成功,而且做了官也并非人人可能做大官。科考成功与做上大官,均有较多的偶然因素。只有少数几个家庭可以做到,其他家庭难以做到,受惠面不会太广。实践证明,没有永恒的科举家族,只有流动的科举家族。

六、四忠双烈:收三百年世臣之局

　　明代中叶,镜川杨氏集中出了六位进士,三位尚书,如此快速地成为官宦世家,引起了世人的注目。到了南明时期,又集中出了“四忠双烈”,同样引起世人的关注,“遂以收三百年世臣之局”①。“四忠双烈”何许人也?下面拟结合有关材料,集中叙述之。

1. 四忠双烈

　　“四忠”是西杨智房太仆卿杨美益的后代。杨美益之子杨承龙(1534—1601)官泽州通判,他有六个儿子,即杨德烈、杨德述、杨德迈、杨德迹、杨德遴、杨德述。老三杨德迈(1562—1631),是一个诸生。杨德迈之子杨秉璠(1589—1663),字公鼎,号仙岩,万历四十三年(1615)庠生,隆武元年(1645)恩贡。杨秉璠“能守文懿之教,以名节勖诸子,里中以杨太公称之”②。杨秉璠有六个儿子,其中两个早卒。长子杨文琦(1605—1648),字瑶仲,号楚石,邑庠生。次子杨文琮(1608—1663),字天璧。四子杨文瓒(1614—1648),字廷珪,一字赞玉,号圆石,别号天放野人。五子杨文球(1618—1649),字天琅。他们都是杨秉璠妻陈氏(1586—1642)所生。

　　杨文琦“孝友植性,兼有家庭之教。自少怡和,端愿不见喜愠。好施济急,往往义气激发”③。由于家里贫穷,“馆谷四方”,替人做塾师。夫人沈氏出身城南大家,鼓励他“一志大业,琐屑家政毋烦内顾”④。别人说他家

　　① (清)全祖望《鲒埼亭集外编》卷一〇《杨氏四忠双烈合状》,第204页。
　　② (清)全祖望《鲒埼亭集外编》卷一〇《杨氏四忠双烈合状》,第204页。
　　③ (清)方亮《监单金事文琦传》,杨存淇《镜川杨氏宗谱》卷一五《行传》,第12页。
　　④ (清)张尚瑷《楚石公元配沈孺人殉节传》,杨存淇《镜川杨氏宗谱》卷一六《闺范》,第5页。

穷志难长,杨文琦回答说:"吾志不可一世,岂计较锱铢者哉?"①他"尤喜交当世豪杰,以引进其诸弟"②。崇祯八年(1635)为诸生,"益力学励行,不复为诗酒之游"③。

杨文瓒"生而秀异颖拔,弋猎文史,似不经意,所得已胜人"④。宁波府推官李清(1602—1683)"搜五邑佚才,公奏艺七文,不加点,拔冠军"⑤。第一次参加浙江乡试,失败而回。李清十分惋惜,延至家中,亲自教授。崇祯十二年(1639),杨文瓒幸运地中了浙江乡试第66名。与杭州人张季初的"知书善琴,女红无不精"⑥的才女张玉如结婚⑦。次年参加会试,失败而归,就留在杭州丈母娘家中,"游览佳山水,竟日吟咏"⑧。崇祯十五年(1642),知父亲杨太公生病,情急之下,从杭州步行五百里回家看望,可见非常孝顺。这年底,母亲陈氏病故,于是兄弟守丧三年。

崇祯十七年春,守礼期结束,杨文瓒经过江山、仙霞关,准备到福建漳溪"多交名贤硕士"。半途上,闻北京事变,李自成军入都,皇帝自杀,"痛愕几绝",急忙回宁波,杜门不出。弘光二年(1646),南京失守,福王政权倒台。浙东义师画钱塘江为界,准备拒守,人称"画江之役"。鲁王监国于台州,唐王称帝于福建,建元隆武。杨太公亲自率领诸子从军。唐王派使下诏唐王,鲁王手下商量"开读礼"。具有大局意识的杨文瓒竭力主张浙与闽联合抗清,"浙、闽宜合不宜分,即使主上屈节于天兴,将来无损于配天之业"⑨。利益意识很强的鲁王诸臣根本不理睬杨文瓒的意见,同里张苍水尤竭力反对。鲁王授杨文瓒为监察御史,杨文琮为职方郎中。杨文瓒以大议未定,辞不赴。隆武二年(1646),杨文瓒奉鲁王监国之命入闽,向唐王力

---

① (清)方亮《监单金事文琦传》,杨存淇《镜川杨氏宗谱》卷一五《行传》,第12页。

② (清)全祖望《鲒埼亭集外编》卷一〇《杨氏四忠双烈合状》,第204页。

③ (清)方亮《监单金事文琦传》,杨存淇《镜川杨氏宗谱》卷一五《行传》,第12页。

④ (清)李文缵《赠都察院右金都御史前贵州道监察御史圆石公文瓒传》,杨存淇《镜川杨氏宗谱》卷一五《行传》,第15页。

⑤ (清)李文缵《赠都察院右金都御史前贵州道监察御史圆石公文瓒传》,杨存淇《镜川杨氏宗谱》卷一五《行传》,第14页。

⑥ (清)戚学标《书烈妇张氏纪略后》,见杨学泗《杨氏一门忠节录》卷一。

⑦ (清)李文缵《元石公元配敕赠安人张氏传》,杨存淇《镜川杨氏宗谱》卷一六《闺范》,第6页。

⑧ (清)李文缵《赠都察院右金都御史前贵州道监察御史圆石公文瓒传》,杨存淇《镜川杨氏宗谱》卷一五《行传》,第14页。

⑨ (清)全祖望《鲒埼亭集外编》卷一〇《杨氏四忠双烈合状》,第207页。

陈闽、浙联合抗清的道理。"力言当联络闽浙,以为同仇,不当启争端,闽强而浙弱,莫若输闽饷以助浙,自足以服其心。"此议受到唐王的肯定,"即赐食,撤御前灯,送至邸"。在聊天中,唐王知道杨文瓒长兄杨文琦也很优秀,于是临轩试之。杨文琦对言:"今日宜作马上天子,未可狃承平积习。"①唐王非常赏识。取得恩贡第 5 名、廷试第 138 名好成绩,以明经上等,即授惠安训导,寻加监纪推官,视惠安诸军。

　　不久,唐王派杨文瓒到温陵恤饥赈给,杨文瓒上疏,请发帑金三千。赈给归,杨文瓒陈四难十失诸奏疏。唐王特用为云南巡抚,杨文瓒力辞,请如前旨,得领饷,入浙中,以图会师。因强臣郑芝龙的阻挠,闽、浙合作没有成功。唐王又命杨文瓒掌贵州道,扼防建延三关,便宜行事,召募义勇。浙东亡,仙霞关告急,唐王出走。杨文琦跑来与杨文瓒商量下一步行动计划。

　　这个时候,其父杨太公挈三媳妇张玉如到了福建。1645 年变故时,张玉如正在杭州娘家。不久,杭州失守,回宁波的道路不通。听说丈夫在福建、浙江两地来回奔波,决意回到丈夫身边。其家人力阻之,她说:"吾岂不知江上难越? 但此心悬悬,吾宁死道路死锋镝耳。"②于是,在弟弟的精心策划下,从小鹜那儿渡江,艰难地回到了宁波。当时两军对阵,夹岸钲鼓,连鸟都难飞过来。张氏能回到宁波家中,确实让人惊奇。不久,钱塘江快守不住了,张玉如决定带着杨太公、杨文球一起投奔福建,而让杨文琮留守家中。他们买了一条船,到达福建寿宁,遭遇一伙乱兵,张玉如诸人隐居深涧四昼夜,那伙贼人绑架杨太公,扬长而去,索要万金,称如不送来就要烹了杨太公。杨文球在路边散发狂号,路人怜其孝顺,不数日,得金数千缗。赍入贼寨,贼以数不足,要杀他。杨文球对着父亲长恸,贼亦感动,终同意放回③。不久,终于找到杨文瓒,夫妇抱着痛哭。因福建危急,杨太公带领家人逃到温州泰顺的一片茂竹园定居下来。以寻找、扈从唐王未果,不得已返回甬上,前后花了五个月时间。

　　顺治四年(1647)冬,宁波发生了"五君子翻城之役"。"五君子"是指宁波人华夏、王家勤、屠献宸、杨文琦、杨文瓒,他们在宁波秘密策划反清斗

　　①　(清)全祖望《鲒埼亭集外编》卷一〇《杨氏四忠双烈合状》,第 205 页。

　　②　(清)李邺嗣《赠都察院右佥都御史玄石杨公一门合葬墓志铭》,杨存淇《镜川杨氏宗谱》卷一八《祠墓》,第 55 页。

　　③　(清)全祖望《鲒埼亭集外编》卷一〇《杨氏四忠双烈合状》,第 206 页。

争。当时清军在浙江的驻军相对单薄，浙东四明山寨兴起了抗清斗争，舟山群岛则有南明黄斌卿的水师。华夏等五人认为形势比较有利，于是密谋把各种抗清力量联合起来，一举收复绍兴、宁波。杨文琦因与四明大岚山寨主王翊关系最好，负责与王翊方面的联络。

张玉如对杨文瓒说："翁洲黄将军未可信，宜慎之。"结果，翁洲黄斌卿倒"未尝愆约"，却在陆地联络中出了事。华夏致大岚山寨的帛书，中途为缙绅谢三宾所得。谢氏向清军告密，上面并列杨文琦、杨文瓒名，牵涉杨文琮，只有杨文球不在其列。当时兄弟四人正在外面，听说此事后，有人劝他们逃亡。杨文琦说："吾以义动，而临难不赴。且将陷父于辟，安用义为？然偕死，亦无益，吾独承之。"①于是，要杨文瓒、杨文球入闽。杨文瓒不肯走，愿共同承担罪责，独遣杨文球便服去福建。杨文琦向宁波地方政府自首，审讯时，"忼慨无屈词"，反复强调杨文瓒"不预谋，请释之，以养父，而自请速死"。时华夏已先在囚中，听说后眼泪潸潸落下②。押解杭州过程中，杨文琦作《途中题壁》诗，称："主不可背，仇不可事。遁迹林泉，聊以明志。鼎钟勿加，刀斧奚怖？陵谷变迁，此节靡贰"③，表达了自己的誓死无贰的决心。

顺治五年(1648)春，杨文琦在杭州的省城狱中，其父杨太公通过送饭的人递进条子，嘱托他"一日未死，当一日读书"④。杨文琦作《戊子春日答父狱中好读书手谕》诗以明心志："圜底愁云惨不舒，遥怜春色到荒庐。半生报国惭无补，一日思亲痛有余。作鬼直须闻道后，断头才是息肩初。此时正可亲圣贤，严训勤拳敢背欤？"⑤在监狱中，杨文瓒与同牢的老师李清唱和不辍。《狱中题壁》："生为大明臣，死作大明鬼。铁石或可磨，贞心良独韪。"⑥由于华夏独自承担了信书的责任，所以同难之人得逃避责任，但杨文琦坚持要同担责任，结果只有杨文瓒被释放出来。

顺治六年(1649)夏五月二日，杨文琦与华夏同时被害。料理完杨文琦

①　（清）全祖望辑选《续甬上耆旧诗》卷一一《殉难诸公·杨推官文琦》，方祖猷等点校，杭州出版社 2003 年，第 274 页。

②　华夏有《两番对簿语略》，见杨学泗《杨氏一门忠节录》卷三。

③　（清）全祖望辑选《续甬上耆旧诗》卷一一《殉难诸公·杨推官文琦》，第 274 页。

④　（清）全祖望《鲒埼亭集外编》卷一〇《杨氏四忠双烈合状》，第 206 页。

⑤　（清）全祖望辑选《续甬上耆旧诗》卷一一《殉难诸公·杨推官文琦》，第 274 页。

⑥　（清）全祖望辑选《续甬上耆旧诗》卷一一《殉难诸公·杨推官文琦》，第 274 页。

后事,张玉如觉得事情还没有过去,对杨文瓒说:"难犹未止,可速去。"杨文琮也说:"弟但去,有我在。"①杨文瓒犹豫不决。果然,谢三宾必欲置之死地而后快,收买地方当局,出狱才 18 天的杨文瓒又被捕了。五月二十六日,杨文瓒被处决,临终连呼"高皇帝",享年 35 岁。谢三宾何以如此仇恨杨氏兄弟? 据说谢氏是杨太公的同学,"少相好,长相密也"。明清更替之际,谢氏态度反复无常,杨氏四兄弟"不复以父友事之"②,得罪了谢氏,于是才有此报复之举。杨文瓒有《猴城吟》、《东山吟》、《虫史》、《鸟史》、《水仙传》等诗文。

　　杨文瓒死后,张玉如负着丈夫的尸体,"刜其首,吮其血,哭尽哀"。忽然有所感悟,说:"杨郎死忠,分也,何以哭为?"于是决定以身相殉,她非常高调地准备着后事。她让人准备了两副棺材,两套寿衣,又召来画师,"写双影"。又上华、屠、董三家,称"余未亡人,明将从地下矣。幸诸姒各自裁"。复遍辞宗亲,拜谢于太公之前。然后投缳自杀,结果被救,没有死成,她大怒说:"将孱我节耶? 杨郎迟我久矣!"张玉如在桌几上大写《遗戒》曰:"杨郎无愧于天地,无愧于国家。偷生一载,有为而然。妾今从之,亦可无愧于杨郎。所遗二女,杨郎在囚中,已为择婿矣。"③闻者皆哭。最后饮药自尽,结果毒性没有马上发作,复投缳而绝,时为六月初二日,正好是丈夫头七日,年仅 29 岁。沈一贯的孙媳卢端姬听说张氏事迹后,认为有"古烈丈夫风","良足愧世",为作《节义咏八首》以纪事,分别称从容就义、题赞小影、书慰兄弟、拜谢媒使、嘱女于归、立邀史笔、焚香别亲、浓妆自尽④。

　　张氏见杨太公时,提出了一个请宗人写传的要求:"吾死矣,然吾宗刺史,文人也,乞之为杨郎兄弟作传,吾死瞑矣。"⑤所谓刺史,是指前高唐牧杨德周。结果,杨德周"年老畏祸,逡巡不敢执笔"⑥。全祖望作《妾面惫》:"郎真好须眉,装以故冠带。含笑随伯兄,羽化听虚籁。可怜吾宗老,缩朒缘利害。有侄怯表章,潜德定终晦。……"⑦然而,张氏卒后二天的六月四

　　① （清）全祖望《鲒埼亭集外编》卷一〇《杨氏四忠双烈合状》,第 206 页。
　　② （清）全祖望《鲒埼亭集外编》卷一〇《杨氏四忠双烈合状》,第 206 页。
　　③ （清）全祖望《鲒埼亭集外编》卷一〇《杨氏四忠双烈合状》,第 207 页。
　　④ （清）杨学泗《杨氏一门忠节录》卷四。
　　⑤ （清）全祖望《鲒埼亭集外编》卷一〇《杨氏四忠双烈合状》,第 207 页。
　　⑥ （清）全祖望《鲒埼亭集外编》卷一〇《杨氏四忠双烈合状》,第 207 页。
　　⑦ （清）杨学泗《杨氏一门忠节录》卷四。

日，杨德周写了《楚石圆石二任孙合传》、《烈女张氏纪略》①。《楚石圆石二任孙合传》末称："闻受戮时，文瓒大呼高皇帝不绝声，士论壮之"②。《烈女张氏纪略》称张氏："嗟乎！妇之殉夫，自是分内事，然偷生因循者比比。有如氏之死靡贰，视之如归，可不谓从容中之慷慨竞烈古人耶！元石有知，当为辗然而暝。其坟上必化为连理木，亭亭于白杨哀草间，操足凌霜矣。"③开始时犹疑不决的杨德周何以后来作传了？最大的可能是张氏的烈女行为改变了杨德周的观念，于是自愿完成了作传任务。

杨文琦夫人沈氏听说张玉如自杀以后，噭然而哭曰："吾姒烈矣，吾后之哉！"或劝之，叹曰："昔陈同甫之传烈女，其姊不屈而死，其妹畏死，卒受辱，诸君将陷我为畏死之妹耶？"亦自经。关于沈氏之死，流传着另一个版本，杨文琦死后，沈氏认为"吾夫始为名士，继拜广文，复擢监军，殉义殉忠，名成论定矣"，所以决定"断不作未亡人，以贻夫人羞"。张氏告别时，沈氏说"兄先弟死，娣先姒死，非我濡滞也，娣誓以夫死七日为期，吾志以夫七终为限，追随亦不远矣"。她也效张氏，叫来了自己的六个兄弟，告诉他们必死的理由。其长兄支持她，称"妹能如是，杨之光、沈之庆也"。六月二十日早上吊而死，年仅 36 岁④。

杨文球入闽后，在福宁谒见了兵部尚书刘中藻（1605—1649），刘氏要杨文球参加幕府军事。时杨文球尚未结婚，刘中藻想给他配婚，杨文球说："谢三宾仇首未悬，未可也。"⑤次年（1649），福宁失守，杨文球死难。

在海上的张煌言（1620—1664）闻讯后，后悔当日反对杨文瓒之议，作《挽杨瑶仲广文》、《挽杨玄石侍御》、《挽侍御室人从容就义》三诗吊之⑥，且让人送信，称赞"杨氏一家忠节"。于是，老二杨文琮亲谒张煌言，张煌言"把臂痛哭，托以联络中土事"。此后，杨文琮来往海上不绝。杨太公"亦弗以前祸为戒，勉以善成家风"。可惜，"海上之局日削"，杨文琮"悲愤益甚"⑦。康熙二年（1663）正月初二日，杨太公逝世。不久，鲁王朱以海在金

---

①　见杨学泗《杨氏一门忠节录》卷一，道光二十六年（1846）刊本，天一阁藏。

②　见杨学泗《杨氏一门忠节录》卷一。

③　(民国)杨存洪《镜川杨氏宗谱》卷一六《闺范》，第 7 页。

④　(清)张尚燮《楚石公元配沈孺人殉节传》，杨存洪《镜川杨氏宗谱》卷一六《闺范》，第 5—6 页。

⑤　(清)全祖望《鲒埼亭集外编》卷一〇《杨氏四忠双烈合状》，第 207 页。

⑥　见杨存洪《镜川杨氏宗谱》卷一八《祠墓》，第 63—64 页。

⑦　(清)全祖望《鲒埼亭集外编》卷一〇《杨氏四忠双烈合状》，第 207 页。

门岛病逝。张煌言听说鲁王病故后,悲痛欲绝,眼见抗清斗争大势已去,于是将义军人马全部解散。降兵们回到大陆,也将海上的秘密信息公开化了。有一位来自海上将领赵彪营中的降卒告状,称杨文琮"将引海上将赵彪为患"。于是,杨文琮被逮到杭州,叹曰:"吾父以天年终,吾可死矣。且吾固雁行中漏网也。"①赋绝命词,称:"忠义吾家萃一门,芳名未必寿乾坤。恨深骨肉谁能恤,冤及妻孥何足论? 黑地但闻厉鬼啸,青天那管寸心存。凭谁瘞我孤山上,魄是梅花鹤是魂。"②他扼吭而卒。卒后,同难的归安人韩炎士遵其遗愿,将他葬于杭州南屏山寺旁。

至此,杨文琦四兄弟先后被杀,后人称为"杨氏一门四忠"。而杨文琦妻沈氏、杨文瓒妻张氏则被后人称为"双烈"。全祖望称:"迹其一门被歼,不可谓不惨,然而为故国增重矣。"③

顺治五年(1648)以来,杨氏因为抗清之故,"家经再籍,寸丝粒粟,无复存者"。杨文琮案件,对杨氏一门造成了毁灭性的打击。事后,其庶弟杨文珽、杨文玠暨诸侄,皆因杨文琮之故遭遣戍,相继毙命在去苏州、常州的路上,尸体不得归。这样,杨秉㲋一支遂绝④。

2. 伸张忠烈

(1)康熙年间的收葬

四忠双烈卒后,遗骨暴露在祖茔侧,没有后人来料理,别人又畏法不敢收瘗,结果,"土浅草长,麦饭无主"⑤。

到了康熙二年(1663)左右,曾参与抗清的南明太常博士、鄞县人王玉书(1603—1672)⑥,想埋葬他们,写了疏文,告诸好义之人,结果无人响

① (清)全祖望《鲒埼亭集外编》卷一〇《杨氏四忠双烈合状》,第 208 页。
② (清)全祖望辑选《续甬上耆旧诗》卷一一《殉难诸公·杨推官文琦》,第 282 页。
③ (清)全祖望《鲒埼亭集外编》卷一〇《杨氏四忠双烈合状》,第 204 页。
④ 董守谕《赠都察院右佥都御史前贵州道监察御史圆石公文赞行述》,杨学载《镜川杨氏宗谱》卷一五《行传》,第 17 页。
⑤ (清)李邺嗣《杲堂文续钞》卷三《赠都察院右佥都御史玄石杨公一门合葬墓志铭》,《四明丛书》,第 18686 页。
⑥ 全祖望《续甬上耆旧诗》卷四二《高武部宇泰》,第 290 页作"王先生无界俱癸卯",即万历三十一年(1603)。而据全祖望辑选《续甬上耆旧诗》卷二六《榆林四先生之一·王太常玉书》,康熙十一年卒七十一推,为万历三十年(1602),暂以前说为准。

应①。那年，发生了庄氏明史案。七年后的康熙九年（1670）冬，杨式傅经过杨美益坟，见诸棺暴露于外，好生奇怪。回家询问其父杨文迅，杨文迅说："此公鼎叔祖一家枢也。吾杨氏九世事明，而终于瑶仲、赞玉两叔。余与两叔，分则昆弟，谊则朋友（崇祯乙亥同进）。久欲埋之，而力不逮。"杨式傅建议向亲族募捐，杨文迅出面写了引，结果过了几年仍未有人响应。显然，政治形势非常险恶。

　　时间又过了七年，到康熙十六年（1677）夏，杨式傅在石门人曹广家做塾师，教授其长孙曹仔任。谈及杨氏四忠双烈遭难始末，很是同情。曹广（1624—?）②，字远思，别号兼山，崇德籍歙县人，与杨文瓒是同年举人。他顺利中了崇祯十三年（1640）进士，"授汀州推官，清冤狱，清廉有循声，调漳州，擢刑部主事。乞养母归。预嘉兴起兵事，不克，监国擢给事中，进左仆卿。后以蜡书致海上，频遭不测"③。由此可见，曹广也是一个抗清官员。"盖平日素同臭味，非一时慕义强仁者比也。"④曹家是石门县三大家族之一，是徽商后裔，家庭相对富裕，所以有兴趣、有能力做善事。有一次，曹广弟曹度来聊天，当得知四忠双烈未入土事，说："盛族无一义举乎？"杨式傅回答："有心者无力，有力者无心。家父欲葬而不能，引以募者有年。"过了几天，曹度再次过来问："每棺三两可否？"杨式傅回答说够了。十二月初一，杨式傅准备回家过年，除了塾师费，曹广另外拿出 20 两银子，要杨式傅回家完成埋葬之愿。复写信给宁波的同年进士林时对（1615—1705）⑤，要他事成后回信报告。商人家庭出身的曹广，考虑确实周到，既找到经办者，又设置监督者。完整的体制，保证了做事的效率。十二月六日，杨式傅回到家中，告知了父亲。七日，又与杨美益房房长杨秉纮（1614—1693）商量，杨秉纮当然乐意，称："曹年伯，异姓也，而葬杨氏之遗骸；汝外房也，而念我

---

①　（清）全祖望辑选《续甬上耆旧诗》卷二六《榆林四先生之一·王太常玉书》，第 769 页。

②　《崇祯十三年进士履历便览》，《天一阁藏明代科举录选刊·登科录》，宁波出版社 2006 年。

③　（清）李聿求《鲁之春秋·曹广传》，浙江古籍出版社 1984 年。

④　（清）全祖望《鲒埼亭集外编》卷二四《杨氏葬录序》，第 525 页。

⑤　陈永明《林时对考——兼辨现存几种林氏传略之讹误》（《中国文化研究所学报》新第七期，1999 年，第 87—101 页）以为林时对生于万历四十三年（1615），卒于康熙四十四年（1705）。主要依据是林时对《荷牐丛谈自序》明确作"辛未夏杪，七十七翁拾遗氏茧庵述"，辛未为康熙三十三年（1691），据此逆推，生于万历四十三年。复据九十一，推出卒年康熙四十四年。《崇祯十三年进士履历便览》明确作"癸亥年三月初一日生"，即天启三年（1623），与此不同，年龄小了，或许这是官年。

房之枯骨。我当拜汝,谁无人心其阻之也。"①杨式傅原计划葬六人,即杨秉韼夫妇、杨文琦夫妇、杨文瓚夫妇。杨秉纮希望增加杨文琮夫妇、三叔杨文瑛、杨秉韼妾胡氏四棺。杨式傅同意了,称:"此举不葬,当无葬日,当竭力为之。"②八日,又拿了曹广的信与银子,谒见了林时对。经过商量,他们最后选定在镜川聚奎桥西立墓。十二月二十八日,即过年前二天,迁葬工作完成,共费银26两多。康熙十七年(1678)正月,林时对回信曹广,告知了详细事宜,顺便也提到了一句"葬费透用"。曹广考虑到杨式傅家庭条件不好,再次补寄6.6两,以体现独立承担之责。此事让曹广十分有成就感,在年谱中自记称:"葬杨赞玉年兄一事,费廉而工省,事集而心劳,皆其家雪岩先生力也。"③康熙十七年,曹度应邀作《鄞南杨氏一门忠节合藏记》,称:"此虽一家殉国之忠,则亦累朝养士之报也。"④由此,杨氏一门阴魂分离三十年后得相聚一处。

值得注意的是,康熙十六年底的迁葬活动,宁波城内主要的文化人如林时对、林时跃(1609—?)、林必达(1625—1717)⑤、全吾骐(1629—1696)、杨式傅、李邺嗣、李文纯(1599—1680)、高宇泰(1614—1678)、万斯备(1636—?)、万斯同、徐凤垣(1614—1684)、张瑶芝(1614—1684)⑥等参加了,可以说,宁波城内的几大家族均有人参加。受林时对之托,李邺嗣撰《赠都察院右金都御史玄石杨公一门合葬墓志铭》,高宇泰作《合葬殉难杨氏圹志》。全吾骐、林时跃、李文纯、李邺嗣、万期备、万斯同、钱肃乐、徐凤垣、倪元楷、张瑶芝、杨式傅,均作了谢诗⑦。

四忠双烈安葬活动之所以能顺利完成,除了杨式傅关注、曹氏资助外,

①　(清)杨式傅《记曹远思葬赞玉公一家十柩》,杨存淇《镜川杨氏宗谱》卷一八《祠墓》,第53—54页。

②　(清)杨式傅《记曹远思葬赞玉公一家十柩》,杨存淇《镜川杨氏宗谱》卷一八《祠墓》,第53页。

③　(清)杨式傅《记曹远思葬赞玉公一家十柩》,杨存淇《镜川杨氏宗谱》卷一八《祠墓》,第54页。

④　(民国)杨存淇《镜川杨氏宗谱》卷一八《祠墓》,第58页。

⑤　《崇祯十六年进士履历便览》作"乙丑年六月十三日生"。《续甬上耆旧诗》卷三六《甬上三遗老之一·林侍御必达》作"公年九十三而卒"。

⑥　《槎湖张氏宗谱》卷二《文元冬永房系传》,瑶芝,谱名作尚寅,"生万历四十二年六月十二日,卒康熙廿三年八月十八日"。天一阁藏。

⑦　(清)杨学泗《杨氏一门忠节录》卷四。

与政治形势的缓和有一定关系。这个时候，清朝入关已经三十年，汉人的政治黎明将来临，康熙十七年正月即诏开博学鸿儒科。这正是曹氏敢助葬明代英烈而宁波城内知识分子敢公开活动的背景所在。这是由民间掀起的明朝忠烈纪念活动，是一项有肯定明朝历史符号意义的活动。

（2）全祖望与杨氏四忠双烈

全祖望是明朝忠烈事迹保存的积极推动者，他们家时刻关注忠烈事。其高祖全大程（1608—1667）作诗："辛苦杨家有太公，殷殷教子读囚中。贞臣不必多书卷，一曲《平陵》贯白虹。"[①]这是针对杨太公狱中要儿子读书而作的诗。祖全吾骐（1629—1696）《挽杨职方天璧》称："一代有忠臣，盛哉三杨裔。元方难为兄，季方难为弟。更复雄其间，碧血孤山瘗。殄瘁嗟无路，镜川泪渺渺。"[②]康熙十六年（1677），曹广仗义葬推官父子兄弟十棺后，留下一些小遗憾，参军杨文球死在福建，无骨可归，职方杨文琮葬在杭州，"以待迁祔"。三年后的康熙十九年（1680），林时对、全书（1663—1738）诸人曾替杨文球招魂，也想迁葬杨文琮。全书以为："职方遗意，不必归也。夫南屏数里，张公苍水之骨在焉，而职方偕雪窦山人，均以幕府宾客，其死同，葬之地又同，又奚殊骨肉之相聚矣？"[③]诸遗民与杨氏后裔皆认同此论，于是没有迁坟。

到雍正二年（1724），时在杭州为塾师的全祖望，与杭州朋友厉鹗（1692—1752）一同到南山谒拜张苍水及雪窦山人、慈溪籍抗清志士魏耕（1614—1662）[④]墓，顺便寻找杨文琮殡。在灌莽中，他终于找到杨文琮坟，在上面加了封土，作《瘗孤山》诗，后又作《杨职方茔域志》。

乾隆三年（1738），全祖望得杨式傅所写《杨氏葬录》，写下《杨氏四忠双烈合状》，称："《葬录》一卷，成于式傅，述其事甚详。予少时求之式傅之后人，不得。岁在戊午，因撰《李舍人昭武阡表》，昭武之曾孙贫甚，困于屠。顾能以表章先人为念，为之起敬。问以昭武遗书，则散佚无有，顾独以《杨氏葬录》来。予惊喜，盖楚石先生与昭武同被囚，昭武狱中与楚石弟圆石为

①　（清）杨学泗《杨氏一门忠节录》卷四。传记见全祖望辑选《续甬上耆旧诗》卷二四《黄冠一老》，第731页。

②　（清）杨学泗《杨氏一门忠节录》卷四。

③　（清）全祖望《鲒埼亭集外编》卷六《杨职方茔域志》，第101页。

④　戴松岳《甬上谁知魏白衣》，《宁波日报》2010年11月20日。

儿女姻,故是书存于李氏。呜呼! 杨氏兄弟死义,其家靡有孑遗,而远思以
圆石同年贡士,地之相去八百余里,乃推爱于一门,十棺同葬,以同里诸公
所未能者一人任之,高义孰与京哉? 吾闻乙酉之夏,远思预于禾中,城守之
役,懂而得免。其后,累以蜡书致海上,频遭不测,盖平日素同臭味,非一时
慕义强仁者比也。呜呼! 古今贤愚,总随大化以俱尽。即镜川之抔土,今
亦鞠为荒丘。惟是殉国之大节,闵忠之古道,天荒地老,终于不朽。读斯编
者,其尚有感于斯文!"①李舍人昭武,即史学家李清(1602—1683)。偶然
之中,竟然从李清后裔中得到了杨式傅所写《杨氏葬录》,这让全祖望大为
感动,于是写了六人合传,以宣扬其忠义精神。

　　另外,全祖望写了《监军金宪楚石公翁洲乞师纪略》、《密揭告变考》②。
又《续甬上耆旧诗》中,辑录了四忠的遗诗。作《妾面急》诗,歌颂小杨夫人
张氏。

　　(3)嘉庆间的表彰活动

　　嘉庆年间的活动,与清政府的忠烈表彰有关。乾隆四十年(1775)十一
月初十日,乾隆皇帝要求崇奖忠贞,风励臣节。"朕惟以大公至正为衡,凡
明季尽节诸臣,既能为国抒忠,优奖实同一视。……一褒一贬,衮钺昭然,
使天下万世共知。朕准情理而公好恶,以是植纲常,即以是示彰瘅。所有
应谥诸人,并查《明史》及《辑览》所载,遵照世祖时之例,仍其原官,予以谥
号。其如何分别定谥之处,著大学士、九卿京堂、翰詹科道,集议以闻,并通
谕中外知之,钦此!"乾隆四十一年(1776)二月初八日,"大学士九卿等将明
季并建文时殉节诸臣,悉案史乘核查,拟予专谥、通谥及应入祀忠义祠者,
分册具奏,甚为允协,著照所议行。其进呈各册,于姓名事实,摘其梗概,颇
见详备,著名为《胜朝殉节诸臣录》,交武英殿刊刻颁行"③。从有关的社会
反响来看,这项政策深受欢迎与肯定。"昭代大度同天地,迥非汉魏唐宋可
得企。"④这可能是当时汉族士人的普遍感觉。

　　杨氏四忠双烈也在名单之列,允许四忠入忠义祠、双烈入节孝祠,这让
镜川杨氏后裔十分激动。可惜,过了二十年,祠未入,碑未立。杨氏后裔杨

　　①　(清)全祖望《鲒埼亭集外编》卷二四《杨氏葬录序》,第 526 页。

　　②　分别见杨学泗《杨氏一门忠节录》卷一、卷三。

　　③　见《御制题胜朝殉节诸臣录》卷首,《四库全书》文渊阁本。

　　④　(清)姚占三《奉和杨氏四忠双烈入祠诗》,见杨学泗《杨氏一门忠节录》卷五。

永赞一直关心此事,出面邀请族人出资完成遗愿,族人响应不多。到了嘉庆元年(1796),国学生杨益焕(1763—1828)独自出资,在聚魁坊东立专祠"忠烈祠"①。嘉庆八年(1803),杨思亲(1757—1798)妻陈氏(1759—1833)建文昌阁十余间,又奉主于阁之东,置田祭祀②。嘉庆十八年(1813),杨学泗汇订记录四忠双烈事迹有关文献,编为《杨氏一门忠节录》。嘉庆十九年(1814),杨伟仪作律二首,称:"昭代垂怜故国忠,君仁臣义道原同。一家正气留青史,十枢正气化白虹。"③嘉庆二十二年(1817),杨益宝、杨学载等人重立碑石,请余文统大书"杨氏一门忠烈"六字。九月十七日,杨氏上额于郡城旌忠庙,杨伟仪复作《旌庙悬额祭祖诗》,称:"庙貌巍然壮郡城,衣冠拜谒聚群英。兴朝大度同天地,易代孤臣遇圣明。抗节一门留士气,推恩千古快人情。悬堂题词应无愧,敬告先灵荐特牲。"④杨学载作《祭烈愍公祠诸公位次配享并祭文》,杨学泗作《祭烈愍一家文》、《合祭先四忠公及同难诸先生文》。道光二十六年(1846),《杨氏一门忠节录》由杨伟儒刊刻于世⑤。

如何看待明清王朝更替中的抗清人物?从明朝来说是忠孝,而从清朝来说是顽民。到了康熙时代,因形势的变化,民间发动了纪念忠烈的活动。到了乾隆中后期,政府也开始肯定抗清之士,给予忠烈称号。由此,嘉庆年间,杨氏开展了四忠双烈的纪念活动。不管如何,由民间而政府,最终肯定抗清之士,从政治气量上说是很大的。这样的事,确实在历史上不多。"君仁臣义道原同",这样的活动有利于清朝的统治。

七、小结

时局的变化,决定其与政府合作与否。在汉族王朝之世,杨氏乐与朝廷合作。而到了蒙古人统治时期,则坚决不出仕,表现出较强的民族气节。

---

①　(清)郑启业《烈愍祠记》,杨存淇《镜川杨氏宗谱》卷一八《祠墓》,第66—67页。

②　(清)秦镜《杨忠愍公义祀碑记》,杨存淇《镜川杨氏宗谱》卷一八《祠墓》,第67页。又《镜川杨氏宗谱》卷六《智房御史派世系》,第110页。

③　(民国)杨存淇《镜川杨氏宗谱》卷一八《祠墓》,第68页。

④　(民国)杨存淇《镜川杨氏宗谱》卷一八《祠墓》,第68页。

⑤　(民国)杨存淇《镜川杨氏宗谱》卷一八《祠墓》,第67页。

结果，这个家族在元代没有政治人物。进入新王朝以后，也因打击豪右政策而受到牵连。虽然有人想走科举之路，但显然缺乏准备，成功率低。直到明中叶景泰初年，才有突破。此后百年左右，成为宁波科举大家族。正德以后，少有人中举，固然有杨氏后裔退化因素，也与宁波科举教育大环境变化有关。正德以后，宁波科举中式率越来越低。在科举时代，参加科举是家族兴旺发达的关键。而科举的衰落，则使它成为一个普通的家族。

哪些家族有可能成为科举家族？有实力的富户，重视教育的家庭，有可能中进士。有了经济基础，才可能成为近世家族。有了文化基础，才有可能成为科举家族。有钱不一定有文化，有了钱再有文化，才是成为科举家族的因素所在。一个家族要积累多少代才有可能中进士？明代镜川杨氏，经过祖上三代的积累，到了第四代，才中了进士。镜川杨氏，出了十个进士，三个尚书，一个侍郎，一个省级官员，其他级别官员无数，从而成为科举家族。

教育因素，决定科举家族发达与否。明代，国家只管选举，不管教育。秀才之前的教育，完全是私塾教育。在这种情况下，是否有好的塾师，决定了科考的成功与否。杨氏的成功，是因为出了一个优秀的塾师杨范。其子与孙辈，均是由杨范一手教育出来的。杨守陈成功以后，又承担了弟弟与子孙们的教育工作。家族的教育互助，优秀人员的带动，成功人士的辅导，是家族发迹的关键因素。在杨氏家庭教育中，专攻《易》经，自杨起汶开始，前后几代，甚至女婿外孙，均靠《易》经中进士。这样，把教育落实到了实处。

要求上进，是成功的内在因素。在一个大环境相同的情况下，一个家族是否发达，与个人是否要求上进，是否能干有关。观察杨氏家族发展史，可以发现，杨氏代有能人。这个家族的人，因为勤奋与能干，成为当地富户。在家族中落后，又因杨自惩能干，夫人张氏更能干，结果生出三个能干的儿子，让杨氏成为江南大家。因父亲能干，女儿也能干。结果，三个陆氏外甥也能干。这种遗传基因，是这个家庭不断出能人的内在因素。这种能干，施之于科举，就使他们成为科举强势家族，科举让其成为东南地区最著名的大家族之一。成功，是要付出个人努力代价的。

杨氏家族是一个典型的"士型大夫"家族。所谓"士型大夫"，是相对于"吏型大夫"而言的，指知识分子习气较重的官员。借用雍正皇帝的话说，前者可称"秀才"，后者可称"奴才"。两者的主要区别在于，前者以国家长远原则（"义"）为首任，后者以个人眼前利益（"利"）为首务。"士有所见，则趋舍之际不夺于爱憎利害之私，特立而独行矣。……世之搢绅学士，自谓见道，而其趋舍之际卒夺于私而不率乎道者，皆无见者耳。"①接受儒家思想熏陶的士，往往以国家的长远利益为己任；而多数情况下，皇帝与下属官员往往只顾自己眼前在任期间的个人利益。如此，官场时常出现正义与邪气的斗争。杨氏家族自杨守陈开始，直到杨守随、杨守阯、杨守隅、杨茂元、杨茂仁，两代达官均有士大夫习气，"平生视天下事皆分内"，一身正气，容不得半点邪气。他们所处的景泰、天顺、成化、弘治、正德时代，又是明朝政治问题特多的明中叶。这个时代，注定了他们难以有较大的正面作为。由此，这个家族成员的批评性格得到了充分的展示，他们受到的政治打击也特别大。特别在与权宦刘瑾的斗争中，达到了高峰。虽然正德五年八月后政治名誉有所恢复，但副作用也是明显的，导致他们害怕涉足政治舞台。三杨"素以名节励，子孙之继起者亦莫不以名节自励"②，这就出现了清初的"四忠双烈"现象。

杨氏家族成员也是典型的浙江人，比较实干。杨守陈、杨守随、杨守阯、杨茂元四人最为典型，他们不会为了自己的官场利益而钻营讨好皇帝。一旦外放出任地方官，也不会计较，如杨茂元在长沙与安庆知府任上，政绩卓著。因为他们心中只有国家利益而没有自身个人利益考虑，他们的民本意识很强，关心民间百姓。这样的官员会得到历史的公正评判，而对其家族自身的眼前发展不太有利。要平衡眼前利益与长远利益，寻找到合适的分寸，不是一件容易的事。

---

① （明）杨守陈《杨文懿公文集》卷一四《送罗太史序》，第 16154 页。

② （清）杨学泗《旌忠庙后堂题额记》，《杨氏一门忠节录》卷二。

第三章　杨氏家族的维系

中国的宗法制度，盛于两周时期。秦汉以后，由于中央集权的作用，政府行政管理力量渗透到地方，促使家族逐渐转型，有汉型家族与唐型家族之说。宋元以后的家族形态，主流的方式是聚族而居，人称为近世家族。宗族建构活动，古人称为"收族"，就是将原来独立而分散的宗族统一起来。为什么要收族？因为，家族的发展趋势，越来越核心化，越来越独立化。家族独立发展的结果，必然面临着另一个更大的公共空间建构问题。如果没有公共精神与文化的建构，原子化的家族将是一盘散沙，是没有凝聚力、竞争力的，社会管理必成问题。有鉴于此，宋元以来，在政府组织无力进行地方公共空间建设的时候，理学家开始有意识地进行宗族群体建构活动。所谓宗族群体建构，就是同姓社区建设。在中国这个重视血缘的社会中，加强同姓社区公共精神与规范的建构，形成一个同姓宗族的小共同体社区即宗族社会，无疑是一个可行的方案。明中叶以后，杨氏有意识地加强了宗族公共文化的建设，表现为设宗族管理体制，编纂族谱，置义田、建祠堂、办学堂。

一、杨氏宗族的管理体制

由于地方政府的存在，族长的管理是宗法层面上的，而不是行政层面的，这是讨论近世宗族管理体制的前提。行政权与宗法权，是两个不同的概念。行政权在国家，宗法权在家族之宗公。镜川杨氏有着完备的宗公制度，宗谱中完整地记录了明以迄民国时期的宗公系谱。这样完整而详尽的宗公系谱，在全国各地宗谱中是不常见的。藉此，可以对近世的族长制度有一个更为清晰的认识。

1. 宗公制度

镜川杨氏宗族制度的建立，大体在明代前期。杨范说："吾族旧不立大宗，新五朝奉重兴以来，当立小宗，亦竟不立。吾义房一派，吾父与吾，迨吾子自懲、孙守陈，皆是宗长，当绳绳主祭。或仕宦远游，众子孙摄之可也。五世服尽，各立小宗是当，其各房亦如此，切记切记。"①由此可知，宋元时代的镜川杨氏，既没有大宗，也没有小宗。到了明代前期，西杨首先建立了小宗制度。规定五世为服，一旦分支达到五世，就可以分小宗。每一个小宗，可以设立一个宗长。宗长如外出，可由庶子代理。第一任宗公是仁房的杨起敬，约建文元年至永乐十六年（1399—1418）间，担任宗公20年。第二任是智房的杨复初，第三任是杨复初之子杨自懲。这个时间点，大体是正确的。因为，洪武时期，镜川杨氏屡次受挫，难以顾及内部的宗族管理。建文时期重视宗族管理，与方孝孺引导的仁政改革有关。方孝孺强调化天下的关键是睦族，主张修宗谱、祭始祖、行亲亲之礼。因为政府倡导，于是，镜川杨氏建立了相应的族长即宗公制度。

何以要进行宗族管理？一是人口众多。"我宗族硕人繁，派分支别。苟宗法不行，其何以为子姓之表率乎？"②宗枝多了，就得有宗族管理。二是出自士大夫理念。自从古代宗法制崩溃以后，小家庭观念越来越盛行，宗法观念越来越淡，人情越来越冷漠。这样的现实状况，显然是让士大夫担忧的，他们希望在民间建立小共同体，以维持社会的稳定。由于宗族观念的影响，他们选择的自然是宗族共同体建构。两个条件，缺一不可。宗枝多，为管理奠定了基础；而宗法共同体的建构理念，则使宗法制度得以实现。

宗法管理的优势不少。尊族中长者为宗公，可使族中子弟接受约束。"族之受成于长也，其权不啻与官师等。假令宗法不废，不出家而仁让之教成，所谓观于乡而知王道之易易，非欤？"③族长如官师，宗法权如行政权。"立爱惟亲，为始而立敬，必以长为先。长幼之序，所以惇宗而睦族也。"④"家之有宗公，犹国之有官师。故鼎族名家，必尊一人以为之长，斯昭穆之序倏分，而彝伦之典罔斁也。"⑤"虽后世族繁支盛，散处不一，宗法之废久

①　（清）杨学载《镜川杨氏宗谱》卷一三《宗公》，第1页。
②　（清）杨学载《镜川杨氏宗谱》卷一三《宗公》，第1页。
③　（清）杨学载《镜川杨氏宗谱》卷一三《宗公》，第1页。
④　（清）杨学载《镜川杨氏宗谱》卷一三《宗公》，第1页。
⑤　（民国）杨存淇《镜川杨氏宗谱》卷一三《宗公》，第6页。

矣,然名号尚存。统宗之人,诚不可一日无者。"①据记载,杨起敬为宗公以后,"子姓循整,宗族和谐"②,可见效果明显。

宗公的选择标准。"故序齿而行,立族中之最长者,以为家督。俾后生小子奉为仪型,循循于礼法之中,而莫或违。为宗公者,慎毋以徒拥名号而忽诸。"③这里表明,年纪是宗公的第一条件。由于宗长为族之望,所以要求结婚生子。"不娶无后者,不可居宗长。盖宗长为一族之望,既不知有身,又何知有族?故无后者,宜先立继,方可统族。"④这是从责任角度立下的规则。

宗公的职责。一是主持祭祀,"我族宗长,向以拜炒楮墓为主。……另加宗长一位,则族老之义定,亲亲长长,百世勿替矣。"⑤"故仍其旧制,以拜炒楮墓为主,而一族之长领子孙参拜惟谨。"⑥二是处理纠纷,"同族子姓,倘有争夺等情理,宜向宗、房禀明,开祠公论,剖分曲直,其是非自昭然不爽。家法何殊乎国法,断不宜两涉公庭,致伤同宗之谊,且以免外人扰累。清夜思之,自然警悟,其毋蹈讼凶之灾。"⑦由此可知,强调家族内部处理,而反对上官府处理。三是主持族人出入告拜祠堂仪式。"凡子孙出入,必告祠堂。遇朔望日,为家长者,置备香烛,率各房子姓拜讫,家长退坐于堂上,诸子弟叙班作揖。礼毕,东西依次序立,各相员揖毕,论以齐家治国之道,爱亲敬长之事,与凡有关于伦理者,俾其浸淫日久,德性自然成熟也。"⑧由此可知,有伦理教育之实。这些均属宗族内部公共事务管理。"东、西杨各遵矩镬,亲亲长长,而孝弟之心以生,庶本支百世统承于勿替焉。"⑨

镜川杨氏的宗族制度,明中叶达到鼎盛期。弘治十二年(1499),杨守阯升南京吏部右侍郎。弘治十三年(1500),杨茂元将西杨历代有名的族人

---

① （民国）杨存淇《镜川杨氏宗谱》卷一三《宗公》,第6页。
② （清）杨永赞《镜川杨氏宗谱》卷中《宗公第十四》,第1页。
③ （清）杨学载《镜川杨氏宗谱》卷一三《宗公》,第1页。
④ （清）杨学载《镜川杨氏宗谱》卷五《家训》,第2页。
⑤ （民国）杨存淇《镜川杨氏宗谱》卷一三《宗公》,第7页。
⑥ （民国）杨存淇《镜川杨氏宗谱》卷一三《宗公》,第6页。
⑦ （清）杨学载《镜川杨氏宗谱》卷五《家训》,第3页。
⑧ （清）杨学载《镜川杨氏宗谱》卷五《家训》,第1页。
⑨ （民国）杨存淇《镜川杨氏宗谱》卷一三《宗公》,第6页。

刊刻于铭①。弘治十四年（1501）十月，秩满三年，杨守阯回宁波省墓。这次回家，拿回了十套冠带衣被，给过世的家族成员，让宗子们世守。尤其是建立了大宗制度，修复了祖坟，拜炒㙷墓，祭祀六世祖与五世祖。

杨氏宗法制度建立初期比较有权威性。嘉靖二十七年（1548），杨茂清接任宗公。在外做官的族侄杨美冕来信祝贺，称"于鄞南路，名宗不越数家。我族西杨之季，必推一长。虽宗子之法不立，而族老之义犹存，得惟艰哉，不偶然也。盖有德位兼全而年罔俟待，其或耄期可重而教鲜克从。人之所以徒高年，家之所以无善俗也。故以文懿公（杨守陈）之起家振族，卒老于京；如碧川公（杨守阯）之谢事累年，终拘于次。德堪振俗，溘先朝露之晞；才可吭宗，徒切晨星之望。夫惟康简（杨守随）与以及默庵（杨守隅），皆迈八旬，统兹一族。于时，贪鄙自不觉其善良，抑或矫虔渐梢，归于纯笃。良由德也、齿也、爵也，时已通尊，故其动焉、言焉、行焉，族罔勿式。自时厥后，殊忝于前。不有哲人，孰回故习？恭惟芝山叔父，宽裕温柔，慈祥恺悌。至诚接物，行与字相符；退让守身，卑洎尊而一致。……悬车以归，方书集于指下，老不停披；载籍富于胸中，暇犹博览。月入耆英之会，付理乱于三休，时惟诗酒之娱，等升沉如一梦。本源义切，督修祖墓之庵；桑梓情深，自致先茔之饰。凡诸善行，足启后人，宜未逮乎古稀。"②

杨茂清回复说："古人宗法之立，将崇本而重源；后世族老之名，实统属而范众。殊文异事，其贯同条。自夫派衍支流，情不能以相协；而门分户别，势不足以相维。溺于比昵之私，则威严莫振；挠于强悍之辈，则规矩谁遵？率踵弊风，是以乡无善俗，孰端懿范展也，家有哲人，肆我西杨，凤推右姓。仰自栖芸、梅读，俱能积善敦良，人望俟归，天休滋至。镜川翁、碧川翁，凤专时美，文章德业齐名，垂裕后昆，父子兄弟足法，尊逾一族，泽洽千年。文湖翁、默庵翁，暮龄遂解组之情，德与寿而并重。至晚岁，膺统族之任，恩与威而互施。是皆立教以身，子姓消非僻之习；正己率物，云礽荷衣被之休。在昔有闻，于今为烈。……义学、义庄、义田，空仰前人之遐举；慎言、慎行、慎动，勉为后进之仪型。然族硕而人繁，志向不能以协一；习俗而情异，举动多见其乖张。心切隐忧，势难变格……"③

---

① （民国）杨存淇《镜川杨氏宗谱》卷一八《祠墓》，第8—10页。
② （民国）杨存淇《镜川杨氏宗谱》卷一三《宗公》，第2—3页。
③ （民国）杨存淇《镜川杨氏宗谱》卷一三《宗公》，第3页。

　　杨茂清、杨美冕叔侄间的对话，可见镜川杨氏鼎盛时期的宗法管理。杨守随、杨守隅是"部省"级官员退休，比较有权威，可以恩威并施，管理自然有效，义学、义庄、义田均建立起来了。杨茂清继承前人余泽，慎言、慎行、慎动，也可以成为后进之楷模。不过，杨茂清也道出了宗族管理的难度。"族硕而人繁，志向不能以协一；习俗而情异，举动多见其乖张"。要想在一个大族中建构起共同的行为规则与习惯，难度是相当大的。

　　进入晚明以后，镜川杨氏的宗法管理有式微趋势。杨德周称："郡中诸鼎族，无不尊尚宗公，而吾宗康简公曾长我族。本支不亿，无不循纪而趋之。闻吾尊大父沔阳公（杨茂清）时，尚不失长长之意，而长长之令尚遵之惟谨。后虽名存如赘，若东迁之君，位号不甚振，名号故在也。吾愿幼幼者笃知长长，原宗法第一义，则孝弟忠信之心油然以生。且有事则家长得薄惩于庙，免入官师，为宗祖羞，不甚善乎？"①这种现象的出现，显然与杨氏科举式微有关。没有了科举强人，镜川杨氏的凝聚力自然下降。杨德周生活的时代，宗公制度形同虚设。为了强化宗公制度，杨德周首立《宗公传》。乾隆间，杨永赞修谱时，保留了宗公一门。此后修谱，均保持了这一传统。

2. 历代宗公

　　《宗公表》所列宗公，都是一些什么样人物？带着这份好奇心，笔者根据名单，逐一检查了他们的生卒年月，发现问题不少，故有必要先就所记时间做一个考订。在考订基础上，制订出一份相对精确的表格。

　　宗公表所见首任宗公杨起敬，字茂卿，行兴六。宗谱仅作"自己卯至戊戌，统族二十年，寿七十二"。据此，有可能是建文元年至永乐十六年（1399—1418），也有可能是天顺三年至成化十四年（1459—1478）。到底是哪个时间段呢？杨范有《哭墓诗》："族大尤难统，公逾二十年。谦和居众下，明敏出人前。共拟朋三寿，那期入九泉。同宗皆惆怅，谁不泪涟涟。"②考虑到杨起敬是杨范的伯父，则应是建文元年至永乐十六年（1399—1418）间的20年。假定杨起敬卒于永乐十六年，寿七十二，则其生卒年应是1347—1418年。杨范父亲杨起汶生于1349年，行兴七，小兴六公杨起敬

---

① （清）杨学载《镜川杨氏宗谱》卷一三《宗公》，第1页。
② （民国）杨存淇《镜川杨氏宗谱》卷一八《祠墓》，第13页。

二岁,则这样的推断是可以成立的。

继杨起敬而任宗公的是 11 世祖杨复初,字九德,号栖林。宗谱作"自己亥统族,凡二十余年,寿八十二"。古汉语的"余",按照传统的四舍五进原理,应不超过"四"。如此,"二十余年"的上限可以理解为"二十四"。假定此"己亥"是永乐十七年(1419),则杨复初从永乐十七年起的二十余年,下限应是正统七年(1442)左右。从理论上说,这个任期的推断是符合逻辑的,但据此而来的杨复初生卒年推断则出现了问题。宗谱没有杨复初生卒年记录,假定杨复初卒于正统七年,寿八十二,则应生于 1361 年。考杨范是老二义房杨景修长孙,杨复初是老四智房杨景常长孙,理应杨范大于杨复初,而实际上杨范生于 1375 年,则可以肯定杨复初生于 1361 年的推断是错误的。杨范卒于 1452 年,享年 78 岁,则杨复初应卒于景泰至天顺年间(1450—1474)间。由此可知,杨复初 1419—1442 年间统族的推断也是不能成立的。

第三任杨复初儿子杨自惫(讷庵公),宗谱明确作"弘治甲寅统族,凡十八年……寿八十九",则应是弘治七年至正德六年(1497—1511)的 18 年。宗谱没有杨自惫生卒年记录,假定杨自惫卒于正德六年,则他应生于 1423 年。这个推断也是错误的。因为杨自惫弟弟杨自忍生卒年有记载,在永乐十年至成化十四年(1412—1478)间。兄的生年不应小于弟的生年。而且,从杨复初到杨自惫的继任时间正统七年至弘治七年之间有一个 51 年的时间空档,按照杨氏宗公制的父死子继规则,不应有这么长一个时间空档。假定"己亥"是成化十五年,也有问题,自成化十五年至弘治七年,至多 15 年,这与宗谱所谓"凡十八年"不合。总之,在杨起敬—杨复初—杨自惫前后继任时间上,宗谱的记录存在严重的错误。

通过详细的考订,发现这份宗公表有较多的问题,主要有以下几类:

残缺不全。这份表格,部分人物没有精确统族起讫时间。如隆庆元年至万历四年、万历四十四年至四十八年。杨承选、杨承遂、杨文杰三位,则不知房派。其实,有一部分据谱系是可以补齐的。如杨美玢,原表仅说"万历间统族",没有精确时间段。据谱系,杨美玢(1525—1616)是万历四十四年卒的,享年 92。如果从万历二十九年算起,其下限应是万历四十四年,统族 16 年。杨文贞(1668—1752)"乾隆初年统族",据谱系,卒于乾隆十七年,则下限至少是乾隆十七年。其上限,如果从雍正七年算起,统族时间长达 22 年。如此,杨学淮的统族时间应在乾隆十七年至乾隆二十年间,共 4 年,符合"乾隆时统族数载而卒"记录。杨文汉起自乾隆二十二年,杨文禁起。乾隆二十九年,中间只有 8 年,不符"十一年",不知何故。杨美瑜、杨美文、杨美玠三人的统族时间也有问题,都在天启,间及崇祯年间。后面的杨承谕明确始于崇祯二年,如此,在万历四十四年至崇祯二年之间,有一个 14 年的时间空档。假定杨美瑜统族七年在万历四十四年至天启二年之间,则杨美文在天启二年至七年之间,而杨美玠应在天启七年至崇祯二年。这应是一份不完整的名单。

顺序颠倒。顺序的排列,有颠倒现象,不完全是按时间顺序排列的。杨茂清统族 18 年,下限应是嘉靖四十五年。如此,嘉靖间统族的杨茂山就无法安排了。考虑到杨守陞下限嘉靖十四年至杨茂清嘉靖二十七年接任之间有一个 14 年的时间空档,杨茂山统族 6 年似应在这个时间段内。所以,下表将杨茂山移到杨茂清前。杨式韬应在杨文杰之前,这是由于这份表是按行次排列的,非按自然时间,所以出现颠倒现象。又如杨守钿正德十五年,正好可与杨守随接续。如此一来,正德间统族的杨守隅、杨守阶就无法排序了。

略有错误。表格所列时间,有一部分与谱系图出入较大。杨美木(1509—1593)的统族时间也有问题,他卒于万历二十一年,不可能是在万历二十年至二十八年,除非谱系图的记载有误。据卷六《智房五七派世系》,杨学宫(1641—1721)。据卷六《三世房派世系》,杨文贞(1668—1752),享年 85 岁。杨承传顺治十一至十三年的统族时间也有异同,据卷六,杨承传卒于顺治元年(1580—1644),享年 65 岁。杨德沛卒于顺治六年(1649),与康熙三十六年至三十七年统族不同。杨学汉(1684—1764),卒于乾隆二十九年,82 岁,正好与杨文禁接上。可见,乾隆二十一年为"二十九年"之误。当然,更多的记载与谱系是可以吻合的,如杨式勇(1715—1795)、杨式璜(1741—1806)、杨承瀛(1576—1654)正相同。

宗公享年统计也有一些错误,如杨美木实际是 85 岁,非"七十一";杨学宫享年 96,非"八十三";杨文贞"八十余",实际是享年 85;杨文汉(1684—1764),享年 82,非"八十"。也有时间用语的错误,如杨承谕(1542—1634),卷六作"甲午",实为"甲戌"。

统族时间统计错误。第四任杨守随是正德六年统族的,这可与杨自巷的下限对上号,问题是,统族时间"十五年"有问题。据宗谱,杨守随卒于正德十四年(1519),至多9年。杨秉暐(1645—1729)"凡二年",实际上有11年,除非中间统族时间有交叉。

根据以上所考,我们将《宗公传》重新制成以下《宗公表》。

杨氏统族宗公表

序次	宗公名	统族时间	年寿	房派	世代
1	杨起敬(兴六公)	建文元年至永乐十六年(1399—1418),20年	72	仁房	10世
2	杨复初(栖林公)	永乐十七年(1419),20余年	82	智房	11世
3	杨自耄(讷庵公)	弘治七年至正德六年(1497—1511),18年	89	智房	12世
4	杨守随(贞庵公)	正德六年至十四年(1511—1519),9年	85	义二房	13世
5	杨守隅(默庵公)	正德间,2年	79	义三房	13世
6	杨守钿(畸庵公)	正德十五年至嘉靖五年(1520—1526),7年	83	智房	13世
7	杨守阶(仁庵公)	正德间,2年	86	智房	13世
8	杨守陲(顺庵公)	嘉靖五年至嘉靖十四年(1526—1535),10年	84	智房	13世
9	杨茂山(月洲公)	嘉靖时,6年	83	智房	14世
10	杨茂清(芝山公)	嘉靖二十七年至四十五年(1548—1566),18年	87	碧川房	14世
11	杨茂枋(梅洲公)	万历四年至十一年(1576—1583),8年	85	智房	14世
12	杨美阶(茅堂公)	万历十一至二十年(1583—1592),10年	90	仁房	15世
13	杨美木(效山公)	万历二十年至二十八年(1592—1600),9年	71	碧川房	15世
14	杨美颐(静岩公)	万历二十八年(1600),仅一月	91	义二房	15世
15	杨美闻(怀堂公)	万历二十八年(1600)	80	义二房	15世
16	杨美玢(六三公)	万历二十九年至四十四年(1601—1616),16年	92	学官房	15世
17	杨美瑜(槐堂公)	万历四十四年至天启二年(1616—1622),7年	79	仁房	15世
18	杨美文(桂堂公)	天启二年至天启七年(1622—1627),5年		仁房	15世

续表

序次	宗公名	统族时间	年寿	房派	世代
19	杨美玠(蒙堂公)	天启七年至崇祯二年(1627—1629),3 年		征仕房	15 世
20	杨承谕(蕙南公)	崇祯二年至七年(1629—1634),6 年	93	仁房	16 世
21	杨承逵(蕙泉公)	崇祯七年(1634)起,多年	80		16 世
22	杨承泰(东鲁公)	崇祯时,2 年	90	智房	16 世
23	杨承逊(龙川公)	崇祯时		义二房	16 世
24	杨承遐(龙溪公)	崇祯十五年至顺治四年(1642—1647),6 年	79	义二房	16 世
25	杨承晖(巽南公)	顺治时,5 月		仁房	16 世
26	杨承选(华南公)	顺治时			16 世
27	杨承瀛(仙里公)	顺治八年至十一年(1651—1654),4 年		布政房	16 世
28	杨承连(承连公)	顺治时		智房	16 世
29	杨承传(日升公)	顺治十一至十三(1654—1656),3 年	65	智房	16 世
30	杨德债(凤南公)	顺治十三、十四(1656—1657),2 年		仁房	17 世
31	杨德庚(巽羲公)	顺治十四至十五(1657—1658),2 年	78	仁房	17 世
32	杨德诠(玉宇公)	顺治十五(1658—),多年		征仕房	17 世
33	杨德沛(继里公)	康熙三十六年至三十七年(1697—1698),2 年	73	智房	17 世
34	杨德相(德相公)	康熙时,十余年		仁房	17 世
35	杨秉宫(虞九公)	康熙四十八年至五十八年(1709—1719),10 年	83	智房	18 世
36	杨秉暲(士阶公)	康熙五十八年至雍正七年(1719—1729),11 年	86	仁房	18 世
37	杨文贞(介石公)	雍正七年至乾隆十七年(1729—1752),22 年	85	仁房	19 世
38	杨文淮(子安公)	乾隆十七年至二十二年(1752—1757),6 年		智房	19 世
39	杨文汉(子高公)	乾隆二十二至二十九年(1757—1764),11 年	80	智房	19 世
40	杨文禁(月木公)	乾隆二十九年至四十一年(1764—1776),12 年	80	义二房	19 世

序次	宗公名	统族时间	年寿	房派	世代
41	杨文陆(绍绩公)	乾隆四十一年至四十九年(1776—1784),8年	81	仁房	19世
42	杨式韬(式韬公)	乾隆五十年至五十一年(1785—1786),2年	70	智房	20世
43	杨文杰(殿卿公)	乾隆五十七年至五十八年(1792—1793),2年			19世
44	杨式勇(明显公)	乾隆五十九年至六十年(1794—1795),2年	81	智房	20世
45	杨式璜(瑞五公)	嘉庆元年至十一年(1806—1806),11年	66	仁房	20世
46	杨式顺(式顺公)	嘉庆十二年至十八年(1807—1813),6年	56	智房	20世
47	杨式九(式九公)	嘉庆十八年至道光十七年(1813—1837),23年	69	智房	20世
48	杨永清(永清公)	道光十七年至二十八年(1837—1848),11年		布政房	23世
49	杨永堂(永堂公)	道光二十八年至咸丰十一年(1848—1861)14年	77	礼房	23世
50	杨永寿(永寿公)	同治元年至二年(1862—1663),1年		智房	23世
51	杨永祥(永祥公)	同治二年至十三年(1863—1874),11年	64	智房	23世
52	杨益铨(益铨公)	同治十三年至光绪三年(1874—1877),3年	63	礼房	24世
53	杨益鳌(益鳌公)	光绪三年至十四年(1877—1888),11年	68	礼房	24世
54	杨伟瑛(佩珍公)	光绪十四年至二十八年(1888—1902),14年	77	仁房	25世
55	杨伟钊(鉴堂公)	光绪二十八年至民国九年(1902—1920),19年	84	礼房	25世
56	杨学富	民国三十二年(1943)前后		上杨	

材料来源:杨存淇《镜川杨氏宗谱》卷一三《宗公》。

　　镜川杨氏的宗公制度,至迟建立于明中叶的天顺三年(1457)。据卷六《罨湖后房派世系》,杨伟钊(1837—1920),国学生,民国九年十月十五日卒,享年84岁。又据民国三十二年修谱名单,当时的宗长是青山上杨的杨学富,由此说明,到20世纪40年代末,仍有宗公制度。

从来源来看,晚清以前的宗长都由西杨担任,"杨氏自迁居镜水以来,东、西二族循次毋争,宗公向属西杨"①。从上列表也可知,宗公均来自西杨,似可验证此论。据最近发现的材料,此论可能是值得怀疑的。笔者从卷一四《寿考》发现一位来自东杨前宅的"自华府君,寿八十五,轩豁劲直,富而好礼,统族多年,少长有序"。再查卷六《前宅大房派世系》,知杨自华是杨熙道长子,字敏忠,"生于洪武廿七年甲戌二月十三日,卒于成化十四年九月初七日,寿八十五岁"。由此可知,杨自华生于1394—1478年间。卷一四《寿考》"式虎府君,文衽公子,统东杨族,正直无私,寿八十三,受恩顶带"。再查卷六《前宅大房派世系》,杨式虎生于1716—1803年,"寿八十八岁",与"寿八十三"有异。再据修谱名单,乾隆六十年时宗长,东杨是杨式虎,西杨是杨式勇;道光二十五年时宗长,东杨是杨益麟,西杨是杨永清。杨式勇、杨永清可以对上号,但东杨的杨式虎、杨益麟不见。复查卷六《前宅大房派世系》,杨益麟生于1779—1862年。由此可知,东杨也有统族之人。再查,民国时代有青山上杨的人来担任宗公。

关于宗公的传承原则,文献没有说明。从有关情况来看,似乎是家庭间传承更多一些。或父子,如杨复初与杨自叠、杨守钿与杨茂枋、杨文陆(1704—1787)与杨式璜(1741—1806)、杨学宫与杨学淮,均是父子。或兄弟,如杨守钿与杨守阶、杨学淮与杨学汉、杨益铨(1811—1876)与杨益鳌(1820—1888)。或伯侄,如杨守陲与杨茂山是伯侄,是杨循初后代。他们的传承似十分简单,如杨永寿(1810—1863?)在同治二年(1863)"被粤匪掳去,未归"②,于是弟弟杨永祥(1811—1874)继任。

宗公上下任间是可以接续的,原则上是当年,出现次年的情况是特殊的,如杨益铨(1811—1876)是光绪二年十二月初二卒,已经是年底,所以杨益鳌(1820—1888)是光绪三年继任的。据卷六《三十房世系》,杨伟璈(1825—1901),享年77,正与上表同,说明宗公以卒年为结束期,是终身制的。杨学富生于咸丰五年(1855),至1943年时,已有89岁,绝对是杨太

---

① (民国)杨存淇《镜川杨氏宗谱》卷一三《宗公》,第6页。

② (民国)杨存淇《镜川杨氏宗谱》卷六《智房文房派世系》,第9册,第65页。

公了。

宗公的人选，多为普通宗族老人，退休官员并不多，仅杨守随、杨守隅、杨茂清三人。

乾隆六十年、道光二十五年两次修谱时，宗长分开，东西杨各有一位，说明统一的宗公制度是晚清建立的。光绪十年修谱时，宗长之外增加族长，青山是杨伟金，东杨是杨伟俦，西杨是杨伟铨；民国四年修谱时，青山是杨学富，东杨是杨伟达，西杨是杨伟清；民国三十二年修谱时，青山是杨学信，东杨是杨学程，西杨是杨学校。其中的杨学富，民国四年时尚是青山族长，民国三十二年时成为宗长，可见，宗长级别高于族长。再加下面的房长，由此可知，晚清以来，杨氏的宗族管理制度，由宗长、族长、房长三个层次构成。

以上所列宗公表，能否梳理出活化史实来呢？这可能有较大的困难，因为宗公卷十分简略，只有一些描述性语言，没有详细的事实。譬如杨文陆"性仁厚，待族以宽，族有以非礼事告者，公只婉言劝谕，故人亦乐从之"。杨茂枋"寡言笑，慎取与，允称人世羽仪。……率族以正，人不敢干以私"。杨永清"静默端方，处事蔼然有礼，遇少长必敬以临之，康健不息"。杨益鳌"和平处世，勤俭克家，见人有困则恤之，有难则排之，……宗人仰其仪型，莫不奉以为法"。杨文淮"生平好读书，无故不出门，惟静室安坐而已"。由此可知，都是十分普通的族人，连读书人都很少。他们没有太多的权力，遇到族中的麻烦事，只能做一些劝导工作。他们更多的工作似乎是监督民间礼仪的执行，而要做到这些，自己先得以身作则，甚至要做一些亲族人的工作。

二、《镜川杨氏宗谱》的编纂

镜川杨氏，明代中叶以来，即重视家谱编纂活动。清代以迄民国，又有四次大型家谱编纂活动。"聚族必立谱"，家谱的编纂活动，可见杨氏家族不同阶段的发展状况。

1. 明代的宗谱编纂

杨氏家谱的编纂，要区别全国杨氏与宁波镜川杨氏。"杨氏，唐有《大同谱》，宋有《流芳谱》、《宏（弘）农谱》。"①这是广义上的全国性杨氏宗谱编纂。而具体到宁波镜川杨氏，族谱的编纂肇始于明代。"世久人繁，集为宗谱"②。镜川杨氏修家谱，与这个家族的发迹历程是同步的。乾隆《镜川杨氏宗谱》卷首《前朝修谱诸公名次》称"第十二世讳浩卿；第十三世讳熙范；第十五世讳守陈、守随、守阯；第十七世讳美沅；第十八世讳承柏；第十九世讳德周；第二十世讳秉蘛、秉仁；第廿一世讳文瓒、文济、文泰；第廿二世讳式傅"③。下面据此线索，作一详细考订。

　　元代时，杨氏开始富裕。八世祖杨子杞是杨氏发迹的关键人物。他义不出仕，专注于教育与农业，经过不断努力，成为当地富户。这一支共有四房（景彝、景修、景芳、景常），"故其子孙独昌"④。元代杨氏十分重视读书，杨景修"能默诵莲典"⑤，其诸子皆有诗名。杨起汶更是"究心儒书，兼通释典"⑥。富而好文，大致可反映元代杨氏家族的发展轨迹。宋代开始，民间修谱日益盛行。到元代，更为普遍。家族要想重新振兴，必须有精神上的寄托，而此时杨起汶可能就意识到了家谱的重要，有家谱的家族才能久经兴衰。在这种大的背景下，兴修族谱成了富而好文的杨氏之家族要务。

　　杨起汶编修镜川族谱，时间当在洪武二十九年（1396），时为48岁，现存族谱中有洪武二十九年十月奉化儒学训导舒经应杨起汶之请而作的《杨氏谱系序》。舒经言："尝闻老泉先生作《苏氏族谱》，今颐正处士挟《宗族图》诣予为谱序。……兹欲编谱，以承先绪，以志后名。未有文弁诸首，愿先生穷其源以序之。……观处士之族，皆能读书以善其身，常自称为龟山遗宗，乡又称之曰秀才杨，又岂非中立之流裔乎！……克尊先祖之训，请穷先人之源，是之谓孝且贤者，可不为之序乎？"⑦从舒经序及正文来看，这应是一部较为简单的家谱稿，主要是谱系图，故称《宗族图》或《杨氏谱系》。

---

　　①　（清）杨习桯《重修宗谱序二》，见杨习镜《镜川杨氏宗谱》卷首，光绪十年（1884）本，天一阁藏。

　　②　（明）舒经《杨氏谱系序》，见杨永赞《镜川杨氏宗谱》卷首，乾隆六十年本，天一阁藏，第13页。

　　③　（明）杨美沅《杨氏谱原序》，见杨永赞《镜川杨氏宗谱》卷首，第19页。

　　④　（明）杨守陈《杨文懿公文集》卷一三《与柯孟时求志喜集序书》，第4页。

　　⑤　（清）杨永赞《镜川杨氏宗谱》卷中《处士》，第3页。

　　⑥　（清）杨永赞《镜川杨氏宗谱》卷中《处士》，第3页。

　　⑦　（明）舒经《杨氏谱系序》，见杨永赞《镜川杨氏宗谱》卷首，第13—14页。

龟山是宋代大儒杨时（1053—1135），字中立。由"龟山遗宗"、"中立之流裔"可知，杨起汶是以同为杨姓的杨时为自己文化鼻祖的。

杨起汶"临终，以谱稿命其子（杨）范修之，以继其志"①。不过，承父命继修的杨范，直到20年以后的正统九年（1444）70岁时才着手抄录旧谱。杨范仅在其父谱稿的基础上作了一些修订，"谱中所载名行事实，皆先亲按图缵述及闻见之所编著，不敢增损一字。亲没之后，名次有所未书者即书之，事实有所未载者即载之"②。可见杨范的态度非常保守，何以如此？这应与这个家族尚未取得较高的社会政治地位有关。杨范跋称："予承先亲之命，誊录宗谱，迤逦二十余载，违命久之。暨今年跻七帙，有暇于书窗，取谱稿备观，见其奕世事实可欣慕者，欲效之而弗能，使人惨伤者悼之而无已。及观舒先生所叙之源，自周至宋，登显职于当世，流芳于后世者，皆读书循理，忠君爱民之贤，史籍中彰彰可考，则亦企仰弗及，又得仿佛于其万一哉？"③由此可知，杨范既无法超越镜川杨氏祖先，也无法超越前代杨氏远祖，自然不敢轻易对宗谱作较大的改动。不过，杨范要求不断续修的态度值得肯定。"噫，后之人能如我承亲命，又能如我书载，庶几杨氏之源愈深而流愈远，虽百世而不湮矣。为子孙者，可不念诸！"④

此外，东杨的杨熙端（1371—1444）也重视家谱编纂，"课弟之暇，考奠世系，自始祖十六府君下及熙代，凡一十一世，世系名讳事关，备考详录，以为后世子孙修图谱之鉴"⑤。只是，原本未传下来。

杨守陈后，镜川杨氏"两世六科进士，一门三部尚书"，甚是显赫，续修族谱之事逐步提上议事日程。到了弘治元年（1488），杨守陈病休，得有余暇，决意重修宗谱。先重定了族谱的义例，新增"学习存良，大期光允，宗士鼎新，完各振起"16个字辈。从戴灏《枫江杨氏宗谱序》⑥可知，此谱称为《枫江杨氏宗谱》。由杨起汶《杨氏谱系》到杨守陈《枫江杨氏宗谱》，可见杨氏宗谱编纂的地域化趋势。

---

① （清）杨永赞《镜川杨氏宗谱》卷中《处士》，第32页。
② （清）杨永赞《镜川杨氏宗谱》卷首，第14页。
③ （清）杨永赞《镜川杨氏宗谱》卷首，第14页。
④ （清）杨永赞《镜川杨氏宗谱》卷首，第14页。
⑤ （民国）杨存淇《镜川杨氏宗谱》卷一二《处士》，第4页。
⑥ （清）杨永赞《镜川杨氏宗谱》卷首，第15页。

　　杨守陈之后，续修宗谱的是杨守随。关于杨守随续谱时间，记载有所出入。吏部尚书屠滽《杨氏宗谱序》作于弘治十二年（1499），但杨守随《镜川宗谱序》作于正德二年（1507）。考屠滽《杨氏宗谱序》称："将以大厥宗传，展其尊敬宗之心，而茂元、茂仁、茂亨有能继前人之志者，相率偕来，欲得予文序谱首。……杨氏谱有实据，无弃援之弊。观其十四世孙守随叙谱之意，丁宁告诫子孙，可谓至矣尽矣。"①由"观其十四世孙守随叙谱之意"可知，屠滽是见过杨守随《镜川宗谱序》的。也就是说，这应是同一部宗谱。两序之所以出现前后相隔 8 年现象，可能是杨守随《镜川宗谱序》有修订所致，屠滽看到的是杨守随《镜川宗谱序》初稿。从有关情况来看，此谱没有刊刻，只有抄本流传，自然可以随时修订。正德二年，是杨守随最后的修定时间②。

　　正德四年（1509），杨守阯复续补。杨守阯谱序称："自宋元来，祖宗积德数百年，发越至是，不有家乘，何以新前闻而启后闻乎？予乃因侍郎府君（杨范）旧编谱编，参以文懿公重定义例，葺录成编，而刻之以传后人。"③这里没有提到杨守随续修之事，可能是他们三兄弟做的是前后续补工作。由"刻之以传后人"可知，《镜川杨氏宗谱》正式有了刻本，而且，正式以"镜川杨氏"来命名，这是镜川杨氏修谱史上的一大转折点。

　　正德以后，又经过了几次续修。杨承柏，字贞甫，嘉靖间补郡庠生，"续修镜川公续编谱系东杨一支，自十六府君以下生卒，赖其查核详明。今得据此续修而无虞失次者，公之力也"④。杨美沅，字以深，生卒年不详，正德、嘉靖年间人，东杨后宅派杨茂瑜（1453—1524）子。"惟以儒业自期，茹清饮法，设教间里，未尝妄有交接，《东杨谱》，承柏续修，公实与其事焉。"⑤由此可见，俩人合修了《东杨谱》，也说明杨守陈兄弟续修镜川杨氏宗谱时，偏重西杨一系，于东杨一系较简略，所以才有续修《东杨谱》之需求。

　　嘉靖元年（1522），杨茂程抄录青山旧谱⑥。

———————————

① （明）屠滽《杨氏宗谱序》，见杨永赞《镜川杨氏宗谱》卷首，第18页。

② （民国）杨存淇《镜川杨氏宗谱》卷一〇《庠俊》，第10页，也明确作"正德二年"。

③ （明）杨守阯《镜川杨氏族谱》，见杨永赞《镜川杨氏宗谱》卷首，第18页。

④ （民国）杨存淇《镜川杨氏宗谱》卷一〇《庠俊》，第4页。

⑤ （民国）杨存淇《镜川杨氏宗谱》卷一二《处士》，第6页。

⑥ （民国）杨存淇《镜川杨氏宗谱》卷六《青山旧派世系》，第9页。

　　明代的《镜川杨氏宗谱》刊本，早在清代中叶就已经不存于世。幸《凡例》分别注明其时代，又杨美沆《杨氏谱原序》及其他序也有所交待，让我们可以对明代《镜川杨氏宗谱》的有关书写原则有所了解。《镜川杨氏宗谱》先立总图，以示家族发展之渊源。以六府君为始祖，而以十六府君、十九府君分冠著图①，称东、西杨，以明支分派别。"定其代序，秩其昭穆"②。总体上看，明代镜川杨氏宗谱收录范围是比较严格的。"谱内旁支余裔，今不录者，所以明吾亲之有嫡也。五服之外，但识其略而不及备者，亲疏有然也。"③详镜川杨氏而略其他杨氏，详五服之内而略五服之外，这是镜川谱坚持的书写原则。

　　至于入传人物，则遵循避讳原则，"善则扬之，恶则隐之"④。如"若夫不以礼婚者不书，为僧道者不书，即于世系下注明以绝之"。妇人"被黜者不书，妾媵亦书，有子则并书其子于其后"。"螟蛉不书，异姓人紊宗支者不书"。对于生卒年而言，"男女正毙，书其卒年月日……死于非命不书，若复君父之雠及死王事则书"。"盗窃不书，赌博不书，不孝不悌不书，外内乱鸟兽行不书，官吏而犯赃罪不书"⑤。"有长养异姓，紊乱宗族者，则削而不书，正一脉也"⑥。由此可知，入谱原则是相当严格的。宗谱绝不是简单的家族历史文献，而像是宗族法规文书，只有合礼法者才有资格上谱，不合法者将被摒除在谱书之外，体现了严格的家法。

2. 清代的宗谱编纂

　　清初，杨氏有续修之举。"明季，宗绪中圮"⑦，由此可知，由于杨氏的衰落，宗谱编纂也有上百年没有续修。"弘光元年乙酉（1645），历百有三十七年，德周、秉彛、文瓒三公同志共修。适遇国运迁移，未及告成，所有辑稿十有五六。其《世录》一本，因式清公取去，失于火。数百年之家宝，弃于一

---

① （明）杨美沆《杨氏谱原序》，见杨永赞《镜川杨氏宗谱》卷首，第19页。
② （清）杨永赞《镜川杨氏宗谱》卷首，第15页。
③ （民国）杨存淇《镜川杨氏宗谱》卷二三《旧谱序原》，第13页。
④ （清）杨永赞《镜川杨氏宗谱》卷首，第19页。
⑤ （清）杨永赞《镜川杨氏宗谱·修谱义例》，第21—22页。
⑥ （明）杨美沆《杨氏谱原序》，见杨永赞《镜川杨氏宗谱》卷首，第19页。
⑦ （民国）杨存淇《重修宗谱序三》，见杨存淇《镜川杨氏宗谱》卷二三《旧谱序原》，第26页。

旦。"①康熙十五年(1676),杨来泰拜告永庆堂祖宗时,急忙补辑桂芳桥一支世录,以存不忘。② 杨式傅曾抄录家谱世系。

到清乾隆年间,《镜川杨氏宗谱》刊本已不存,仅有杨秉萧所作之稿本,杨伟英所藏其曾祖杨式傅手录的几卷谱序、世系③。"百余年来,文献复有凌夷之慨,若皆袖手睨其旁而不之顾,将使教化衰,风俗偷,纲常弛,名教坠,奚以正宗绪而序人伦乎?"④宗谱重修之任,终于提上议事日程。

(1)乾隆《镜川杨氏宗谱》

乾隆末年,完成杨氏宗谱重修任务的是杨永赞。

杨永赞(1732—1795年以后),字与参,号飞涛,又号寄园,也作淇园。《镜川杨氏宗谱》中收录其诗文几篇,名曰《永赞诗草》⑤。杨永赞能传家学,但屡试不中,年未三十,为师乡里,"弟子著籍者至数十人"⑥。乾隆三十六年(1771),"始出一房"。乾隆四十四年(1779),"又出房,几获售矣,而皆不遇。人莫不以此为先生屈,而先生处之阳阳也"⑦。"家本贫约,而清心洁己,刻苦自励。修哺之外,苞苴一无所入。读书谈艺,终身有以自得,殆所谓经师兼人师者欤!"⑧作为家族中的文化人,杨永赞续修家谱的使命感非常强。"世愈远则考核难,数十年来,寝食不辍想者,曰:谱不得修,为我一生抱憾事。"⑨杨永赞发现,"我杨氏宗谱已失,间有草本,多属零落,否则亦舛误"⑩。为此,自乾隆四十七年(1782)以后,杨永赞注意家族材料的搜集。"故凡所到处,必询其所藏旧谱请读焉。"包括唐之《大同谱》、宋之《流芳谱》及明之《青山谱》、《夏凉谱》、《斗门谱》、《湖后谱》、《梁桥谱》。"遍查各房世纪,至今未获定本。旧岁秋,得秉萧公所作稿本于孝友之手,虽缺略未全,尚可稍稍补辑,而敬纪其略。"⑪考杨永赞序作于乾隆六十年

① (民国)杨习樾《重修宗谱序一》,见杨存淇《镜川杨氏宗谱》卷二三《旧谱序原》,第24页。
② (民国)杨存淇《镜川杨氏宗谱》卷一〇《庠俊》,第10页。
③ (清)杨永赞《后序》,见杨永赞《镜川杨氏宗谱》卷下,第90页。
④ (清)杨习仕《重修宗谱序二》,见杨存淇《镜川杨氏宗谱》卷二三《旧谱序源》,第1页。
⑤ (民国)杨存淇《镜川杨氏宗谱》卷一九《著述》,第97页。
⑥ (清)郭乾《永赞六旬寿序》,见杨存淇《镜川杨氏宗谱》卷一四《寿考》,第14—15页。
⑦ (清)郭乾《永赞六旬寿序》,见杨存淇《镜川杨氏宗谱》卷一四《寿考》,第14—15页。
⑧ (清)郭乾《永赞六旬寿序》,见杨存淇《镜川杨氏宗谱》卷一四《寿考》,第14—15页。
⑨ (清)杨永赞《后序》,见杨永赞《镜川杨氏宗谱》卷下,第90页。
⑩ (民国)杨存淇《镜川杨氏宗谱》卷二三《旧谱序源》,第17页。
⑪ (民国)杨存淇《镜川杨氏宗谱》卷二三《旧谱序源》,第17页。

(1795)，则"旧岁秋"应是乾隆五十九年(1794)。"孝友"指杨孝友(1737—1799)，字大训。由此可知，杨秉蕭谱稿的重获，直接促成了此次宗谱的重修。

有人对杨永赞说："修谱易有过，子宜勿为也。"杨永赞回答说："吾尽吾心而已，有过与否，所勿计也。故每有未立传而急补者，有既立传而仍删者。向各房查系，并有至十数往还而不怠者，可谓尽心矣。夫百口之家，更十余稔，而偻数其人，多有遗忘者，况网罗四方百代之族耶？镜川一支，考核务严。他如支分派远，未及详载，非遗忘也，盖将阙以有待也。然则有过之名，不容受也，亦不必辞耳。"① 由此可知，杨永赞修谱的决心非常大。

此外，杨伟烈、杨伟英等人协助纂修。杨伟烈②(1739—1827)，字丕哉，号培斋，邑庠生。杨伟英(1754—1821)，字首春，号西庚，官名邦埔，邑庠生，晋封通议大夫，好读乡贤遗稿，并为之整修。

乾隆五十六年(1791)春，60 岁的杨永赞"谋诸宗族，猛勇钞此"。至乾隆五十九年(1794)冬，"稿成"③。乾隆六十年正式刊刻。前后经过了十多年时间。乾隆《镜川杨氏宗谱》，封面题"四知堂藏本"，内文题"报本堂木活字本"，六卷，四册，现唯天一阁收藏一部。这部族谱是镜川杨氏现存最早的版本，后世族谱的续修皆以此为本。杨永赞等在镜川谱散失殆尽的情况下，克服各种困难，终完成族谱创修之大业，"以一身当百有四十余年之中绝，网罗故系，采辑旧闻，久乃告成，厥功非小"④。

杨永赞重修《镜川杨氏宗谱》，其体例主要参照了邻村的《槎湖张氏谱》。乾隆本《镜川杨氏宗谱》分上中下三卷，除序和义例，共有 21 类，分别是地图、氏原、卜籍、家范、行第、世系、宠命、仕宦、科贡、庠俊、吏掾、处士、阃行、宗公、寿考、第宅、祠墓、著述、辨疑、守谱、题跋后序。这次家谱的编纂更加严谨、求实。如新增凡例言"我族厚公自苏迁鄞，当首鄞谱以系世。而旧谱必自康国公、砺公始者，不欲迁其祖父也。今定以厚公为一世肇基之祖，再追叙康国公祖父两代，连厚公，仍以五代起世。自厚公以前，则为

---

① (清)杨伟英《跋》，见杨永赞《镜川杨氏宗谱》卷末，第 1 页。
② 名为杨伟烈者有两人。另一人是碧川房杨伟烈(1784—1832，字锦章)，在时间上不符，可排除。
③ (清)杨永赞《后序》，见杨永赞《镜川杨氏宗谱》卷下，第 90 页。
④ (清)杨伟侠《后跋》，见杨学载《镜川杨氏宗谱》卷二六《补序题跋》，第 4 页。

占籍姑苏之远祖。其不联一图者，使后人知世次所由起而源流亦易明云"①。杨永赞等认为杨厚才是镜川杨氏的肇基始祖，而杨康国、杨砺等只能算是远祖，其求实之态度可见一二。

宗谱靠修，也要靠传承。乾隆本《镜川杨氏宗谱》对于守谱有着严格的规定。其一，守谱乃是宗族事之大者，不可有半点疏忽，"子孙而不知守其谱，是忘乎其先也"。其二，旧谱之所以散佚，是跟守谱不得法有密切的关系，断不可重蹈覆辙，"欲垂永久而勿失，则必慎所守也"。其三，明确族谱分管之家，以防日久遗失。"凡正谱三册，东杨藏一册，西杨藏一册，中杨藏一册。副本共七册，青山存一册，东杨前宅存一册，后宅一册，西杨仁、义、智三房各存一册，夹塘礼房一册。"其四则提出了几种具体的守谱方法，如"加封锁架阁于祠宇，一如镇宅莲经，此乙法也。或付宗长收藏，送迎输守，严加珍护。每逢伏日晒烺，勿致稍有蛀烂，此乙法也。抑或付当年者输守，于正月交出，各房挨次输守。岁时祭祀之日，通族会集，展阅一回，亦所以防蛀烂，此又一法也"②。此外，还收录诸家守谱条例，有《引证守谱条例》，以供子孙参考。

乾隆本《镜川杨氏宗谱》有《辨疑》一卷，史料价值弥足珍贵。《辨疑》一卷是宗谱编纂者对旧谱的辩证，这是研究镜川杨氏历史的基础，如果没有这些，很多信息难以得到考究或佐证。如对于杨氏字辈的考证，十分清楚。"梦觉云臣，时如应显，元成兴熙，自守茂美，承德秉文，式永益伟"六句，乃是镜川杨氏远祖康国而下八世祖所创书。至新五朝奉训诫子弟义不仕元，改"元"字为"新"字。明代洪武年间舒经所作的谱序称新五朝奉"缀十六字，为后来子孙第行"③，且言新五朝奉改"承德秉文"句为"承厚积宏"，而后杨守陈复改"承厚积宏"为"承德秉文"。杨永赞等通过《青山谱》等资料的考证，证明舒经所言有误。再如，对杨再十一君名为杨珪的考证。这些考证，都为镜川杨氏家族史的研究提供了诸多依据，同时大大增加了其自身的史料价值。

（2）道光《镜川杨氏宗谱》

时至道光年间，距乾隆末修谱已经有四十余年，于是杨氏家族中有识

---

① （清）杨永赞《镜川杨氏宗谱》卷上《修谱义例》，第21页。

② （清）杨永赞《镜川杨氏宗谱》卷下《守谱》，第87页。

③ （明）舒经《杨氏谱系序》，见杨永赞《镜川杨氏宗谱》卷首，第14页。

之士提出续修族谱。道光二十一年(1841)，仁房杨伟灿、澄川房杨学载倡议续修家谱，邀宗人在镜川里开会，商议开局修谱之事。"旋遭夷扰，中止"①。所谓"夷扰"，指第一次鸦片战争，这年十月，宁波城陷，也致使修谱活动一度中断。

　　鸦片战争结束后，杨益宝再度倡议修谱。杨益宝(1760—1848)，字嘉善，号稼船。杨守阯十世孙，家居桂芳桥(今宁波梅园小区内)。乾隆三十九年(1774)，十五岁，"家道素约，食指复繁"，其父命其"废学，客缑城"。缑城是宁海别名。所谓"客"，实是做生意。"翁先年客宁海贸易，以信行著闻。"②"操筹之暇，每以定省疏旷为憾。"嘉庆四年(1799)四十岁后，归家主持家政。杨益宝膝下无子，其子杨伟儒是过继的。杨益宝家财颇丰，嘉庆三年(1798)，"倡捐白金二百两"③，建世德堂，以合祀杨范以下列祖。嘉庆十年(1805)，斥资重修碧川公精舍，修葺碧川公影堂，对宗族事务十分热心。他认为："夫谱者，属也，谓世数之周普也。谱者，属也，谓人生相系属也。宗谱自修于乾隆年间，迄今阅一世有余。而数千家之生人，蛰蛰绵绵，蕃衍莫叙。倘不及时而敬宗收族，廓前谱而大同之，将创议于前者，其志不遂，而何以告成功，以昭祖宗之美而纪子孙之盛耶？"④

　　杨益宝虽有续修之倡，捐资之举，然毕竟年事已高，经族人商议，这次主修的使命落到杨学载身上。杨学载(1790—1849)，字笔言，号碧厓，又号东桥，郡增广生。这次续修，有明确分工负责机制。"世系俱各房主事者查明，……倘有遗漏，责有攸归。"⑤这一机制使得分工明确，责有专属，减少了讹误的发生，这在后来的几次续修中成为惯例。

　　这次修谱，也得到了杨伟儒的全力赞助。道光二十五年(1845)三月，杨学载找杨伟儒商量，说："重修宗谱，多历年所议，印刻经资未敷，奈何？"杨伟儒说："心未坚，志未决，是以愿不遂而功不成也。"答应出资。不久，延聘暨阳傅文耀先生"审详锓版，立局在东、西杨间新风珊庙，邀宗人备器什，

　　① (明)杨益宝《重修宗谱序一》，见杨存洪《镜川杨氏宗谱》卷二三《旧谱序源》，第18页。
　　② (清)戚学标《益宝六十寿序》，见杨存洪《镜川杨氏宗谱》卷一四《寿考》，第23页。
　　③ (清)杨学泗《族淑祖益宝公稼船先生传》，杨存洪《镜川杨氏宗谱》卷一五《行传》，第27页。
　　④ (清)杨益宝《杨氏重修宗谱序》，(清)杨学载《镜川杨氏宗谱》卷首，第1页，道光二十五年(1845)报本堂木活字本，天一阁藏，下同。
　　⑤ (清)杨学载《镜川杨氏宗谱·凡例》，第3页。

权舆其事。于是,鉴阅前谱,搜罗遗编,获寸缄尺牍,长章大篇,有关先代者,随时钞录,递束于局内,循次而补辑之。第家务烦冗,不得时时在局中同襄厥政,而一棹来过,风雨寒暑,往返数十次。族中琐碎鞶鞶,一切调停毋畸。至修谱章程,惟略表其大端,而未遑细核。若夫世系,向交各房分校。碧川房派独膺其役,不惮家稽户察,废修坠举,详考细征,四易稿而后定。似井然不紊,而焕然靡遗,盖所条陈而缕述之者此耳。自春徂秋,六阅月而蒇事,读终篇,瞻洽周详于前谱。虽有增删处,修短合度,疑信相参,荟萃而汇为巨观,非妄行窜易也。而卷帙浩繁,较前过半。纸札印料等费都钜,将伯者,其谁助之。家大人有训云'钱财当须为祖宗用耳'。经资未敷,独任奚辞。上以光祖宗,下以示子孙。谱牒煌煌,亘诸久远矣。"[①]由此可知,宗谱的编纂与刊刻,均放在新风坍庙。刊工傅文耀承担了家谱的刊刻工作。杨伟儒不仅出资,而且承担了碧川房派支谱的编纂工作。全部工作,花费了六个月时间。

道光《镜川杨氏宗谱》,报本堂木活字本,二十六卷。此版本宗谱印刷了 28 部,现唯天一阁收藏一部。

此次编撰,分氏原、卜籍、地图、行次、家训、世系、仕宦、宠命、科贡、庠俊、吏掾、处士、宗公、寿考、佚传、闺范、第宅、祀墓、著述、祀典、辨疑、集证、旧谱序源、采访录存、谨守家乘、补序题跋,共 26 类。增《佚传》一卷,《祀典附遗藏》一卷,《集证》一卷,《旧谱序源》一卷,《采访录存》一卷。《佚传》内容可以大致分为两类,一是延时送来的各房所收藏的文章,一是杨氏先祖文集中应当收入宗谱的文章,前者来不及分类,后者与一般著述不同,故将二者另为《佚传》一卷。《祀典附遗藏》一卷主要记录当祀典之先祖及祖上的诗文典册的相关内容。《集证》一卷是对前谱中不确之处的考证内容,解决了不少阙疑。修谱时,对所有联谱的杨氏分支都进行了严格的专人采访,考证其是否为镜川杨氏之分支,采访的内容记录,另辟一卷,是为《采访录存》。另外重修时,增录辨疑两条,分别是对其先祖杨正权和杨成七的考证。

杨学载辨析了宗谱创修与继修之异同,而强调继修之难。"或谓宗谱在创而修之者能耳,而继而重修之者殊易。不知创修者,汇先世遗编,条序

---

① 　(清)杨伟儒《重修补序》,见杨学载《镜川杨氏宗谱》卷二六《补序题跋》,第 2—3 页。

而鳞次之，至无所证据，曰以俟后人再订，是盖深望与。继修者虽有全帙可凭，而每卷每篇，疑信相参，欲求先世遗编，十不得一二焉。传记之矛盾，世系之龃龉，科贡仕宦之无征，祠墓第宅之不核，种种抵牾，心曷以安？故继修者较创修者为尤难。且夫散者而使之聚也，绝者而使之续也，亡者而使之存也，略者而使之详也，非修谱之常经乎？岂攀援附会得以了厥事哉？"①由此可知，续修的考订难度也较大。道光《镜川杨氏宗谱》的特点是考订精详。"锦心铁手，殚力纂修，仿史氏之体裁，补宗牒之阙漏，正误刊谬，考订详明。五阅春秋，始克告竣，而规模更见完备焉。"②

此外，对乾隆谱做了一些更定。"前谱世系以六代为行，今遵欧法，横列五世，提为一章，以明五服，更以五世起至九世，列为一图，以明九族，世经人纬，仍遵欧法，以五代为准。"③改五代为一图，五服与九族的宗族伦理观念得到更多的体现。涉及到一些隐晦的书法也有一定的更改，如"谱中所记，与史例异，盖为亲者讳，为尊者讳耳。若旧谱有书'降等'，书'死非命'，一概节删，崇宗谊也，以寓有褒无贬之意"。"改适者，书其姓氏不详。""有随母改适及出赘者，后许归宗，故并志之，以昭一本。"④这些皆属于家谱的笔法，可以看出伦理观念在家谱编修过程中影响之深。

（3）光绪《镜川杨氏宗谱》

光绪初年，距道光修谱又有近四十年，续修族谱再次提上议程。杨习樾《重修宗谱序》称："至今一世有余，子孙繁衍，虽昭穆攸分，而近世生卒配葬事多未曾入谱。……或迁居于外，或散居于城中，未能详悉。若不及时重修，其远出者固恐日久难稽其世系，而在近居者亦将有遗漏之虞，非所以追远睦族也。"⑤杨存本《重修宗谱序》言："迄今阅年四十，汇议续修。荷蒙列祖神灵，同宗欣然，咸有是志。特翻阅旧谱，章程条目虽立于前，祖德宗功虽表其美，而子侄之繁衍，支派之浩瀚，迁徙散处之纷纭，盛于今而胜于昔也。使非勤于访问，详为稽查，必至谬误遗漏，愈久愈失，其何以承先而

---

①　（清）杨学载《杨氏重修宗谱序》，见杨学载《镜川杨氏宗谱》卷首，第3页。
②　（民国）杨存淇《重修宗谱序三》，见杨存淇《镜川杨氏宗谱》卷二三《旧谱序源》，第26页。
③　（清）杨学载《镜川杨氏宗谱·凡例》，第3—4页。
④　（清）杨学载《镜川杨氏宗谱·凡例》，第3—4页。
⑤　（清）杨习樾《重修宗谱序》，见杨习镜《镜川杨氏宗谱》卷首，第2—3页。

启后乎?"①可见,经过四十年的发展,杨氏人多支繁,迫切需要重修家谱。

光绪八年(1882)四月,杨习龄(1811—1882)、杨习祚(1868—1900)与杨习梃商议续修,取得堂叔杨学沚、杨学济及族叔杨学政的支持,同往东、西杨村,会同公议。大家踊跃支持②。

这次宗谱的纂修,经过了支谱与总谱两个阶段。"特族大支繁,经费浩大,一时不能汇同,请宗干等自举,采访各房支谱,先行纂修。"③经宗族商议,由杨习梃、杨习镜、杨存本④三人担任主修之职。

杨习梃(1853—1916),学名开祺,字景松,号忠栻。父亲早逝,四岁由伯父抚养,"十二岁始与伯父分炊"⑤,独立门户。"少习举子业,文章平正通达,不炫新奇。因久困童试,乃纳粟,游武林,十赴秋闱,两膺鹗荐。奈命途多舛,不获售。既乃弃而习医,兼精内外,以活人存心,不亟亟以利为。当新政发生,立宪自治,君为都人士推许膺选。尔时,任议员之职者,屡多假名公益,自专权利,遭乡里诽谤者比比也。君独静默自持,以好事为戒,惟于议地方利弊之事,不肯以泄泄沓沓可否峡谷岐耳。"杨习梃的"城自治议员"身份,是宣统三年(1911)宁波府地方自治会职务⑥。杨习梃壮年时,"修辑十六宗族宗谱,独任其劳,费多补助,并绘十五代相册,兼修历代祖墓"⑦。

杨习镜(1850—1890),字迁范,号虚堂,庠生,享年41岁⑧。

杨存本(1835—1907),一名力田,学名世友,字立生,号律笙,别号筱岩,国学生,例封征仕郎。杨存本幼时多病,"人金谓少年虚损,必不久于世",后经其母悉心调养,逐渐健实。他"常潜修一室,左右置经史,供朝夕观摩",特立独行,喜读古诗文,淡泊名利,不应科举,"惟族中义塾、祠众、庙会、宗谱诸要务,责无旁贷"⑨。

---

①　(民国)杨存淇《镜川杨氏宗谱》卷二三《旧谱序源》,第23页。
②　(清)杨习梃《重修宗谱序》,见杨习镜《镜川杨氏宗谱》卷首,第2—3页。
③　(清)杨习镜《跋》,见杨习镜《镜川杨氏宗谱》卷二六《补序题跋》,第5页。
④　另有澄川房杨存本(1821—1840),字奕敦,国学生,此人在道光二十年即早逝,在时间上不符。
⑤　王文丰《景松习梃生传》,杨存淇《镜川杨氏宗谱》卷一五《行传》,第43页。
⑥　乐承耀《宁波通史》清代卷,宁波出版社2009年,第126—131页。
⑦　王文丰《景松习梃生传》,杨存淇《镜川杨氏宗谱》卷一五《行传》,第43页。
⑧　(民国)杨存淇《镜川杨氏宗谱》卷六《美华公派世系》,第14页。
⑨　(民国)杨存淇《镜川杨氏宗谱》卷一四《寿考》,第63页。

经过二年余的努力，到光绪十年（1884）春，各支谱完成。其间，杨学政、杨学济、杨习龄相继离世，杨习梴"虽有志协修而力不足"①。在最后汇总阶段，杨习镜（1816—1879）承担了主编任务。"幸西杨房长伟铨公议定协修"②，此谱得成。杨伟铨"魁梧其貌，旷达其胸"③，对宗族事务十分热心，此次续修家谱用力颇多。此次修谱经费，按人口捐款。"仍照前例，设局于凤墟新庙，汇合支谱，再行检阅，以付枣梨。"④四月开工，八月刊刻完成。光绪《镜川杨氏宗谱》，分教堂木活字本，二十六卷。此版本宗谱印刷了22部，现唯天一阁收藏一部。

根据社会习俗的变化，光绪本《镜川杨氏宗谱》有几点具体的变更。如"古无冥配礼，今冥配甚多，且有以夭殇冥配者。公议未十六岁者，虽配不书；已十六岁者，书冥配某氏，不详生卒，而亦不得立继"。冥配，又叫阴婚或冥婚，是将已死男女配成夫妇，汉代之前即已出现。有清一代，随着贞节观念的加深，冥配的习俗盛行，此次续修，对于是否入谱，做了明确的规定。再如当时娶典妇的现象较为普遍，"议以典妇生子，书典某氏，削其生卒，未生子者不书，惟贫乏不能娶而以典妇为原配者，只书典某氏。若典有夫之妇，虽生子不书。其子有出典于人者，作改适论。"对于典妇是否入谱，如何书写，都很明确。另外，考虑前谱可能混淆生卒无考与改适之人，"明书改适，再削生卒，以杜混淆"⑤。

3. 民国的宗谱编纂

（1）民国四年《镜川杨氏宗谱》

进入民国初年，离前次修谱又近三十年时间，杨氏考虑重修宗谱。"迄今又阅一世，续修之议，怦然以动。进商同族，欣然乐从。"⑥这次修谱，是杨存淇首先提出的。"偶阅报章，见政府有修史之令，而家乘思想，不禁怦

---

① （清）杨习梴《重修宗谱序》，见杨习镜《镜川杨氏宗谱》卷首，也见杨存淇《镜川杨氏宗谱》卷二三《旧谱序源》，第21页。

② （清）杨习梴《重修宗谱序》，见杨习镜《镜川杨氏宗谱》卷首。也见杨存淇《镜川杨氏宗谱》卷二三《旧谱序源》，第21页。

③ （清）杨习镜《镜川杨氏宗谱》卷一四《寿考》，第47页。

④ （民国）杨习镜《跋》，见杨习镜《镜川杨氏宗谱》卷末，第5页。

⑤ （民国）杨存淇《镜川杨氏宗谱·凡例》，第5页。

⑥ （民国）杨习仕《重修宗谱序二》，见杨存淇《镜川杨氏宗谱》卷二三《旧谱序源》，第25页。

然发生。屈指三十年,正在大修之例。爰偕族叔,发起续修。谋及同宗,极形踊跃。"①所谓修史,是指民国三年修《清史稿》。民国三年(1914),杨习鎏、杨习梴(1853—1916)、杨习仕、杨存宝(1877—1937)、杨存淇发起续修,杨习梴督修。杨习仕(1879—1938),字馥茆,号勉斋,别号梅庭,又号翔圃居士。续增凡例六条。至民国四年季秋,宗谱成稿。"我宗谱自甲寅重修以来,越明年而告成。两载之间,采访者严行审查,广为搜罗,积几许奔走力。校对者考订同异,厘正得失,积几许心目力。"②此谱刊刻过,惜今不传。

民国四年家谱续修人员分工有发起人、督修、协修、管理、总调查、参订、分采几类。与前谱相比,"管理"这一职位是新增的,体现了时代特色。

民国四年所修谱,最大的贡献是有各支户丁数量统计,见《卜籍》。上杨9家,23丁;下杨,180丁;东杨24家,439丁;西杨517家,1209丁。四支共有552家之多,1805个男丁。由此可知杨氏子孙之多,其中又以西杨子孙最为发达。

此外值得注意的是,修谱后的民国五年十二月十五日,成立了修谱远虑会。次年,杨存淇作《修谱远虑会碑记》称:"为宗族倡亿万年大计,为后世创千百世宏猷,所谓修谱经常费是也。我杨氏自有谱以来,每届大修时期,恒以经费无备为苦。同人等念筹款艰难,谋预备良策,发起一修谱大会。将此次修谱余银七十二圆有奇,不支薪修,移作是会之起点。商诸同族,罔不赞成。复承诸君子倍极热心,又能继续完全。千万钜资,一呼而集,是会于以成立矣。於戏!全宗大计倡于一时,奕叶宏猷创于一旦,岂非历祖神灵,有以默默呵护之哉!是会也,虑及后人,藉图久远之基,俾流传于千百世、亿万年,为唯一之目的。凡我宗族,共鉴此心。谨将各户助赀,勒石声明,以为世世子孙纪念。……发起人,习梴、习鎏、习仕、存宝、存淇等五人,赞成员……等二十人。"③这是一种民间基金会运作模式。

(2)民国三十二年《镜川杨氏宗谱》

到了民国三十二年(1943),杨良善再次发起修谱活动,终得成功。这次修谱的总裁是杨存淇。杨存淇,学名翊圣,字庆祺,号博济,又号菉园居

---

①　(民国)杨存淇《重修宗谱序三》,见杨存淇《镜川杨氏宗谱》卷二三《旧谱序源》,第26页。

②　(民国)杨习仕《跋》,见杨存淇《镜川杨氏宗谱》卷二六,第1页。

③　(民国)杨存淇《镜川杨氏宗谱》卷二〇《祀典》,第8—9页。

士,别号钟英,晚号松庵道人。宁波师范学校毕业①。家学之传承与新式学堂之教育使得杨存淇颇具才学。杨存淇是民国两次宗谱续修的中坚人物,两次参与编修,第二次担任大总裁。此前,杨存淇有过编撰族谱的实践。民国十年(1921),为车氏编纂家谱,修成《山西运城绛县中林车氏支谱》,顺德堂木刻活字本,5册,十四卷,现藏于国家图书馆。也许正是因为这些,杨存淇才被族人推举为修谱总裁。此次修谱时,杨存淇已经66岁,"年逾花甲,心甚惮烦,再三固辞,终不获命。不得已,强膺斯任"②。

值得注意的是,1948年,杨存淇又替人纂修了《浙江鄞县蕙江何氏宗谱》,木活字本,五册,十二卷,首一卷末一卷,现藏于上海图书馆。结合民国十年的《山西运城绛县中林车氏支谱》编纂,可知杨存淇实际成为职业谱师了。职业谱师的出现,是民国时期家谱编纂的新特点之一。这种职业群体的出现,说明了民国时期修谱的普及。也说明了修谱家族的变化,不再是士大夫家族,而是普通职业家族。他们可能经商发财,因受周边村庄修谱的影响,也要求修谱。但他们没有修谱能力,于是就请当地有名的谱师来修。职业分工的广泛化,是现代社会的特征之一。

民国修谱带有时代的特色,内容上也有所变化。

1943年续修宗谱的分工更加具体,有发起人、大总裁、监督、总办、协办、经济、会计、管理、校对、采访等,这完全是一套现代的分工编纂机制。大总裁就是之前的主修人,又新增经济、会计两项。

这次修谱经费,主要来源有二,一是远虑会,二是杨芬荣(1906—?)的垫支。"我杨氏自有《镜川谱》以来,每届大修之年,恒苦于经费之无着。欲图发起,不免稽迟,或百有余年而一修,或七八十年而一修,或四五十年而一修,即可想见筹款之匪易也。余前届提倡修谱,正及三十年。丁灶之捐,一时难以收集。纵借款筹垫,犹极感困难。此杨氏修谱远虑会之所以从速创成欤。八百基金,盘积一世。现有田五十余亩,并得存款盈万,本足敷修谱之资。顾目今物价过高,公积虽夥,仍属无济于事。幸而夏凉岗有急公

---

① 宁波师范学校,前身乃光绪三十一年(1905)创办的宁波师范学堂,民国元年(1912),改名宁波师范学校,是浙江省最早的一所师范学堂。

② (民国)杨存淇《续修宗谱序》,见杨存淇《镜川杨氏宗谱》卷首,第1页。

好义之芬荣队长出,独能慨垫巨款,起议续修。"①由此可知,为了修谱,杨氏成立了"杨氏修谱远虑会"。不过,时值日本占领宁波时期,物价过高,基金经费仍不足修谱之用。古代中国人修宗谱,最大的问题是修谱成本过高。杨氏修谱远虑会的模式,不失为一法。《凡例》言:"吾宗杨氏为确定修谱经费起见,创兴远虑会,曾费尽多少心力,始克完成。嗣后,如有侵吞修谱公款,定当禀官追偿,否则黜族削谱。"②由此可知,为了保障"远虑会"的顺利运作,有严格的规章制度,设立会计。

民国《镜川杨氏宗谱》,分教堂木活字本,十三册,二十七卷。现唯天一阁收藏一部。

民国《镜川杨氏宗谱》,随着时代的发展,内容也在变化。如"科举停后,士子皆由学校出身,凡中学、大学、留学毕业者,宜分别书之,所以重儒也"。杨氏对入谱的规定有很大程度的放松,首次允许螟蛉(即义子)入谱,有《闰谱》一卷。"螟蛉,异姓,旧例不准入谱,恐其紊乱宗支也。今虽公决开例,仍不使混入正派,另立闰谱一本,名曰《似续谱》。各房若有义子,第一次附录闰谱,有产者须捐助二成,无产者至少捐助十元,缴与修谱总会。"又称"螟蛉异派,不得为宗族房长,亦不得举为总干事,以防牵掣本支,侵夺权利"。由此可见,虽然螟蛉得以入谱,但有严格的附加条件。不过,对典妇的规定仍很严格,"如有误取同族醮妇,或误取同族女子,当直书不讳,贬为侧室某氏。若误取同族同村典妇,并将其生卒年削去"③。这种观念,反映了宗族制度中的强调血缘性原则。义子是进来的儿子,当然可以松一点,但如果是典妻或娶同族女子,则是严格禁止的。

不过,联宗是一件非常谨慎的事。"修谱以惇宗收族为第一义。真同族者,不令散为异族,可联宗者,必使集合归宗。……不可祖而祖之,是谓诬祖,诬祖者不祥。"④

4. 杨氏家谱编纂的特点

杨氏修谱体现了士人修谱传统。值得注意的是,杨氏修谱,一直是由

---

① (民国)杨存淇《续修宗谱序》,见杨存淇《镜川杨氏宗谱》卷首,第1页。
② (民国)杨存淇《镜川杨氏宗谱·凡例》,第6页。
③ (民国)杨存淇《镜川杨氏宗谱·凡例》,第6页。
④ (民国)杨存淇《续修宗谱跋》,见杨存淇《镜川杨氏宗谱》卷二六,第2页。

本族士人承担的。这正是近代科举文化家族延续的结果。修谱得有文化,有文化的家族才会继承修谱事业。从编纂者来说,以西杨人为主,东杨人辅之;以城中杨氏为主,以乡村杨氏为辅。西杨义房是核心房派,正是因为这派的发展,带动了镜川杨氏家族的成名。成名以后,这一房迁居到宁波城中,有比较大的发展前途。而居乡村的一房,则难以发展起来。修家谱之事,都是城中杨氏后裔发起的。从元代杨子杞拟定字辈,到明代镜川谱的续修,再到清代、民国宗谱的兴修,使得镜川杨氏的历史得以存于历史之长河。

　　杨氏修谱时间悠久。宁波镜川杨氏元明时逐渐成为地方望族,开始注重宗族管理和宗谱的兴修。"谱之为义大矣哉!上溯渊源,可追远一本之宗祖,下垂系统,可普及万派之云礽,能使百世同宗,伦次不紊,四方散族,联络有情,阅千万世而继继相承,历亿兆年而绳绳弗替,非谱牒不为功。"[1]"谱之于人所系甚大,岂庸直视为虚文而已哉?"[2]杨氏有续修宗谱的时间规定,"或以三四十年为度,或以五六十年为度,惟在有志者时……按谱而继绳之,为增为删,博考详稽,光我家乘"[3]。值得注意的是,日本占领宁波时期,杨氏仍然坚持修谱,可见宗族精神力量之大,不以外界政权的变化而受影响。"迄今数十传,得以考世系、序昭穆者,独赖有谱之存"[4]。因为自明朝即开始修宗谱,今天仍可见四个版本的家谱,所以这个家族的系谱比较清楚,尤其是西杨一系人物的年月清楚。这是一个非常好的传统,应该继承,可惜 20 世纪 50 年代以后的杨氏反而丢失了这个传统。如今,要想修一部新的杨氏宗谱,已经十分困难。

　　宗谱的体例变化较小。乾隆版《镜川杨氏宗谱》卷帙不多,只上中下三卷,但内容较全。道光版、光绪版与民国版,卷帙虽增加了,变成各个部分单独成卷,但内在体例的变化不大。这就是传统家谱的继承性,或保守性。变化的只是谱系图不断延伸了,人物传记之类增加了。在农耕社会,变动较小,自然继承多。到了现代社会,则可以根据需要,作一些变化。譬如照

---

①　(民国)杨存淇《续修宗谱序》,见民国《镜川杨氏宗谱》卷首,第 1 页。

②　(明)杨杰齐《重修关西后裔宗谱序》,见杨存淇《镜川杨氏宗谱》卷二三《旧谱序源》,第 9 页。

③　(民国)杨存淇《镜川杨氏宗谱》卷二五《谨守家乘》,第 3 页。

④　(清)杨习樾《重修宗谱序》,见杨习镜《镜川杨氏宗谱》卷首,第 2 页。

片问题，就是要改变的。

杨氏修谱严谨。某些学界人士有一个偏见，认为家谱多不可信，存在着"家谱的虚构"这样的现象，这种观点是不能成立的。纵观《镜川杨氏宗谱》几次续修历程，相当严谨，力求真实。杨氏宗谱每经一次重修，都是博参详考，几易其稿，在原有的基础会有很大的提高。在具体的编纂过程中，始终坚持不妄书的原则。联谱、入谱有着严格的规定，杨氏家族在编纂家谱前都会对各个支派的脉络进行考订，《采访录存》记录了考察的结果。如果难以理出脉络，即使极有名望，也拒绝联谱。例如"状元守勤公家祠与慈湖宗祠联埭，各祖其祖，其行次与吾宗不侔"[①]，于是排斥于谱外。宗谱是同姓血缘群体档案记录，谁愿意将一个不是同族的人当作祖先？如果说家谱有什么不可信之处，就是涉及远祖时，某些记录有问题。那是历史认识的局限，不是有意作伪所致。中国的宗谱修纂往往会写上全国性历代某氏大人物，如《镜川杨氏宗谱·仕宦》涉及了历代中国杨氏大人物，这样的表达习惯有增强某氏自豪感之意，可以理解为人文祖先。

杨氏重视家谱的传存。对于守谱，《镜川杨氏宗谱》特辟一卷《谨守家乘》，以作守谱之规章。"聚族必立谱，掌谱尤在传人。家谱之留贻后人，自当法守。……若任其亵渎，将有久而疏失之虞，其非所以妥先灵垂久远也。"杨氏家谱，一般分正副两种。正本主要由西杨、东杨、中杨三族收藏，副本则交各房收藏。正本装订考究一些，如光绪谱正本"装以缎面，钉以双线，用粗扣，标题《镜川杨氏宗谱》"，相当于今天的精装本。副本相当于普通本，装订可能简单一些。由于宗谱是家族档案，有一定的私密性，所以宗谱的印刷量不大，乾隆谱只有10套，道光谱28套，光绪谱22套。各套宗谱，上有天干地支编号。宗谱数量少，流传不广，这是导致宗谱传世不多的因素之一。《镜川杨氏宗谱》，目前仅天一阁有收藏，西杨、东杨等乡间的宗谱，多毁于20世纪60—70年代的"四清"、"文革"期间。天一阁所藏四套《镜川杨氏宗谱》来源于何地？没有详细交待，似应来源于宁波城内的碧川房祠堂。今天一阁所藏家谱，多是"文革"期间红卫兵从城内抄家而来的。

---

① （民国）杨存淇《镜川杨氏宗谱》卷二四《采访录存》，第3页。

三、祭祀、义田与学校

士大夫是宗族公共精神建设的核心领导力量，因为他们视野宽，有知识，有文化，有社会地位，有权威力量，可以统摄全体族员。至于乡村小民，私有意识强，公共意识弱，自然无法建构宗族共同体。

1. 圣旨

传统中国是一个"强国家"社会，个人荣耀的获得，必须通过政府的认可，其形式就是圣旨。圣旨越多，表示这个家族得到朝廷的认可度越高。镜川杨氏曾获得相当多的圣旨，故家谱中专门设立"宠命"一卷。

弘治十二年(1499)，是杨氏家族最为荣耀的时间点，全家人取得了 19 道圣旨，受到朝廷的嘉奖。九月二日，杨守阯"偕九卿诸公饯大理兄于朝宫，有驰报吾家三世诰命至者，守阯亟回，具服迎拜。礼毕，复追送大理至龙江而别"，作诗称："话言累世承天宠，誓竭精忠答圣明。"作《再次韵斋居闻诏》："愚臣闻喜尤多幸，三叶承恩诰五华。"又作《次韵喜蒙恩诏得以官赠先祖栖芸先生》："纶綍初颁恩似海，斧堂先见气成霞。九原文懿曾遗恨，此日应闻含笑花。"[①]为祖父请赐，是杨守陈的一大愿望。早在少詹事时，即草疏乞恩赐祖，没有成功。临终遗恨之一就是要弟弟们实现此愿。经过努力，杨守阯终于实现了家族的一大愿望。而《次韵蒙恩得加赠先考梅读先生悲感有作》则写出了替父亲杨自惩得到恩赐以后的激动心情。

杨守阯激动之余，汇编杨氏 53 道圣旨，成《宠命世载录》，"以世序为次，人各有篇，篇各有名，名取诸诏敕中本语，非敢为标目"。所谓载，既是承载，也是记载。所谓宠命世载录，就是"累世承载国恩而此录记录之"。也取《国语》"奕世载道，不忝前人"，与诸族人共勉[②]。《宠命世载录》完成以后，寄大侄子杨茂元审阅。杨茂元回信，认为"先父尝纂修英庙实录，及修宪庙实录，为副总裁。又修(疑为"叔")父亦预纂修。至修《大明会典》，叔父为副总裁。又修《玉牒》。当时敕谕训饬臣工者，叔父实与闻之，以协

---

① 《碧川诗选》卷七。

② (明)杨守阯《宠命世载录序》，杨存淇《镜川杨氏宗谱》卷八《宠命》，第 1—2 页。

恭其事,恐不可遗也。今田赋兵刑之事,皆在所取实录、玉牒之敕,乃复见遗,犄掇星宿遗羲娥,岂偶虑不及此耶?”杨守阯觉得在理,尤其是想到“祖孙相承,兄弟相及,得与五朝史事,古或有之,今亦未见,宜谨著之,以示后人,又可遗乎? 至于一门先后被命,与经筵,与书局,与校文清黄,凡诸差遣,纶言所及,虽非专命,亦安敢遗之”? 弘治十六年四月,复取“家藏敕谕奏札公移文字,与一时共事同升之氏名具载之,以为恩名录外篇”①,此为《宠命世载录外编》,专门收录杨范、杨守陈、杨守阯参加实录、会典、玉牒修书有关材料。

万历十一年(1853),杨德政复增辑,得 105 道,重刊《宠命世载录》于世②。

杨德周称:“先人怀族大门高之惧,以保世滋大者,抑何冰渊凛凛哉! 后人念祖德,则不忘国恩,将何以作忠为尽孝焉,作《诰命志》。”这可能是家谱中收录诰命的开始。据杨秉萧所言,共有 139 道。到杨存淇时,增至 146 道。杨存淇称:“杨氏簪缨奕世,累朝所颁赐,或诰敕,或敕谕,或谕祭之文,在唐宋时者已缺不详载,而在大明朝亦未全。今共辑得一百四十六道,录之于谱,以见祖宗功德所致,不可不书之,以昭巨典。”③杨存淇的《民国镜川宗谱》卷八《宠命》分唐宋时宠命与大明宠命两大部分,大明宠命又分四部分,分别是祖父母父母、本身及妻、任职谕、谕祭文。各个部分,又按时间顺序编排。

从“宠命”卷来看,这个家族在明朝确实荣耀,明代宁波其他家族无法比肩。这些圣旨,从历史学来看没有太大意义,但从这个家族来说则是无比崇高的事。杨德政说:“朝廷赉赐臣工,纤巨皆恩也。乃其隆重辉赫,自上推之为异数,自下承之为极荣,则无若锡命哉! 何者? 华衮铁钺,严乎片言,夫宁惟其身宠辱系之,将前以逮乎其亲,而后之施及其子孙,至数世不绝,诚重之矣。其始也则冀幸之难,其既也则称塞之难。”④杨德周称:“甲姓右族,总以宸奎宝纶为荣。”杨秉萧称:“余惟家乘之作,不过以叙世次,存先泽,俾子孙无忘水木之自而已。然不得邀朝廷宠灵,终无以表亢

---

① (明)杨守阯《宠命世载录外编序》,杨存淇《镜川杨氏宗谱》卷八《宠命》,第 2 页。
② (明)杨德政《宠命世载录后序》,见杨存淇《镜川杨氏宗谱》卷八《宠命》,第 4 页。
③ (民国)杨存淇《镜川杨氏宗谱》卷八《宠命》,第 1 页。
④ (明)杨德政《宠命世载录后序》,见杨存淇《镜川杨氏宗谱》卷八《宠命》,第 4 页。

宗之业。……自非世德深厚，曷以致此！他日将来未艾纶綍之锡往往有之，何以服膺圣训，不坠世德，以图报万分之一乎！"杨存淇称："以臣下而受宠命，国之恩，家之惠。宝章乔皇，光前裕后，荣盛极矣。"①看一下各卷的龙凤图案，就知道荣誉的含金量所在。中国是一个崇尚政府权威的国度，圣旨是国家级荣誉，民间社会自然格外重视。

2. 祭祀

与西方的宗教信仰相比，中国是一个祖宗崇拜的民族。"祭祀，巨典也。自天子至庶人之所共尊者也。人未有不尊祖宗、积阴德而能显著兴隆者。"②这段话可以说明祭祀在中国人心目中的位置。祠堂与坟墓，各有着特殊的功能。"祠以妥神灵，墓以奠魂魄，互诸百世，则俎豆馨香，自绵绵于勿替"③。"报本追远，祭祀不可不诚"④。所以，镜川杨氏重视祠堂与坟墓。

镜川杨氏，在相当长时期内，是不重视祖先祭祀的。杨颙、杨硕卒后，葬西杨，人称为"连枝墓"。因坟上有楮树，结实可食，民间俗称"炒楮墓"。杨守陈诗称："荒冢累累数百年，二龙遗迹想依然。"杨守阯《祭十六府君十九府君连枝墓》诗称："吾家得姓自杨侯，晋国流传到此州。一祖始迁分两族，二难连葬閟千秋。丰碑对峙今新刻，崩墓重伤古不修。从此年年作寒食，禁严刍牧在斯丘。"⑤由此可知，在杨氏未发迹的时代，杨氏祖先的荒冢是不会受人关注的，达到了墓崩而无人来修理的程度。只是到了明中叶，镜川杨氏崛起以后，才开始重视。

弘治十四年(1501)八月，杨守阯回宁波省墓。这次回家，带了十套冠带衣被，给过世的家族成员，举行了焚黄仪式。作《焚黄即事感怀七首》："一门仕宦覃恩同，同日鸾书十九通。结丝奉迎归旧宅，焚黄次第賫幽宫。雪花点点焄蒿处，风木萧萧感怆中。世德深长今食报，还期报国砺精志。"⑥这首诗讲了杨氏世德终得报，决心报国还恩。另一首则称："成童哭

---

① （民国）杨存淇《镜川杨氏宗谱》卷八《宠命》，第 1 页。
② （民国）杨存淇《镜川杨氏宗谱》卷二〇《祠典》，第 2 页。
③ （民国）杨存淇《镜川杨氏宗谱》卷一八《祠墓》，第 79 页。
④ （民国）杨存淇《镜川杨氏宗谱》卷二〇《祠典》，第 1 页。
⑤ （民国）杨存淇《镜川杨氏宗谱》卷一八《祠墓》，第 7 页。又见《碧川诗选》卷八，中国科学院图书馆藏。
⑥ 《碧川诗选》卷八。

父宦泉州,乡榜才登值母忧。讵意追封到三品,伤心往事恨千秋。前程未遂萦亲念,后嗣难招为我愁。今日有官并有子,九原不作见无由。"这是杨守陛自己的心思,担心后裔难以接续杨氏世宦之业。"祭毕收藏家庙里,春秋展祀永垂辉",这是对后人的交待。

这次省亲,非常重要的活动是,确立了炒槠墓祭墓传统。重新修了墓,立了墓碑,严禁在墓边放牧。从此,每到寒食节,子孙要来祭祀。"杨塊之杨,青山之裔。伯仲并兴,东西分第。惟我始祖,克昌厥世。积德百年,显于文懿。世远风移,礼典久废。繄我碧川等,置田振义,鸠众鼎规,永为定例。"①东杨、西杨祖,根据兄先弟后原则,东杨在清明前一天祭祀,西杨在清明节祭祀。

爱日堂:东杨后裔在镜水西南设立爱日堂,纪念东杨鼻祖杨顥。

栖云公祠,义房大房二房三房祖先,清明节祭祀。

梅读公祠,镜川、碧川、澄川三房祖,每年十一月初三日祭。杨自惩的书房,后称为敬梅轩。以后,成为镜川、碧川、澄川三房共同的公祠。道光二十三年(1843)毁于台风。道光二十五年(1845)重建,改成梅读公祠②。杨习祚有《家大人谒梅读公祠二十二韵》,略称:"世祖煌煌迹,开基五百年。枫宸前宋肇,梅读大明传。棣萼文章起,云礽德业延。簪缨留七叶,第宅历三迁。"③

文漳公祠,纪念碧川大房后裔杨文漳(1648—1737)。

懿德堂,为杨守隅后裔所建。今日所见后堂,堂上有"懿德堂"匾,建于光绪七年(1881)十一月四日④,今尚存。懿德堂是后明堂,用于安妥神灵之用。

世德堂:世德堂是由西川公杨守隅后裔杨伟舟(1762—1808)、杨学泗始创的义房公祠,完成于嘉庆十四年(1809),其时杨伟舟已卒。"惟义房有支祠而公祠缺焉,甚非所以崇先德而妥先灵也"⑤。世德堂位于西杨前岸南首。原来计划建成三排,因各房的捐资未达,只建成了后排九间。此世

①　(民国)杨存淇《镜川杨氏宗谱》卷一八《祠墓》,第7页。
②　(民国)杨存淇《镜川杨氏宗谱》卷一七《第宅》,第13页。
③　(民国)杨存淇《镜川杨氏宗谱》卷一七《第宅》,第13页。
④　(清)杨存本《懿德堂记》,(民国)杨存淇《镜川杨氏宗谱》卷一七《第宅》,第18页。
⑤　(清)杨学载《世德堂记》,杨存淇《镜川杨氏宗谱》卷一八《祠墓》,第13页。

德堂,今尚存,为一小厂车间。

世德名家,这是清朝立下的碑坊。20世纪50年代被毁。

烈愍公祠,纪念四忠双烈,在"世德名家"前,应在今天的横古公路对面。

青山祀:东钱湖青山祀,祭远祖杨厚,一般在三月十一日。又在山下立祠纪念,题继德庵、清爽堂①。此地有杨家府七十二坟,上杨与下杨尤其重视青山远祖祭祀。顺治十四年(1657),兴复青山祖清明祀典。

东杨祠堂:今日的东杨村,尚保留了一所规模较大的祠堂,但已经陈旧不堪。祠堂上面仍挂着"东杨小学"匾,说明20世纪60年代曾做过小学。

除了乡村,宁波城内也有祠堂。晚清商人杨文林在宁波城内重新建造碧川祠堂一所,设义务学校一所。在日湖的一支,是杨守阯的后裔,至民国时期,有三五十家。因杨守阯号碧川,所以这支称为碧川房。原来有一个祠堂,有三间房,"建自何年,代远时湮,欲求故实,而遗老无复存者。视其间,栋楹、梁桷、板槛之腐黑挠折,盖瓦、级砖之破缺,赤白之漫漶不鲜,所在皆是"。可见,已经破残严重,但因缺经费,一直无法修理。民国十八年(1929)春,杨文林"以祠宇故,告宗人,愿以万金为重新之,倡阅其第宇,以妥先灵,亦俾后之人托幽有所,甚盛事也"②。他的想法得到了碧川房宗长杨习新(1857—1937)及其他族人的支持。五月开工,十月完工,计有七楹,改名文肃堂。中间设神龛,祀杨自惩与杨守阯父子,两边安置杨守阯以下历代祖先的牌位,按行辈而列,凡十一级,面南而设。有庖厨房、有储藏所、有小工房。四周有围墙,左右各有三间平房,可见功能完备。

确立木主神位制度。修谱时,到各房查阅,发现"其名氏年月配葬,错误不一,至有毫无考征。为子孙者,虽愚顽,何忍忘其祖父!总由贫苦,不能周全,族中罔知怜恤,任人篆写,不遵款式。今定以木主,照文公家礼,长一尺余,合为函。中面写某府君某孺人之神主,函中照写。两沿须写生卒年月,并合葬某处字样。男女同主,为费有限。嗣后,各房祠内,宜预备主式,标样悬挂,以便临时应用。不可昂索主价,庶遵式填写,使后人查考有

---

① (清)杨文济《兴复青山祖清明祀典序》,杨存淇《镜川杨氏宗谱》卷一八《祠墓》,第2页。

② (民国)张琴《杨氏碧川房重建祠堂记》,杨存淇《镜川杨氏宗谱》卷一八《祠墓》,第77页;也见章国庆、裘燕萍编《甬城现存历代碑碣志》,宁波出版社2009年,第297—298页。

据,毋致遗漏。"①木主神位既是祭祀对象,也是族人历史的表现,可知其生卒年月与葬地。

祖像:古人祭祀时,习惯拿出祖宗图像。光绪七年,杨习梃将杨范以来的祖先,至其父亲杨学湉,凡二十六代的画像,装潢成册,称《列祖像册志》②。

3. 义田

为了保证祭祀费用,各有祭田,数量不等。如青山祀有 14 亩多,炒楮墓有 30 余亩,栖云公祀有 10 余亩,梅读公祀 10 余亩,水南公祀稍多,有 40 余亩。家族中的成功人士,也会"置田以承先祀",如杨伟焕。从今天的眼光来看,义田实际是宗族公共财产。没有这笔公共活动基金,相当多的宗族公共事务是无法展开的。

4. 学校

杨氏的学校,主要有两类,一是部分族人自设的收费学馆;一类是聘请塾师上门教学的义塾,一般对族员是免费的,如西杨布政房的懿德堂右边一间小屋,就是当年的义塾。杨伟舟(1762—1808),字廷梢,号虚堂,国学生。"若夫大义攸关,卓然不可泯灭者,莫如建宗祠、兴义塾为最著。经营尽力,不殚艰劳,族人推为领袖焉。呜呼! 人情莫欲事其亲,叔父独能充事亲之量,堂建世德,以奉百世之祖考。人情莫不欲教其子,叔父独能推教子之心,会举崇文,以训一族之子姓。则追远之思,垂后之泽,自足为人世所景仰。"③这所义塾,似名"崇文"。民国时期,任职鄞南保安队部大队长的杨良善(1906—?)也曾"兴学校以陶成子弟"④。

四、小结

杨氏宗族管理体制始于明初,至明中叶达到鼎盛期,由于有强力士大夫的支撑,比较有权威性。进入晚明以后,镜川杨氏的宗法管理有式微现

---

①　(民国)杨存泗《镜川杨氏宗谱》卷五《家训》,第 3 页。

②　(民国)杨存泗《镜川杨氏宗谱》卷一八《祠墓》,第 19 页。

③　(清)杨学泗《祭文》,杨存泗《镜川杨氏宗谱》卷一八《祠墓》,第 74 页。

④　(民国)杨存泗《芬荣队长行述》,杨存泗《镜川杨氏宗谱》卷一五《行传》,第 46 页。

象。不过，一直保留到民国时期。杨氏宗族管理体制由宗公、族长、房长三个层次构成，行使宗法层面的家族自我管理。在管理中，形成了一套族训。他们的祭祀活动、家谱的编纂一直坚持下来，义田也有一定的保障，学校教育偶尔也举行。这些有效的宗族管理活动，维系了杨氏成为一个近代家族。不过，家庭个体化是时代发展的趋势，所以杨氏的宗族管理也在式微之中。

第四章　杨氏家族与地方社会

望族与地方社会，是学人们喜欢关注的一个切入点。镜川杨氏作为一个持续三十多年位居全国首列的科举家族，他们与地方社会的关系如何？这是学人们比较感兴趣的话题。从有关材料来看，镜川杨氏与地方社会的关系，主要表现为两个方面：一是科举成功的榜样作用，二是对地方事务的关注。

一、科举家族的示范效应

明代由于科举的影响，经学出现地域化现象。如"安福之士十九治《春秋》，而凡乡、会试夺《春秋》魁者，多此焉自出，故安福《春秋》名天下"[①]。宁波杨起汶、杨范、杨自惩三代"最深于《易》学"，故其子孙后代及亲戚们都治《易》。杨氏一经传家的成功榜样，带动了宁波其他家族。明代宁波城内的四大家族，甚至鄞县其他家族，均不同程度地受其影响。

1. 月湖陆氏

陆氏是宁波城内大家族，宅第主要集中在月湖边的烟屿一带，所以称为"西湖陆氏"。值得注意的是，陆氏是一个军人之家。到第五代陆瑜时，族中开始名人辈出，成为甬上望族。陆瑜（1409—1489），字廷玉，号省庵，陆氏五柱。宣德八年（1433）进士，《宣德八年进士登科录》作："陆瑜，贯宁波府鄞县，军籍，县学生。治《书》经，字廷玉，行六，年二十四，八月三十日生。曾祖得明，祖睿，父应吉，母陈氏，继母黄氏。具庆下。兄□、璘。娶王氏。浙江乡试□□□，会试第五十一名。"[②]天顺二年（1458）升任刑部尚

---

① （明）杨守陈《杨文懿公文集》卷六《送彭教谕序》，第16080页。近来陈时龙《明代科举体制下的家族、地域与经学》也注意到了这种现象。

② 《天一阁明代科举录选刊·登科录》，宁波出版社2006年。

书。成化九年（1473）致仕，卒于弘治二年（1489）九月十四日①，谥康僖。
著有《笑苑》、《秋台稿》、《薇垣稿》、《晚翠稿》。陆瑜是明代宁波第一位官至
尚书的官员，对杨守陈家族也有一定的影响。退休时，杨守陈曾作《送刑部
尚书陆公致政序》，称"以风节动朝廷，以行义表闾里，以诗礼引宗族而淑
之，公于是得出处之道矣"②。

杨氏与陆氏之间有姻亲关系。杨守阯一生有三个女儿，三个儿子。女
儿大，为全氏所生；儿子小，为钟氏所生。大女婿陆偁，官至福建按察副使。
二女婿李堂，官至工部侍郎。陆偁有三个儿子，分别为陆钶、陆铨、陆鈇，均
能承外公与父亲之学，皆进士出身，陆钶官副都御史，陆铨官广东布政使，
陆鈇官山东按察副使。如此，女婿及外孙辈中，出了五位进士。"盖公（杨
守阯）少传文懿之学，一门次授，七业俱成，并为国家名臣。及陆氏诸外孙，
俱经指授，能世外大父科名，盖东南文献，于斯为极盛矣。"③自从杨守陈成
功以后，带动杨氏家族，甚至陆氏家族、李氏家族的发达，这确是一个奇迹。

陆偁（1457—1540），字君美，号碧洲，是陆瑜的从孙。生于天顺元年
（1457）十二月初二日。龆年力学，长冠庠生中。受到杨守阯器重，将女儿
许配给他。弘治五年（1492）举人。次年中进士。《弘治六年进士登科录》
载："陆偁，贯浙江宁波府鄞县，军籍，府学生，治《易》经，字君美，行五，年三
十七，十二月初二日生。曾祖应祥，祖琦，父垸，母钱氏，永感下。兄偕、仪、
儵、俯，娶杨氏。浙江乡试第二十名，会试第二百六十六名。"④

陆偁中进士后，授监察御史，锐于经略，风裁独持。弘治十三年
（1500），巡按福建。弘治十七年（1504），巡按山东。正德元年（1506），升福
建按察副使，巡视海道，时海寇充斥，陆偁乃演木战火攻之法，拒击之。而
又设画防，什伍海艘，程出入，时往来，立赏格，严哨探，定保甲，边徼肃然。
已而，汀、漳山氓啸聚为盗，当路者以兵事属之，陆偁增筑三堡，据险守要。
谍贼半至，指挥伏卒突袭，俘馘无数，地方底宁，闽人十分感谢，在月港勒石
纪念⑤。正德三年（1508）致仕。陆偁卒于嘉靖十九年（1540）三月十九日，

---

① （民国）陆本豫《四明月湖陆氏宗谱》卷五《世表纪·五柱》，绳武堂 1935 年刊本，天一阁
藏，第 2 页。
② （明）杨守陈《杨文懿公文集》卷二一《送刑部尚书陆公致政序》，第 16235 页。
③ （清）李邺嗣《甬上耆旧诗》卷八《太子少保吏部尚书碧川杨先生守阯》，第 222 页。
④ 《天一阁明代科举录选刊·登科录》，宁波出版社 2006 年。
⑤ （明）凌迪知《万姓统谱》卷一一一《陆偁》，第 563 页。

享年84岁。夫人杨氏先一年卒，享年80岁。陆偁有五个儿子，长子早卒，仲子陆镔治家，余三子则应举。陆偁是一个典型的经世型士大夫，"平生视天下事皆分内，而议论必究利害，据颠末"①。关注地方，如主张替东湖加堤，给它山堰加石。

　　走科举之路，得有一定经济保障，得有家族的背后支撑。陆偁的成功，与兄陆儵（1443—1529）的付出有关。兄弟各有治生，只有陆偁业儒，压力较大。为了照顾弟弟，两家合住近四十年。由于有兄弟的支持，陆偁得全力读书，终于考上进士。在陆偁外出做官期间，又得陆儵及陆偁夫人杨氏的支持，三个儿子得全力读书②。陆偁"诲课诸子，严而有法度"③。以后，三个儿子均成进士。据说有一次家庆，三个儿子俱冠服祝酒，陆偁笑着对夫人说："汝须谢我，生此三子与若。"夫人杨氏说："汝须谢我，胡反言也！"陆偁说："何也？"夫人说："此由吾杨氏骨气，三尚书同一脉。否则，仙人胡不贵乎？"④陆偁哈哈大笑，由此可见杨氏之自豪与自信。

　　陆钶（1488—1542），字容之，号石楼。据《四明月湖陆氏宗谱》，生于弘治元年（1488），卒于嘉靖二十一年（1542），享年55岁。六岁入家塾，请于母曰："读书后，干何等事业方为至极？"母甚喜。八岁，随父入京。正德八年中举人，正德九年（1514）中进士。授南京兵部主事，正德十四年（1519）宁藩作乱，参赞机务，协助南京兵备乔宇。正德十五年，署南京兵部职方员外郎。正德十六年（1521），迁郎中。嘉靖改元，上疏言五事，蒙采纳。升安庆知府。迁贵州按察副使，兵备龙里，条陈四事。时龙、猴二场，军、夷以贸易乱，前任多姑息养奸。陆钶采取强硬政策，戮死囚数人狥众，褫其魄。又絷倡首者，戮之，余皆帖服⑤。晋四川布政司参政、广西按察使、江西右布政使、福建左布政使。嘉靖十七年（1538），擢巡抚保定都御史。嘉靖十八年二月，世宗车驾南巡，过真定，陆钶仓卒经画，百务立办。有一位中贵马

　　①　（明）张邦奇《明故中顺大夫福建按察副使晋封通议大夫都察院右副都御史陆公神道碑》，陆本豫《四明月湖陆氏宗谱》卷一一《赠言集》，天一阁藏。
　　②　（民国）陆本豫《四明月湖陆氏宗谱》卷八《制行传》，第5—6页。
　　③　（明）张邦奇《明故中顺大夫福建按察副使晋封通议大夫都察院右副都御史陆公神道碑》，陆本豫《四明月湖陆氏宗谱》卷一一《赠言集》，第21页。
　　④　（清）徐兆昺《四明谈助》卷一六《南城诸迹》，第488页。
　　⑤　雍正《浙江通志》卷一五九《陆钶》，第293页。

前对陆钶说："君记得送往迎来否？"陆钶回答说："记得，更记得节用爱人。"①中贵索赂不成，不悦，御史胡守中弹劾河南事，牵涉陆钶。三月，陆钶削职为民。嘉靖二十一年（1542），以修筑沙河城功，得复职，致仕。同年卒②。陆钶作文，学外公杨守阯，"师外祖尚书碧川杨公，精纯显白，诗词大雅，不艰深钩棘，如其人"③。他好积书，喜欢收集四方志录，观其兴废得失奇事。

陆铨（1492—1543），字选之，号石溪。"生而丰姿秀异，颖悟绝伦，经史百家言，一览辄记忆不忘。长业举子，遂精思力索，意见出自胸臆。为文上追先秦两汉，人以为柳柳州、苏长公之徒。"④

正德十一年（1516），为浙江举人。嘉靖二年（1523）进士。《嘉靖二年进士登科录》载："陆铨，贯浙江宁波府鄞县，军籍，国子生，治《易》经，字选之，行五十七，年三十二，十月二十七日生。曾祖琦，祖垸（赠监察御史），父偁（按察司副使，封中顺大夫），母杨氏（封恭人）。具庆下。兄镐、钺、登（监生）、鈢、鋐、钶（南京兵部郎中）、璜、弟鈇（翰林院编修）。娶陈氏。浙江乡试第十四名，会试第三名。"⑤

陆铨除刑部山西司主事。"时大礼议起，公奋笔署名，疏入，廷杖几绝而复苏。寻推长十三司章疏，法比精密，敷奏详明。若绳沈藩之不法，议哈密之情罪，皆举朝所不能决者，直以片辞折之而已。既而，改武选，疏革武弁之弊尤多。"

嘉靖七年（1528），升武库员外郎。"是年当乡试，天子创制出内臣，司外文柄，公奉命往福建，得儁为多。转礼部仪制郎中。上方锐意礼文，更新制作，创四郊、亲籍、亲蚕诸议，传奉旁午。时任丘李公大宗伯，纤巨悉以委公，公亦展罄怀抱，远稽古典，近酌时制，敷奏详妥，顷刻立就，莫不当上心。"

嘉靖八年，以才摄祠部，图上祭器，不先关白内阁，忤时宰张孚敬，迁福建

①　（明）凌迪知《万姓统谱》卷一一一《陆钶》，第563页。

②　（明）叶应骢《通议大夫都察院右副都御史石楼陆公行状》，陆本豫《四明月湖陆氏宗谱》卷一一《赠言集》，第33页。

③　（明）叶应骢《通议大夫都察院右副都御史石楼陆公行状》，陆本豫《四明月湖陆氏宗谱》卷一一《赠言集》，第33页。

④　（明）戴鲸《广东右布政使陆公铨行状》，见《国朝献征录》卷九九，《续修四库全书》，史部第530册，第596页。

⑤　《天一阁明代科举录选刊·登科录》，宁波出版社2006年。

按察副使,添注副使,尝摄海道,管理漳州。漳州是"盗薮而利窟也,诸射利奸人多以厚货饵监司,阑出为患。铨独严立禁网,划剔奸蠹,卒不为所饵"。

升河南参政,"抚民南阳,值岁旱蝗,民多流徙,公劳心抚绥,复业者几千万人。中土沿习,率不修帷簿,以离重禁。公谆谆以礼法训道,闾其夙锢,全活甚众。他如治淯河,均赋役,酌折纳,平斗量,建四说以决银矿之议,条六事以陈驿传之宜,兴利除弊,惠政不可殚述"①。

嘉靖十六年十一月,迁广西按察使②。此前的嘉靖十五年(1536),武靖州土官黄贵、韦香为了霸占侯胜海和其他瑶民的田产,设计将侯胜海诱杀。其弟侯公丁愤极,聚众到县城呐喊示威。官府暴力镇压,随后又在弩滩建立堡垒,设置巡检所,由黄贵、韦香带兵300前往屯戍,允许士兵随意占耕侯姓瑶民的土地。官府的倒行逆施,激起瑶民众愤。侯公丁集众200多人起事,乘夜袭击弩滩巡检所,杀死戍兵200余人,黄贵、韦香逃脱。嘉靖十七年(1538),明王朝派副使翁万达率部前来镇压。或议大举兵尽诛之,陆铨曰:"坚贼党而分我兵,且逆顺难明,非计之得也。不若计歼渠魁,而抚其余。"监军者如其言,侯公丁不知是计,入城后被参议田汝成捕获,不久被杀害。当时朝廷商议征安南事宜,兵部尚书毛伯温秉钺至广右,"公画征抚之策,毛公多密与定计,偃戈奠疆,逆酋款服,皆其力也"③。

嘉靖十八年六月,升为广东右布政使④。同年,以母亲杨氏卒,守内艰。次年,父亲卒。"服阕戒行,卒,实嘉靖二十一年五月十一日"⑤,但家谱卷二《世表纪》作"卒嘉靖癸卯年五月十一日戌时",享年52岁。癸卯为嘉靖二十二年(1543)。

陆铨质性英锐,"读书一目即解。操笔为文,滚滚莫御,而卒不戾于矩度。雄视天下,谓豪俊莫能相先,而当官莅政,刌繁解剧,不啻庖丁之游刃也。"⑥陆铨有《奏议》六卷、《秘记》四卷、《易辨》一卷、古今体诗四卷、文六卷,

---

①　(明)戴鲸《广东右布政使陆公铨行状》,见《国朝献征录》卷九九。
②　《明世宗实录》卷二〇六,嘉靖十六年十一月壬寅。
③　(明)戴鲸《广东右布政使陆公铨行状》,见《国朝献征录》卷九九。
④　《明世宗实录》卷二二五,嘉靖十八年六月壬戌,误作"山东右布政使"。
⑤　(明)戴鲸《广东右布政使陆公铨行状》,见《国朝献征录》卷九九。(明)丰坊《明故通奉大夫广东承宣布政使司右布政使陆公神道碑铭》(民国《四明月湖陆氏宗谱》卷一一《赠言集》)也作"嘉靖二十一年"。
⑥　(明)凌迪知《万姓统谱》卷一一一《陆铨》,第563页。

今不传。袁钧《四明文征》卷七有《解尸虫文》。《大和山纪略》存其《游武当诗二首》,《古今图书集成·方舆汇编·山川典》中收其《武当游记》一文。

陆钺(1495—1534),字举之,号少石,人称陆太史。刚会说话,母亲杨氏让其认字,百试不爽。稍长,"慧智开发,一目辄数行"。在湖心寺读书,与兄陆铨自相师友。正德十四年举人,次年中进士。因武宗卒,此科拖到正德十六年世宗继位,才予殿试,故算正德十六年科。《正德十六年进士登科录》载:"陆钺,贯浙江宁波府鄞县,军籍,府学生。治《易》经,字举之,行六十一,年二十七,七月二十五日生。曾祖琦,祖坑(赠监察御史),父俱(按察司副使,封中顺大夫),母杨氏(封恭人)。具庆下。兄镐、钺、登(监生)、铢、鋐、钶(南京兵部郎中)、锁、铨(贡士)。娶王氏。浙江乡试第六名,会试第五十五名。"①则陆钺生于弘治八年(1495)。家谱也明确作"生弘治乙卯七月廿五日亥时",可证确实是弘治八年。网络上所传生于1494年,显然推算有误。

正德十六年(1521),廷对第二,拜翰林编修。"锐志问学,尽览经史百家言,侪辈素以才名者,皆诎下之。尤砥砺名节,以古人自期待。时议礼诸臣,欲引以为重,钺卒不应。"嘉靖二年,预修《武宗实录》。嘉靖三年,因大礼议被廷杖,下狱,作《诤礼下狱》诗称:"汉庭礼乐休论古,楚狱衣冠已滥今。天际疾雷翻白昼,夕阳高柳闭重阴。百年缧绁知非罪,万古纲常系此心。报国有忠多弃掷,小臣含泪下沾襟。"时兄陆铨也与大礼议下狱,又有"身外死生浑不定,难中骨肉且相亲"。嘉靖四年,《武宗实录》修成,进修撰。嘉靖五年(1526),因父亲年已七十,要求回乡省亲。已而,大礼告成,议礼者秉枢,修宿憾,遂出为湖广按察佥事。嘉靖十年,擢江右藩司少参②。嘉靖十一年(1532),擢山东按察副使。"职专学校,明章程,严品式,正文体,所至敦尚孝悌,分别义利,士习为之丕变。"

当时,山东无通志,陆钺叹道:"海岱,山川之宗也;圣贤,天下人物之望也;六经,天下文章之祖也。咸在此土,是故志一方而征诸天下,莫备乎山东矣。"③在前任余子华草稿基础上,考古诹今,补遗正伪,穷日夕不懈。至

---

①　《天一阁明代科举录选刊·登科录》,宁波出版社2006年。

②　(明)陆钶《中宪大夫山东督学副使少石公行状》,陆本豫《四明月湖陆氏宗谱》卷一一《赠言集》,第48—51页。

③　(明)陆钺《少石集》卷一一《山东通志序》,《四库全书存目丛书》,集部第76册,第318页。

次年,即嘉靖十二年(1533),《山东通志》四十卷成。清人评价很高,称"是编在地志之中号为佳本,体例不务新奇,而详核有法"①。

而陆釴由此患病,疏请致仕,没有得到答复。七月二十七日,夫人王氏卒。嘉靖十三年二月二十八日,陆釴卒于任上,年才四十。儿子才10岁,扶双亲灵柩而归。陆釴"性资温厚,和而不流,口未尝言人之短,而刚大之气,侃侃不阿。釴于书无不读,为文奥衍宏畅,诗则温醇而典,婉蓄而讽,有晋唐之风"②。

陆偁父子四人中,幼子陆釴偏文,有《少石集》十三卷传世。此书系万历八年(1580),由其孙陆继元、陆继魁刊刻于世,前有陆继元序(缺)、侄陆懋龙跋,国家图书馆有藏,收于《四库全书存目丛书》。袁钧《四明文征》卷八收有4篇文章,卷十二有《拙政述》。

值得注意的是,陆氏在陆瑜时治《书》经,自陆偁以后,改治《易》经,这正是受杨氏影响的结果。可惜,陆偁三个儿子,寿命均不长,四五十岁就过世了。嘉靖十八九年,陆偁夫妇先后死,嘉靖二十一年至二十二年,陆钶、陆铨兄弟也故世,这四年,是陆氏大变故时期。

陆键(1465—1512),字文顺,号月湖,陆氏家族一柱,也治《易》。据《弘治十五年进士登科录》载:"陆键,贯浙江宁波府鄞县,军籍,国子生,治《易》经,字文顺,行三十九,年三十八,三月初三日生。曾祖应祥,祖瑀,父垗,母蒋氏。永感下,兄儒,娶祝氏,浙江乡试第三十二名,会试第二百三十一名。"③据宗谱,卒于正德七年(1512),福建按察副使④。

陆泰(1513—1577),字惟安,号鲁峰,陆氏七柱,官至福建兵备副使。据《嘉靖三十二年进士登科录》载:"陆泰,贯浙江宁波府鄞县,军籍,国子生。治《易》经,字惟安,行一,年三十二,八月初十日生。曾祖培,祖偲,父钢,母包氏。重庆下,弟水、荥、荣。娶水氏。浙江乡试第六十三名,会试第三百二十八名。"据此,当生于嘉靖元年(1522)。但据家谱,生于正德癸酉(七年,1513),卒于万历丁丑(五年,1577)八月二日,年六十五⑤。可见,登

---

① 《四库全书总目》卷七三《山东通志》。
② (明)凌迪知《万姓统谱》卷一一一《陆釴》,第562页。
③ 《天一阁明代科举录选刊·登科录》,宁波出版社2006年。
④ (民国)陆本豫《四明月湖陆氏宗谱》卷一《世表纪·一柱》,第5页。
⑤ (民国)陆本豫《四明月湖陆氏宗谱》卷七《世表纪·七柱》,第19页。

科录用的也是官年。

陆懋龙（1538—1603），万历八年（1580）进士，官至湖广布政司参政。据《万历八年进士登科录》载："陆懋龙，浙江宁波府鄞县，军籍，国子生。治《易》经，字启原，行七，行三十三，六月初三日生。曾祖伟，祖鑑，父湔（州同知），母屠氏，生母叶氏。永感下，兄攀龙（贡士）、槐龙、相龙、如龙、绍曾、和龙、梦龙、桂龙，娶郑氏，继娶郑氏。浙江乡试第六名，会试第一百二十四名。"①可见，陆氏家族一直传承《易》经。陆懋龙子陆宝（1581—1661）是著名文人②。

陆世科（1561—1644），字从先，号贞吾。据家谱，生于嘉靖四十年（1561），卒于崇祯十六年十二月廿七日（1644），年八十三③。据此，陆世科中进士时年龄是 47 岁。据《万历三十五年进士登科录》，"治《易》经，字从先，行一，年三十，十一月初九日生"，当生于万历六年（1578）。登科录所著录的 30 岁，显然是官年。县志则称他"年逾五十"④始登科第，这可能是偏大了一些。

以上陆氏家族，共有 8 位进士是治《易》经的。《鲒埼亭集》卷三十《明孝宗御箑记》称："同里杨碧川太宰，当明孝宗时，直庐燕见，尝邀御箑之赐，其阳作'空山老树'，其阴作'文藻游鱼'，绘事极工，而疏落之中，居然函盖一切。……太宰身后，归其甥陆少石督学，跋以古诗一首，至今其家宝藏之。吾乡前代著姓，并推杨、陆。……宅相之美，更有非寻常可比者。则是箑之归口，若有衣钵之传，默为之兆，殆未可以忽视也。虽然，门第之甲乙，是犹其小焉者。太宰立朝大节卓绝，尝忤新都，近则为同里冢臣所忌。至于身后，尚遭摧挫，易名之典阙焉。而督学亦以争大礼，出为外寮，其风规亦能无忝也。是箑自太宰时至残明，百四十年；易代以来，又复百年。九阊之荣光，五云之椽笔，渺然寄于一箑，而历劫犹存，可不谓难与！吾乡文献，惟宋高宗尝御题象山红木犀扇，以赐群臣，可以与是箑并垂掌故。抑孝宗之丹青，世未有知之者，是又可以补画苑之遗也。"箑是扇子。这篇文献，涉及了杨氏、陆氏，实可见当时家族之盛。

---

① 《明代登科录汇编》，台湾学生书局 1969 年。
② （民国）陆本豫《四明月湖陆氏宗谱》卷二《世表纪·二柱》，第 63 页。
③ （民国）陆本豫《四明月湖陆氏宗谱》卷六《世表纪·六柱》，第 12 页。
④ （民国）陈训正、马瀛《鄞县通志》第四编《文献志》，宁波出版社 2007 年影印，第 203 页。

2. 月湖李氏

李氏是一个南迁的北方家族。七世祖李翼时，居孝闻街。到十世祖李泰亨时，迁居月湖边的千岁坊。李堂就是李泰亨的玄孙。李堂(1462—1524)，字时升，学者称董山先生。李堂出身于宁波城中一个平民家庭，三代没有做官，出过一些塾师。李堂生于天顺六年(1462)。"公生时，父梦人抱儿，从日湖陆司寇家来。及生，果异"①。这个传说将平民出生的李堂与前刑部尚书陆瑜联系起来了，也可见当时日湖陆氏在宁波的影响。李堂八岁入社学。成化十二年(1476)，李堂十五岁，学《易》经，就傅外宿。惜没有交待随谁学习《易》经，从有关迹象来看，似随屠珙学习。因督学胡希仁的赏识，补为宁波府庠生。成化十六年(1480)，第一次参加浙江乡试，失败而归。成化十九年(1483)，中浙江举人。成化二十一年，游南京国子监。成化二十三年(1487)，中进士②。《成化二十三年进士登科录》载："李堂，贯浙江宁波府鄞县，民籍，国子生，治《易》经，字时升，行十一，年二十六，六月十一日生。曾祖泰亨，祖伯儒，父鼎，前母何氏，母沈氏。具庆下。兄益、杰、麒、麟(贡士)，弟常。娶杨氏，继聘林氏。浙江乡试第四十名，会试第十八名。"③

李堂中进士以后没有及时做官，那届进士按朝廷要求，依亲归养。归养期间，继娶林氏为妻。不久，父母先后过世，在家守丧。弘治四年(1491)，才授工部主事，监税芜湖。弘治十二年(1499)，迁营缮司郎中。弘治十五年(1502)，迁应天府丞，任职七年。正德四年(1509)，升光禄寺卿，改南京都察院左金都御史，提督操江。正德五年三月，到任工部右侍郎。七月，受命到河南、山东治理黄河。这年，继妻林氏卒于家中。正德六年(1511)五月回任，不久以身体有病，请辞。十月，得命，归家，时年五十岁。因战乱，直到次年夏天才到家中。正德八年(1513)，筑董山草堂，著书其中。因家近赤董山，于是自号董山居士。自称"十五至三十，学为仕也，皆皮肤。三十至五十，仕而学也，皆土苴。将由史而经，即事求道，辩疑衍义，

---

① (清)李邺嗣《甬上耆旧诗》卷八《工部右侍郎董山李先生堂》，第230页。
② (明)李堂《董山文集》卷一五《董山居士自述》，《四库全书存目丛书》，集部第44册，第530页。
③ 《天一阁明代科举录选刊·登科录》，宁波出版社2006年。

以俟后人"①。由此可见，李堂晚年决心治学。

嘉靖三年(1524)三月晦日，李堂卒，享年六十三。有惟孝、惟学、惟存三个儿子。惟孝敏博详审，登乡进士(举人别称)。惟学，游郡庠有声②。

李堂所著有《正学类编》、《四明文献志》、《董山文集》。《四明文献志》十卷，原名《四明乡社录》，"乡社录者，录乡先生之祭于社者也。……易文献为乡社，以诸公述作未载也。当拟郑千之文献集而足成之，尚有待尔。每立传，先之国志，次以信史，证以郡典乡评，而儒先论断，用以折衷焉。凡一行一行，必附注其所从，示有证也。然旧录有当裁订，而继世不免增修，故不容不附以臆见也。"③此书今惟辽宁图书馆尚存一部。张邦奇序称："凡生乎吾土与吏焉者，其言论足以励世，词章足以阐道，是之谓文。德足以润身，行足以范俗，功业足以利民生，是谓之献。志先行实，后文词，本末之序也。……视黄公之录加详且博焉，然后见吾四明之士，文章勋业蔚乎炳然。"④

《正学类编》十五卷，是一部明代理学经济文章汇编，体裁不一，共310篇，分制命、奏对、论述、列传四纲，下分十目。"敷陈我圣祖神宗，师臣辅弼，心法相传，化隆治教，承际明良，千载之会也"⑤。"思国家之盛典不可遗，而识时务者不可失其正也，则为《皇明正学类编》。盖随其所居而必求有益于人焉，可不谓才完而用备矣！"⑥此书是他任职郎中时抄录的，退休后整理成稿，刊于正德十五年(1520)。《董山文集》十五卷，今收入《四库全书存目丛书》。此外，正德十三年，成宗谱《李氏宗枝纪事录》一书。

李麟(1458—?)，字仁仲，号心斋，李堂的堂兄。据《弘治六年进士登科录》，"治《易》经"。为官正直，"官江西参议，恤狱除盗，职业振举。正德戊辰，入贺至京，逆瑾用事，麟绝不与通，大忤瑾意，罚米九百石。瑾伏诛，乃释。宁藩傲凌抚按，麟不为屈，升四川参政，署理司事，有刘太监者，奉命迎佛，还自成都，势甚张，所至科扰无算，麟绝无供馈。升贵州按察使，转布政

① (明)李堂《董山文集》卷一五《董山居士自述》，第532页。

② (明)张邦奇《张文定公靡悔轩集》卷五《明故工部右侍郎李公墓志铭》，第28页。

③ (明)李堂《董山文集》卷一二《四明乡社录后序》，第493—494页。

④ 见高宇泰《敬止录》卷四〇《历志考》。也见张邦奇《张文定公纡玉楼集》卷一，《续修四库全书》本。

⑤ (明)李堂《董山文集》卷一三《刊行正学类编题引》，第507页。

⑥ (明)张邦奇《张文定公纡玉楼集》卷八《寿少司空董山李公六十序》，第565页。

使，引年归"①。这是正德末年的事。李麟约卒于嘉靖前期，有《心斋稿》六卷。

李承嗣(1527—?)，《嘉靖三十八年进士登科录》载："李承嗣，贯浙江宁波府鄞县，民籍，国子生。治《易》经，字贞立，行三十五，年三十三，正月初六日生。曾祖鼎(赠工部右侍郎)，祖杰(义官)，父维翰(阴阳生)，母傅氏。永感下。弟承训、承案、承家、承守。娶王氏。应天府乡试第一百二十二名，会试第二百二十四名。"②由此可知，他是李堂从孙。

李堂的后裔李康先(1582—1641)官至礼部尚书③，但一直不知生卒年，近从国家图书馆所藏《万历三十五年进士登科录》检索到详细资料，"李康先，浙江宁波府鄞县，民籍，县学生。治《书》经，字嵇仲，行四，年二十六，八月二十一日生。曾祖堂(工部右侍郎兼左金都御史)，祖维孝(通判)，父承案(教谕)，前母黄氏，母杨氏，慈侍下，兄庆先、应先、来先，娶范氏，浙江乡试第三十九名，会试第四十二名。"据此当生于万历十年(1582)。崇祯"十四年卒"④，即1641年。值得注意的是，李康先母亲也是杨氏，是否是镜川杨氏后裔，不得而知。由于文献记录的关系，后人对李堂后裔的情况不是太熟悉。据此可知，李堂之子李维孝官通判，孙李承案官教谕。由李维孝到李承案，官位越来越小，说明李氏家族的科举竞争力在下降。到了万历三十五年(1607)，玄孙李康先中进士，且在崇祯七年左右官至礼部尚书，再次将李氏家族竞争力推到高峰。只是，他治的是《尚书》，不再是《易经》。

3. 槎湖张氏

鄞县古林张家潭村槎湖张氏，与杨氏一直有着通婚关系，张琴(1875—1939)称："昔有明中叶，吾家与杨氏世通姻好。"⑤张时彻《芝园定集》卷二一《族谱》，也记载了两位来自杨氏的夫人，可证此话不假。由此，受杨氏影响，张氏子弟也专攻《易》经。

东张的张纯一支，有张愯、张恒。张愯长子为张时敏(1460—1531)，即

---

①　雍正《浙江通志》卷一九六《李麟》。

②　《天一阁明代科举录选刊·登科录》，宁波出版社2006年。

③　(清)蒋学镛《鄞志稿》卷九《李康先传》。

④　(民国)陈训正、马瀛《鄞县通志》第四编《文献志》，第202页。

⑤　(民国)张琴《杨氏碧川房重建祠堂记》，章国庆、裘燕萍编《甬城现存历代碑碣志》，宁波出版社2009年，第298页。

张邦奇父。次子张时政（1465—1526），出为叔父张恒为后。张时政子张邦俊，为张邦奇从弟，号久庵，以孝友著称于乡①。

　　张氏家族第一个走上科举之路的人是张时敏，"通《易》、《诗》二经及子史百家言"②。可惜三次参加浙江乡试，均落第而归，于是放弃诸生籍，不再应试。第一个考上进士的是其弟张时孜（1467—1508），据《弘治十二年进士登科录》，"治《诗》经"。第二个进士是其子张邦奇（1481—1544），官至礼部尚书。据《弘治十八年进士登科录》，张邦奇"治《易》经"。张邦奇曾受杨守隅影响，称"予通家后进，辱公启掖，又久且深"③。又受陆偶影响，"少尝侍公，误以举业蒙许可，且勉以养德性、臻远大"④。继张邦奇而起的是张时彻（1500—1577），官至南京兵部尚书。据《嘉靖二年进士登科录》，张时彻也是"治《易》经"⑤。张时彻《易》学来自张邦奇，"自文定公之异之，而稍试以制举业，则愈大奇"⑥。

　　张邦奇也影响了张邦俊子、侄子张子瑶。张子瑶是杨茂享的外甥，兼受杨氏影响。据杨茂清《序从侄女张太恭人七旬寿》，杨茂享长女嫁张氏为妻，有子称石里翁，中嘉靖十九年浙江举人，嘉靖二十年（1541）中进士⑦。查《嘉靖二十年进士登科录》，知为张子瑶。"张子瑶，贯浙江宁波府鄞县，民籍，府学增广生。治《易》经，字仲玉，行二，年二十七，七月初六日生。曾祖恒，祖时政，父邦俊，母杨氏。重庆下。兄子瑞，弟子瑜、子顺、子中（官生）、子璋、子珩，娶林氏。浙江乡试第二名，会试第七十名。"⑧由"年二十七"倒推，知为正德十年（1515）生。张子瑶（1515—1591）⑨，字仲玉，号石里。授礼部主事，嘉靖二十二年（1543），升外员外郎。嘉靖二十四年

<hr />

① 张如安等《鄞县望族》，第175—193页。
② （明）张时彻《芝园定集》卷二一《族谱》，《四库全书存目丛书》，集部第82册，第69页。
③ （明）张邦奇《张文定公靡悔轩集》卷九《明故广西布政司右布政致仕杨公墓志铭》，第87页。
④ （明）张邦奇《张文定公纡玉楼集》卷八《贺碧洲陆公序》，第568页。
⑤ 以上三科，均见《天一阁明代科举录选刊·登科录》，宁波出版社2006年。
⑥ （明）王世贞《弇州续稿》卷九四《资德大夫南京兵部尚书参赞机务东沙张公墓志铭》，《四库全书》文渊阁本，第1283册，第345页。
⑦ （民国）杨存淇《镜川杨氏宗谱》卷一九《著述》，第56—57页。
⑧ 《天一阁明代科举录选刊·登科录》，宁波出版社2006年。
⑨ （清）张子渊　陈康麟纂修，（民国）张琴续订《槎湖张氏宗谱》卷二《文亨房系传》第15页，作"生正德十年七月初六日，卒万历十九年八月十五日"。积行堂，1938年，天一阁藏。

(1545)，升主客司郎中。嘉靖二十五年(1546)，升南京光禄寺少卿①。后又出知滁州，转苏州府、顺德府同知，迁刑部山东司员外郎、河南司郎中。嘉靖四十年(1561)，谪判大名府，后升徽州府同知。复升光禄寺少卿，致仕。归里后，闭门著述，有《石里稿》。据杨茂清《序从侄女张太恭人七旬寿》，杨氏(1496—?)十五岁就嫁给张邦俊，五年后夫卒，时"年逾二旬"。由儿子生年推测，约为正德十年(1515)。从此，家道中落，一人扶持孤儿长大。等张子瑶长大后，发现儿子慧而秀，于是让其读书，称："尔业经史，载质以往，惟显荣厥躬，期有禄养。"儿子敬奉母训，刻苦读书。中进士后，母亲说："第名甲科，幸有禄仕，惟忠惟贞，可以树立，吾愿子善养。"张子瑶在礼部主客司工作时，"奉法惟谨，人莫敢干以私，乃为执政者忌，迟其迁秩"。以后，"屡踣屡起"，过了二十余年，始迁到光禄寺少卿。同榜之人，早已高升，他处之泰然。值得注意的是，张子瑶攻的是《易》经，这正是杨氏的法宝。外公杨茂享也是一个举人，早年不顺而卒，其女显然也接受了科举上升理念，让儿子继续读书应举。张氏家族出了三位进士，均专攻《易》经。

4. 鉴桥屠氏

鉴桥屠氏原住江北，自屠滽发迹后，这支迁到城内祝都桥(今宁波尚书街)。

屠氏家族也治《易》经。屠氏走科举之路，始于第六代。屠琛(1420—1475)，字廷赞，号葵轩。禀膳生，以《易》经，应天顺六年(1462)岁贡，历任保定府祁州儒学训导、福建漳州府漳平县儒学教谕②。另一位六世祖屠琪(1428—1509)，父为屠子华，母为杨氏，似为镜川杨氏后裔。屠琪"早游郡学，以《易》学专门"③。成化七年(1471)，中浙江乡试举人，以后三次参加会试，均失败而归。后出为山东堂邑县学教谕、安庆府学教授。

此后的四位屠氏进士，均治《易》经。

屠侨(1480—1555)，官至刑部尚书、都御史。据《正德六年进士登科录》，"屠侨，贯浙江宁波府鄞县，民籍，国子生。治《易》经，字安卿，行十二，年三十二，十月初三日生。曾祖子良，祖琛(教谕)，父湖，母方氏。具庆下。

---

① (明)俞汝楫《礼部志稿》卷四二至四三《历官表》。

② (民国)张美翊《甬上屠氏宗谱》卷七《世略》，即勤堂，1919 年，天一阁藏，第 6 页。

③ (明)李堂《堇山文集》卷一五《明故征仕郎安庆府儒学教授屠公墓志铭》，第 521 页。

兄俌、保、佑，弟侹（同科进士）、倬、佶，娶董氏，继娶陈氏。浙江乡试第七十一名，会试第一百六十六名”。

屠侨弟屠倬（1484—1570），号东涯。据《嘉靖二年进士登科录》，“屠倬，贯浙江宁波府鄞县，民籍，国子生。治《易》经，字文卿，行三十二，年三十七，十二月二十四日生。曾祖子良，祖琛（教谕），父湖（赠监察御史），母方氏（赠孺人）。永感下。兄俌、保、佑，侹、侨（监察御史），弟俨、佶，娶姚氏。浙江乡试第二十五名，会试第二百六十四名”。但据家谱，生于成化十九年（1484）十二月二十四日，卒于隆庆四年（1570）十一月二十八日，享年八十八①。

屠隆（1543—1605）是著名文学家。据《万历五年进士登科录》，“屠隆，贯浙江宁波府鄞县，民籍，县学附学生。治《易》经，字长卿，行十四，年三十五，六月二十五日生。曾祖子云，祖□，父濬，母赵氏。慈侍下，兄佃、侯、俅、俛、仍，娶杨氏。浙江乡试第九名，会试第一百三十二名”②。屠隆“娶杨氏”，是北江先生杨悟的女儿③。

屠大山（1500—1579），官至南京兵部右侍郎，苏松巡抚。据《嘉靖二年进士登科录》，“屠大山，贯浙江宁波府鄞县，民籍，国子生。治《易》经，字国望，行二十三，年二十四，五月初一日生。曾祖瑜（封荣禄大夫太子太保吏部尚书），祖渭（义官），父俱，母王氏，继母陈氏。慈侍下。弟大岳、大年、大岩、大文、大受、大敖、大美、大亮、大贞、大音，娶陆氏。浙江乡试第四十一名，会试第二百五十六名”。

只有屠滽、屠侒父子是例外。屠滽（1440—1512），字朝宗，号丹山，系屠氏家族第七世祖。成化二年（1466）进士，官至吏部尚书。据《成化二年进士登科录》，“治《诗》经”。屠滽子屠侒（1483—1526），字直卿，号樾厓，官至吏部郎中④，为正德六年进士，据《正德六年进士登科录》“治□经”。由于字迹模糊，无法辨识。从理论上，应是治《诗》经。

屠滽一支与杨氏有较多联系。杨自悫墓志系“甥屠滽撰”⑤。据“甥”

---

① （民国）张美翊《甬上屠氏宗谱》卷七《世略》，即勤堂，1919年，天一阁藏，第20页。

② 以上四科，均见《天一阁明代科举录选刊·登科录》，宁波出版社2006年。

③ （民国）张美翊《甬上屠氏宗谱》卷三一《贤淑·杨孺人传》，第5页。

④ （民国）张美翊《甬上屠氏宗谱》卷七《世略》，天一阁藏，第21页。

⑤ （民国）杨存淇《镜川杨氏宗谱》卷一八《祠墓》，第19页。

推测,屠潆应是杨自悆的外孙辈人。不过,据《成化二年进士登科录》,屠潆"曾祖顺,祖子真,父瑜,母徐氏"①。原来,屠潆弟弟屠渭(1450—1500)娶杨守陈"从妹"为妻②。这位从妹是杨自悆还是别人女儿,无法断定,但杨守随与屠潆是亲家,倒是可以肯定的。据《资政大夫工部尚书掌大理寺事致仕文湖杨公行状》,杨守随二女杨茂菉嫁屠僎;复据《正德六年进士登科录》,屠僎为屠潆幼子。再查宗谱,屠僎(1505—1566),字贵卿,号五山③。

5. 高桥章氏

高桥章氏是明代著名大家族之一。西塘河上的高桥,是宁波人进京赶考走水路的必经之道。高桥章氏"素以赀雄,尤尚礼义。其先三世同居,闺门肃穆"④。始祖章义悌或作"闰春",《正统四年进士登科录》作"义春",为元末明初人,家道中兴,迁居高桥边,是为高桥章氏的始祖。有子章礼荣(名耀,1357—1408),为东房祖。章礼荣有四子,分别是智达、智杰、智和、智通。

章氏的政坛发迹,源于三子章智和的努力。章和(1391—1477),字智和,号节庵,府学生。永乐七年(1409),政府要求迁富户于北京,十九岁的章和自告奋勇,代表家族,作为富户,迁居北京⑤。四弟智通(1393—1424)随行,"舍其学业,与偕往。凡京邑诸务,身任之,而其兄安焉"⑥。也就是说,章智通"主供亿焉"⑦。以后,章和曾两次请假回宁波省亲。见兄弟们纷纷过世,留下几个侄子无人照顾,于是招四弟章智通之子章绘(1416—1476)、二兄智杰之子章绍(1421—1450)、二兄智杰之孙章镒(1441—1486)到京,皆"授室而延师诲之"。章智通"不幸时,子绘方九岁,已凝重有立志"。章智通"家有古画月桂一幅,有元诸名公题其上",章智通把此画当作宝贝收藏。章智通过世后,其夫人俞氏将画交给儿子章绘,对他说:"汝父

①　《天一阁明代科举录选刊·登科录》,宁波出版社 2006 年。
②　(民国)张美翊《甬上屠氏宗谱》卷七《世略》,第 11 页。
③　(民国)张美翊《甬上屠氏宗谱》卷七《世略》,第 22 页。
④　(明)杨守陈《杨文懿公文集》卷二〇《贺章公封给事中诗序》,第 16224 页。
⑤　(明)杨守陈《杨文懿公文集》卷二九《明宣义郎节庵章公墓表》,第 16324 页。
⑥　(民国)汪培经《鄞西高桥章氏宗谱》卷二《赠兵部主事智通公墓志铭》,1934 年刻本,上海图书馆藏。
⑦　(明)黎淳《黎文僖公集》卷一一《荣节堂诗序》,《续修四库全书》本。

之志，以科第望汝等，此古人植槐之意也。当勉学以承父志。"①在章氏子弟求学过程中，章和的经济资助是物质基础。"尝有例，凡怀才抱德与经明行修者，用荐得仕。要人争欲荐公者，公曰：'吾若是，则诸孤不能堪是役，破吾家矣。'竟辞之。"②由此可见，章和一人独自承担富户役，积累家财，从而让子侄们得以专心读书应举。成化十年，八十四岁的章和回到家乡，"越三载卒"③。由于章和的教育之功，章氏成为科举家族。"夫以数十年间，一门三俊士，固先生之善教，亦三子者之善学欤？"④后来，章绘以《礼记》中正统四年（1439）进士。由知可知，章氏的科举成功时间早于镜川杨氏。

至成化二年（1466），章镒复中进士，据《成化二年进士登科录》，"治《易》经"。长兄智通子章纶（1415—1505），字廷玉，"始自乡举高第，累官重庆府教授"⑤。其子章锐（1439—1496），据《成化八年进士登科录》，"治《易》经"。章锐子章泽（1461—1542），据《弘治十二年进士登科录》，"治《易》经"。章镒从孙章檠（1502—1570），据《嘉靖十四年进士登科录》，"治《易》经"。章氏共5人中进士，前后治《易》经。

又有章规（1409—？）中景泰二年（1451）进士。据《景泰二年进士登科录》："章规，贯浙江宁波府鄞县，军籍，国子生，治书经。字守规，行三，行四十三，九月二十六日生。曾祖用中，祖仲喆，父以武，母陈氏，永感下。兄勤、约。娶裘氏。浙江乡试第四十六名，会试第七十二名。"章规是西山章氏后裔，高桥章氏是由西山迁出的一支，应属同宗。耕云处士章仲喆与杨范有较多的交往，"年且耆，得疾，久弗愈，日取《大学》、《论语》就床授幼子规读之，垂没不懈"⑥。此所谓"幼子规"可能有误，据上登科录，当为孙子。

杨氏与章氏家族关系甚有密切。杨范在高桥章氏为塾师，章经（1408—1495）"诸父"章智通等与章经诸"昆弟"，"皆从而执经"⑦。杨自惩

---

① （明）王直《抑庵文后集》卷三三《赠主事章君墓志铭》。
② （明）杨守陈《杨文懿公文集》卷二九《明宣义郎节庵章公墓表》，第16324页。
③ （民国）汪培经《鄞西高桥章氏宗谱》卷二《智和公》。
④ （明）杨守陈《杨文懿公文集》卷九《贺章生元益中乡举序》，第16106页。
⑤ （明）杨守陈《杨文懿公文集》卷六《百耐庵赋》，第16072页。
⑥ （明）杨守陈《杨文懿公文集》卷一五《耕云处士传》，第16173页。
⑦ （明）杨守陈《杨文懿公文集》卷八《题承德公手泽卷》，第16093页。

三兄弟与诸章氏同门"亢鲤之相益者"①。章绘、章绍,早年均随杨范学习,"两家世契甚笃"②。章镒对杨自惩,自称"门下生"③。杨自惩《寄章主事尚素》:"忆诵皇华早著鞭,都门一别又经年。此身虽处江湖上,清梦应飞日月边。愁绝美人秋水隔,望穷老眼暮云连。遥知收侄行轩里,闲把诗书对雪联。"④这是送给章绘的诗。也就是说,章氏第三代、第四代的多位读书人,均随杨范学习。杨范与章和的共同教育,促成了章氏成为科举家族。

6. 藕桥朱氏

藕桥朱氏家族,是杨范妻家。朱氏出罂脰湖之藕缆桥(今属高桥镇藕缆桥村),也是一个右族。朱氏之先是苏州人朱夒,建炎三年(1129)迁慈溪,绍兴九年(1139)登进士,绍兴三十年(1160)出守台州。"逾四年癸未,孝宗践阼,倡修宗谱,获赐宸翰。未几,殁于官。其长君讳孝杰,扶枢归葬慈邑。岁余省墓,经罂湖,时湖废几五十年,见傍湖东首有地圆而广,沙环水抱,其流会于东北,甚悦之,曰:'此富贵福泽地,吾将迁焉。'后二十余年,遂卜筑于此,名曰藕桥,时光宗绍熙四年癸丑也。"⑤罂脰湖即广德湖,据此推算,湖废于北宋政和七年(1117)以后。由此可知,朱氏家族是较早开辟广德湖的移民家族,时间在光宗绍熙四年(1193)。他们与杨氏家族迁居鄞西时间较为接近,所以联系也较多。藕缆桥朱氏第五世祖朱应全,生活于宋末元初,娶杨氏为妻。六世祖朱思修(1333—?),生二子(用韶、用珪)⑥。杨范夫人朱淑洁出于此支。可见,杨、朱两个右族,保持着婚姻关系。杨范曾作《寄妻兄笃仁先生》诗:"不见朱兄又几年,每询消息竟汇然。鄞江得信春三月,辽海思家路五千。堂上萱花还秀美,堦前兰草正芳妍。迩来始遇

①　(明)杨守陈《杨文懿公文集》卷二〇《贺章公封给事中诗序》,第 16224 页。
②　(明)杨守陈《杨文懿公文集》卷九《贺章生元益中乡举序》,第 16106 页。
③　(明)杨自惩《梅读附录》卷一,第 18316 页。
④　(明)杨自惩《梅读稿》卷五,第 18283 页。
⑤　《始迁藕桥说》,(民国)朱学山等《四明藕桥朱氏宗谱》卷首,继述堂 1929 年刊本,天一阁藏。
⑥　(民国)朱学山等《四明藕桥朱氏宗谱》卷二上《世略》,继述堂 1929 年刊本,天一阁藏。不过,杨范作的夫人墓志铭(杨存淇《镜川杨氏宗谱》卷一八《祠墓》第 18 页)却作"曾祖讳荣,祖讳正,厥考讳敬,绍前烈"。

归鸿便，漫把霜毫写表笺。"①这位笃仁先生是杨范的舅老，似乎到过辽海（今东北）。

朱用韶、朱用珪（1390—1453）②兄弟，以高赀闻，第宅甚伟，"建楼崇且巨者，人称为楼下宅。二老人衣冠朴素，体貌魁伟，齿德为一族之表……予少时随祖与父往拜之数数"③。杨范曾为朱用韶的务本堂写记，杨自惩曾为朱用韶的花香竹影轩作《花香竹影》诗，而杨守陈作《花香竹影轩记》。杨守陈又为朱氏别子朱茂秋的思训堂作《思训堂记》④。朱用韶的儿子朱昱（1418—1482），对杨守陈"特厚"，杨守陈"心常感之"。成化十三年（1477）朱昱七十大寿时，杨守陈特作《寿汝阳先生七十叙》。朱氏子弟也随杨氏学习，但成才者不多，仅成化五年（1469）出过一个进士朱瑄（1440—？），后官至巡抚，杨守陈曾作《赠庭璧先生升河南参议叙》⑤。

朱用珪儿子朱昂（1411—1794）字汝晖，杨茂元曾作《汝晖府君墓志铭》。由墓志铭可知，永乐年间征江南富民到北京的活动中，朱用珪也曾在名单中，只是因为朱昂坚决要求代父去北京，理由是"父去日益老，儿去日益长"。"官府异其言且怜之"，事情不了了之⑥。到了诸孙辈，又多有从杨守阯学习者。景泰四年（1453）左右，杨守阯曾到亲戚朱氏家中做塾师。朱用韶之孙朱滢（1439—1512），字叔源，号芸庄，"尝从碧川杨先生游，博学而文"⑦。朱潚（字宗源）是朱用珪之孙，是杨守阯表弟，也曾随他学习⑧。又有朱轩者，也曾随杨守阯学习。"吾鄞龙舌朱氏，予先祖侍郎府君之姻族也。守阯弱冠时，尝馆于其家。表侄名轩者，年才十三，从受业焉。"⑨杨守阯当时是诸生，可以到别人家做塾师，教授小表侄朱轩等人。朱轩后为官，偶尔到

① （民国）朱学山等《四明藕桥朱氏宗谱》卷三。杨存洪《镜川杨氏宗谱》卷一九《著述》作《寄朱笃仁亲》。

② （民国）朱学山等《四明藕桥朱氏宗谱》卷二上《世略》。杨守陈作《玉庵府君墓志铭》，见《四明藕桥朱氏宗谱》卷三，不见于《杨文懿文集》。

③ （明）杨守陈《寿汝阳先生七十叙》，见《四明藕桥朱氏宗谱》卷三。

④ （明）杨守陈《杨文懿公文集》卷五。

⑤ 见（民国）朱学山等《四明藕桥朱氏宗谱》卷三。也见《杨文懿公文集》卷二八《赠朱廷璧》。

⑥ 见（民国）朱学山等《四明藕桥朱氏宗谱》卷三。

⑦ （明）陈槐《芸庄府君墓志》，见《四明藕桥朱氏宗谱》卷三《艺文·墓志》，第 5 页。

⑧ 《碧川文选》卷二《送朱宗原赴惠州河泊序》。《四明藕桥朱氏宗谱》卷三作《宗源先生任归善河泊所叙》。宗源应为宗源。

⑨ （明）曹学佺《石仓历代诗选》卷四二八《明诗次集六二·杨守阯》，第 682 页。

北京、南京，与杨守陈兄弟有所联系。杨守阯赋《赠表侄双川先生南都志别》诗称："翠脰湖堤挟两川，形如龙舌尚蜿蜒。故家乔木千余尺，先祖华姻上百年。犹记小窗灯火夜，研穷大《易》后先天。垂髫弟子今华发，话旧南都一慨然。"[①]可见，杨守阯在朱氏家教《易》经。

7. 其他家族

新庄周氏家族，在联集线南的高桥镇周庄村，也是一个科举之家。洪武二十三年（1390），周弘盛自大岙迁往新庄，成为《鄞西周氏宗谱》[②]中的始迁祖。至今，周氏宗祠中尚有周氏始祖像，上有杨守陈、杨守阯题词，那是杨自惩母亲妹妹家。杨守陈题词称："尔周，旧业千金剩，流年两鬓华。飞飞瓶外雀，隐隐镜中蛇。断岸水萦树，虚檐云傍花。征人兴凝伫，空入隐君家。"杨守阯题词称："处士不可且，遗芳人共怜。故山花自发，永夜月空圆。八十一年寿，二三千亩田。承家有令子，犹惜旧青衿。"新庄周氏的科举始于周薇，为正德十四年（1519）举人，官至工部员外郎。第一个进士是周保（1532—1594），据《隆庆五年进士登科录》，"治《易》经"。周应治（1556—1621），据《万历八年进士登科录》，"治《易》经"。周应宾（1554—1626），据《万历十一年进士登科录》，"治《易》经"。周昌晋（1585—1662），据《万历四十一年会试录》，治《易》。周齐曾（1603—1671），据《崇祯十六年癸未科进士履历便览》，"《易》五房"。周志畏（1616—1645）也是崇祯十六年进士，据《崇祯十六年癸未科进士履历便览》，"《诗》二房"。这个家族有6人中进士，其中攻《易》者共5人。

董氏家族，如董琳（1427—？），据《景泰五年进士登科录》，"治《易》经"。董鏊（1475—？），据《正德六年进士登科录》，"治《易》经"。董钥（1460—？），据《弘治三年进士登科录》，"治《易》经"。董俊（1460—？），据《弘治六年进士登科录》，"治《易》经"。董樲（1546—？），据《万历五年进士登科录》，"治《易》经"。共5人。

戴氏家族，黄古林戴氏始兴于戴浩（1391—1483），官至府通判。子戴

---

①　（明）曹学佺《石仓历代诗选》卷四二八《明诗次集六二·杨守阯》，第682页。
②　天一阁有民国《鄞西周氏宗谱》（云锦堂刊本），残三卷二册。

楫(1452—1547),官至教谕①。戴楫四个儿子均为进士。戴鳌(1472—1559),据《弘治十二年进士登科录》,"治《易》经"。戴鱀(1490—1556),据《正德十二年进士登科录》,"治《易》经"。戴鲸(1486—1582),据《嘉靖二年进士登科录》,"治《易》经"。戴鳌(1458—1501),据《嘉靖十四年进士登科录》,"治《易》经"。共4人。杨自惩曾作《送戴太守浩之永州府》,可见与戴浩有一定联系。

砌街李氏,李循义(1487—1542),据《嘉靖二年进士登科录》,"治《易》经"。李耘(1578—1649),据《万历二十九年辛丑科进士履历便览》,"《易》五房"。李枫(1604—1648),据《崇祯十年丁丑科进士履历便览》,"易二房"。共3人。

高氏家族,高萃(1544—?),据《万历二年进士登科录》,"治《易》经"。共1人。

恒溪全氏,全元立(1499—1565),据《嘉靖十四年进士登科录》,"治《易》经"。全天叙(1566—1618),据《万历十四年进士登科录》,"治《易》"。共2人。

管氏家族,管大勋(1520—?),据《嘉靖四十四年进士登科录》,"治《易》经"。管大耀(1541—?),据《万历二年进士登科录》,"治《易》经"。共2人。

水氏家族,水卿谟(1553—?),据《万历十四年进士登科录》,"治《易》经"。水佳胤(1594—?),据《天启二年壬戌科进士履历》,"易一房"。水荣旭(1619—?),《崇祯十六年癸未科进士履历便览》,"易三房"。共3人。

黄氏家族,黄景峨(1561—?),据《万历三十二年甲辰科进士履历便览》,"《易》一房"。黄景章(1578—?),据《万历三十五年进士登科录》,"治《易》经"。共2人。

小皎周氏,周致(1472—?),为弘治十二年进士,据《弘治十二年进士登科录》,"治《易》经"。据《鄞县通志人物编》上《仕迹》甲《明》,周致曾是延庆寺的和尚,因有才华,为杨守隅赏识,命他蓄发,"携之入京师,使从学于李堂。堂馆之,得授徒自给"。

此外,以下人员也治《易》经。1. 屠养浩,2. 吴福,3. 洪常(1414—?),

① (明)丰熙《明故陕西巩昌府知府致仕进介亚中大夫戴公墓志铭》、(明)欧阳德《明诰封奉直大夫戴公暨宜人杜氏合葬墓志铭》,见(民国)戴敦本等《四明桃源戴氏家乘》卷一一,永思堂,1947年,天一阁藏。

4. 蔡霖（1434—?），5. 朱谦（1430—?），6. 郑巳（1438—?），7. 卢瑀
（1432—?），8. 郑宏（1430—?），9. 朱瑄（1440—?），10. 孙纮（1444—?），
11. 王瑶（1456—?），12. 许锐（1453—?），13. 陈振（1449—?），14. 方志
（1452—?），15. 张瑛（1450—?），16. 金洪（1450—?），17. 宗祐（1460—?），
18. 鲍璋（1461—?），19. 朱凯（1469—?），20. 黄巽（1469—?），21. 冯应奎
（1470—?），22. 闻渊（1480—?），23. 王应鹏（1475—?），24. 汪玉
（1481—?），25. 余本，26. 史立诚（1475—?），27. 吴惠（1477—?），28. 徐
晋，29. 陈璧（1481—?），30. 王相（1489—?），31. 杨言（1488—?），32. 陈束
（1508—?），33. 杜鍠（1507—?），34. 舒缨（1506—?），35. 许元祥
（1499—?），36. 陈穆（1508—?），37. 施諲（1503—?），38. 张渊（1515—?），
39. 黄元恭（1516—?），40. 陶天忠（1518—?）41. 袁祖荣（1522—?），42. 杜
思（1525—?），43. 袁大诚（1520—?），44. 柴涞（1531—?），45. 毛为光
（1530—?），46. 包大燴（1525—?），47. 杨廷选（1533—?），48. 余有丁
（1527—?），49. 朱泰（1525—?），50. 傅文藻（1527—?），51. 卢渐
（1520—?），52. 李尚默（1537—?），53. 沈一贯（1537—?），54. 邵城
（1537—?），55. 徐应奎（1537—?），56. 周保（1537—?），57. 赵参鲁
（1541—?），58. 徐诗（1539—?），59. 陈九官（1545—?），60. 叶万景
（1553—?），61. 吴礼嘉（1552—?），62. 余寅（1541—?），63. 林可成
（1548—?），64. 丁继嗣（1555—?），65. 王佐（1554—?），66. 任僖
（1548—?），67. 林祖述（1558—?），68. 史起钦（1567—?），69. 傅光前
（1560—?），70. 陈之龙（1565—?），71. 袁时选（1567—?），72. 徐时进
（1562—?），73. 董光宏（1567—?），74. 殷宗辅，75. 周昌晋，76. 朱陛
（1592—?），77. 纪五伦（1607—?），78. 陈良谟（1605—?），79. 谢简
（1599—?），80. 张文烶（1608—?），81. 徐殿臣（1613—?），82. 庄元辰
（1603—?），83. 傅天锡（1611—?），84. 葛世振（1615—?），85. 林必达
（1625—?），86. 徐家麟（1615—?），87. 谢于宣（1621—?）。

　　据龚延明、祖慧《鄞县进士录》[①]统计，明代鄞县进士共 306 人（包括武
进士）。由于资料的局限，有相当数量的进士不知治什么经。笔者根据《鄞
县进士录》逐一统计，有所治经记载的进士共计 233 人。其中，洪武至正统

---

　① 龚延明、祖慧《鄞县进士录·序二》，浙江古籍出版社 2010 年，第 8 页。

18人，宣德至成化年间44人，弘治朝26人，正德朝21人，嘉靖47人，隆庆朝7人，万历朝39人，天启朝3人，崇祯朝18人，这其中包括杨氏家族9个进士。在这批人中，专门治《易》的进士有136人。其中杨氏家族9人，其他家族127人。也就是说，治《易》经的进士占据了百分之六十以上。从各科中式比例来看，明中叶以后，鄞县人治《易》经的比例相当高。如成化五年(1469)、成化十七年(1481)，鄞县各中式3人，均治《易》。从嘉靖十四年至二十年(1535—1541)，三科连续8人均治《易》。嘉靖三十五年(1556)科4人，嘉靖四十四年(1565)科2人，万历二年(1574)科3人，万历十一年(1583)科3人，万历十四年(1586)科4人，万历十七年(1589)科2人，崇祯十六年(1643)科6人，均治《易》经。在同一科中，《易》经的比例高于其他经。如嘉靖二年(1523)，鄞县中式10人，是明朝历史上鄞县中式进士最多的一科，仅丰坊一人治《春秋》，其余人均治《易》。鄞县如此集中攻读《易经》，区域色彩如此之强，在全国是相当稀见的。溯源其历史，早期的屠养浩与吴福不在考察范围内。值得注意的是正统十三年科的洪常与景泰二年科的杨守陈。杨范的一位老师称洪敬道，似与洪常家族有关。杨守陈与洪常相当熟悉，成化十三年(1477)，有一次杨守陈说及自己家曾收藏洪常《八景诗集》一册刻本，后来失掉了。说者无心，听者有心，64岁的洪常马上亲手抄录一份，装潢后送上，这让杨守陈十分感动[①]。由此可知，洪氏家族的《易》学与杨氏家族《易》学有一定联系。

杨氏家族《易》学影响较大者是杨守陈。杨守陈"趋庭之际，日有所闻"。继游京师，"与四方髦士相辨诘，精思力探，骎骎若有见者。当时市面上流行的是刘定之(1409—1469)的《易义》，杨守陈欲借而不得，于是下决心自己钻研。"取旧录历科程文数百篇，与诸家新旧义数千篇，反复究观，质之经传，率龃龉而不谐，依阿而无所发挥。至刘内翰之作，则辞甚奇巧，而亦有发挥，然其戾经忤理，尤甚于诸家。因不复向慕，而发愤自为。每构一篇，必举经传诸说，字字而味之，洞尔无惑，然后酌言措辞，务于发挥，弗莹弗止。当其有所得意，时妄谓能见前人之所未见，道前人之未道。……久之，累至八百余篇，录其题之要者半之。携此从赋，幸在首选。于是，士竞假得之者，始若珍物，秘不以示人。其后乃视为奇货，举以售利。逮今，则自京师以达于海

---

① （明）杨守陈《杨文懿公文集》卷二四《书洪武选手录八景诗集后》，第16264页。

隅塞橛,凡治《易》之家,无不有之,殆所谓破厄弊帚者矣。……此作虽不工,然简明疏直,庶几可见《易》之门户,故初学皆好之。又自余后,浙江两选第一人,皆云尝读此;而礼闱及四方乡榜《易》魁,亦多云尝读此。亦有录此,有司镂梓以传世者。故士皆慕之,传者益多,信慕者益众,他经之士多更而治《易》。余所见浙江治《易》士,盖数倍于昔矣。举业无妨于学道,先儒尝言之。余因此而专心一力,涵泳义理,至于日久,粗若有得。至于今,临事幸无大惑而行己幸无大恶者,盖此尝有助焉。"①这篇文章比较详细地交待了杨守陈《易》学的成绩所在。由此可知,杨守陈编纂的《易》学作品,曾影响了鄞县其他家族,乃至整个浙江,给当时的科举考试以很大的影响。

8. 受教弟子

除了对鄞县地方影响之外,杨氏还有不少弟子,受其影响。

杨守陈有不少学生,得杨氏《易》学而成名。"游吾门者众矣,慧者恒殆于学,而愿者多啬于才。正所谓马之蹄,啮者必善走,其不善者必驯,理故然也。慧而学,愿而才者,仅于吾子见之,吾子其犹骥乎?世之所不常有者也。"②冯汝止是其中比较满意者。

正统年间北京之行以后,杨守陈名声大震,"学徒麇至,不能尽拒,因而抗颜,亦不得已耳,非好为也"③。由此可知,杨守陈同时担任塾师之任。因杨守陈的声名,时在金华县学学习的徐升跑到宁波,向杨守陈学习。一月以后,又因官师的逼迫,重新回到了金华儒学学习。

宁海吕氏家族,也受杨守陈影响。宁海吕彦韬、吕彦璋、吕彦成、吕彦玉、吕彦润五兄弟,多受杨守陈之教。"余忆彦成诸为诸生时,公尝携之走数百里,谒余兄维新于镜川上,俾成学焉。公与处旬日而还,虽在邸舍,怡怡如也。越三月,彦璋来视之。又数月,彦玉来省之。未逾岁,彦润又至,源源而来,怡怡若一,余未尝嘉叹之也。"④当时,吕彦成"游乡校者十余年,再举不偶,自疑其学未得硕师"⑤,于是不远数百里,来到镜川,拜杨守陈为

---

① (明)杨守陈《杨文懿公文集》卷一二《书旧易义后》,第16140—16141页。
② (明)杨守陈《杨文懿公文集》卷三《与冯汝止书》,第16045页。
③ (明)杨守陈《杨文懿公文集》卷五《送徐生升序》,第16060页。
④ (明)杨守阯《碧川文选》卷五《和乐楼记》,第16408页。
⑤ (明)杨守陈《杨文懿公文集》卷二《送吕彦成归天台序》,第16307页。

师，前后学了六个月。

金华吴澜，"天禀颖迈，博学强记"，以"举不伦魁，仕不卿相"为目标。不远百里，随杨守陈学习。杨守陈"抑而厉之，幡然悔其往志，而欲进于道。居数月，浸浸乎不已"①。

括苍（今丽水）孔生，"性敏而气和，家甚贫而笃于问学，从余游，方数月，遽以薪水之不属而去，余为之慨然"②。

杭州生员王宁"少游庠序，中治经学，……来从吾游"③。

真正随杨守陈学习且考上进士的人，至少有三人，一是钱鉴，一是张文曜，一是陆玠。

杭州富商钱震（1409—1496）将儿子钱鉴送到杨守陈处学《易》学。钱震早年参加科举考试，屡试不中，转而经商以致富。"公将教二子经学，未知所授，乃列五经于前，纵其自取。鉴得《易》，钺得《春秋》。公叹曰：'圣人之道见于经，莫精于《易》，莫大于《春秋》，二子其得吾志矣。'时甬东杨文懿公以《易》名，遣鉴师之"④。钱鉴（1434—1478），字克明，杭州前卫军余，"禀颖明之资，负远大之器，尝不远数百里，涉三江九坝之阻，从余于鄞，归入郡庠。其学若春木之庵，秋涛之涌也。然累屈于乡闱，仅获一举，复见屈于春官。既升太学，与余告归"⑤。钱克明的科举之路相当不顺，"屡挫于乡论，七举而名始登于天府之中，又久淹于璧水，五战始得隽于南宫"⑥。也就是说，考了七次，始中成化元年（1465）举人。复考了五次，始中成化十四年（1478）进士，"年四十五"⑦。可惜，"一命之未受，奄罹疾而告终"，同年早卒。

张文曜（1434—1468），字晖吉，象山人。祖籍山东济南，明朝时随军到象山石浦，后移居昌国卫安家。他自幼聪明过人，好学上进。"曩年方弱，造余门墙，不远千里，浸逾三霜，德学交进，川浩火煌，庶几吾道不坠弥光，

---

① （明）杨守陈《杨文懿公文集》卷四《送吴生澜序》，第 16050 页。
② （明）杨守陈《杨文懿公文集》卷五《送孔生序》，第 16059 页。
③ （明）杨守陈《杨文懿公文集》卷二《送王生宁序》，第 16034 页。
④ （明）徐溥《谦斋文录》卷四《故封奉直大夫刑部员外郎钱公神道碑铭》，第 641 页。
⑤ （明）杨守陈《杨文懿公文集》卷一三《惜良玉赋》，第 16149 页。
⑥ （明）杨守陈《杨文懿公文集》卷二五《祭钱克明》，第 16283 页。
⑦ 《成化十四年进士登科录》，《天一阁藏明代科举录选刊·登科录》，宁波出版社 2006 年。

岂惟擢第,以破天荒"①。天顺六年(1462),张文曜考中举人,天顺八年(1464),进士及第。"贯浙东宁波府象山县,军籍,县学生,治《易》经,字晖吉,行十二,年三十,十二月初八日生。曾祖仲仁,祖伯通,父敬谦,母姚氏。严侍下。"②张文曜考中进士后,官为行人,"奉使外国,馈遗一介不取,清节著朝,年三十余,卒,家贫,至不能治殡"③。

陆珩(1439—?)是河间府阜城县人陆矩(1408—1455)④的季子。陆矩原籍浙江湖州归安县,其父陆斌时谪迁到河间府阜城县(今属河北)。陆矩为宣德八年进士,官至右金都御史。杨守陈叔父杨自悫曾教过陆矩弟陆平,杨守陈又教过陆矩子陆珩⑤。陆矩擅长《易》经,所以他选择的教师也是擅长《易》经的杨自悫、杨守陈。陆珩以"治《易》经"⑥,中成化五年(1469)进士,后官至应天府府尹。

二、对地方事务的关注

在中央集权体制下,科举入仕,也就意味着成为全国的人才。他们得听从朝廷的统一调配,到全国各地为官。为了防止官员坐大营私,明朝实行易地做官政策,官员不得在本地为官。又实行官员三年年休政策,所以官员多长期在外工作,回乡时间甚少。

毕竟,农耕社会不同于工商社会,在外为官的人员,仍会想着回老家。休假时(年休或守丧期),他们偶尔会在家乡生活一段时间。退休以后,官员多选择回故乡。杨守陈、杨茂元父子虽在北京有寓舍,但他们仍习惯回宁波。他们的后裔并没有在北京发展成强势的一支,可见农耕社会故土意识之强。退休回乡的官员,后人称为士绅。这样,他们就不可能完全置身于地方事务之外。但镜川杨氏出身理学世家,对自己的道德操守比较看重。官场奉行的谨守职分理念,也不可能让他们对地方有过多的干预。故镜川杨氏在宁波地方的影响是有限的,且正面影响更多一些。

---

① (明)杨守陈《杨文懿公文集》卷一八《祭张晖吉文》,第 16200 页。
② 《天顺八年进士登科录》,《天一阁藏明代科举录选刊·登科录》,宁波出版社 2006 年。
③ 雍正《浙江通志》卷一九〇《张文曜》。
④ 据《宣德八年进士登科录》及吴廷燮《明督抚年表》卷三《延绥》。
⑤ (明)杨守陈《杨文懿公文集》卷七《送陆生珩归吴兴序》,第 16082 页。
⑥ 《成化五年进士登科录》,《天一阁藏明代科举录选刊·登科录》,宁波出版社 2006 年。

杨氏生活的明中叶，正是中外朝贡贸易时期，宁波是中日朝贡贸易口岸。既要国防安全，又不想放弃朝贡美名，这让明朝政府处于十分尴尬境地。面对朝贡贸易及禁止私人海外贸易所带来的社会问题，他们也提出了相应的对策。

1. 杨守陈的绝贡思想

成化中叶，杨守陈曾作《与张主客论倭奴贡献书》。除了见于《杨文懿公文集》外，也见于《筹海图编》卷十二，均不详写作时间。高宇泰《敬止录》第十五册《贡使考》笼统地作"成化初"，只有严从简《殊域周咨录》卷二《东夷》明确作成化十三年（1477），称"十三年，日本复遣使入贡，庶吉士、鄞人杨守陈贻书主客郎中，欲请绝之"。更为可贵的是，有上报结果，"礼部不果从"。从"仆虽斩焉在缞绖之中"来看，当时杨守陈正在宁波家中替母亲守丧，故作成化十三年是准确的。《殊域周咨录》所录这篇文章的文字，与《杨文懿公文集》本略有不同，当是传抄者改动的。

这篇文章，大体上可以分为三部分，第一部分描述了洪武至成化间的情况。"倭奴僻在海岛，其俗狙诈而狼贪。自唐以至近代，已尝为中国疥癣矣。国初洪武间，常来贡而不恪，朝廷既正其罪，后绝不与通，著之为训。至永乐初，始复来贡，而后继之。于是，往来数数，知我中国之虚实、山川之险易。因肆奸谲，时拿舟，载其方物、戎器，出没海道，而窥伺我。得间，则张其戎器而肆侵夷；不得间，则陈其方物而称朝贡。侵夷则卷民财，朝贡则沾国赐。间有得不得，而利无不得，其计之狡如是也。至宣德末，来不得间，乃复称贡，而朝廷不知其狡，诏其至京师，燕赏丰渥，稛载而归，则已中其计矣。正统中，来而得间，乃入我桃渚，犯我大嵩，劫仓庾，燔室庐，贼杀蒸庶，积骸流血如陵谷。缚婴儿于柱，沃之沸汤，视其啼号以为笑乐。捕得孕妇与众，计其孕之女男，剔视之，以赌酒。荒淫秽恶，至有不可言者。举民之少壮，与其粟帛，席卷而归巢穴，城野萧条，过者陨涕。于是朝廷下备倭之令，命重师恒守要地，增城堡，谨斥堠，大修战舰。合浙东诸卫之军，分番防备，而兵威振于海表。肆七八年间，边氓安堵，而倭奴潜伏，罔敢喘焉。"

第二部分谈了成化年间的情况。"兹者天诱其衷，复来窥伺，而我军怀夙昔之愤，幸其自来送死，皆瞋目砺刃，欲食其肉而寝处其皮。彼不得间，乃复称贡，而我帅遂从其请，以达于朝，是将复中其计矣。今朝廷未纳其贡,而吾鄞先罹其扰,芟民稼穑为之舍馆,浚民脂膏为之饮食,劳民筋力为之役使。防卫昼号而夕呼,十征而九敛,虽鸡狗不得宁焉。而彼且纵肆无道,强市物货,善谑妇女,貂珰不之制,藩宪不之问,郡县莫敢谁何。民既哗然不宁矣,若复诏至京师,则所过之处,其有不哗然如吾鄞者乎!矧山东郡县当河决岁凶之余,其民已不堪命,尤不可使之哗然也。且其所贡刀、扇之属,非时所急,价不满千,而所为縻国用、弊民生以通厚之者,一则欲得其向化之心,一则欲弭其侵边之患也。今其狡计如愚前所陈,则非向化者矣。受其贡亦侵,不受其贡亦侵,无可疑者矣。昔西旅贡獒,召公犹致戒于君;越裳献白雉,周公犹避让不敢受。汉通康居、罽宾,隋通高昌、伊吾,皆不免乎君子之议。况今倭奴,最我仇敌,而于构衅之余,复敢怀其狙诈狼贪之心,而施其奸计以罔我,其罪不胜诛矣,复可与之通乎!然彼以贡献为名,既入我境,而遂诛之,则类于杀降,不武不义。若从而纳其所贡,则中其奸计,而益招其玩侮,又不可谓智。取一而损十,得虚而费实,又不可谓计。弊所恃以事无用,俾其不兵甲而骚,不水旱而窘,又不可谓仁。有一于斯,皆非王者之道也。"

第三部分提出了对策。"窃以为宜降明诏,数其不恭之罪,示以不杀之仁,归其贡献而驱之出境。申命海道帅臣,益严守备。俟其复来,则草薙而禽狝之,俾无噍类。若是,则奸谋狡计,破沮不行。若日之所照,月之所临,物莫能遁,故天下咸知朝廷之明。贡献不纳,质贿不贪。虽有远方珍怪之物,无所用之,故天下咸知朝廷之廉。自江浙以达京畿,亘数千里之民,举不识输运之劳,不知征敛之苦,父哺其子,夫煦其妻,而优游以衣食,故天下咸知朝廷之仁。裔夷知吾国有礼义而不敢侮,奸宄知吾国有谋猷而不敢发,桴鼓不鸣,金革不试,故天下咸知朝廷之威。举一事而众善备焉,斯与劳民费国而幸蛮夷之者,万不侔矣。仆虽斩焉在缞绖之中,然不忍民之罹殃,而虑国之纳侮,故敢布之下执事,冀采择以闻,庶少补庙谟之万一,惟执事其亮之。"[①]杨氏认为,驱逐之策,可以达到让中外知道朝廷之明、之廉、之仁、之威的四大目标。

这篇上书的背景,与当时朝贡贸易形势的变化有关。成化以后,日本的贸易要求增强,想冲破中国所定的十年一次的在他们看来是极不合理的

---

① (明)杨守陈《杨文懿公文集》卷二《与张主客论倭奴贡献书》,第16027—16028页。

朝贡贸易成规,经常不到贡期就派出商团来宁波。"成化初,倭船忽至宁波,知我有备,矫称进贡。守臣为请于朝,且欲遣之至京。杨文懿公守陈贻张主客书去"①。贡或战,对中国好处不多,对宁波尤其是鄞县,影响十分大,既要提供舍馆、饮食费用,又得提供防卫费用。这些费用,全靠从民间"十征而九敛"来。杨守陈想了一个比较绝对的方略,主张断绝朝贡贸易,"贡献不纳,质贿不贪"。也就是说,实行更为彻底的闭关锁国政策。不过,礼部没有采纳。严从简十分肯定此理念,"今观此书,凿凿正谊,洞烛倭情。使当时肯奏行之,岂有今日扰乱之祸哉"②。从嘉靖以后关闭朝贡贸易、导致海上走私贸易实践来看,杨守陈这样的想法当然是行不通的。从今天来看,禁不如疏,更为有效。

2. 杨守阯与朝贡贸易

杨守阯生活时代晚于其兄,正德初年退休回宁波以后,因家就在宁波城中日湖边,朝贡口岸机构近在咫尺,所以,关系也更为密切。

(1)坚持有礼有节地对接日本贡使

正德初年,杨守阯与日本贡使省佐曾有一段交往,目前有四段材料涉及此事。据此,可以让我们对当时的交往情况有所还原。这四段记录的内容相同,惟在时间上有出入而已,高宇泰《敬止录》作正德四年,杨守随《碧川杨先生行述》作正德五年,严从简《殊域周咨录》作正德六年。到底哪一种说法可靠些? 这里涉及宁波知府张津,考张津任职宁波知府时间是正德六年(1511),则正德六年更为可靠一些。何以会出现正德五年、正德四年说,需进一步考订。

日本贡使省佐是西海道刺史左京兆大夫大内艺兴派来的贡使。据祝允明《怀星堂集》卷八《和日本僧省佐咏其国中源氏园白樱花》,知省佐是日本和尚,这是符合已知常识的。省佐之所以要谒访杨守阯,主要是想让杨守阯出面与宁波知府张津打招呼,给日本贡使方便。"时郡守张公津防范甚严,来求尚书碧川先生为之申悃。"③用今天的话说,是要开后门。由于明朝与日本

---

①　(清)高宇泰《敬止录》第十五册《贡使考》。

②　(明)严从简《殊域周咨录》卷二《东夷·日本国》,《续修四库全书》,第735册,第516页。

③　(明)杨守随《碧川杨先生行述》,杨存洪《镜川杨氏宗谱》卷一五《行传》,第6—7页。

关系的不和谐，所以，每当日本人来，宁波当局是相当紧张的，防备森严。

由于明朝的朝贡实行地方负责招待政策，宁波作为接待日本朝贡方，就多了一项额外的负担。宣德间规定，十年一朝贡，每次的贡使团不超过三条船，每船不过三百人。正常的情况下，也有九百人左右。正德以后，日本人不守此规，经常是几年就来一次。"正德庚午，倭使入贡，夷至千人。主市舶者求索无厌，里中费用不可胜计，四境骚然。太守张公津捕市舶生事者，扑杀之，然后人心稍安，而夷酋亦不敢纵横矣。"①正德庚午是正德五年(1510)。如上所述，张津任宁波知府在正德六年，则应是正德五年发生的事。宁波知府张津下决心整治，杀了浙江市舶使的经办人员，煞了日本使团一些威风。省佐他们虽然进了宁波城，住进了迎宾馆，但宁波地方官员态度显得简慢，办事也拖拉。不得已，他们就想通过当时退休在家的前尚书杨守阯出面疏通关节。杨守阯显然是知道的，所以开始不肯接见。"有日本使名省佐者，求见惟立，不许，至再三，乃见之，礼亦甚恭。"实在不得已，才勉强同意接待。"及门，脱屦于户外，入厅事。"这是日本人的习俗。在礼节上，有人主张按外国使臣礼接待。杨守阯说："不可，此外国陪臣耳。中国体面，不宜自贬。"杨守阯认为对方是大夫派出的使臣，不是日本国王派出的使臣，所以坚持降一级，让他们坐在席角。杨守阯"上座，置之席隅，与语，甚严正"②。省佐当然不悦，"似有不豫色者"，但也无可奈何。"坐顷，时索纸笔书"。由此可知，明朝人的中外交流，是通过书面来交流的。省佐开门见山地提出，他们到宁波受到了地方政府的怠慢。《敬止录》作"本国差使臣入贡，府县迟延简慢，使臣之辱，何以当之？"杨守阯回答说："天朝与尔国法制不同。尔辈入贡，有司达之巡按御史，奏闻朝廷，朝廷下之礼部，参议可否，然后施行，往返动经数月，何谓迟慢？我朝之成宪，非有司可得而专也，何辱之有？"省佐说："先皇帝于本国甚有眷顾意，今有司不知，待慢殊甚，乞公以意达有司。"杨守阯反问："所谓眷顾尔国者，有征验乎？"省佐回答说："累朝类降诏旨，皆有是意。"杨守阯回答说："予在史馆，得拜观《祖训》条章，诸外夷国，皆有朝贡限期，惟尔国臣服不常，绝之。至文皇时，尔国奉表乞贡，方许入朝。其间，所降诏

① (清)高宇泰《敬止录》第十五册《贡使考》。
② (清)李邺嗣《甬上耆旧诗》卷八《太子少保吏部尚书碧川杨先生守阯》，第221页。

旨，亦招徕远人之意耳，何眷顾之有？"杨守阯的回答义正词严，无懈可击，让日本贡使十分难看，"省佐辞窘面赤，局脊不安"，"惶汗拱立"。省佐对杨守阯说："宜少霁颜色。"杨守阯回答说："吾大臣，不可失中国体。"久之，省佐再书曰："老大人久坐恐劳。"省佐拜伏，杨守阯"辞而入，留省佐饭"。等杨守阯过屏风后，省佐始站起来，复写字，对杨守阯儿子们说："久仰尊翁盛名，今日始获一见。观其词气威仪，或人之言，果不诬也。敬仰！敬仰！"对其同行说，杨先生是"正人"。饭中，省佐明确提出，希望杨守阯"为之方便"。

杨守阯做得相当得体，不仅留省佐等吃了饭，事后也与张津打了招呼。"张公信之，诸夷甚感激"。杨守阯是如何打招呼的？张津又为何肯接受？前面的文献不详，而下面的记录可以很好来解释。"尚书碧川先生知张公有风力，乃殆以书曰：'主上明圣，四夷来王，固我朝之盛事，万世之国体也。闻之诸夷国，俱有朝贡之期，独日本心性狡猾，臣服不常，非信义可结，得间则残害地方，荼毒生灵，卤掠财物，稛载而归。若中国有备，则张旗称贡，海道莫之禁，有司莫能阻，纵其入城。所贡方物，不过数百金之值，而供亿浩繁，何啻数十百倍。以一郡生灵之膏血，为豺狼之鱼肉。况其贪暴之心，无有纪极。为民上者，不可为之动心一裁处耶？窃惟外夷入贡，本为朝廷，非因有事于宁波而来，岂应独累一郡百姓？浙江十一府，虽非倭奴停泊之所，独非朝廷之臣子乎？何宁波一府独受其祸！抢掳则地方遭杀戮之惨，进贡则百姓受供亿之难，各府晏然，无毫发之累，是岂肘臂相维之义哉！恭惟执事，风裁著于内台，声名溢于外服，忧民之心，动见颜色，虽常节制，何补万一？为今之计，莫若请敛各郡帑藏之余，为外国供饷之费，依数类解，总司收贮。如倭夷入贡，则取自公家，供给不得遍累一府，庶几惠均而泽远，事济而民安。无事之日，则动支官钱，修理战舰，雇募骁勇，以时训练。风帆时月，则巡视海道，以备不虞。标掠则逐而去之，入贡则卫而进之，春秋则疏放归农，庶几百姓无遍累之苦，而外夷有警畏之心。虽不为万全之计，亦可以救一时之弊，而纾一方之困也。其间处置通塞之宜，固有定见矣。不知以为可不可乎？如其可行，乞速为申请，或即为具奏，以为永规，则执事之恩泽，与天地相为悠久矣，岂直一郡生灵之幸哉！'张公见书，欣然曰：'杨公爱我至矣。'即具由，允十一府均派解纳总司。"据此可知，杨守阯认为日本朝贡与朝廷有关，与宁波无关，宁波一个府没有理由为此埋单，至少也得浙江十一个府均摊。这个主意出得非常好，张津收到信后非常高兴，立马上报朝廷。由于在理，朝廷也采纳了。这对宁波来说，当然是一个善事。日本接待之事也得解决，才有诸感激之语。正德八年，日本使臣来宁波，再次谒访杨守阯。可惜此前一年，杨守阯已经过世。知道杨守阯死了，日本人坚持写了祭文，到坟上祭祀以后才肯离开。应该说，双方做得相当得体。这是嘉靖二年争贡之役前发生的事。由于材料的局限，前人甚少注意这段往事。

（2）反对全面禁止中外贸易

由于生活时代的不同，对待朝贡贸易的态度，杨守阯更为灵活一些。"夫朝廷所以命按察之官，以巡海道者，盖以海外诸夷，或有草窃狗偷，窥伺边境，以戕吾民；亦以吾民或有奸宄，携中国所有，私入诸夷，若所谓藉寇兵而赍盗粮者，故设武卫以徽防之，复敕宪臣以督视之。其著令所禁，不以中国所有私入外夷者，谓马牛、军需、铜铁、织文、丝帛之类也，舍是则非所禁矣。非所禁，而夷商越贾，风飘浪舶，往来互市，象犀、玳瑁、珠玑、玻璃、异香、椒苏之属，鳞萃中国，固太平盛事，可尽禁乎？甚至操舟入海，樵于山、渔于水者，亦以违禁下海而遏绝之，果法意乎？即有不遏，则于关隘之所私为厉禁。虽渔樵之舟，必纳赂而后得以出入，又何法也！古之为关，将以御暴；今之为关，将以为暴。……是非立法之意，殆亦为法之弊耳。……惟通变宜民之道，请书诸绅。"①这种"通变宜民"的理念，是值得肯定的。

阻止市舶司太监的额外索派。浙江市舶司太监梁氏，是杨守阯在北京宫中教过的太监。正德三年六月，想在宁波接官亭外建座望京楼，预算为八十两银子。实际做下来，要五百两银子，不足部分拟向地方政府索取。杨守阯听说后，赋诗阻止，称："望京门已傍樵楼，何必临流更运谋？八十两银官价少，百千什物县家求。民膏民血真堪惜，公赋公徭尚未周。我愿明公怜赤子，事非急务且宜休。"②梁氏收到后回信，称"事已兴工，不可中止，但不敢取办于民，以负公之教也"。由此，望京楼建起来了，同时也得不扰鄞县之民③。

① （明）杨守阯《碧川文选》卷四《送陈时起赴福建按察副使序》，第16387—16388 页。
② （明）陆偶《碧川杨先生遗行》，《碧川诗选》别录。也见《碧川诗选》卷八，文字有两处不同，"何必"作"不必"，"未周"作"不周"。
③ （明）杨守随《碧川杨先生行述》，杨存淇《镜川杨氏宗谱》卷一五《行传》，第6 页。

（3）因灾荒为地方请愿

杨守阯在家时，"地方之利弊，军民之休戚，官吏之得失，世俗之污隆，世家之强弱，靡不有闻"。他的本意是"恐其亲族有以非礼、官府势利摄乡曲假此以通其蒙蔽耳。至于利弊休戚有关于时者，辄与当道言之，毋容人私嘱也"。正德六年，宁波春潦夏旱，宁波知府张津因连年申荒，恐为上级批评，不敢再次上报。他找杨守阯商量，杨守阯说："岁之不成，民之灾也。若此举不行，民力益竭，岂君辈牧民之道？"于是出面写信给当局，上报朝廷，诏免征六分①。门生、浙江按察副使彭泽到宁波，因杨守阯病，十分关怀，结果杨守阯说："贤契爱老夫之心可谓切至，即今两浙凋弊，亦犹痿痹之切身。若能推此心以治疗之，吾民其有瘳乎？"彭泽对杨守阯儿子说："老先生此言，真忧国忧民之盛心也，非师友情深，未必训以金石，吾当终身诵之不忘也。"②"士夫家并富室，多刲羊解牛以供宴席，废用无节。"杨守阯出面言于地方官，因示禁令，"侈靡之风，一时不变"。

（4）严加约束亲族

杨守阯的家法甚严，屡屡对地方官说："吾性简静，万一有不才亲族，黩货妨民，赝书求贷者，甚坏名节，且为乡邦之怨。今后设或有之，万望为我擒拿发遣，以为将来之戒。若以老夫为念，而轻纵之，非所以相爱也。"结果，杨氏后裔"循循雅饬，无敢犯于有司。虽受侮于人，不敢出一语"。他对儿子说："人之出处，自有一定之数，非能倖致也。"可见，他强调自我努力，甚至相信命运有天数，没有捷径。

三、小结

镜川杨氏出身理学世家，对自己的道德操守比较重视。明朝实行易地做官政策，又实行官员多年才有年休政策，杨守陈兄弟及其子侄，多在两京及全国其他地方为官，回乡时间甚少，故镜川杨氏在宁波地方的势力是有限的，正面影响更多一些。杨氏家族对地方的影响，表现为两个方面：

一是科举成功的榜样作用。杨氏的《易》经，影响了宁波鄞县的科举。

---

① （明）杨守随《碧川杨先生行述》，杨存淇《镜川杨氏宗谱》卷一五《行传》，第7页。
② （明）陆偁《碧川杨先生遗行》，《碧川诗选》别录。

镜川杨氏的正面形象,甚至影响到了近代另一位名人张其昀(1900—1985)的成长。张氏是鄞西望族,张其昀曾祖张默人是晚清举人,居里仁堂村,与东面的西杨村相邻。到张其昀祖张朴园时,因兄弟众多,到西杨前岸另建新屋。后有碧水如镜,旁有青葱竹园,号曰竹荫庐(当地人称竹房),这是一个南北向、东西四间门面宽的院子,有前门(在东边),有后门(在西边)。这个院中,至少住了三户张姓人家,应该是张朴园的后裔。张其昀故居位于西墙边,为二间平房,前面靠墙边有一间当厨房用的小平房。书室中悬有郑板桥真迹。就两间半平房来说,张其昀实属普通之家。可惜,张其昀故居前几年为火所烧,只剩下当厨房用的半间小平房。2010 年立有"张其昀故居"扁。附近是当年杨守陈兄弟居住的地方,所以屋的附近有一大石坊,上题"一门三尚书"[①]。张其昀少时在张氏祠堂伦叙堂(今雅戈尔西杨小学)读小学,祠堂里挂有"门前绿水,杨文懿游钓其乡"的联语,可见镜川杨氏对当地的影响。

　　二是对宁波地方事务的关注,尤其是关注中日朝贡贸易问题。明朝宁波存在一个中日朝贡贸易问题。其结果,日本人不乐意,因为得十年一次,每次才准为三条船。中国也不爽,得赔上精力与财力,增加宁波百姓的负担。为此,不少宁波籍官员纷纷提出了不少对策。杨守陈主张绝贡,其弟杨守阯则主张由全浙江人来买单。这些措施均不理想,不如黄润玉的对策更聪明些。黄润玉提出:"凡海外夷人,但令如商人,入中国贸易而榷其货,不名其入贡而搅民可也。"[②]这无疑是解决当时在宁波的浙江市舶司最为头痛的中日朝贡贸易问题的两全策略。黄润玉对策的核心是开放中外贸易,既方便日本商人,也方便宁波人,但当时以军事防卫为首务的、缺乏自信心的朝廷显然是不肯采纳的。结果,宁波失去了成为长三角中外贸易中心港的历史机会。

---

① 张其昀《中华五千年史·自序》,台北中国文化大学出版部,1981 年,第 1 页。
② (明)黄润玉《海涵万象录》卷三,《四库全书存目丛书》,集部第 101 册,第 433 页。

第五章　杨守陈学术思想研究

　　明代杨氏家族的代表人物是杨守陈。杨守陈不仅官做得比较大，还在学术文化上有特别的贡献。从明代前期浙东学术史来看，在方孝孺之后王阳明兴起之前，杨守陈是比较有代表性的一个浙东学人。他博求广取，实事求是，在经学研究上有独到的贡献。他的理学、史学、民本思想，也值得关注的。本章拟对此四个方面的成就及思想作一梳理。

一、经学思想

　　相对于宋元来说，明代的经学处于衰落期，当然也有不少成果，值得后人关注。有关明代经学研究的成果，主要见于台湾学界①。清儒阎若璩曾将刘敞与杨守陈并称，以为引导中国经学发展两次大的嬗变②，可惜这个观点一直没有引起后人的注意，从而给予应有的重视。本节拟对杨守陈疑经的过程、背景、成果、特点及其价值意义作一梳理。

1. 疑经过程及背景

　　杨守陈疑经思想的形成，有一个过程。杨守陈爱动脑筋，不信一经之文、一家之说。少时读四书五经，即对诸经有所怀疑。杨守陈曾说："蒙自童时受读，每遇今文若学番语，腐唇弊舌而不能以熟，稍长而听讲若解梵咒，苦心焦思而不能以通也。"③《尚书》的生涩难懂，使他难以理解，读经就像学番语一般，味经犹如梵咒。初涉经书的杨守陈便有了感观上的不解。随着时间的推移，对经书的怀疑逐渐产生。"蒙自少诵经及章句，或问长而

---

① 详参林庆彰主编《明代经学研究论集》，台北文史哲出版社 1994 年；林庆彰、蒋秋华主编《明代经学国际研讨会论文集》，中研院中国文哲研究所 1996 年。

② （清）阎若璩《四书释地又续》卷下《黄鸟白鸟》，第 405 页。

③ （明）杨守陈《杨文懿公文集》卷三《尚书私钞序》，第 16042 页。

味之，不能无疑，及味诵弥久，尤未能一一信也。"①随长时间对经书的研味，怀疑更是不减，问题也越多。到外面游学时，他曾和别人进行过探讨，心中的疑点终无法解释。

杨守陈经学的成熟期是景泰三年（1452）家居以后。因连续的长辈过世而带来的守丧活动，让他得以在家休息了七年。这七年时间，是他集中治学时期。"在丧七年，居庐读《礼记》有所得，作《礼记》、《周礼》、《仪礼》私钞。继而旁读群经，悟先儒注释不能无失者，又作《孝经》、《大学》、《中庸》、《论语》、《孟子》、《尚书》、《周易》、《春秋》、《诗经》私钞。"②此表明，杨氏治经，是从"三礼"、《孝经》开始，进而及于其他诸经的。《镜川稿》所收私钞序的顺序也可表明此顺序。从文集收录的四书五经私抄序来看，其成书顺序是这样的，先成三礼私钞，接着是四书私钞。五经之中，先成《尚书私钞》，后成《诗私钞》。最后写了《私钞解》。这次，他汲取心学家抛开传注、直求心悟之法，独取经文，反复诵读、思考，终于恍然大悟，发现问题在于诸经有脱简。于是，他大胆对诸经"动手术"，进行正、补、删，最终完成了"诸经私钞"。

天顺三年以后，他在北京做官，不再有时间集中研究。晚年的时候，曾屡加删定，"皆扩前贤之所未发，而《诗》、《书》二经，尤为精到"③。但最终没有刊行，临终遗言也未及此四书五经私钞。杨氏疑经作品何以不出版？可能是出于规避政治风险的考虑。杨守陈不想因为一部书，为自己及后代招来杀身之祸。康熙时代，朱彝尊编纂《经义考》时，只见到了《诸经私钞》、《诗私钞》、《尚书私钞》三书。到乾隆初年，全祖望曾到杨守陈后裔家求书，结果发现"残断十九，仅得其《毛诗》、《尚书》、《大学》、《中庸》十数卷，慨然如得羽阳、未央之片瓦"④。今天，已经全部失传，这是非常可惜的。

杨守陈为什么要疑经？

从大环境来说，疑经是宋以来的新思潮。宋学的兴起，是与疑经活动结合的。因为观念的变化，学者们更重视从义理角度审读传统经典，于是

---

① （明）杨守陈《杨文懿公文集》卷二《中庸私钞序》，第16036页。

② （明）何乔新《椒丘文集》卷三〇《嘉议大夫吏部右侍郎兼詹事府丞谥文懿杨公墓志铭》，第463页。

③ （明）王俨《思轩文集》卷一三《吏部侍郎赠礼部尚书谥文懿杨公神道碑铭》，第550页。

④ （清）全祖望《鲒埼亭集外编》卷一六《城北镜川书院记》，第347页。

出现了疑经活动。据叶国良《宋人疑经改经考》研究，宋代有 129 位疑经学者，可见数量之多。欧阳修是宋代疑经思潮的先驱人物之一，曾说："经非一世之书也，其传之谬非一日之失也，刊正补辑非一人之能也。使学者各极其所见而明者择焉，十取其一，百取其十，虽未能复六经于无失，而卓如日月之明然。聚众人之善以补缉之，庶几不至于大缪，可以俟圣人之复生也。然则学者之于经，其可已乎？"①杨守陈读后十分欣赏，称"其言至矣"②。与杨守陈疑经思想最为合拍的是王柏（1197—1274）③。王柏是南宋末年在疑经之路上走得最远的学者，他有《诗疑》、《书疑》九卷，敢公然叫板《尚书》、《诗经》，而且对朱子的《四书集注》也持怀疑态度。王柏公然称："在昔先儒笃厚信古，以为观书不可以脱简疑经，如此则经尽可疑。先王之经无复存者，后生为学所当确守先儒之训，何敢疑先王经也。不幸秦火既熸，后世不得见先王之全经也。惟其不全，固不可得而不疑。所疑者非疑先王之经也，疑伏生口传之经也。"④因为流传的经典不是原貌，经过了后人的改造，所以是可以怀疑的。杨守陈不是读了王柏作品以后开始疑经活动的，而是后来发现，他之前的王柏思想与他最相近。"及得鲁斋《书疑》，则跃然喜曰：此先得我心之所同者。"⑤《书疑》提出的错简理念壮大了杨氏疑经的胆量。"元时，王鲁斋尝作《书疑》，谓《皋陶谟》、《说命》、《武成》、《洪范》、《多方》、《立政》六篇，多错简讹字。自以其意更定，虽未必尽合于古，然合者亦不鲜矣。"⑥王柏的错简说及其疑经成果，为杨守陈的进一步疑经奠定了基础。明人说他"大意据王鲁斋，以为二程尝更订汉儒之说，朱子尝更定二程之论，而因欲以己附焉"⑦。这样的判断是对的。

　　从中环境来说，是浙东学人的独立思考传统。浙东学术发展的一些优良传统，如博采、创新、求实等对杨守陈的影响也很大。吕祖谦（1137—1181）、黄润玉（1389—1477）等人的思想学说对杨守陈影响比较深刻。其"诸经私钞"体例仿吕祖谦《读诗记》。吕祖谦《吕氏家塾读诗记》32 卷，用

---

① （宋）欧阳修《文忠集》卷四七《答宋咸书》，第 364 页。

② （明）杨守陈《杨文懿公文集》卷三《尚书私钞序》，第 16042 页。

③ 有关王柏的研究，参台湾程元敏《王柏之生平与学术》，华东师范大学出版社 2011 年。

④ （宋）王柏《鲁斋集》卷五《书疑序》，第 67 页。

⑤ （明）杨守陈《杨文懿公文集》卷三《尚书私钞序》，第 16042 页。

⑥ （明）杨守陈《杨文懿公文集》卷三《尚书私钞序》，第 16042 页。

⑦ 《明孝宗实录》卷三一，弘治二年十月壬寅。

纲目体,或补正体,先摘经文,后引相关说法。这是一部兼收并蓄的学术著作,它吸纳了《诗序》、《毛传》、《郑笺》、《诗集传》等五六十家的解说,兼收并蓄,择善而从,汇成己说,并时有不同于诸家的创见,是一部既采各家之长,又不失个性特点的诗经学著作①。"以上凡钞诸说,皆仿吕氏《读诗记》之例,亦或附以私说"②。杨守陈少随祖父,与闻黄南山绪论;长大后,又与南山子黄隆同舍学习;南山致仕归乡后,杨氏常获亲炙。杨守陈治学风格专经、博涉,兼有朱陆之学,强调自得、务著述,颇像黄润玉。此外,也受到了吴澄(1249—1333)的影响。吴澄是元代经学大师,与许衡(1209—1281)齐名,时有"北许南吴"之称。吴澄虽不是浙东学人,但他的和会朱陆、学无定师、以义理治经风格,与浙东学人颇为接近。杨守陈博采众长、兼取朱陆之长,以义理治经,与吴澄的思想颇为合拍。所以,杨守陈也时时引吴澄为同调。

性格因素,是杨守陈接受前人的内在因素。受政治教条影响深的士大夫是不会做这种思考之事的。而杨守陈是个爱思考的学者型官僚。对经典文本的长期阅读与思考,使他形成了自己独到的想法。"私钞传世释群疑"③,从学术来说,这个观点是对的。

2. 疑经成果勾沉

杨守陈疑经成果有哪些? 弟子程敏政与王鏊均称为《诸经私钞》,给人感觉是杨守陈的疑经作品合称《诸经私钞》。然而,仔细析来,却可能有新的发现。据家谱,杨守陈有"《易私钞》、《书私钞》一卷、《诗私钞》四卷、《大学私钞》一卷、《中庸私钞》三卷、《礼私钞》、《春秋私钞》、《孝经私钞》八卷、《论语私钞》十卷、《孟子私钞》七卷、《诸经私钞》一百卷、《五经考证》。"④程敏政也说杨守陈"所著述有《三礼》、《周易》、《尚书》、《诗》、《孝经》、《大学》、《中庸》、《论》、《孟》私抄,凡数百卷"⑤。杨守陈《镜川稿》中有《三礼私钞序》、《大学私钞序》、《中庸私钞序》、《论语私钞序》、《孟子私钞序》、《尚书私

①　杨延《〈吕氏家塾读诗记〉特色初探》,《牡丹江大学学报》2009 年第 5 期。

②　(明)杨守阯《杨文懿公文集》卷五《私钞解》,第 16062 页。

③　(明)杨守阯《碧川诗选》卷八《文懿公祠,茂元求记》。

④　(民国)杨存淇《镜川杨氏宗谱》卷一九《著述》,第 15 页。

⑤　(明)程敏政《篁墩文集》卷五〇《杨文懿公传》,第 194 页。

钞序》、《诗私钞序》,又有《诸经私钞序》、《五经考证序》,惟缺《易私钞》、《春秋私钞》、《孝经私钞》三书的序。朱彝尊《经义考》也分别录各经私钞与《诸经私钞》,只是在《诸经私钞》下括注"分见各经"。从这些记录来看,《易私钞》等七部书与《诸经私钞》是并立关系,《诸经私钞》是一部独立的书,不是前面几部书的总称。《诸经私钞》涉及了四书五经,所以两者的关系也不排除单行本与合刊本关系。主要理由,除了前面所述外,《诸经私钞》未及《孝经私钞》,《明史》卷九十六《艺文志》有《孝经私钞》八卷、《书私钞》一卷、《诗私钞》四卷的著录,未及其他诸经私钞,说明《孝经私钞》等书有单行本行世。另外,杨守陈有这样的编纂习惯,其文集的编纂即是如此的。除以上作品外,杨守陈还有"《大易私征》、《春秋私比》等书,皆未脱稿"①。由此来看,杨守陈于经学研究相当全面,作品也很多。

可惜,杨守陈诸《私钞》没有流传下来,故后人难以详论。幸好几篇书序保存下来,所以仍能看出各自的写作背景、体例及主要观点。下面拟依四书、五经顺序,结合各专书序及《私钞解》略述之。

(1)《大学》与《中庸》

《大学》、《中庸》是从《大戴礼记》中摘录出来整理而成的,与《论语》、《孟子》而成四书。程、朱二大儒先后对《大学》、《中庸》进行了整理和更定。朱熹将《大学》分为经传十一章,《中庸》依程子分为三十三章,对两篇都作了《章句》,并行于世。杨守陈认为《大学》之错简没有全部更正,《中庸》也是如此。

杨守陈首先交待了他疑《大学》的过程。《大学私钞序》:"蒙少受《大学》,辄并其《章句》,诵而味之,佐以《或问》,参以诸说,已自谓通矣。及诵之久,味之详,乃反有疑焉。其后诵益久,味益详,疑亦从而益繁。积数十载,虽与天下友反复讲之,疑终不释也。今家居无事,日诵味之,而疑如故。乃取所疑经传,易而置之,各录《章句》于其下。而《章句》有与今易置之文义不合者,亦僭用己说,以'蒙谓'别之。而其所以易置之故,则详具于各章之末。既而,诵且味之,怡然理顺。"由此可知,他用的方法是思考,不断地怀疑,从逻辑上讲顺其内涵。

《大学私钞》成稿后,藏在箱底,不敢示人。一次,有一个朋友看到,阅

① (明)程敏政《篁墩文集》卷五〇《杨文懿公传》,第194页。

读未半,边嘻笑边怒骂说:"吾不意子之叛儒先而紊圣经至此也。夫《大学》者,孔子之经,曾贤之传,而朱先生之《章句》、《或问》,后学惟诵习之,莫敢违也,何物么麽,乃敢僭易而妄解之,其叛儒先而紊圣经一何甚哉!疾毁亟焚,毋贻是书累也。"杨守陈辩解说:"非敢尔也,颇欲佐儒训、明圣经,而患于不能耳。王鲁斋曰'天下所不易者理也'。二程不以汉儒不疑而不敢更定,朱子不以二程已定而不敢复改,亦各求其义之至善,而全其心之所安,非强为异而苟为同也。今蒙所钞,纵未得乎义之至善,亦足全吾心之所安。若其谬说,只自谬耳,是书岂被其累?譬如蜀之八阵石,一时或乱之,而千载如故也;虞之五瑞玉,一臣或失之,而万国自如也。子安庸怒哉?"最后,那位客人"頳颊而去",但杨守陈本人"甚惭且悔,然业已钞之,不忍毁也"①。由此可知,外界来的压力相当大。杨守陈的想法是对的,《大学》有自身的存在价值,不以其变动而变动,他只是增加了一个文本变种而已。从多元认识论来说,这是对的。但在一统标准思维下,是不能有新版本增加的。

传统以来,儒士坚持"不可以脱简疑经"。但杨守陈却不管这些,坚持了错简理念。杨守陈《中庸私钞序》:"古书皆刻以竹简而编之,编断则简错,在当时盖已有然矣。况乎秦人焚禁之余,汉儒掇拾传写之后,岂复有完正如古者哉?《大学》、《中庸》二篇,皆杂之《戴记》之中。至宋程子,始表章之,以《大学》简编杂乱,而为之更定。《中庸》则仍旧编,无所更也。朱子继之,乃重定《大学》之简,而分为经传十一章。《中庸》亦仍其旧,而分为三十三章,各为《章句》、《或问》,并传于世。"

以为经典已经不再"完正如古",如《戴记》"错简者过半",从而导致"《大学》之错简未尽正,而《中庸》之简亦多错"。"《大学》言三纲八目,既整且明,故其章可分,而错简易见。其错有未尽正者,蒙复更定,而私钞为一帙矣。《中庸》之言,若散而无统、乱而无伦,故虽有错简,而卒未易见。"②由此,章的划分也不同,"《大学》之章可分,而《中庸》难以章分也"。他称:"人未始有疑之者,朱子之为《章句》,亦不疑其简之错,而惟病其言之散且乱也,故为说以连贯之。自第六章至十一章,则连之以知、仁、勇。自十二

---

① (明)杨守陈《杨文懿公文集》卷二《大学私钞序》,第 16035 页。
② (明)杨守陈《杨文懿公文集》卷二《中庸私钞序》,第 16035 页。

章，则连之以费、隐。自二十一章至三十二章，则连之以天道、人道。然亦牵强，后儒或疑或信，辨说纷起，而世滋惑，卒莫能定于一焉。"总之，分知、仁、勇、费、隐、天道、人道，皆属牵强附会。他要在朱子的基础上，进一步往前走。

其方法："蒙自少诵经及《章句》、《或问》，长而味之，不能无疑。及味诵弥久，犹未能一一信也。侪辈有自谓无疑者，但据《章句》、《或问》，而执以为信，亦非卓然有见，而灼然无疑者。愚疑久而不释，乃姑置《章句》、《或问》，独取经文，复诵深味，继日以夜，久而若有所悟，始信其言之所以散而乱者，但由简之错耳。既移正其简，又欲更定其章，则文义皆已连属，更无少断。有难以章分者，且姑已之，而又复诵深味，则前疑尽释，但见文辞精详而不紊，义理奥博而无穷，信非子思不能作也。然非朱子《章句》，亦不能明。乃复以经文，依今所正之简而钞之，乃取《章句》，分钞其下。而蒙之妄说，亦窃附其后焉。"可见《私钞》分三个部分，先是经文的更易，其次抄录朱子《章句》，最后是加上杨守陈的观点。这个版本，达到了杨守陈的理想境界，"但见文辞精详而不紊，义理奥博而无穷"。

为什么要更易？"先儒尝戒人，不可以脱简疑经。诚如其说，则虽如《大学》之错简者，皆必强信，固执曲解迂说，宁失圣贤之本旨而不更耶！今一新学小生，乃于先儒之所未尝疑者亦过疑，以为错简而更之。或疑《章句》而附以己见，可谓僭妄之极矣。然千虑或有一得，今迷尚待后悟，姑钞而藏之，未敢以示人也。"① 由此可知，不更正而固执曲解迂说，会失圣贤之本旨。从认识论来说，千虑或有一得，人人有可能获得独到的理解。

（2）《论语》与《孟子》

朱子于《论语》和《孟子》各有集注，"明且精矣"。但存在两个问题，一是"于经文之错简未正"，"中间亦皆杂记"，二是"其言议或有隐奥遗漏，而后儒能发之者"。针对这些问题，他做了两方面的工作，一是移正错简，择抄后儒之说，二是将两书作了分类抄录，各附己意于后②。杨守陈移正错简，对朱子《章句》增损不少，并且广搜程朱以后学者的观点和论述，加上自得的独特见解，成《四书私钞》。

---

① 《杨文懿公文集》卷二《中庸私钞序》，第 16035—16036 页。
② （明）杨守陈《杨文懿公文集》卷五《私钞解》，第 16061 页。

　　杨守陈《论语私钞序》:"经以注而明,亦以注而晦,注之下复有注焉。经宜益明,而或反晦焉者,盖烛笼添骨,则障其明。朱子尝言之矣。《论语》,自汉魏以来,传注日众,然何晏所集八家之解,惟训诂而已。至宋邢昺之疏,稍陈文义,犹有未详说奥论也。厥后,说浸详,论浸奥,经从而浸明。然或流于芜蔓,或堕于幽玄。至有假儒先以文异端,如张无垢(九成)者,经其不晦乎?"杨守陈提出了经典的名言,"经以注而明,亦以注而晦"。这属诠释学问题。经典通过诠释获得新生,适应不同的时代需求。后人的诠释越多,离经典原貌越远。

　　推崇朱子而否定后人。"朱子以《论语》与《孟子》、《大学》、《中庸》合为四书,初取程、张以下九家之说,为《论孟精义》,寻改名《集义》,复因之而作《集注》,辞简而尽,义精而周,经于是乎大明矣。后儒乃复杂取其《集义》、《或问》、《语录》及诸儒之说,皆附注其下,若《纂疏》、《辑释》、《发明》、《大全》之类,皆博而寡要。初学读之,茫乎若泛巨涨,棼乎若治乱丝,徒足以弊精神,惑心志。虽《集注》,亦反为之晦,而况经乎!"①杨守陈坚持要保持经典的原味,至多保留朱子《论语集注》,而否定此后出现的赵顺孙《四书纂疏》、倪士毅《四书辑释》、陈栎《四书发明》、《四书大全》等注疏之作,将之斥为"竹笼之剩骨",明确要将他们开除出去,这是要点胆量的。尤其是《四书大全》,可是明朝永乐时期钦定的四书定本。

　　通过思考获得理解。"夫经之言,不过人心之理耳。使微传注,人但熟读详味之,久将见吾心之理亦与经遇,而自无不明。其有难明者,《集注》既明之矣,何用杂说以反晦之哉?彼竹笼之剩骨,良可除也。故蒙独钞经与《集注》,以诵味之,《集注》间有义尤深、辞甚简者,择钞他说以明之,然亦罕矣。若蒙见未逮朱子,而不能无疑者,以附之各篇之末,俟异日学进而无疑,直削耳。"②杨守陈坚持通过思考来理解经典文本的内涵。经典文本内容不过是前代学人思想的文字表达而已,古今人心相通,后人可以理解前人,这在理论上是对的。不过,信朱子而不信其他人,仍是权威理念在作祟。

　　《孟子私钞》体例同于《论语私钞》,"蒙钞《孟子》,一如《论语》之例"。

---

① (明)杨守陈《杨文懿公文集》卷二《论语私钞序》,第 16036 页。
② (明)杨守陈《杨文懿公文集》卷二《论语私钞序》,第 16036—16037 页。

据台湾学人的研究①，这是明代第二部有关《孟子》研究之作。完稿以后，杨守陈想得很多。

首先肯定了孟子宣传孔子之功，《孟子私钞序》："孔子在当时，或讥或毁，鲜知其圣，惟其门人若回、赐数人知之深耳。暨其卒也，世稍诵法之，然皆识其小而遗其大，得其粗而忘其精。虽《檀弓》所记之言行，亦或有失其真，而况乎他！逮夫世远言湮，异端杂出，惟孟子传得其真，所著若性善四端、义利王霸之类，皆发明其大与精者。且辟杨、墨，拒仪、衍，而独尊之，谓其贤于尧舜，迈于夷、尹、惠，自生民以来，所未有者。其论明辨博伟，足诏万世。至今，人仰孔子如天地之大、日月之明者，孟子之力居多也。"由此可知，"孔子之道，得孟子而益彰"。

接着，又肯定了朱熹宣传孟子的功绩。"孟子在当时，亦多讥毁之者，后世若荀卿、王充、苏轼、李觏、郑樵、冯休之论，尚讻讻不已。尊信之者，惟赵邠卿（歧）、韩文公（愈）、二程子（程颢、程颐）、张南轩（栻）、陆嘉材（筠）、余隐之（允文），才几人耳。至朱子尊信尤至，谓其道性善，大有功于圣门也。言思诚，得曾思之所授受也；论经界丧礼，见命世亚圣之大才也；历叙群圣，见自任之重也。凡七篇之言，皆为发明其蕴奥。至于冯（休）、李（觏）、郑（樵）三人之说，又皆别白其瑕疵。故至今，论书则必称《论》、《孟》，论人则称孔、孟，而翕然无异词者，朱子之功多矣。"②也就是说，"孟子之道，得朱子而弥著"。

最后，杨守陈坚持"三子之道一也，而浅深异焉"，所以主张以朱子而近孟子，以孟子而近孔子。"三子之道一也，而浅深异焉。志学从心，孔子之所以圣也；知言养气，孟子之所以亚圣也；穷理反躬，朱子之所以贤也。学朱子而渐造乎孟子，造孟子而浸近乎孔子，此士之所当务也。"③这基本符合朱熹尊孟的主张，与陆九渊的疑孟相差甚远。这里，志学从心、知言养气、穷理反躬，对孔子、孟子、朱子成功因素的归纳也相当到位。

（3）《周易》

关于《周易》，杨氏没有单独的序传承下来，略见于《私钞序》。《易私钞》失传，但其主旨尚可见。杨守陈称："四圣之《易》，自汉以来，传注无虑

---

① 陈惠美《明人孟子著述存佚考》，《东海大学图书馆讯》2008 年第 12 期（新 87）。
② 《杨文懿公文集》卷二《孟子私钞序》，第 16037 页。
③ （明）杨守陈《杨文懿公文集》卷二《孟子私钞序》，第 16037 页。

数百家,惟宋程子之《传》、朱子之《本义》,并行于世。国朝选士之制,治《易》必兼《传》、《义》,士遵之久矣。至于近时,乃往往废《传》而专《本义》,岂谓《传》、《义》有得失而取舍之哉?惟以《传》详《义》简,竞务简以利捷耳。夫士不能博通五经而各治其一,已愧于古,况治《易》而不兼《传》、《义》,惟简是务,益趋于陋矣。暨其幸得一官,则并其简者亦视之如弁髦,弃不复顾,其能仕而学者,几何人哉?是皆可慨已夫。……余少尝读《易》,间作举子文字,亦主《义》宾《传》,与李君(鸣盛)同者。暨擢第而归,益味经旨,著《易私钞》,所见有异于前时,盖以《易》为卜筮而非为卜筮作者。伏羲则《河图》而作《易》,所以顺性命之理也;大禹则《洛书》而作《洪范》,所以叙彝伦之道也。《图》、《书》非为卜筮而出,《易》、《范》岂为卜筮而作?尚占惟《易》之一道,稽疑特《范》之一畴耳,《易》岂《火珠林》[①]之比哉?程子作《传》,实采伏羲之精以发性命之理,盖不但衍周经而已。朱子尝谓《程传》至备,象数犹欠,故作《本义》,推象数而明占筮,其辞尚简,不过补《传》之不足耳,学者岂可废《传》而专《本义》哉?且《易》道广大,无所不备,非博学详说,不足以究之。诸家之说,百氏之书,皆有可取而不可废也。博而详焉,精择而反诸约,于是恒存诸心,实践诸己,推而普济于人,则庶乎得《易》之道也,岂当但以决科而已。"[②]可见,杨守陈是从儒学角度理解《易》学的,而不同于时人从儒术角度来理解《易》。他以为要研究透《周易》,必须博采精择。而且,要成为自己的思想,加以社会实践。关于《周易》本身,他以为这是一部卜筮之书,但不是为了卜筮而写的,尚有其他目标。这是一部讲性理的书,程颐《程氏易传》,朱熹《周易本义》,也是从发明性理之道角度来诠释的。宋代《易》学主要分为象数学和义理学,杨守陈主张义理而非卜筮。"程子之《传》主义理,朱子之《本义》主卜筮,各极其精矣。然《易》道广大,卜筮特其一端,而学者非所当务。《易》理无穷,程朱间有微漏,而诸儒亦或可补。"[③]对于一个学者来说,更应关注性理之道。

《周易》有不同版本,"古文以伏羲之卦,文王、周公之辞,孔子《十翼》,各为分帙,而经传隔越而不通。今文则是自坤卦而后,以象象传合掇于卦

---

① 唐末宋初形成的一部卜筮之书,作者据说是麻衣道者。
② (明)杨守陈《杨文懿公文集》卷二八《周易本义直讲序》,第16297页。
③ (明)杨守陈《杨文懿公文集》卷五《私钞解》,第16061页。

下，以小象传分掇于爻下，则经传混杂而无别。惟若乾卦，今文则犹古，而且便今，斯亦可矣。"杨守陈《易私钞》的做法是"首钞古文以见其原，次钞今文，皆同乾卦，而杂取于系辞中之文言，分附于各卦之末。其经传之下，则各择程朱及诸儒之说"。抄录的准则是，"凡主义理者钞之，主卜筮者不钞也"。可见，杨守陈属义理派。

（4）《尚书》

孟子曾经说过"尽信《书》，则不如无《书》"。杨守陈有不同看法，《尚书私钞序》称："《书》盖唐虞、三代之史所记，孔子所录，何为不可尽信耶？"当然，《尚书》确实有值得怀疑之处，"盖古之《书》传世既久，则其错简缺文讹字，浸浸多有，至孟子时已然。秦人焚之，则并其简编文字荡然亡矣。汉世旁求，一得于女子之口授，一出于先世之壁藏。壁藏者，已经后人修润，故鲜错讹；口授者，盖其所诵已非尽本文，而当时传言，后世誊写，益多阙与错讹，且有重复，滋不可尽信矣。"在杨守陈看来，《尚书》错简现象最为严重。"古经之传至今者，率多错简。《书》其尤者也，不特《武成》一篇而已。"①

这样的情况，汉唐诸儒发现不了，"乃尽信力解，至有所难通，则亦强为之说"。到了宋代，才出现疑经现象。如苏轼之于《康诰》，王安石之于《武成》，吴棫之于《梓材》，"皆明其错"。至朱熹又重订《武成》，"且以序非真而去之，皆足以洗千载胶固之习矣。一时诸家传注，往往有愈于汉唐者。"元时，王柏尝作《书疑》，谓《皋陶谟》、《说命》、《武成》、《洪范》、《多方》、《立政》六篇，"多错简讹字"。于是，他"自以其意更定，虽未必尽合于古，然合者亦不鲜矣"。欧阳修说："经非一世之书也，其传之谬非一日之失也，刊正补辑非一人之能也。使学者各极其所见而明者，择焉以俟后圣之生也。"杨守陈以为"其言至矣"。有人提出"圣人之经当尊信，弗敢考正其文，无宁解失其旨"，杨守陈以为这样的想法"不已过乎"②？

接着，杨守陈讲到了自己学习《尚书》的经历。"先祖栖芸先生，德尊学博，而《书》又其专门者。蒙自童时受读，每遇今文，若学番语，腐唇弊舌而不能以熟。稍长而听讲，若解梵语，苦心焦思而不能以通也。"最后，发现了问题所在。"疑久不释，抑恐为传注之所沽也。乃独取经文熟读

---

① （明）杨守陈《杨文懿公文集》卷三《尚书私钞序》，第 16042 页。
② （明）杨守陈《杨文懿公文集》卷三《尚书私钞序》，第 16042 页。

而详味,久之,始知其所以乱而倒者,由错与阙讹耳"①。"其后,颇觉《蔡传》似欠明备。乃取诸家遍阅,疑久不释。及得鲁斋《书疑》,则跃然喜曰:此先得我心之所同者。于是,取《尧典》以下经传,手自钞录。凡经有错简者移之,而其阙讹重复者明言之。《蔡传》有欠明备者,采诸家补之,而或以私说附焉。"②如此,《尚书私钞》成。

如何看待这部书呢?"其所移者既未必合乎古经,所补者又未必胜乎旧传,徒为纷更,以取僭窃之罪。然饱食终日而于此乎用心,差贤于博奕者而已。虽然,世有古今,人有圣愚,而理之在人心者,则无古今圣愚之异也,以今窥古,以愚测圣,虽不能尽合,而理之所在,亦岂无一二其庶几乎?后之君子,倘有取其一字一言之合,则亦不枉其用心矣。若不较其可否,一以妄更圣经贤传罪之,则亦甘受而安敢辞哉!"③

《尚书私钞》不传,所以无法知其详细具体的观点。不过,零星的文献也透露出一些。如谓《舜典》象以典刑一章,乃舜命官语。"余读《舜典》,自'正月上日'至'达四聪',皆史官记事之辞。中间'象以典刑'至'惟刑之恤哉'一节,乃帝舜命官之语。"④又如称:"古者罪人不孥,而《汉书》引《汤誓》,孥作奴,盖或奴或戮,随其罪之轻重施之也。"⑤又如"《大诰》今蠢今翼日,《蔡传》谓今之明日也。疑以今蠢今翼为句,言武庚今无知,如虫之蠢动,今有辅如鸟之羽翼。而以日字属下句,犹《左传》日卫不睦也。"⑥他的串讲未被后人接受,但他释"翼"为羽翼,却给后人以启发。今人出版的《尚书》著作,亦不乏如此解释的。今人又释"日"为"近日",也多少证实了杨氏之疑是有一定道理的⑦。

不过,也有怀疑过度的。"《酒诰》明大命于妹邦,疑明字本封字之误,不然,则下文乃穆考文王,终不可通。"⑧这么一移动,原来的突兀感消除了,上

---

①　(明)杨守陈《杨文懿公文集》卷三《五经考证序》,第16041页。

②　(明)杨守陈《杨文懿公文集》卷三《尚书私钞序》,第16042页。

③　(明)杨守陈《杨文懿公文集》卷三《尚书私钞序》,第16041—16042页。

④　(明)杨守陈《杨文懿公文集》卷二七《送南京刑部尚书张公序》,第16302页。杨守阯《碧川文选》卷三《送尹庆成赴绍兴推官序》有详细引用。

⑤　(明)杨守陈《杨文懿公文集》卷二七《送南京刑部尚书张公序》,第16302页。

⑥　(明)程敏政《篁墩文集》卷五〇《杨文懿公传》,第194页。

⑦　张如安等《鄞县望族》,浙江古籍出版社2009年,第204页。

⑧　(明)杨守陈《杨文懿公文集》卷二七《送南京刑部尚书张公序》,第16302页。

下文的文意也很通顺。但这种怀疑缺乏实证，故难免存在主观臆断之嫌。今人释"明"为"宣布"，比较确切。这正是杨氏的局限所在①。

（5）《诗经》

《诗经》的问题在序。杨守陈《诗私钞序》："《诗》三百篇，皆孔子所录，世无异论矣。其《序》，或谓作于孔子，又或以为子夏、毛公，或以为卫宏，莫能定也。然自汉毛公据《序》作《传》，而郑康成之《笺》从之，唐孔祭酒之《疏》、宋吕东莱之《读诗记》，皆从之，他儒亦莫不尊序如经，无敢有议而违者。"②

这种情况，到了宋代，出现了变化。欧阳修、苏辙，"始皆疑《序》而嫌《传》《笺》，各出其所见。颍滨则例取《序》之首句，尽去其下文而说之。文忠则于《传》《笺》之善者皆从之，而其间有悖理咈情者，始易之耳。独郑夹漈（樵）深辟《传》、《笺》之妄，尽去《序》，而自为之说。或谓其私心自是，殆于不知而作者尔。晦庵朱夫子博考诸家，深探古始，以为《集传》，多主夹漈之说，且断然以《序》说谬妄浅拙，实汉儒所作，不当分冠诸篇。因并为一编，而详论其得失，学者莫不信而遵之。奋千古之卓见，以扫百代之陋闻，非命世之大儒，其孰能与于此哉！然其主夹漈而以郑卫诸《风》，尽断为淫诗，则东莱固尝议之。其后马氏端临亦尝辨之。今虽专门举子，尚或有疑于此者。"这里叙述了欧阳修、苏辙、郑樵、朱熹四人对诗序的不同看法。杨守陈肯定了朱子的贡献，同时也指出了朱子的不足，吕祖谦、马端临等人均已经涉及。

杨守陈"蒙少从先祖栖芸先生授《诗》，仅闻大旨，已厌淫《诗》之繁而疑之矣。其后遍考诸家，益详味之，则所疑又不止此。历岁浮久，疑犹未能释也。今居闲处静，日味诸经，因详考各家传注，择而钞之，以诵习。《诗》则专钞《集传》，独于疑未释者，或仍从《传》《笺》，或易以他说，或写愚见附焉。"终成《诗私钞》一书。

最后，杨守陈感叹地说："嗟乎！《序说》多谬妄浅拙，信有如朱子之言者。徒以其托名于圣贤，故世儒尊而信之。历数百年之久，无敢更者。况朱子之道，学无愧圣贤，何啻百世之山斗。而其为《集传》也，贯穿古今，折

---

① 张如安等《鄞县望族》，浙江古籍出版社 2009 年，第 204 页。
② （明）杨守陈《杨文懿公文集》卷五《诗私钞序》，第 16060 页。

衷百氏，发理精到，措辞简明，诸家莫有能逮之者。而初学小生，乃敢私窃去取于其间，岂非昏愚僭妄之极者哉！虽然，自昔儒生，治经讲道，皆由粗以造精；而于前言往行，亦始多疑而终信者。今蒙学未至，而轻遽言之，不自知其说之谬甚也，俟他日改正焉，斯可以验学之进矣。"由此可知，他非常推崇朱子的集传，但也敢于发表自己的独立见解。

　　王鏊曰："《诗》小序，序所以作者之意，而或与诗词不应。自宋以来，人多疑之，未敢尽屏。至朱子一切刮去，自讽其诗，而为之说，卓哉其为见也，视古注亦简切易晓，可谓有功于《三百篇》矣。但古人作诗，必自命题；国史采之，亦必著其所自。不然，其人去之千古，安知微意所属？使今人为诗，不自命题，则释之者人人殊，不知果谁能得作者之心也。毛、郑泥于小序，宛转附会，多取言外之意。朱子不泥小序，独味《诗》之本旨。毛、郑固多失，然去古未远，其说亦或有自。朱子以夫子郑声淫之说，于郑卫之风，多指为淫奔。杨文懿公守陈谓：春秋列国大夫会盟，多赋诗以见志，使皆淫辞焉，肯引以自况！若夫子意在垂戒，一二篇足矣，何取于多若是！如《风雨》《鸡鸣》《丘中有麻》之类，序以为思贤，《木瓜》以为报功，《采葛》以为惧谗，《青青子衿》以为刺学校废。如此之类，姑从其旧，未为不可也。"①

　　黄佐（1490—1566）有不同看法，称："朱子所指淫诗，与小序说异者，近世四明杨氏，直以为秦火之后，汉儒误收，以备三百之数，故其所著《私钞》，删削而改编之。愚谓《左传》载列国所赋者，诸淫诗具在，误收之说，岂其然乎？"②这样的不同看法是正常的学术交锋。

　　杨守陈在《诗经》研究上也有一些新观点，据程敏政称："于《诗》，以《卷耳》为大夫行役者之作。谓陟冈、陟砠、马瘏、仆痡，非后妃思虑所及。以《柏舟》为非妇人之作，谓其心不可转，威仪不可选，正孔子所谓吾于《柏舟》，见匹夫执志之不可易者也。至以郑、卫之诗，非孔子所谓郑声，其辨尤详。大约谓《春秋》主事，当无不载；《诗》主辞，当有所择。朱子修《通鉴纲目》，于莽、操、吕、武之事，靡不备载。其续楚词，则神女季姬，皆断为礼法之罪人。《高唐赋》亦视为倡家之渎礼。若郑、卫诸篇非刺淫，而果为淫者

---

①　（明）王鏊《震泽长语》卷上，也见朱彝尊《经义考》卷一一二，第446页。
②　见朱彝尊《经义考》卷一一二，第447页。

所自作,圣人必不录之矣。"①戚雄(1478—?)称:"镜川《私钞》,于《兔置》引墨子曰:文王举闳夭、泰颠于置罔之中,授之政,而西土服,此说有据。"②

张如安充分肯定了杨守陈的成绩。譬如,《诗序》以为《卷耳》是写"后妃之志",朱熹《诗集传》认为《卷耳》一篇是后妃思念文王之作,杨守陈认为:"《卷耳》为大夫行役者之作,谓陟冈、陟砠、马瘏、仆痡,非后妃思虑所及。"现代研究者多以为是女子怀念征人的诗,且此诗所写的人物似是贵族。可见杨守陈之说已发现代之说的先声。杨守陈还提出"郑卫之诗非孔子所谓郑声",这确实是一个卓越的见解。"郑声",并不等于"郑诗"。千年以降,误读"郑声淫",是经师入解《诗经》犯下的第一等错误。杨守陈将音乐与歌词区分开来,认为"诗主辞,当有所择"③。

(6)《春秋》三传

在杨守陈之前,胡安国已对《左传》、《公羊传》和《穀梁传》三传进行了增损和更定,成《春秋传》。对于《春秋》,杨守陈基本认同了朱熹的观点,所以《春秋私钞》主要以胡传为蓝本,博取左氏以下诸家之说,各取精要而成。不过,杨守陈认为"传则纪事莫翔于左氏,而公、穀亦或可信,立论莫正于胡氏,而诸家尚多足取"④。由此可知,《春秋》三传仍有可取之处。此外,杨守陈认为《春秋》"所以叙彝伦而明先王之教者也","周衰,先王之教弛,彝伦倾颓荡然,若坊坏而川泆,沦胥以溺,而莫之极也。仲尼于是乎作《春秋》"⑤。

(7)论三礼

《礼记》有郑玄注、孔颖达疏及吴澄传、陈澔传等,其中陈澔《礼记集说》为元明权威注释之作。杨守陈认为《周礼》除《冬官》以外,错简很多。唯《仪礼》经文独全,《大戴礼记》与《小戴礼记》皆多错简。杨守陈《三礼私钞序》:"古之经礼三百,曲礼三千,至秦皆缺亡矣。汉人仅求得《仪礼》十七篇,其余亡篇断简,稍有存者,大戴氏掇拾为八十五篇,小戴氏损益之为四十三篇,而《曲礼》、《檀弓》、《杂记》,各分上下。马氏又益以《月令》、《明

---

① (明)程敏政《篁墩文集》卷五〇《杨文懿公传》,第194页。
② 见朱彝尊《经义考》卷一一二,第446页。
③ 张如安等《鄞县望族》,浙江古籍出版社2009年。
④ (明)杨守陈《杨文懿公文集》卷五《私钞解》,第16062页。
⑤ (明)杨守陈《杨文懿公文集》卷六《送彭教授序》,第16079页。

堂》、《乐记》，共四十九篇，后世总谓之《礼记》，列在五经。而大戴氏仅存四十篇，不与列焉。宋朱子尝欲析《仪礼》诸篇，而取戴《记》中可为《仪礼》传者，分附其间。余仍别为记其后，编《仪礼》经传，则又杂取诸事，不专于二戴。卷帙繁重，人不能遍览焉。元草庐吴氏，以《礼记》之完篇无几，其余多掇拾残篇断简，未始诠次，而杂乱无章者，皆为之科分栉剔，以类相从，而上下文理联属，亦颇精审。然人各异见，不尽从也。"朱熹之作称《诗经集传》。

杨守陈述《三礼私钞》成书过程时称："蒙近者不幸当大事，而平昔未能讲礼，故仓卒不能合礼，徒抱恨于无穷。垩室哀慕之余，块然无事，日取三礼，诵且味之，久而粗识其梗概。"①

《三礼私钞》体例"仿朱子而析经附传，仿吴氏而类序乱篇，亦以二戴《记》之不附经者，别自为记。然传取二戴，有正、附之异，不能尽同于朱子；类序诸篇，自以意次，又不能尽同于吴氏。"②关于正附，另有说明："传又分有正附，如冠礼，则冠义及其他篇章有专言冠者摘出钞之，皆为正传。若《曲礼公冠》，虽言冠，泛及他者，皆为附传。其无经可附者，则别为卷帙。"③

以"治其心而践诸躬"为宗旨。"盖二儒皆务著述之精，蒙但取检阅之便，是以不同。至于传注，虽择钞诸家，而识见庸愚，亦未知其当否也。夫顾米粟者，欲以饱其腹；睥布帛者，欲以暖其躬。蒙之所以钞此《礼》者，岂徒以检阅而已哉！诚欲究其本末源委，以治其心而践诸躬。穷则措之家，达则布之国与天下耳。孔子曰：博学于文，约之以礼，亦可以弗畔矣。服膺是训，其敢失乎！"④

杨氏提出，《礼》丧《大记》一篇，乃《仪礼》经文。

杨守陈在五经方面，除了各有私钞外，还有一部《五经考证》，可以理解为"历代五经考证资料汇编"。其《五经考证序》："昔孔子能言夏、商之礼，以杞宋之文献不足，而不能征其言。窃尝叹之，夫圣人言礼，尚欲有所取证，况下此者乎？六经至秦而亡，汉兴求之，惟得《易》、《诗》、《书》、《春秋》，皆残阙，而《乐》尽亡矣。《礼》仅有存者，小戴氏乃掇拾其亡篇断简，以为《礼记》，后人因谓《易》、《诗》、《书》、《春秋》，并《礼记》，为五经，而并传之。

---

① （明）杨守陈《杨文懿公文集》卷二《三礼私钞序》，第16028—16029页。
② （明）杨守陈《杨文懿公文集》卷二《三礼私钞序》，第16029页。
③ （明）杨守陈《杨文懿公文集》卷五《私钞解》，第16062页
④ （明）杨守陈《杨文懿公文集》卷二《三礼私钞序》，第16029页。

经既残阙亡断,而传注者又专门名家,人各为说。故《易》或主理,或主占;《诗》主美刺,《春秋》主褒贬,亦有不主此者。至若三代之正朔,则《诗》与《春秋》两传各异;日月五星之左右旋转,周公之东征,则《诗》、《书》两传各异。又若《易》之履霜坚冰,《魏志》作初六履霜。《书》之上帝割申劝,《礼记》作上帝周田观。《诗》之假乐君子,显显令德,《中庸》以假作嘉,显作宪。凡若此者,岂可独信一经之文,偏徇一家之说而已哉? 蒙少从先大父授读五经,未之讲也。今居闲处静,时取五经讲之,或疑有不能决,或见有异先儒者,皆无所取证。乃考汉魏以上诸书,凡言及五经者,各以类钞之,庶可以广见博闻,参考互订,以求至当归一之论也。惜乎! 世无上古之典,家无四库之藏,无以足吾证耳。"①由此可知,杨守陈也希望有文献依据,但家庭藏书不允许他这么做。

3. 疑经特点及意义

(1)疑经特点

一是遍及四书五经,全面怀疑

在杨氏之前的唐末至宋元时期,学人们疑经,多只及一部书或几部书。而杨守陈则兼注九籍,对四书五经皆有私钞。如此全面的疑经,对于一般学者来说是不可思议的。用他自拟的别人疑惑来说:"古人之于九籍者,或从师半载而始见一编,或童习白纷而不能明一经。其为传注者,皆十数年而后成,或临终而尚改,然各专门名家,鲜有举九籍而兼注之者,可谓难矣。今子兼注九籍,仅数年而已,何其易也! 岂子反过于先儒也耶?"②杨守陈有自己的看法,他认为先儒早已将"大厅堂"构建好了,而自己只是添瓦补缝而已,所以相对而言较为简单。这当然是自谦的说法。

二是强调博考、深思、求是

杨守陈是一个不墨守儒经而能出入百家的学者。他认为:"万物不可翦,百氏不可废,则道之散于万物百氏者固不可遗。"认为儒学并非定于一说一家,而散为百家,从而破除了以朱学定于一尊的偏狭观念,坚持了兼采众家之长的求实学风。杨守陈认为,尺寸各有所长,智愚互有得失,朱熹等

---

① (明)杨守陈《杨文懿公文集》卷三《五经考证序》,第 16041 页。
② (明)杨守陈《杨文懿公文集》卷五《私钞解》,第 16064 页。

大儒千虑必有一失，而后世之小儒千虑必有一得。"故蒙所钞，不惟其人而惟其理。苟当乎理者，虽小儒之说亦收；不当乎理者，虽大儒之说亦略。"①

杨守陈强调自得，深味自得，即细究深思，有所体悟。求放心，是治学之本，就是经过长期的思考，取得自己认可的答案。杨守陈的问题意识相当强。所谓问题，就是现有理念与知识无法回答的疑难问题。"其后诵读益久，味益详，疑亦从而益繁，积数十载，虽与天下友反复讲之，疑终不释也。"积累了相当多问题，与朋友们反复商榷，仍无法找到答案，迫使他进一步思考。杨守陈发现，前人治学，"亦各求其义之至善，而全其心之所安，非强为异而苟为同也"。博考、深思、求是，充分体现了浙东学人治学的主流精神。当然，这也是古今优秀学人的共同特点。

三是用错简理念整理经典

古代中国是经典文化时代，经典是一切学术文化之源。一切得围绕文本展开，不能独立建构新的文本系统，从而出现文献圣经化现象即经典。经典文化的出现，与政治的一统有关。政治要一统，文本自然要一统。一统的政治，需要一统的文本文化。汉唐士人死守文本，通过文字的解释理解文本，形成了以训诂为特色的汉学。唐中叶以后，这种治学模式走到了死胡同。此后，士人尝试从经典文本内容的思想性入手理解文本，通过某些概念的思考，形成新的理解系统，这就是宋明理学。想用思想史法治经典，但又不能突破经典自成体系，于是只得怀疑文本某些文字的不合理性，以弥合自己的理解。在无法建构自己思想体系的时代，突破文本的方法就是怀疑文本自身的问题。杨守陈走的就是这样的路径。

杨守陈强调"味经"，以理治经。宋明人为什么会从思想入手分析经典文本？杨守陈表达得非常清楚："夫经之言，不过人心之理耳。使微传注，人但熟读详味之，久将见吾心之理亦与经遇，而自无不明。"②"虽然，世有古今，人有圣愚，而理之在人心者，则无古今圣愚之异也。以今窥古，以愚测圣，虽不能尽合，而理之所在，亦岂无一二其庶几乎？"③也就是说，经典文本仅是人类思想的表达而已，既然是人类的思想，人心相通，后人自然能

---

① （明）杨守陈《杨文懿公文集》卷五《私钞解》，第 16063 页。
② （明）杨守陈《杨文懿公文集》卷二《论语私钞序》，第 16036 页。
③ （明）杨守陈《杨文懿公文集》卷三《尚书私钞序》，第 16042 页。

体认前人的思想。以理治经，这也是宋元明时代普遍的治经方式。

他治经的目的就是辨明圣人之理，以防误说害理伤民。"九籍者，万理之渊薮，百行之楷模，而天下万事之本根也。"①杨守陈认为经籍最大的功用是正确引导世人的处世与为人，所以必须更定错讹，这样才不致本末倒置，黑白颠倒。对经义考证的最初目的也正是为了明圣理，行正义，而不是为了所谓扬名千秋。"颇欲佐儒训、明圣经，而患于不能耳。"②"诚欲究其本末源委，以治其心而践诸躬。穷则措之家，达则布之国与天下耳。"③"岂欲创新制、出特见、立伟伦以求成名不朽者哉？曰：若子所言，为即圣经贤传而究其理、践其道足矣！"④

杨守陈治经的口号是"不敢信世俗之讹本，必求圣贤之真旨"⑤，这也是他治经的出发点。当时的理学之士，多认为宗朱只需究理、践道即可。杨守陈却持不同看法，认为"所谓经者，使皆圣贤之手笔，家藏而世守，古今一本，无或少异，孰敢不尊信而更之"⑥？问题是，诸经的经文本身有错简现象。在他看来九籍早就是"陈编已蔽，断简已错"，后来又是"出于火焚泥烂之残余，成于口传手录之遗误，家异厥本，人异厥传。于是，圣贤之言多非其手笔之旧矣"。在这种情况下，怎么办呢？"世儒乃欲尽信而悉明之，至于有所难明，则亦不疑其传本之有错讹重阙，而必巧为之说，穿凿附会，委曲求合，甚或害理而伤教。行其说者，或至误国而残民。畏圣人之言者，固当如是乎？汉唐诸儒胶固经传之弊，已至于此！至宋而程朱欧苏之徒继出，乃始有正错简，补阙文，删衍说，而圣贤之旨于是乎大明矣。然尚有正之补之删之未尽者，宁无望于后之人乎？故不自量，效而为之。"⑦在这里，我们发现杨守陈的经典文献观不同于其他人。要求重视经典文献的准确性，是大家共同的想法。问题是，何谓文献的准确性，大家的理解不同。别人是原封不动地接受经典文本，而杨守陈则以为现存经典文本的经文本身

① （明）杨守陈《杨文懿公文集》卷五《私钞解》，第16063页。
② （明）杨守陈《杨文懿公文集》卷二《大学私钞序》，第16034页。
③ （明）杨守陈《杨文懿公文集》卷二《三礼私钞序》，第16029页。
④ （明）杨守陈《杨文懿公文集》卷五《私钞解》，第16063页。
⑤ （明）杨守陈《杨文懿公文集》卷五《私钞解》，第16063页。
⑥ （明）杨守陈《杨文懿公文集》卷五《私钞解》，第16062页。
⑦ （明）杨守陈《杨文懿公文集》卷五《私钞解》，第16062页。

存在错简现象。"始信其言之所以散而乱者,但由简之错耳。"①错简是校勘术语,是指古书文字、句子甚至段落错乱颠倒。古书多将文字写于竹简,以绳依序编联,绳断简脱,乃有错简。经典文本经历的两次大整理,为他的怀疑提供了可能。杨守陈的观念也影响了其弟杨守阯,所作《古诗》称:"焚书有禁令,博士书不焚。萧何收图籍,不知收典坟。项氏火秦宫,博士书始燔。残编出孔壁,天未丧斯文。修补汉儒手,亦各尊所闻。寥寥千载下,先后乱其真。全经久已失,其罪非一秦。"秦汉以后所传经文,一是来自汉代诸儒的口授,一是在鲁恭王故宅夹壁中所得。"壁藏者已经后人修润,故鲜错讹。口授者盖其所诵已非尽本文,而当时传言、后世誊写,亦多阙与错讹,且有重复,滋不可尽信矣。"②从这里我们可以看到,杨守陈实际上走到了欧阳修、朱子、王柏同一条疑经道路上了。这是一种托古形式的疑经行为,它的目的是否定汉学,建立宋学。"求至当归一之论",其实所求得的至论不是圣人宗旨,而是宋明理学家自己心目中的构想。

(2)疑经意义

相比宋代,明人的疑经改经活动是比较少的。当然,明代也有疑经改经活动及其成果③。在明人的疑经改经活动中,杨守陈无疑是第一号人物,故当时及后世学者对他在经学上的成就与贡献有比较高的评价。

杨守陈的作品,虽然没有传下来,但他的几个知心友生如程敏政、王鏊是看到过的。程敏政称:"皆正其错简,更定其章句,诠择诸家之传注,而傅以己见。虽大儒之说不苟同。盖晚年屡加删定,未始轻出也。……其超然独见,多先儒所未及者。"④"先生所著别有《诸经私钞》,皆扩前贤所未发。使及朱子之门,必有起予之叹。后此,亦必将辅朱传行世。"⑤由此可见,推崇相当高。王鏊称杨氏"以高文博识名海内,夫人能知之。公尝著《诸经私钞》,多先儒所未发者,人或未及知也。予间得其一二,公曰:'固不待后世而有扬子云矣。'"杨氏卒后,王鏊为哀词以明杨氏志向,其词曰:

　　　圣亡经在,异说纷兮。

①　(明)杨守陈《杨文懿公文集》卷二《中庸私钞序》,第 16036 页。
②　(明)杨守陈《杨文懿公文集》卷三《五经考证序》,第 16041 页。
③　详参陈恒嵩《明人疑经改经考》,东吴大学中文所硕士论文 1988 年。
④　(明)程敏政《篁墩文集》卷五〇《杨文懿公传》,第 194 页。
⑤　(明)程敏政《金坡稿序》,见《杨文懿公文集》卷首,第 16006 页。也见《篁墩文集》卷二八。

陋秦造汉，离多门兮。

商诗瞿易，授受亲兮。

党同矜异，传说真兮。

遗言奥旨，不尚存兮。

唐有啖赵，宋孙石兮。

抱经划传，挺见特兮。

逮乎伊洛，义转精兮。

紫阳承之，集厥成兮。

设科置学，为世程兮。

父传子受，莫知其端兮。

虽有异说，莫敢干兮。

于文懿公，生已后兮。

周汉唐宋，得通究兮。

圣经浩浩，如天渊兮。

家钻人淬，庶或全兮。

瑰词微义，日星陈兮。

蹈常玩故，骇厥新兮。

章甫资越，众排斥而不信兮。

不信何伤，益自珍兮。

嗟我何知，乃得师兮。

谓公自信，当弗疑兮。

太羹元酒，所贵希兮。

岂不或过，志亦奇兮。

后千万年，来者谁兮。①

这首哀词是理解杨守陈疑经活动的关键。前者述及圣亡经在，陋秦造汉，导致异说纷纷。唐末以后出现疑经活动，到宋代达到新的稳定，不再有人怀疑。后者讲了杨守陈通周汉唐宋经学，形成新说，时人难以接受。在此情况下，杨氏益加自珍。只有个别学生如王鏊理解杨氏的私钞，相信后

---

① （明）王鏊《震泽集》卷三一《杨文懿公哀词》，第464页。

千万年一定难找到知音。

不过，正德时期修成的《明孝宗实录》，其编纂者却持批评态度，称："所著有《四书五经私抄》等集，藏于家。但《四书私抄》谓《大学》简多错，而朱子订定为可疑，以所易置者为怡然理顺。谓《中庸》有错简，而朱子不之疑，且不当分章句，而分知、仁、勇、费、隐、天道、人道，皆牵强。谓《论语》纪载无伦次，《孟子》中间多杂记，乃皆易置之，而于《语》、《孟》又分类焉。大意据王鲁斋以为二程尝更订汉儒之说，朱子尝更定二程之论，而因欲以己附焉。顾不思程朱道契往圣，汉儒曾不能窥其藩篱，况订定庸学，又皆据经文以为证，非专以己意更之也。（杨）守陈乃辄以己意，订正圣经，短长程朱，谓为善学。使后进敏慧者，凡见有不同，皆欲易之，则《四书》、《五经》，其不至分离破碎之甚邪？是不特乱道已甚，而其好名求胜之私，人亦不能无议云。"①由此可知，他们完全用是卫道心态说话的，认为人人如此改定经典，则经典会陷入支离破碎的境地。受其影响，嘉靖时期学者黄佐也持批评态度。

清代前期学人对陈守陈的疑经活动及其成果有较高的评价，如黄宗羲称："镜川长于经术，诸经皆有《私钞》，其于先儒之传，惟善是从，附以己见；有不合者，虽大儒之说，不苟徇也。"②朱彝尊认为："文懿难经伉伉，不屑拾淳熙诸儒遗唾。"③全祖望认为杨守陈与吴澄有类似之处，其水平则高过吴澄，称："至公而始大其学，颇类吴草庐（澄），兼收朱、张、吕、陆之长，不墨守一家，要其胸中精思深造以求自得，不随声依响，以为苟同。至其所著《诸经私钞》，吐弃先儒笺疏，则于草庐更过之。盖公但质诸心之所安，固非好奇以眩俗也。然当洪、宣以后，科举之锢人已深，闻公之说少可多怪。……文恪为公门下，其词如此，盖亦非能深知公者。若泰泉，则力诋之矣。呜呼！何其固也。……因叹公之绪言，世无知者。南雷黄聘君作《学案》，称极博，竟不为公立传。《明史·儒林》多取《学案》，故于公亦阙，良可惜也。"④由此可知，由于多种因素，杨守陈没有进入《明儒学案》、《明史·儒林传》。

在明清人的研究中，阎若璩的观点最值得注意。他曾慨叹说："唐自义疏行，举天下惟主一说，无复汉人之宏博，有宁道孔圣误、讳言郑服非之陋。逮宋庆历间，刘原父敞《七经小传》作，而经始一变。宋大儒传注，淳祐一诏已盛行，而元代遂以取士，明用以攻制义，祗蹈虚，不踏实，陋尤不可胜言。逮成、弘间，杨文懿公守陈自以所见立说，务求其是。故五经四书《私钞》成，而经又一变，是二公者诚皆有功于圣人之经者也。"①将刘敞与杨守陈并称，以为纠偏扶正，引导中国经学两次大的嬗变，这样的评价是相当高的。可惜，阎若璩这个观点，今天治经学者谈得甚少。阎若璩的观点能成立吗？我看可以。元明时期，理学稳定化。永乐时期编纂《四书大全》、《五经大全》以后，经典文本凝固化，士子们只有接受现成经典文本的份，疑经活动弱化，甚至完全是多余的。在这种情况下，却有一个会思考而显得不安分的士大夫杨守陈，弱弱地提出要说正经，将自己的作品命名为"私钞"，企图建构一套更为合理的经典文本。这样的事，从政治来说，不是反了？经书历经"钦定"，向来只可尊信、讲习，不许轻议，更不准作实事求是的研究。杨氏背弃传统格言，"妄更圣经贤传"，实际是一种"叛儒先而紊圣经"的异端举动。他要恢复经典的原典文献研究，这在政治化的时代是有风险的。杨氏正经，主观上是为复原，实际上走向了反面。新版本的存在不会损害原版本，"若其谬说，只自谬耳，是书岂被其累"②。但会妨碍旧版本的权威性。明朝人不习惯经典有多个版本存在。幸好，杨守陈尚知趣，没有将之公布。否则，可能殃及池鱼，后裔不得安宁。从学术思想来说，杨守陈的疑经、正经实践是值得肯定的。说《诸经私钞》的影响与刘敞《七经小传》可媲美，是一点不为过分的。杨氏"诸经私钞"之作，意义很大。杨守陈疑经背景与宋人不同，后者是在理学形成过程中出现的，而前者是在理学鼎盛、心学形成前夕出现的。继杨守陈之后，浙东出现了阳明心学，挑战程朱理学的权威地位。

杨氏疑经中体现出来的治学精神与方法有值得肯定之处。杨守陈"不惟人只惟实"的博采求真的治学精神，正是浙东学人中最为可贵的学术精神。杨守陈在疑经方法上也有所突破。杨氏之前的人是如何疑经的？他的疑经在方法上与前人有何不同？据杨新勋研究，宋儒疑经的方法主要有

---

①　（清）阎若璩《四书释地又续》卷下《黄鸟白鸟》，第 405 页。
②　（明）杨守陈《杨文懿公文集》卷二《大学私钞序》，第 16035 页。

文献佐证和义理审核两类①。而杨守陈则是主要通过错简理念，寻找新的疑经路径，这是他不同于前人疑经路径之处。谁是中国历史上第一个提出错简理念的人？"至宋而程朱欧苏之徒继出，乃始有正错简、补阙文、删润说，而圣贤之旨于是乎大明矣。"据此，错简理念早在程、朱、欧、苏时代已经提出了。到了南宋后期的王柏，则强化了错简理念。杨守陈是明朝比较早提出此理念的人。杨氏为什么会提出错简说？因为他发现了部分经典内容的混乱，缺乏内在逻辑性。他既用了义理审核法，也用了文献佐证法（如《五经考证》），发现仍无法解决自己的困惑，进一步往前思考的结果就是怀疑经典文本本身有错简问题。经典确实有错简吗？是的。竹简使用了近千年，经典多是竹简时代形成的，经历过几次大的风波，自然存在错简现象，这已经为今天的经典文献研究所证明。错简说的提出有什么意义？最大的一点是可以完善部分经典内容的理解。即便到今天，仍有学者提出进行全国性大规模的错简整理。由此说明，杨守陈因疑经而进行的错简整理之功是相当伟大的，杨氏疑经成果为后人提供了进一步提升的学术台阶。需要指出的是，错简说的提出，不是为了推翻经典，而是为了完善经典。不过，比较起经典保守派来说，自然是一大进步。

当然，杨守陈的局限也是显而易见的。他采取的大多是所谓"味经"与义理之判断，缺乏文献学的考证。杨氏用的是理证法，这和明末以训诂、考证辨阙疑的方法不同，这多少有一些危险。"古籍出现错简固然在所多有，但由于求证困难，多半仅能由推论取得可能的结论，要获得确切证据难上加难，因此，在处理此一问题时，态度必须非常严谨、慎重。"②"世无上古之典，家无四库之藏"③，没有直接与间接文献支撑的怀疑，只有思想史研究意义，没有知识论意义。就这点来说，他属经典研究的义理派，是一个典型的理学家。

二、理学思想

明代建国以后，朱氏王朝出于思想统治之需，将程朱理学提升到正统的位置，科举考试皆以理学家的传疏为准，故理学成为有明一代学术的主

---

① 杨新勋《宋代疑经研究》，中华书局 2007 年。
② 一平《浅谈诗经错简问题》，儒藏论坛·儒学研究，2010 年 7 月 10 日。
③ 《杨文懿公文集》卷三《五经考证序》，第 16041 页。

流。杨守陈成长于理学思想浓厚的四明地区，其祖父杨范为理学家，故杨守陈从小接受理学的启蒙教育，影响自然是深入骨髓的。通过杨守陈一生事迹和传世文集的观察发现，杨守陈不论是思想，亦或为人处世和学术研究都有着理学的深深印记。

1. 道德优先

在杨守陈看来，一个人的道德层次决定着成就之大小。无德之人也许可以得到一时之宠，若时远日久，必当为世所弃。杨守陈曾言："古今人学超一世，才高万众，而逐于乡、摈于国，幸而达者不诛于当时，则诛于后世，无德故也。其有德者，穷则善一乡，达则善天下。虽或晻昧屈抑于一时，而卒光明俊伟于百世不可磨。"①才华横溢之辈，"学超一世"之人，因为他的才能可能会得到赏识，获得很高的荣耀和众多的名利。如果为无德之流，这些恩宠绝对不会长久，就算"不诛于当时"，也必然"诛于后世"。相反，道德素养很高的士人，"穷则善一乡，达则善天下"。若不得志，可以对邻里乡亲和地方之风俗产生积极的影响。倘若使其一展抱负，更会造福万民，遗惠后人。这样的君子，即使不名于世，终究会流芳千古。在他看来，才能和智慧的大小会影响一个人的发展，然品德的高低才是决定成败的决定性因素。对德的重视，是中国自古至今不变的取向。事实上，明初亦是出了一大批道德高尚、气绝古今的人物，方孝孺就是其中杰出之代表。对道德的至高追求，必然降低对物质财富的重视。杨守陈认为："凡物不可多求而恒聚，多求则损于人，恒聚则累于己，其能保有以遗其后者鲜矣。"②财富生不带来，死不带去，过分地追求财富，"遗其后者鲜矣"。他又说："士恒愿文学、勋业之名世，而不知德之不修，则二者亦献笑贻讥之具耳。苟修其德，则虽无片辞寸功，亦自足以不朽矣，而况兼二者乎？然文学、勋业皆易为者，惟德难成。必格物致知，无一理之不明，而后进于诚意正心，以修其身。无一善之不备，斯可谓德之成也。是果难耶？惟勉则至矣。"③只要不断修炼，自然会达到道德的最高境界。

---

① （明）杨守陈《杨文懿公文集》卷三《与冯汝止书》，第16045页。
② （明）杨守陈《杨文懿公文集》卷一《集义堂记》，第16117页。
③ （明）杨守陈《杨文懿公文集》卷二八《赠侍讲王君世赏序》，第16311页。

"今之学者自一经以至百氏，皆诵其辞而探其义，自造化仁义、礼乐刑政，下至草木昆虫之微，皆数其名而究其理，亦庶乎格致者矣，然徒资以为文辞言论，而不以致夫正心诚意之实，此吾党之所以有愧于古也。"①由此可知，"正心诚意"优先，是其考虑重点所在。

"人之性本于天，至善极粹者也。或昧而亏之，圣人于是乎有教焉。天下之亏其性者众矣，圣人奚能一一教之？必引其俊与英者而先焉，教俊与英，俾格物以明其性，修身以率其性，而至于道德之成。穷则固之，达则随其位之所至而布之，彦淑者慕而趋焉，猥琐者耻而格焉，万姓以和，庶类以若，旁达乎四海之外，斯教之至也。……今或师不以性教，而生惟习文以决科干位，则性不复，道德不成矣。天下民物，无由而遂矣。嗟乎！天地卓立于终古，烟霞变灭于斯须，举世皆知之矣。性，内也，尽之，亦天地也。科，位外也，得之，亦烟霞也。人不力修其内而苦求乎外，甘与烟霞同灭而不奋与天地并立，何哉？"②

在科举社会，应举出仕是学人十分着力甚至毕生奋斗的目标。对于举业的无限追求，可能会忽视自身道德的修养。杨守陈对于修德与举业的关系有自己的看法。他认为："统而言之，学之本在道德，而功业、文艺无非末耳。"③读书人苦读圣贤书的根本是修德，按照古代圣人的标准不断努力，使自己成为道德高尚的君子，这样于世于己皆有裨益。道德之外，应举和作文这些不过是于本之末罢了。然而在当时，很多人却是重举业而轻道德的。"然山林之士营生，庠校之士慕禄，率习于末而鲜务其本"④，是当时社会的普遍状况。在杨守陈看来，务德与应举并不冲突，"既学道德，则余力亦足以为举业，二者可并行而不相害也"⑤。在这点上，杨守陈反对的不是应举出仕，他自己本身就是从小就学习举业的。他要强调的是作为读书人，应举自然是追求的一部分，但在应举的过程中或应举出仕以后都应当十分重视道德修养。至于那些读书只为应举，将圣贤之书当做出仕为官的敲门砖的学人，杨守陈是深恶痛绝的。

---

① （明）杨守陈《杨文懿公文集》卷七《送陆生珩归吴兴序》，第 16082 页。
② （明）杨守陈《杨文懿公文集》卷二七《重兴汝阳县学记》，第 16299—16300 页。
③ （明）杨守陈《杨文懿公文集》卷二三《临海县学记》，第 16251 页。
④ （明）杨守陈《杨文懿公文集》卷二三《临海县学记》，第 16251 页。
⑤ （明）杨守陈《杨文懿公文集》卷二三《临海县学记》，第 16252 页。

2. 理在人心

二程构建的理学体系在学术上提出万物皆是一个天理。杨守陈认为:"天地间,当然者,理也;必然者,数也。理数一而二之。凡国之治乱,家之废兴,人之夭寿荣辱,自史巫论之,则皆以为数所必然而不可易者。由君子观之,则谓其所必然,皆由于理所当然。"①理是最高的哲学范畴,是理学思想体系之本体。他说:"虽然,世有古今,人有圣愚,而理之在人心者,则无古今圣愚之异也。"②不论是古今之人,还是圣愚之辈,理存在于众人心中。既然理在人心,求理之道当在治心。在杨守陈看来,古代的读书人也是在此着力的。通过阅读和研究出自圣人之手的经典,去探究存在于本心的至真之理。"古之圣贤家而国,卑而尊,夷而险,无一处不学焉。自幼而长,逮老而没,无一日不学焉。其所学者,非挟册而诵数也,非搦管而摛辞也,又非以吏为师而章程法比之是习也,其要在治其心而已矣。"③言下之意,读书之人,不论聪慧与否,从出生到离世,终身要做的是求心中之理。真正的学者不是熟诵经文,作些风雅之文辞就可以的,更不是为了应举为官,人生最大的目标在于明理济世。这种至高的理想并非所有学人皆能做得到的。杨守陈正是抱着这种理想去实践自己的人生,终身学而不殆以治心的。在杨氏所处的时代,他亦是孤单的。"古昔大学之教,必先格物致知,而后正心诚意,推而达之家国天下。今之学者,自一经以至百氏,皆诵其辞而探其义;自造化、仁义、礼乐、刑政,下至草木昆虫之微,皆数其名而究其理,亦庶乎格致者矣。然徒资以为文辞言论,而不以致夫正心诚意之实,此吾党之所以有愧于古也。"④很显然,当时的大多数的文人是难以做到杨守陈所述标准的。

他提出了一种观点,认为士有四种境界可追求,一是"一时之士",二是"一世之士",三是"数世之士",四是"万世之士"。"举而目伦魁,荣不兼乎后科,仕而倅卿相,贵不盈百岁"的人就是一时之士。"内之台省,外之郡县,居其位而才智足以称之,世亦多道其名,然无殊勋伟绩,身没而名随

---

① (明)杨守陈《杨文懿公文集》卷一六《寿王处士诗序》,第16181页。
② (明)杨守陈《杨文懿公文集》卷三《尚书私钞序》,第16042页。
③ (明)杨守陈《杨文懿公文集》卷一一《赠进士张晖吉序》,第16126页。
④ (明)杨守陈《杨文懿公文集》卷七《送陆生珩归吴兴序》,第16082页。

之",这是一世之士。"才伟任隆,克建勋业",是数世之士。"惟学术之宏深,道德之卓伟"之人,才是万世之士。他希望青年人"毋徒以此续文辞、媒爵禄,而必以此极其知,实其意,端其心,以淑其躬。穷而养,达而施,一以古圣贤为准,而冀与之齐,则何万世之士不可及哉?"①这样的高要求,确实不是一般人可以达到的。

杨守陈认为实现应举为官的目标是很容易实现的,"君子不患乎吾职之难为,而患乎吾心之难治焉。有心治而事不得其理,事得其理而上下有不获焉者乎?"②通过究理而获得真知,那其他的事情自然水到渠成了。杨守陈还举了古今读书人的例子来说明。"古之书无若后世之书之多,古之读书者未必若后世之读书者之博也。然而后世之士罕若古之圣贤者,盖读其书不求其道,溺于口耳之习而忘乎躬履心得之学耳。"③古代之学者读的书没有当今之多,但古代却出了很多圣贤之人,现如今的广博之人却难成大业,这其中最大的一个因素是古人是得其精髓而究之于心。

3. 复性归贞

理存于人之本性是理在人心的逻辑必然。天下万物归于一理,人虽各有所异,人之性当是不变的。杨守陈曾言:"性固同也。万世之士其道岂能有加于性之外哉?"④道在于人心,存于人之性理,人之性理是"固同"的。求万物之理当从人心中之性出发,求反究于心。故理学发展到心学当为必然之结果。从这点出发,杨守陈认为求得真理要做的就是复性。在他看来,时风不及于古,其中一个重要的原因就是忽视了复性。"今或师不以性教,而生惟习文以决科干位,则性不复,道德不成矣。天下民物,曷由而遂耶。"⑤士人只关注应举为官,加上对于复性的引导不力,如此就不可能指望这些知识分子有多么高的道德水平。改变这种状况,从本质上必须复性归贞。杨守陈言"夫贞者,正也"⑥,这当是来自《周易》的解释。贞乃是"阳

---

① (明)杨守陈《杨文懿公文集》卷四《送吴生澜序》,第 16050 页。
② (明)杨守陈《杨文懿公文集》卷六《送南昌倅虞君序》,第 16077 页。
③ (明)杨守陈《杨文懿公文集》卷八《西塾观书诗序》,第 16099 页。
④ (明)杨守陈《杨文懿公文集》卷四《送吴生澜序》,第 16050 页。
⑤ (明)杨守陈《杨文懿公文集》卷二七《重兴汝阳县学记》,第 16300 页。
⑥ (明)杨守陈《杨文懿公文集》卷一一《贞斋记》,第 16124 页。

之道,天之德,而人之性也"①。贞是人之本性,复性就是复于贞。贞为什么如此重要呢?在杨守陈看来:"天子不贞,则四海风靡;诸侯不贞,则一国从之;卿大夫、士不贞,则无以匡上而率下;庶人不贞,则使令不行于妻、子。故贞者万物之本,庶事之干也。"②如果君主达不到贞,四海之内的民风自不会淳朴,各种背德之事随之而出。诸侯和士大夫是民众的直接榜样,如果连他们都做不到,那自然无法指望民间有多高的道德修养。大到一国,小至一家,贞都是非常之重要,可以说那是万物之根本,缺少它,整个社会便会混乱不堪,各种倒行逆施便将盛行于世。杨守陈很是感慨:"凡贞者,则天命以全,人极以立。不淑乎天下,必化乎乡邻;不获乎人,必得乎天下;不扬于当时,必昭于后世。""世之事,常与变相推,吉与凶相胜,有非人力所能与者,皆天也,君子修己以听之耳。……君子烛乎理,植乎德,罹患难而不陨其素,履安乐而不怠其修,是谓事天。"③

4. 义利之辨

"义"是为道义,"利"就是利益。对于义,人们所持的态度基本上是肯定的。至于利,则看法不一,甚至截然不同。以老子为代表的道家主张"弃利",认为利是罪恶的根源。孔子也提过"君子喻于义,小人喻于利"④,但是孔子认为这种义利矛盾是可以解决的,即"见利思义","见得思义","义而后取"。孟子认为每个人都有求利的欲望,"欲贵者,人之同心也"⑤。荀子曾说:"义与利者,人之所两有也。虽尧舜不能去民之利欲,然而能使其欲利不克其好义也;虽桀纣亦不能去民之好义,然而能使其好义不胜其欲利也。"⑥宋明理学提出"存天理,灭人欲"的主张,"存天理"有取义之内涵,"灭人欲"当有去利之意。这里需要说明的是,"灭人欲"灭的是私利,一己之利。杨守陈对于这个古老的论题有自己的思辨,他认为"义利本一也,而末二焉"⑦,义与利本质上并无天壤之别。他对先秦以降的先哲的论点进

---

① (明)杨守陈《杨文懿公文集》卷一一《贞斋记》,第 16644 页。
② (明)杨守陈《杨文懿公文集》卷一一《贞斋记》,第 16644 页。
③ (明)杨守陈《杨文懿公文集》卷一九《刘君宗禹拜都察院都事序》,第 16213 页。
④ 杨伯峻《论语译注》,中华书局 1980 年,第 39 页。
⑤ 金良年《孟子译注》,上海古籍出版社 1995 年,第 248 页
⑥ 《荀子新注》,中华书局 1972 年,第 456 页。
⑦ (明)杨守陈《杨文懿公文集》卷二三《送郡教郑君序》,第 16261 页。

行了梳理,得出了自己的认识。他首先引用《周易》,"《易》曰:利者,义之和。又曰:利物足以和义"。义和利非但不是绝对对立,且义与利实乃是相互依存的关系,义需要利去体现。接着,他转述了子思与孟子的对话:子思答孟子治民之问,曰:先利之。孟子曰:不有仁义乎? 子思曰:仁义所以利之也。是则义之所在即利耳。然人或见利而不见义也。故孟子曰:何必曰利,亦有仁义而已矣。子思认为施仁的一个重要方式就是予利,此时给民之利即为义。只是很多人只看到表面的利,而没有看到蕴含其中的义罢了。弃利而一味地进行义之说教,对于庶民没有吸引力,自然起不到教化的作用。杨守陈还提到了董仲舒和朱熹的观点,而他认为真正说透了义利的却是张载。"张子曰:无所为而为者,义也。有所为而所为者,利也。"义,不是刻意去求取的,当是自然之结果,如果去追求,那得到的就是利。义,是无私之付出,利,带有目的性。杨守陈并不反对求利,对于趋利忘义则是极力批评的。他认为:"世犹有认利以为义与趋利而忘义者。夫认利为义,但不昭之过耳;趋利忘义,则不淑之罪也。"如果是"认利为义"也没什么,倘若不顾仁义之理,"趋利忘义"则是无法原谅的。如果是"市井之夫争锥刀之末,无足怪者"。一般庶民,追逐自私之利,也是自然的。"若夫荐绅君子,或流于不昭,或限于不淑者,噫,可惜哉!"饱读圣贤书的君子也这样去做的话,那绝对是不可饶恕的。

5. 尊朱不惟朱

杨守陈主张以朱子以近孟子,以孟子而近孔子。"孔子在当时或讥或毁,鲜知其圣。惟其门人若回、赐教人知之深耳。既其卒也,世稍诵法之,然皆识其小而遗其大,得其粗而忘其精。《檀弓》所记之言行亦或有失其真,而况乎他? 逮夫世远言湮,异端杂出,惟孟子传其真。所著若性善、四端、义利、王霸之类皆发明其大与精者,且辟杨、墨,距仪、衍,而独尊之。"①他认为只有孟子才真正发扬了孔子精深的思想理论,而后世大儒,惟朱熹超乎其他诸儒,所以认为"学朱子而渐造乎孟子,造孟子而浸近于孔子,此士之所当务也"。杨守陈在理学与经学上是尊崇朱熹的,"朱子尤号集诸儒之大成者",但杨守陈同样重视其他诸儒的思想。"虽其学未至程朱而其说

① （明）杨守陈《杨文懿公文集》卷五《私钞解》,第16062页。

反有胜之者，岂可废之？"这些学者学问没有朱熹之精深，思想没有朱熹之博大，但他们亦有他们的思考，不乏可取之处。故杨守陈"所钞不惟其人而惟其理。苟当乎理者，虽小儒之说亦收，不当乎理者，虽大儒之说亦略。"杨守陈强调自得，"惟其说不惟其人"，就是对大儒朱熹亦是如此。他认为恰如尺寸各有所长，智愚互有得失，诸如朱熹等大儒千虑也必有一失，而后世之儒也会有高于前人的见解。朱熹学问精深博大，杨守陈生于朱熹之后，自然难以摆脱朱熹之影响，但杨守陈是一个独立思考者。他算不上思想家，在中国学术史上亦是一"小儒"，然此种独立精神与自得之风格足以体现其思想价值之所在。

6. 究理践行

宋明理学家强调修齐治平，"儒者之道本之心，修之身，达之溥四海而利万物，与天地齐同。其始必本于书焉。……秦汉而下，书日益多，汗牛而充栋矣，惟濂洛关闽之书，克明六经之旨，其余盖多叛圣而诡道者，人不能尽观，然亦不必观也。夫古之书无若后世之书之多，古之读者未必若后世读者之博也，然而后世之士罕若古之圣贤者，盖读其书不求其道，溺于口耳之习，而忘乎躬履心得之学耳。不然，则一言可以行终身，一编足以治天下，尚安取多耶？然则君子之观书，盖有要矣"①。读书是为了治心，所以，不必读太多，关键在"躬履心得"。

杨守陈强调思想修养。"古之圣贤，家而国，卑而尊，夷而险，无一处不学焉。自幼而长，逮老而没，无一日不学焉。自晨而兴，至夕而寐，无一刻不学焉。其所以学者，非挟册而诵数也，非搦管而摛辞也，又非以吏为师而章程法比之是习也，其要在治其心而已矣。夫心统七情，五性以宰百骸，九窍而接万物。庶事之变，出入无时，存亡靡定，莫难治也。……如此，故有位君子，必益穷其理，益谨其行，勿惑于胶扰放纷，勿夺于声色货利，勿怵于死亡患难，而恒主之以敬，存以之诚，且省而夕察，瞬养而息存，无斯须之不慎焉，则心无不治，而可以决大议，可以建大业，可以圣元后，可以熙万邦，可以佑化育，可以与穹壤参矣。古圣贤之所谓学者，学乎此而已也。"②他

---

① （明）杨守陈《杨文懿公文集》卷八《西塾观书诗序》，第16099页。
② （明）杨守陈《杨文懿公文集》卷一一《赠进士张晖吉序》，第16126页。

强调时时处处学习,而学习的核心是"治心"。所谓心,就是思想。人是受思想支配的高级动物,故修炼思想才是学习的核心。一旦形成了正确的思想,就可以做大事了。这就是宋明理学家设计的"治心"。"有诸己而后可以治诸人,无诸己而后可以非诸人。……欲责人,必先自责,欲治人,必先自治。务俾吾身,无一不循乎绳墨,洁然冰清,莹然玉粹,然后巽以谏上,则虽批逆鳞而无患。"①

强调究理践行。"人道谓何?五伦而已。古所谓致知力行,不越乎此。惟欲力行,故先致知。既曰知矣,盍力行之。知致行力,是为圣贤。不能行者,知亦徒然。况实未之知,而徒务于言。今之君子,或色取仁而口谈理,自以为知道,人亦以为有道之士。至考其彝伦,较其践履,有愧于道者亦且多矣。"②他肯定舍亲事君行为的合理性。"母子之亲,天性也。有舍其亲以仕于国者,惟以君臣之义不可废,且觊禄令贻封,以致养与荣于亲耳。不然,何庸仕也?"③"君臣之伦大矣,欲为臣则不能不去乡而之国,故多走奔四方,弗获一驻鞍其桑梓"④。

他想做一个大儒,而非俗吏。"吾幼嗜学,欲以道德文章名世,老而无成。"⑤杨守陈对于理学的探究,并非止于思考,亦非要名留后世。杨守陈的一生皆在践行他于圣人经书中获得的真知,为此他不惜冒天下之大不韪,大至触犯龙颜,小至得罪同仁。他曾上《请讲学听政疏》,试图使皇帝成为践行圣人之道的明君。当宪宗皇帝违背古礼,诸大臣想顺从君意时,他却不惜触怒龙颜。他认为,天子为万民之榜样,上行下效,君主的贤明与否直接关系天下之安危⑥。在他看来,这是国家稳定、庶民安乐的前提。他不仅是一个思考者,更是一个实践者。"士如良金美玉,自有定价,岂一人浮议所能贵贱之哉?"⑦

<hr>

① (明)杨守陈《杨文懿公文集》卷一六《赠御史姚仲远序》,第16177页。
② (明)杨守陈《杨文懿公文集》卷二七《明故南京太常寺少卿郑公神道碑》,第16304页。
③ (明)杨守陈《杨文懿公文集》卷一九《承恩归侍图序》,第16209页。
④ (明)杨守陈《杨文懿公文集》卷二五《归荣堂记》,第16279页。
⑤ (明)杨守陈《杨文懿公文集》卷二二《示茂元书》,第16247页。
⑥ (明)杨守陈《请讲学听政疏》,见清官修《御选明臣奏议》卷五,第445册,第91—93页。
⑦ (明)杨守陈《杨文懿公文集》卷二六《复何布政乔新书》,第16288页。

三、史学思想

杨守陈谈不上是一个史学家，但他参加过多次官方组织的修史活动，有一些史学实践活动，也有自己的一些史学主张，关注国史的编纂。在方志与家谱上，也有些想法。

1. 国史编纂

杨守陈长期在翰林院工作，天顺年间，参与《大明一统志》的编纂。成化初年，预修《英宗实录》。成化三年(1467)，《英宗实录》成，杨守陈因功升为司经局洗马。成化八年(1472)，校正《通鉴纲目》。成化九年，预修《宋元通鉴纲目》。成化十八年(1482)，杨守陈参与了《文华大训》编修。弘治元年(1488)，担任《宪宗实录》副总裁。也就是说，杨守陈参与了六部官修作品的编纂活动。

杨守陈的历史意识特别强，称："史或无焉，则国统君治、臣才民俗，与夫礼乐刑政之详、理乱兴亡之故，皆暗寂无传，虽当时嗣主，亦何征以数其典、绳其先，而况于易代旷世之远哉？周列国数百，惟鲁秉礼，而其史为圣经，揭十二公如日月，虽他国亦赖之有闻。五季十国，独南唐尚文，士为之纂述者众，虽其方术、诙谐亦至今若存。其余有史不能如彼二国，则皆暗而不章。又其余无史或史不传，则同归于暗寂。甚矣，史之不可忽也！"①历史涉及人类实践活动的记录，没有历史记录，何以见证人类历史足迹？先秦的鲁国与五代的南唐，正是因为重视修史，有《春秋》、《南唐书》，所以影响更大。

力求秉笔直书，善恶并载。编撰《文华大训》时，有一条原则，"独事涉中人者，悉不以书"。杨守陈认为这种做法有违历史宗旨，他为之争曰："是何以为训？撮其贤否得失之故。"②太监虽有干政祸国之流，也有安分守己之辈，其中亦有功于社稷之人，书之可以起到史鉴之功。

---

① (明)杨守陈《杨文懿公文集》卷二七《蔡氏家谱序》，第 16298 页。
② (明)黄佐《翰林记》卷一三，第 997 页。

在史馆期间,他写了著名的《史馆感怀三首》、《书事》[①]。他先是批评了明朝政府废除起居注制度,"在古左右史,言动悉分书。由汉至国初,有官注起居。不知自何岁,史职旷成虚"。接着,讲到了明朝官修实录的遗憾,"有故始辟馆,编纂亦纷如。新人叙陈事,何啻阔且疏!善恶有难审,执笔空踌躇"。国史是明是非的工具,没有一定的三长才能,如何修好史?"国史明是非,将以垂万世。匪果具三长,曷由通五志"。"古人守一职,往往思捐躯。可怜今世士,利害论锱铢"。古人为史作牺牲,今人只顾现实利益。《书事》:"惜哉操觚士,半为谀墓谋。徇俗苦难免,拒物恒招尤。毫端有造化,万物自春秋。纯冕与猎较,孔圣亦何求!"这里提出了一个现实政治利益与历史客观评价标准之间的矛盾现象。生活于现实政治利益场中的人,想做出科学性的历史评价,是比较困难的。

杨守陈比较关注国史纂修,称"国史有三大阙事未举"。这三件事,有必要展开分析。

第一是"靖难后不记建文君朝政及方、黄死事诸臣。古人谓国可灭,史不可灭,我太祖定天下,即命儒臣撰《元史》。太宗靖内难,其后史臣不记建文君事,遂使建文数年朝廷政事及当时忠于所事者,皆湮没不传。及今来辑,尚可补国史之缺。"[②]靖难之役后,成祖下令革去建文年号,不为建文修实录,企图掩盖这段历史的真像。在一个很长时期内,人们不敢公开谈论建文君臣之事。当时成的《奉天靖难记》,完全是史臣们为粉饰朱棣篡位的合法性而写的,故于建文君臣极尽诋诬之能事,殊不可信。至天顺初,英宗下令除去建文"庶人"称号,"国禁渐弛"[③]。然而,人们仍不大敢讲。到了弘治二年(1489),杨守陈大胆提出"国可灭,史不可灭"论,主张及时采辑资料,修《建文实录》,以补国史之缺。至此,已经87年历史了。在这么长时间内,无人敢提及,可见政治控制之严。杨守陈敢提出这个建议,显然与他受孝宗信任有关。不过,最终没有上奏朝廷,"草奏欲上,以病不果"。

弘治间,南京人陈谦之可能是较早补辑建文朝史者。他任职兵部,"得

---

①　(清)李邺嗣《甬上耆旧诗》卷八《礼部尚书杨文懿公守陈》,第212页。

②　(明)何乔新《椒丘文集》卷三〇《嘉议大夫吏部右侍郎兼詹事府丞谥文懿杨公墓志铭》,第464页。

③　(明)文征明《莆田集》卷一七《备遗录序》。

诸臣事于故牍中,铨次为集"。惜"家世寝远,书以不存"①。浙江嘉兴人郁衮《革朝遗忠录》是现存较早记建文史者。清人周中孚称明人自中叶后"好谈逊国时事",这确是个事实。明人之所以这么热衷于撰作建文朝史,一是为了补建文朝无实录之缺。二是为了表彰忠义。靖难之役中,殉难大臣,一时累百,这被认为是"自天地剖判、肇有君臣以来"最为感人的壮举。"旷代相感,百世犹兴,尚德之衷,古今一也"②。为了"砺生民而窒不轨",后人觉得有必要表彰这些忠臣。三是出于猎奇心理。本来建文朝史才短短4年,也没有大的影响,但最高统治者却害怕人们知道篡夺真象。结果,越禁越引发人们的好奇。于是,写建文朝史、读建文朝史一时成风。

第二,"景帝已复位号,而《英宗实录》标目犹言'郕戾王附',是宜改正。"③英宗复辟以后,代宗朱祁钰死后被称"郕戾王"。成化元年(1465)开始修纂《英宗实录》,将代宗的事迹附录其中,注为《废帝郕戾王附录》。至成化十一年(1475),宪宗始复景泰帝位号。因为这个背景,杨守陈进一步提出,将《英宗实录》正统与天顺年间一段《废帝郕戾王附录》的标目更改过来。当时,《英宗实录》只有正副两个版本,要改正是可以做到的。不过,最终没有修订。

第三,注意到了留中章疏的保存与搜集,"章疏留中者,不获登实录,宜宣付史馆。旧例,群臣章疏留中者,虽有可传,皆不得书。乞以留中之奏,悉付史馆,择而书之。"这可能涉及皇帝认可与否。在政治家看来,没有经过皇帝认可的"留中"奏疏是无效的,所以实录不刊登。而在杨守陈看来,这也是历史资料,是历史思想资料,要求刊入实录。应该说,杨守陈的观点是对的。

总的看来,杨守陈的建议,更具历史色彩。

2. 关注方志

天顺年间,修《大明一统志》。"今国家稽古右文,方命文学从臣,会粹四方之志,以为百代不刊之典。守陈忝与载笔之列,窃观夫古今图志之在

---

①　(明)焦竑《澹园集》卷一四《忠节录序》。

②　(明)许相卿《革朝志·自序》。

③　(明)何乔新《椒丘文集》卷三〇《嘉议大夫吏部右侍郎兼詹事府丞谥文懿杨公墓志铭》,第464页。

群玉府者,浩若烟海,而探索校雠,求其无若九河、彭蠡之误者盖鲜。必再四订正而后敢书。又思穷乡下邑,非无胜美之区,幽贞之彦,而不幸无志之者,皆湮没无闻而不得书。"①这是当时面临的方志编纂难题。朝廷修志,也鼓励了部分士大夫私修村志。江西乐平县北的砚山村(今必塔前镇),是一个以徐姓为主的古村落。时任宣平(今属浙江丽水市武义县)教谕的徐光润作《砚山志》。他曾是杨守陈乡试时的老师,所以要杨守陈作序。杨守陈读后非常肯定,为作《砚山志序》,称"地有志,尚矣。……后世志益繁,自一乡一郡,以达天下,莫不有之"。相对说来,志天下与志郡国者较多,而志一乡者数量较少。"夫乡之于郡,郡之于天下,其大小不待较而明矣。观考之士,述作之家,孰不难于大而易于小。然而,志一郡与志天下者恒多,志一乡者恒少,岂以一乡之内,陋隘空间而无可书哉?抑以其卑鄙琐屑而不足书哉?夫天下者,一乡之积也。举众乡而书之,则为郡志,举众郡而书之,则为天下志,故天下志本于郡,郡志本于乡也,则乡志胡可少哉?……地志之于世大矣,案之而体国经野,据之而幽寻胜选,阅之而博物洽闻,皆于是乎在。……地苟无志,则虽生于其乡者,亦或懵于见闻,而况四方之远、百世之下哉?然志地者,必足蹈而目睹之,斯能志其详。非若理道术数然,可以臆而论也。……然则志地岂易哉?……是志岂徒作哉?一以备史氏之阙遗,一以扬先叶之休烈。"乡土志的意义相当重要,编纂也不易,它是郡志、天下志的基础。要求编纂村志一类乡土志,这样的理念确实先进。因为,即便今天,数量仍不大。这是未来地方志编纂有成长性的部分。中国是一个行政等级分明的中央集权大国,往往重视上面(县以上)记录,而忽视下面(乡以下)记录。在未来的乡村分治理念下,底层的村乡志记录有可能得到重视。这部分记录完善了,中国才会成为一个行政管理、历史记录完善的国度。

3. 重视家谱

谱牒是中国文化的一项重要发明。"国必有史,家必有谱也"。自魏晋以下,上至君主,下到庶人,都非常重视家谱的编纂与续修,家之不可以无

---

① 　(明)杨守陈《杨文懿公文集》卷六《砚山志序》,第 16074 页。

谱犹国之不可以无史。家谱的编纂到明代趋于完善，杨守陈"尝阅天下之谱多矣"①，故对家谱有自己独到的认识。他反对某些宗谱"一以务博而杂伪，一以慕高而矫诬"。主张从可以考见的祖先写起。观家谱可以生敬心、爱心、劝戒之心，"敬心生则思尊其祖，爱心生则思收其族，劝戒之心生则思淑其身，以延其后"②。杨守陈认为家谱的重要性不限于家族内部，对地方社会乃至整个国家都有着重要之影响。"族谱盖与宗法同，所以尊祖敬宗而收族者也。天子则有帝系，诸侯则有世本，庶人则有家谍（通'牒'），其已尚矣。"③族谱可以维系宗法秩序，使下层庶民皆有一个归属，尊同祖，敬同宗。中国古代社会是以血缘为纽带的，而家谱则是这个纽带的外在体现。正如杨守陈所言："夫谱所以明本源、辨昭穆、叙尊卑、别疏戚，启尊祖睦族之心，兴象先贻后之道，信不可无者。"④家谱犹如国家民族的历史，它是家族发展的记忆，人们可以从其中找到自己的归依。尊祖敬宗，也是维系宗法秩序与社会稳定不可或缺的内容。反过来说，"无之，则本原不得而明也，昭穆不得而辨也，尊卑疏戚不得而叙与别也。于是，上祖疏族，皆莫知其为谁，而安得尊之睦之？先奚以象？后何以贻？愈远愈失矣"⑤。如果不知家族的本原，宗法的秩序难以维系，在社会关系较为单一的中国古代农业社会，不论对国家统治，亦或于社会个体，皆是难以想象的。中国文化一个重要方面就是家族关系，而家谱是维系家族内部关系乃至对外联系的一个重要媒介，故家谱亦是中国文化中至关重要的部分。杨守陈曾言："彼庶姓之家，其宗祖未必淑也，其族属子姓未必蕃也，尤不可以无谱，亦或能谱之。而所谓贵戚彻侯者，其祖宗必积善而累仁，其族属子姓率葛帛而蟊揖者。苟无以谱之，是使积善累仁者泯没而无闻，葛帛蟊揖者涣散而不收，曾庶姓之弗逮也，而可乎？"⑥言下之意，庶人贫寒之家，族辈或旁支可能很不一般，祖上的荣耀可以激励后世之子孙，旁系宗亲的昌盛亦可以当做家族的奋斗目标，甚至说可以得到其可能的帮助。至于富贵显宦之家，是经过祖上的不断积累，族辈肯定经过他们的艰辛努力才造就如今之繁荣，忘

---

① （明）杨守陈《杨文懿公文集》卷七《玉岩周氏世谱序》，第 16084 页。
② 《杨文懿公文集》卷七《玉岩周氏世谱序》，第 16084 页。
③ （明）杨守陈《杨文懿公文集》卷二二《三舍刘氏族谱序》，第 16242 页。
④ （明）杨守陈《杨文懿公文集》卷二七《蔡氏家谱序》，第 16298 页。
⑤ 《杨文懿公文集》卷二七《蔡氏家谱序》，第 16298 页。
⑥ 《杨文懿公文集》卷二七《蔡氏家谱序》，第 16298 页。

恩弃祖实乃不孝,得知先辈创业之不易,亦是一个家族保持长久兴盛的重要因素。这是从正面之论述,换个角度来说,"夫谱牒不作,则系世不明,亲属莫辨,上之祖祢以前莫知其谁何,下之昆弟子姓之外皆为途人,人道不几于禽兽矣乎?"①中国古代社会,人伦关系最为重要的,如果不知宗祖,昆弟子姓同于路人,那实乃与禽兽无异。故杨守陈说:"故谱牒正而后人伦明,而后风俗美,风俗美而后四方万国一归于理。此古之圣君贤相、仁人君子所以重此道也。"

四、民本思想

在官员全权代表百姓做事的政治体制下,优秀的中国士大夫往往喜欢用一颗悲天悯人的心思百姓所思,做百姓想做的事。这种代民行事的思想,可称为民本思想。杨守陈正是这么一位士大夫。

1. 关心民间疾苦

可能是性格因素,也可能是受家庭影响,杨守陈自青少年时代起,就关注时政。"余家食时,颇有志于天下。"②他出生于社会底层,所以,对底层社会的辛苦有着深切的体验与感受。当他看到奢侈浪费现象,就会深恶而痛疾之。早在景泰二年(1451)刚入翰林院时,就已经体现出这一特色。深宫长大、时值青年期的景泰帝,暴得大位,一时忘乎所以,宫中颇事奢侈,曾经以银豆、金钱等物撒地,让近侍来争拾,以此为乐。来自乡村的新科进士杨守陈听说此事后,百感交集,作《银豆谣》以讽之。

> 四方金银入天府,堆积如山贱如土。
> 尚方承诏役良工,冶银作豆凡几颗。
> 颗颗匀圆两铢重,朱函进入蓬莱宫。
> 御手亲将十余把,琅琅乱洒金阶下。
> 万颗珠玑走玉盘,一天雨雹敲鸳瓦。
> 中官跽俯鱼鳞集,两手如耘竞前拾。

---

① (明)杨守陈《杨文懿公文集》卷八《胡氏族谱序》,第 16099 页。
② (明)杨守陈《杨文懿公文集》卷二五《送熊君良佐守镇江序》,第 16285 页。

拾多拾少曾盈袖，金珰半堕罗裳绉。

赢得天颜一笑欢，拜赐归来坐清昼。

闻知昨日六宫中，翠娥拾得黄金豆。

别有银壶薄如叶，并刀剪碎盈丹匣。

也随银豆洒金阶，满地春风飞玉蝶。

每月中官拾几回，豆将盈斗叶成堆。

日用奢华不曾惜，满函犹似雪皑皑。

谁知此是民膏血，一黍半铢非易得。

内中宝藏固如山，悬溜能穿太山石。

君不见，民餐木皮和草根，梦想豆食如八珍。

官仓有米无银籴，操瓢尽作沟中瘠。

明主由来爱一顿，安邦只在恤穷民。

愿将银豆三千斛，活取枯骸百万人。①

　　读此诗，会让人掉泪。这种情况的出现，正反映出中国帝国体制的私有属性。在这种体制下，全国的财富集中于"天府"。财富既是皇家的，皇帝想做什么就做什么。"谁知此是民膏血"，来得容易去得也容易，根本不会珍惜，哪会想到百姓的穷苦与死活。"安邦只在恤穷民"，此言至今掷地有声。

　　杨守陈颇关心时事，尤其是关心民间疾苦。"吾浙虽曰富淳易理，然比岁旱潦相仍，官冶方兴，而赋敛者暴行，民于是饥寒疾苦，而滨于死亡。草窃奸宄，以干夫典宪。甚者，乞于道，转于沟壑，杀人干货于郊门之外，吏莫敢孰何。若是者在在有之，日寖以夥，世犹以为富淳如故而莫或虑之。"②浙江人虽然"富淳易理"，但这是丰年的事。一旦到了歉收之年，百姓仍会面临"饥寒疾苦"。走投无路之余，就会作上犯科。

　　《与陆太守书》是他在宁波时针对地方饥荒提出的对策。天顺年间，杨守陈在家守丧，身体不太好，知府陆珞主动下询，让杨守陈十分感动。针对连年的饥荒，他大胆给宁波知府写了信，称"盖吾郡连岁旱潦，荐饥仍馑，以

---

① （清）李邺嗣《甬上耆旧诗》卷八《礼部尚书杨文懿公守陈》，第213页。陈建《皇明通纪》后编卷一五有记录，文字略有不同，可能是传闻所致。

② （明）杨守陈《杨文懿公文集》卷一六《送刘大参序》，第16180页。

至于今,民滋困而不能堪。近者,雨雪连日,殣殍处处有之,存者多掘根为粮,刮榆皮为食,道中丐夫乞妇,皆菜面柴骨,行步不前,而声气仅属,有垂死之状,手持空囊,遍历村落,莫或赈之。不知后此三四月间,将何如也。有鬻卖产子女者,价至贱,而患无人售。询之,则非独为饥饿所驱,又多为秋盐二税与买赃之粟、僧田之租所逼迫耳,亦有因是被棰楚至死者矣。"①针对这些情况,杨守陈提出三条建议,要求停止秋盐二税、买赃之粟、僧田之租,以解眼前之急。"窃惟海贾之赃,散之久矣。丰年不敛其粟,而于今敛之,欲藉是以赈饥,是剜肉而补疮也。民家之租,太半不收,皆不足供官税,而独僧田以官税为辞,是或一道耶? 二者皆可暂已。秋盐二税,固宜征之,然征之于秋成之时则可,征之于今则民之贫者有死而已,不能供也。今粮储之运,惟沿海为急,而南京犹或可缓,移彼济此,虽于法有妨,亦无大害。"他建议陆太守用官库之积余以救济垂死之饥民,"矫制发仓"。他希望知府出面救五县百万生灵,思善政而力行之。杨守陈不会为了个人利益而请托地方官,但肯为了公共利益出面请求,这正是他民本思想的表现。

2. 长民在于爱民

他一生为朝廷清要之官,不直接治理地方,所以,对政治少了怕烦应付的官僚想法,多了一些理性思考。别人要求他写送序之类应酬文章时,正是表达他治理理想之时。他提出地方管理的核心在于爱民。"有一言可以尽长民之道者,曰爱之而已。今夫农之于禾也,穮而粪之,耘其稂莠,去其螟虫,朝灌而暮溉,何其劳耶! 圉之于马也,洁除其厩,中夜而秣之,亭午而饮之,敲冰而澡之,何其勤耶! 牧之于牛羊也,时其水旱,安其寝讹,晨而往,夕而回,又何其不惮烦耶! 盖农爱其禾,圉爱其马,而牧爱其牛羊。惟其爱之也,故为之所者,无乎不至焉耳。长民者惟不爱其民也,故役之不闵其劳,赋之不虞其匮,刑之罚之而不恤其苦,甚至横征暴敛,剥肤椎肌,用虎冠之吏,受屠伯之名者,皆生于不爱而已。苟有以爱之之心,则见其饥也必思所哺,其寒也必思所暖之,其嫉痛也必思所疗之,其陷溺而死亡也必思所救之,其愚也必思所牖之,其邪也必思所绳之,其贤也必思所翼之,其材也必思所植之,其被震凌而侵虐也必思所卫之,将如父母之于子,为之深谋

① (明)杨守陈《杨文懿公文集》卷四《与陆太守书》,第 16051 页。

远虑而惫精疲力以为之矣。岂直若农之于禾、圉之于马、牧之于牛羊而已耶？夫农与圉、牧之于禾于马于牛羊，各能致其爱也，何长民者之于民独不爱之耶？人之情必有所爱，必有所不爱，此重则彼轻矣。长民而不爱民者，盖于他有所爱焉。爱其位之尊也，爱其财之富也。于凡可以致尊富者，早夜谋之而不暇于爱民，早夜为之而不免于害民。若然，则出乎尔者，必反乎尔，欲保其素且不可得，而何尊富之可觊乎？苟爱其民而俾之乐其生，不失其性，则民戴之，士颂之，大臣扬之，天子陟之，爵日以臻，禄日以厚，虽欲不尊富，不可辞已。然君子之爱民者，岂以是为尊富之媒耶？殆非也。夫民，皆天地之子，而吾之同胞者。天之赋我以才智，固欲我爱斯民而觉之；王之宠我以禄秩，亦欲我爱斯民而安之也。"①杨守陈善于推类思考。他发现一个怪异现象，优秀的农民、圉人、牧人，有一个共同的特点，爱护自己的服务对象。相反，治民的地方官却不爱护自己管理的"民"，任意驱使。接着，他进一步思考了长官不爱民的原因所在，关键他们爱位子与财money。杨守陈认为，地方官只有先爱民，才有可能得到自己想要的位子与财富。最后指出，百姓是天地之子，我们的同胞，上天与皇上，均要求我们爱民、安民。

《送熊君良佐守镇江序》指出："即种树为喻。盖仕之郡邑，犹家之圃。郡邑之民，犹圃之果蔬也。民之待抚字，不犹果蔬之待种树乎？抚字者，必课农桑，申孝弟，薄赋而省刑，周贫而辅弱，匡枉直邪。凡贪暴、奸宄、寇贼之殃吾民者，悉捍而去之，俾民皆富以淑。……凡抚字种树之若是者，皆本于爱且忧耳，不爱且忧，其何能然？……吾观令之长人者，孰克爱之忧之，而何太恩太勤之有！有烦其令者，则刑狱赋敛期会之类耳，孰知民之耕缲而督之。夫督耕缲而烦其令，且卒以祸。况刑赋诸令之烦，祸尤甚也。孰念而忧之，此民之所以日困也。"②他希望地方官爱民忧民，使民富而淑。

《送嘉兴郡守杨君承芳序》："知府，民牧也。民事，莫重于农。今天子率公卿而躬耕藉田，所以劝农也。余家本农，识农之详，请举农事以为赠，可乎？夫农，深耕其田，泽其种而播之。苗既达矣，养之若哺儿然，恤恤乎惧其弗长也。溉之粪之，薅其良莠，火其螟螣，为之忧旱潦，为之祈雨旸，……其为事至劳，而其用心至勤也。……然则农者，天下之本，而万事

① （明）杨守陈《杨文懿公文集》卷一〇《送邓淳安序》，第 16120 页。
② （明）杨守陈《杨文懿公文集》卷二五《送熊君良佐守镇江序》，第 16285 页。

所之所由系也,故凡圣帝哲王、硕辅良牧,无不以劝农为务焉。"①这样对农耕生活的深入观察,显然只有参与过农耕生活的人才能概括。

《恤民亭记》通过吴地百姓输廪米到翰林院事,阐述了自己的民本思想。

> 俄而吴民之输廪米者麇至,余为之虑之。盖恒岁输者,奴侩胥隶率附势而邀其贿。以米昼暴之衢途,为舆马所践,或雨潦漂之。夕敛之门庑,复为奴隶所窃无算,朝夕忧劳,累月不克入廪,其苦甚矣,而莫之恤也。于是,余揭榜,禁奴侩胥隶严甚,莫敢犯。暴米于亭前之小庭,与院后之大庭,夕覆以苇席而不敛,晨卷席而又暴之,栖民于庭后之斋庑闲,闲阂深严,舆马奴隶莫敢至,又幸无雨潦,不逾月而廪完,民苦乃小纾焉。

> 嗟乎! 民之苦不可胜道也。余家本农,备谙民苦,姑举其田赋一事略言之。春而耕种,时犹冻寒,手足皲痛不可忍。夏而粪耘,野日如火,田水若汤,忍热与湿,伛偻爬梳,腰折而指损。或水蝗噬之,棘与砾刺之,流血不止。旱则率妇子灌溉,踏车胝足,竟夕不寐。秋而刈获,必庐于田以防盗,盗或刃之死。负担登场,流汗浃体,疲极而不能休。其服田之苦若是!

> 挽青刈禾,未及一饱,而催租之吏已至。叫嚣蹴突,摧窗败扉。为之献酒肴,奉钱帛,获少宽假。后至者益悍,遂置箠,执缚以见官。官又箠之,流血或见骨,必罄赀破产以输之。岁凶,则虽鬻子女,犹不能给,其纳税之苦若是!

> 若夫输税于京者,则买舟越江淮,逾河泗以抵潞。远数千里,帆风雨缆,月星晨夕,不得宁。闸阻滩胶,进寸退尺。势豪者又鞭挞驱逐而先之,或被盗劫,其赀或罹风恶水险而臭厥载计,虽破家莫能偿,徒号啼于川滋,甚或遂葬之鱼腹,其水漕之苦若是!

> 及川路既穷,又赁车自郊而奔城,丑兴亥息,驰数百里,枕土饭沙,冒尘坌风雨,面黧骨柴,虽故旧莫能识。或为盗所劫,或驴仆车翻,委米于泥涂不可拾,其陆挽之苦若是!

> 幸而入城,宜可庆矣,而输廪之苦,又有如前之所云者。甚哉,其可怜也。痛哉! 其足恤也。吾力不能恤其诸苦,随所值而稍恤之,亦

---

① (明)杨守陈《杨文懿公文集》卷一一《送嘉兴郡守杨君承芳序》,第16139页。

庶几古人所谓宽之一分而已。

　　呜呼！天树君而建官，惟以为民也。今官荷君恩，幸不与民偕苦，而坐享饱暖之乐，其所饱粒米，莫非民之膏脂也，胡不少怜其民而稍恤之？且纵奴偾胥隶椎剥之，何其忍耶！民易虐，天难欺，吾未知其终免否也。呜呼！民乎民乎，可无恤乎？官乎官乎，可自娱乎？

　　余欲以前所虑而行者为常法也，故名亭曰恤民，而为记以自省，且以告后之人。①

　　这篇文章实在太精彩了，他把浙江农民一年四季的农耕生活及所受国家纳税、运输之苦写得淋漓尽致。作者出身农家，早年参加过田头生活，熟悉农耕生活过程。春夏秋冬，四季不息，是浙江平原地区农民的一个特点。这样的生活，即使到了 20 世纪仍是如此。所以，阅读这篇文章所述的种田生活经历，感同身受。至于纳租的生活，也有类似同感，虽然没有那么严重。到了 20 世纪末，浙江农民仍有交公粮的习惯。以前的历史，将阶级分为地主与农民。其实，在中国，主要是政府与农民。政府直接向农民收租税，才是核心问题所在。古代交通落后，而明朝又实行让农民自助运输到首都的制度，由此带来了相当大的社会成本问题。在农耕社会，政府的财富来源，主要是通过租税向农民征收的粮食。朝廷只确定一个公粮恒数，不管收成好坏，一律要完成租税征收任务。于是，逼迫地方政府也得要完成征收任务，不管百姓死活。在征收租税过程中，吏员成为权力打手，直接与农民打交道。税粮收集以后，不像后世，只要运输到各地的仓库即可，而要直接运输到相应的地方，交给各级政府部门的仓库。这样的直接运输，成本相当高，政府并不管，而直接转嫁给粮长。在交通落后的时代，水陆运输的风险是相当高的，也相当辛苦。一旦粮食送到各级政府部门，吏员并不珍惜，随意践踏现象相当严重。政府轻易转嫁社会成本这样的体制，正是古代政府不断出问题的因素所在。

　　值得注意的是，这里提到了"天树君而建官，惟以为民也"这样的民本思想命题。天树君，天建官，官为民，这就是明朝典型的民本思想。"民易虐，天难欺"，这是理学家的天理观所在。"民乎民乎，可无恤乎？官乎官

---

　　① 黄宗羲《明文海》卷三三〇，也见《杨文懿公文集》卷二九《恤民亭记》，第 16332 页。

乎,可自娱乎?"官员不要自以为是,自以为乐,要体恤百姓之苦,这是一个到今天仍没有解决的体制问题。民本思想与民主思想,最大的不同在于,前者是权力在官,后者权力在民。只要无法解决权力在民体制,就永远无法解决官民关系冲突问题,不可能创造出和谐的社会来。

他尤其对士大夫的为民观提出了较高的要求。"农之志在稼,贾之志在贿,终其身皆无变焉者,惟士之志,则有在道在功、在名与利者。既殊矣,至为风化所鼓,流俗所诱,毁誉利害所驱,则又有变其志者。夫功与名利,或志焉而不可必得;惟道在吾身,得可必也,而志焉者殊鲜。苟志乎此而学之弗懈,则持身必端,理家必和,莅官必敬,事主必忠,治民必仁,且义无乎不尽矣。然志不笃而懈于学,或诱之,或驱之,于是变而志功名,则于道有不顾矣;志利,则于功名有不问矣。……世之否,由士志利而忘道也。诚得志道不变之士布诸庶位,求世无泰,得乎?"①在他看来,农民、商人的志向不变,但士大夫的志向可好可坏,完全取决于修养。如果"志利而忘道",那这个社会就没有药可治了。只有志向正、修炼不懈的士大夫,才能于国于民有利。

3. 德刑严宽平衡

他强调"中德"思想。"天下之道,惟中可以尽之,大之五常,小之万善,皆不可偏也,不可倚也,不可过也,不可不及也,惟中而已。尧舜三代之所传,孔氏祖孙之所述,皆是道也。天下之事,不可不中。刑其尤者,人命之死生,民德之臧否,天下之治乱,一于是乎系焉。……然情伪是非殽而不可别,上下轻重惑而莫能定,求刑之中也,不已难乎!……得中行以司刑,刑焉有不中者哉?……夫中固至德,然中德亦自有至有不至者,……以求中德之至而行之,则刑无不中,将见中州之民,亦且化而中矣。"②这就是杨守陈的"中德"思想。

他希望在德刑严宽中取得某种平衡。"一之以德而宽,则吏纵民慢,汉所以衰也;一之以严,则吏遁民残,秦所以乱也。德刑严宽并存而时出,庶三代之治乎!"③他尤其希望掌握生杀大权的刑官处事要谨慎,"凡刑官,必

---

① (明)杨守陈《杨文懿公文集》卷一九《送周君梁石知广德序》,第16211页。
② (明)杨守陈《杨文懿公文集》卷二五《送河南按察使陈公序》,第16282页。
③ (明)杨守陈《杨文懿公文集》卷一八《送江西宪副陈君文耀序》,第16203页。

须仁厚明断，而又夙夜勤慎无懈，庶几寡过。否则，纵有罪虐无辜，灾及于身家，流毒于子姓，此所以忧也"①。他总担心会带来一系列的后遗症。

贼寇之兴，情非得已。杨守陈认为："秦之胜、广，汉之赤眉，隋之王薄、张金称，唐之黄巢，元之红巾，……盖亦有不得已也。"②贼寇之流并非虎狼之心，亦是普通之人，之所以起而反抗是因为难以维持最基本的生存。"民生有欲，不获则争，盗之争欲，尤不道而可恶甚者，罪不容于诛。……太朴之时，山无隧，泽无梁，民各甘食美服，乐业而安居，虽鸡犬之音相闻，犹老死不还往，其又奚争？大同之世，食货充盈，教化旁达，男有分，女有归，嬛独疾废有养，人皆不以货利为己私，故外户而不闭。自后大道隐，偷俗兴，故小大好草窃，至杀越人于货，寖起而滋盛。周末以降，井田废，学校礼义之教隳，民皆窘于衣食，暗于廉耻辞让，加有凶荒冻馁，阽于死亡。而为之上者，又严刑厚敛以逼之"③，必然沦为流寇。这里将历史区分为"太朴之时"、"大同之世"、"大道隐"、"周末以来"四个阶段，考察了盗贼出现的背景。实际上是说，私有制导致了盗贼的出现。要从根本上解决贼寇的问题，当应体恤庶民，廉明吏治。对于如何对待贼寇，杨守陈认为"夫临民之道惟恩与威"④，主张恩威并施。对于恩威，杨守陈有如下较为透彻的分析：恩与威二者，若相反而实相济也。威不振，则恩不施。非不施也，恩虽施而壅塞者众，与不施同。故欲施恩必先振威，威既正，则掊克者去，凌暴者去，民各自遂，虽不施恩，而民固已感其恩矣。从杨守陈的论述中我们不难发现，他对"威"更加重视。他认为要法刑严明，这样"人自畏而无敢病"⑤。如果再深入下去，刑罚不明的深层原因当是吏治腐败，故防止民堕变为贼寇须从吏治抓起。只有官吏的威信重新建立，才能更好地杜绝贼寇。

此外，杨守陈对于边疆格外之关注，这是知识分子爱国之心的表现。他在文集中提到了宣府、大同、延绥、两广等边疆的治理状况。国家的长治久安，庶民的安居乐业，皆与边疆之治理密不可分。杨守陈认为边疆的治理，最主要从两点着手，一是治理边疆的政策，一是边疆之吏。对于边疆的

---

①　(明)杨守陈《杨文懿公文集》卷二二《示茂元书》，第16247页。
②　(明)杨守陈《杨文懿公文集》卷二二《云阳弥盗诗序》，第16244页。
③　(明)杨守陈《杨文懿公文集》卷二二《云阳弥盗诗序》，第16244页。
④　(明)杨守陈《杨文懿公文集》卷一八《送山西宪副吴君廷赞序》，第16204页。
⑤　(明)杨守陈《杨文懿公文集》卷一八《送山西宪副吴君廷赞序》，第16204页。

政策,杨守陈认为"设险莫如修德"①。武力征伐,只能求一时之安,而修德治疆,才是久安之策。修德的同时也要重视武备,没有强大的军事力量,仅靠修德是难以实现边疆安宁的。在这点上,杨守陈很是担忧,因为"今日文恬武熙,惟玩好是求,惟燕游是乐,置边务于度外也"②。中国历史上,但凡国家没有强大的武备,必然要遭受欺侮。对于吏治,杨守陈觉得问题亦是严重,边疆之吏中"庸懦贪鄙之徒,不惟国家之利害,不恤生民之涂炭,而徒务于功赏,或掩小丑以为大功,甚者戮齐民以效首虏"③。若边疆之吏不务于职,贪功好利,甚至是"戮齐民以效首虏",那边疆自不会安宁。

五、小结

杨守陈虽然官至吏部侍郎,但主持实际行政事务时间不多。他主要是一个担任朝廷清闲职务的翰林官员。他出身底层,关注民间,有较多的理想,但实践理想的机会不多,只能通过文章表露出来。他的理学思想符合时代要求,没有太多新鲜感。在理学上宗朱,主张以道德为首务,诗文为学者之末务;主张由朱子、孟子,以接近于孔子;认为朱子著作已比较完善,不必杂以后儒诸说。他的修史实践,主要是政府职务活动。肯定修乡村志,这样的思想仍值得继承。他的性格,更像是一个学者性格。作为一个浙东学人,表现务实的风格,强调知行合一。"蒙闻笃行始于学问思辨,约礼本于博文,尽心由于知性,而平天下之道亦先于格物而渐近之耳。"④34岁北京任职之前的杨守陈,更像一个学者。杨守陈的学术特点是"兼收朱、张、吕、陆之长,不墨守一家"。博涉,兼朱、陆之学,强调自得。他的疑经活动,正是出仕之前完成的。对经典文本的独立思考,有可能出现新的思想体系。杨守陈的疑经活动,形成于心学出现之前。汉学之后有理学,理学之后有心学。北宋刘敞《七经小传》曾撼动汉唐注疏之学,而明中叶杨守陈《诸经私钞》又一次撼动宋明理学。此后的浙东学人王阳明,比杨守陈走得更远,建立了可以挑战程朱理学权威的心学。这正是明代浙东学人可贵之处。

---

① （明）杨守陈《杨文懿公文集》卷二九《复储保余世英书》,第16328页。
② （明）杨守陈《杨文懿公文集》卷二九《复储保余世英书》,第16328页。
③ （明）杨守陈《杨文懿公文集》卷一四《与江元勋书》,第16159页。
④ （明）杨守陈《杨文懿公文集》卷五《私钞解》,第16063页。

第六章　杨德周学术研究

晚明杨氏家族的学术代表人物是杨德周,他是一个值得今日学界关注的浙东文人学者,一生之中创作、编刊了三十多种图书。关于杨德周其人其学,前有全祖望稍详的介绍,近有张如安相对丰富的研究①。笔者近因关注明代宁波杨氏家族与学术研究而注意到了此人。那么,前人何以不太关注杨德周学术研究呢?研究文献不足,历史重要性认知不足,是一个关键因素。杨氏传世作品传播未广,仅《铜马编》因 1925 年收入《四明丛书》而易见,其余均稀见,分藏于全国各地。在这种情况下,自然难以了解杨德周其人其学。笔者跑遍全国主要图书馆,搜尽杨氏全部作品,终得一个相对全面的认识。

一、生平事迹

1. 早年生活

杨德周(1579—1649),字南仲,一字孚先,号厂庵;晚年字齐庄,号紫凝②,明代宁波府鄞县人(今宁波城区)。

杨德周是杨守阯的第四代后裔,杨守阯有三个儿子,长子杨茂清,官至沔阳知府。杨茂清次子是杨美秉,杨美秉之子杨承焓③,字继修,号初泉,生嘉靖二十四年,卒天启元年十二月初七日(公元应为次年,即 1622 年),享年 78 岁。一生娶过钱氏、陈氏、蒋氏、张氏四位妻子。诸生,擅长诗歌,《续甬上耆旧诗》收录他的四首诗。杨德周是杨承焓与第二任妻子陈氏生

---

① （清）全祖望辑选《续甬上耆旧诗》卷一七《甬东诗括选家之三杨尚宝德周》,方祖猷等点校,杭州出版社 2003 年;张如安等《鄞县望族》,浙江古籍出版社 2009 年。
② （清）杨永赞《镜川杨氏宗谱》卷中《仕宦》,第 41 页。
③ （民国）杨存淇《镜川杨氏宗谱》卷六。全祖望辑选《续甬上耆旧诗》卷四《隆万以后诸韦布》(第 41 页)作"杨承烨",误,四个版本《镜川杨氏家谱》均作"焓",当以家谱为准。

的儿子。这个家族自弘治开始,迁住宁波城内日湖东边的莲桥街一带。

杨氏家族科举高峰期是景泰至成化年间(1450—1487),也就三十多年时间。正德以后,"三杨"直系子孙的科举竞争力明显下降,进士只出过杨承闵、杨德政二人。杨德周中万历四十年(1612)举人,其时已35岁,可见考得相当辛苦。

在这个时期,除了应考,平时做什么工作,文献不详。《北征记》称:"望日,发塘栖,早经涵山,山在语溪村,余旧讲席处也。故人如倪、吴两公,俱物故,而吴长君从余授业者,成壬戌进士,亦不及晤。"①崇祯十五年,序《参寥子诗集》,称:"而余门人语溪吴邦维使君以戊午获隽大师早著灵贶,是年余亦曾以湖游登眺其间,此二十余年前事也。"②吴邦维,即吴之屏,查雍正《浙江通志》卷一三三,"吴之屏,崇德人,都御史"。此人是万历四十六年科举人,天启二年进士。由此可知,万历四十六年(1618),杨德周曾在语溪(崇德)授经,也是一个塾师。"风多士于苏、湖"③,可见,杨德周在太湖南北的苏州、湖州一带,均教过书。

杨氏"博学,长才"④。天启年间的宁波文坛,先有"王、陆",即王嗣奭(1567—1649)与陆宝(1581—1661)⑤。王嗣奭是陆宝的诗法老师,师生齐名,总有不恭敬之意。于是,陆宝退避,复与杨德周齐名,人称"杨、陆"。可见,他擅长诗歌创作。

2. 中年出仕

自万历四十一年至天启五年,应有五科会试。杨德周是否参加了五科会试,由于材料的局限,无法知晓。从"以高才皆困乙榜"⑥来看,他应是参加了多次会试。"忆壬戌,丁先大人之变,奔讣至此,坠泥泞几殡,夜分方抵

---

①　(明)杨德周《铜马编》卷上,第 7950 页。

②　(宋)道潜《参寥子诗集》卷首,《宋集珍本丛刊》,线装书局 2004 年,第 23 册。

③　(明)高倬《金华文征序》,见《金华文征》卷首,崇祯刊本,天津图书馆藏。

④　雍正《福建通志》卷二二《职官》,第 144 页。

⑤　学界于陆宝生卒年多不详,此据陆本豫等《四明月湖陆氏宗谱》卷二《世表纪·二柱》,民国二十四年(1935),天一阁藏。全祖望辑选《续甬上耆旧诗》卷一七《甬东诗括选家之三杨尚宝德周》则认为是王、杨齐名。

⑥　(清)全祖望辑选《续甬上耆旧诗》卷一七《甬东诗括选家之三杨尚宝德周》,第 437 页。

旅舍"①。壬戌是天启二年,其父是天启元年故世的,说明他参加了天启二年的会试。崇祯初年(1628)会试后,杨德周再次失利,其时已经 50 岁。"余戊辰(崇祯元年)下第,樊五(陈朝辅)屡过相慰,又以船送余南还。"②考虑到年龄已经不小,中进士希望不大,于是放弃了会试,走了副榜之路,成为金华县学教谕。

杨德周到金华的精确时间不详,考虑到杨德周是崇祯四年到古田任职的,倒推三年一届任职时间,大体在崇祯元年上半年。崇祯二年(1629),福建人林氏分司金华,希望恢复三忠祠,下檄金华知县高倬。杨德周言及越国公胡大海出兵不杀人、不掳人妇女、不焚人庐舍三事,高倬说"即此足庙食百世矣"③。又讲到胡应麟《二酉山房书目》时称:"余游婺时,犹及见其《书目原叙》……览卷抚然,并识于此。"④

由于工作出色,杨德周得升任福建古田知县。杨德周到古田任职时间,在崇祯四年下半年,自言"德周以辛未秋抄视事玉邑"⑤。明末的山区古田,困难较多。《古田竹枝词》比较系统地反映了当时的情况。"年来征饷复征兵,山县枯荄草不生。但比官租完七限,不知民力尽三征。""犬吠鸡鸣何处村?哀哀寡妇哭秋原。纲徭未满还近站,日日催租到县门。""山巅水浒尽荒芜,可许农夫荷锸无。才垦石田三四亩,夜来税吏已催租。"面对这种情况,杨德周无为而治。"也无多敛也无营,日日闲庭伴鹤行。任笑使君风力软,蒲鞭底下道心生。"⑥在古田当政期间,以经术饰吏治。在县衙门题词"不为民申冤,誓不生还",以表清吏治、除奸蠹之决心。曹学佺称:"余观于南仲之令古田,其始来也,民与士窥之曰:是读书人耳,固易与也。其为之及期也,则曰:读书人大有理会也。比及三年而以入觐行也,士曰:公教我以让者乎!民曰:公使我以慈者乎!公于送迎厨传不饬,要使苟合而已。于是治赋,鞭朴不施,要使苟完而已,于是嚚讼者息,越诉者稀,斗家不怨,士民相安,而俗亦苟美矣。……余乃谓公为真参读书者也。"⑦王锡衮《玉田识略

① (明)杨德周《铜马编》卷下《南征记》,《四库全书存目丛书》,集部第 184 册,第 688 页。
② (明)杨德周《铜马编》卷上《寄陈樊五》,第 673 页。
③ 《金华杂识》卷一,《四库全书存目丛书》,子部第 243 册,第 494 页。
④ 《金华杂识》卷三,《四库全书存目丛书》,子部第 243 册,第 542 页。
⑤ (明)杨德周《玉田识略》卷八《骚垒同声集序》,国家图书馆藏,下同。
⑥ (清)全祖望辑选《续甬上耆旧诗》卷一七《甬东诗括选家之三杨尚宝德周》,第 446 页。
⑦ (明)曹学佺《赠古田令杨父母入觐序》,杨德周《玉田识略》卷八《文类》。

序》：“吾乡齐庄先生，夙以文学擅东南之美。……独循循偕其民以休息，民亦以乐只归之。”《古田署中作》诗写道：“讼庭调鹤三秋瘦，吏案删诗午日繁。近报催科书似织，朝朝翘首主恩宽。”这样的诗句近于实录，一方面他得意于自己治理得法，讼庭多暇，不妨删诗，另一方面又为近来的催科急而烦恼，徒然盼望朝廷能施行宽政①。到了崇祯六年，“余宰玉田，两载有奇矣。癸酉冬，以觐行，为阳月之廿日。”②考阳月为十月。由此可知，杨氏是十月离开古田前往北京参加述职报告的。当他离开古田时，《又别玉田》称“村村鸡黍俱留馔，户户儿童竞挽车”，送别的场面十分感人。

杨氏在古田时期的官署，称为晚对楼，取自“翠屏晚对”。《晚对楼有咏》：“卧治何妨复卧游。”《题官舍晚对楼》称：“无事空楼对晚阴，翠屏千仞望萧森。宦游不用夸山水，未到家乡总陆沉。”③这反映杨德周的无为而治、思念家乡的思想。在福建时，杨德周曾问学于黄道周。与余文龙、曹学佺、邵捷春、徐𤊹、张泗、李志中、陈鸿等唱和，取友极天下之名流。如崇祯五年初四日，集诸子于张园。

古田以后，杨德周升任山东高唐州知州。康熙《高唐州志》卷五《职官志》知州名单上，有杨德周名字，但没有精确时间。按正常的三年一届来推算，当在崇祯十年初以后。“丁丑夏，会余被谴下槌”④，证实了此推理的可靠性。“再迁知高唐州，致仕。……在高唐，有去思，各有专祠。”⑤杨德周《漯水姜节妇王氏小传》自言：“余以罪去，不能阐嫩懿，仅以一金二布，聊谢守土之责，并志其无粉饎，以待采风”⑥，似乎表明他没有任满。

杨德周到高唐以后，诗作减少，然其忧国爱民之志不变。如《登高唐州城楼》诗：“野色苍茫揽辔初，羽书处处戒衣袽。秪驱市卒秋弯弩，未许耕夫晓荷锄。重地还凭坚壁垒，平原何恃限戎车。此邦旧守还长策，三晋临河

---

① 张如安等《鄞县望族》，浙江古籍出版社 2009 年。

② （明）杨德周《铜马编》卷上《北征记》，第 664 页。

③ （清）全祖望辑选《续甬上耆旧诗》卷一七《甬东诗括选家之三杨尚宝德周》，第 441 页。

④ （明）杨德周《溧井小记》，见龙图跃《高唐州志》卷一一《艺文志下》，康熙五十一年（1717）刻本。

⑤ （清）全祖望辑选《续甬上耆旧诗》卷一七《甬东诗括选家之三杨尚宝德周》，第 437 页。

⑥ （清）龙图跃《高唐州志》卷一一《艺文志下》，康熙五十一年（1717）刻本。

不敢渔。"①这里"耕"代表的和平安宁的生活场景，但在武夫横行的时刻，耕夫甚至连荷锄的资格也被剥夺了，这不能不引起他的无限忧虑②。

康熙《高唐州志》卷一一《艺文志下》收录杨德《漯水姜节妇王氏小传》、《黄烈女传》、《刘妇尹氏苦节纪略》、《孙母姜孺人传》、《明故兰浦公暨元配解太孺人继配张太孺人合葬墓志铭》。卷一二诗类有高唐八景诗一组，即《南寺晓钟》、《漯水秋风》、《濯清飞雨》、《马湾晓月》、《浮屠返照》、《雀堤晴雪》、《楼中泉清》、《郑桥捕鱼》。其中的《明故兰浦公暨元配解太孺人继配张太孺人合葬墓志铭》称："余莅高唐，诸君子不鄙我椎不文，咸结尔汝之欢。"《孙母姜孺人传》称："余谪吏也，而诸君子谬待以文吏，索纪传者户外之屦恒满，余以归思乱方寸，而笔墨倦矣。"由此可知，杨德周到高唐以后，受到当地文人的欢迎。不过，"谪吏"身份使他有点乱方寸。从崇祯元年开始，杨德周只带着一个儿子，外出做官，中途基本没有回家，自然心情不好。

3. 晚年生涯

崇祯十一年（1638），杨德周六十岁，终于下决心不再做官③。陆宝作《杨孚先解高唐归，诗以讯之》，称："抵掌掀眉意自宽，劳人今始卸峨冠。居同柳下甘三黜，兴在花时厌一官。山水得朋原是福，禽鱼非主不成欢。投闲白传心无绪，好拉诗豪饮共干。"④德周回到宁波以后，与陆宝诸人，恢复了甬上高年诗人集会的传统。陆宝称："弘农先生寄城居，不以时危废著书。偶尔高名挂仕版，几番谣诼惊池鱼。"⑤由此可知，崇祯末年时局动荡，他仍在著书立说。

周元孚与杨德周是好朋友，周元孚女儿嫁万斯年，生万言（1637—1705）。幼时，见过外公朋友杨德周的万言说："次庄身不及中人，尝以乙科为高唐州守。既老，致仕家居。病偻，背隆隆然，方巾布袍，状貌古质。"⑥

---

① （清）全祖望辑选《续甬上耆旧诗》卷一七《甬东诗括选家之三杨尚宝德周》，第451—452页。
② 张如安等《鄞县望族》，浙江古籍出版社2009年。
③ 杨德周回宁波时间不详，不过从杨德周《甬东诗括》识语所署时间"崇祯戊寅秋仲"可知，崇祯十一年已经回家。
④ （明）陆宝《悟香集》卷一七，见陆宝《陆敬身全集》，浙江图书馆藏约园抄本。
⑤ （清）陆宝《悟香集》卷一五《杨次庄》。
⑥ 万言《管村文抄》卷一《舅氏虚舟先生诗集序》，《四明丛书》本。

由此可知，杨德周身材不高，晚年背又有点驼。

崇祯十三年(1640)，鄞县知县林冲霄修缮县学门庑，杨德周受令作记。

杨德周有五个儿子，名别称为秉铉(1598—1678)、秉錡(1599—1646)、秉铎(一名秉钤，1602—?)、秉釴、秉鎊。偶得新旧书数十，作《书寄诸儿》诗称："架书贮得能几许，也烦潦倒诫儿孙。"[①]

清初时，杨德周父子曾参与南明政权。顺治二年(1646)七月，召为鲁王政权尚宝司卿，未任。杨秉錡在鲁王政权中官为国子监学录，升为刑部司务，次年先杨德周而卒，享年48岁。他是杨德周一直带在身边的儿子，他的先走，对杨德周打击不小。据说，杨氏四忠(杨文琦、杨文琮、杨文瓒、杨文球)卒后，杨文瓒妻张氏希望杨德周替杨氏四忠作传，结果杨德周"年老畏祸，逡巡不敢执笔"[②]。这是一个明哲保身的行为，当然不能据此否定杨德周为人。据考证，杨德周自撰的年谱稿中，这年六月四日，曾撰《楚石圆石二侄孙合传》、《烈妇张氏纪略》。全祖望所据可能是民间的误传[③]。杨德周父子在清初主张抗清，坚守遗民气节。晚与王嗣奭、葛世振为"汐社三老"。曾赋《新稻诗》"曾孙穑事周京盛，不救西山两饿夫"[④]，读者伤之。全祖望对他是相当佩服的，称："先生之诗，工于考核，善组练。晚年深以严沧浪之论为宗，所造尤高。杨氏之诗，自文懿公兄弟后，再盛于伯翼(杨伯鲲)，以才胜；三盛于先生，以学胜。甲乙而后，痛哭流涕，《五噫》、《八哀》之作，几至千首，而今无一存者，可为太息。"[⑤]五噫诗，仅五句，每句后有一"噫"字感叹，为楚歌变体，是杂体诗之一。八哀指伤悼人的五言古诗八首，始于唐杜甫。由此可知，明清政局的大变动，让杨德周感叹万分，曾写下了大量的诗作。惜由于后人的衰落，更由于清初的政治氛围，使得杨氏后人不敢保存、刊刻杨德周作品，结果，杨德周的未刊作品多不传于世。到乾隆前期全祖望编《续甬上耆旧诗》时，仅搜得《玉田吟卷》，可见杨德周作品传播之狭。

---

① (明)杨德周《铜马编》卷下，第7982页。

② (清)全祖望《鲒埼亭集外编》卷一〇《杨氏四忠双烈合状》，第207页。

③ (清)杨学泗《从祖高唐公轶事辨讹》，见杨存淇《镜川杨氏宗谱》卷一八《祠墓》，第64－65页。

④ (明)杨德周《铜马编》卷首，第7946页。

⑤ (清)全祖望辑选《续甬上耆旧诗》卷一七《甬东诗括选家之三杨尚宝德周》，第437－438页。

杨德周又有《鄞俗诗后五十韵》，署名"戊子"①，为顺治五年(1648)，正是杨德周卒之年。临终前又作《梅花十咏》："忽移秋实作朝花，品擅欧曾失大家。"②

杨德周卒于顺治五年(1648)十一月廿二日(此年元旦为十一月十八日，则公元应属 1649 年)，享年七十③。

初娶倪氏(1579—1639)，享年六十一。续娶俞氏(1608—1695)，享年八十八。夫妻葬栎社杨家漕。曾有自撰墓志，今佚④。

其三子杨秉铎，官武昌府都司都指挥佥事，善画花卉。其孙杨文沆(1620—1691)，字瀿仙，杨秉锜次子，郡庠生，极工于诗，有祖风⑤。

二、关注地方文献

1. 关注宁波文献

中举以后，杨德周开始著书立说。他完成的第一部作品是《延庆寺纪略》一卷，万历四十五年(1617)修⑥。杨德周生活在城区，家就在延庆寺东边。因为近邻，他受寺僧委托，编纂了这部《延庆寺纪略》。这是较早完成的寺志，可惜没有传下来。延庆寺初建于五代后周广顺二年(952)，称保恩院，宋大中祥符元年(1008)改称延庆院，绍兴十四年(1142)改称延庆讲寺，为天台宗名刹。万历六年(1578)，余有丁(1526—1584)曾倡导重修延庆寺。至万历十三年(1585)，其子余廷槐负责将寺修成，杨承鲲应邀写了《重修延庆寺记》⑦。

杨德周对宁波地方志编纂也有所研究。高宇泰《敬止录》卷四〇收录杨德周《历代志书辨》，称："鄞志不载旧序，故里中罕睹焉，予搜得其大

---

① (清)陈劢《四明乡先生遗文偶录》，同治八年(1869)，稿本，天一阁藏。

② (明)陆宝《悟香集》卷二〇《杨次庄刺史挽诗二首》，见陆宝《陆敬身全集》，浙江图书馆藏约园抄本。

③ (民国)杨存淇《镜川杨氏宗谱》卷六《碧川房大房派世系》。全祖望辑选《续甬上耆旧诗》卷一七《甬东诗括选家之三杨尚宝德周》也明确作"戊子，年七十卒"。张寿镛《铜马编序》称"年七十余卒"，《铜马编传》作"年七十六卒"，均误。

④ (民国)杨存淇《镜川杨氏宗谱》卷六《碧川房大房派世系》，第 5 页。

⑤ (清)全祖望辑选《续甬上耆旧诗》卷六九《诸遗民诗中》，第 1000 页。

⑥ (明)黄虞稷《千顷堂书目》卷八《地理类》。

⑦ (明)杨承鲲《碣石编》卷下，第 7935—7936 页。

凡。……予谓志事与他书异,他书后出者胜,而志书先成者真,盖耳目近、传习久也。夫安保跖蹻者,后之视今,不犹今之视昔乎! 矧繁经多手,不无旁杂、参爱憎,则何如以耳目近、传习久者,参伍错综,犹为十得七八,而必以翻案为考信也。"①

合编《甬东诗括》。《甬东诗括》十三卷,杨德周、陆宝、陈朝辅、李桐辑。陆宝字敬身,一字青霞,学者称为中条先生。李桐(1596—1644),字封若,学者称为侗庵先生。陈朝辅(? —1650?),字平若,万历四十四年(1616)进士,官至太仆寺少卿。

宁波人编纂诗集,始于明中叶《四明雅集》。明代中叶以来,宁波城内的文人开始结成诗社,弘治间,曾有高年诗会,也称耆旧集。其中的宋恢,将天顺、成化后 20 家诗辑为《四明雅集》二卷。杨茂清收藏一部,嘉靖初期,请戴鲸"广其副墨",收录 60 家,成《四明雅选》四卷。不久,张时彻主持甬上诗坛,再次删选此集,沈明臣参与了编选工作。共录 120 家,改名《四明风雅》②。"条理会响于虬钟,固已乐府振其元,声价倾洛下;国风宣其逸奏,纸贵鸡林矣。"③进入晚明以来,较长时间内没有续补。"嘉隆以后,作者代兴。朱鹭紫骝,悬天球于庙序,白鸥玄豹,贲石髓于丘园。……然而,世远人湮,未必备传。"于是,杨德周诸人决定重选。

编纂《甬东诗括》一书,可能是由杨德周提出的。"昔汇四明,今标甬东,此非敢以拘墟之见,废阖郡之观也。征辑有待于后,表章必俟其人,所望上台,率属哲匠,搜罗遗要,使水屋山螯,在在见珤,曹仓邺架,种种问奇,庶词坛无叹于丝竹孤鸣,乐府获传夫鼓吹全部云尔。崇祯戊寅秋仲,后学杨德周齐庄父识。"④由此可知,崇祯十一年(1638)已经编纂好。

崇祯十一年五月,为了编纂好这部诗集,他们曾发了《征甬东诗括疏》,略曰:"聚腋成裘,所期巨牍鸿函,弘鸣一代之盛,奚止只辞寸简,略补四明之遗而已哉? 夫一线尚延千秋,不朽义存后死,忍没前规怀古寄思、敬乡结

---

① 见高宇泰《敬止录》卷四〇《历志考》。

② 李邺嗣《甬上耆旧诗序》,见袁元龙整理本《甬上耆旧诗》卷首,宁波出版社 2010 年。不过,《甬上耆旧诗》卷五《宋先生恢》则作"于是,南江戴先生因所选为广之,得五十五人,仍其名。东沙张先生益广之,得一百五十一人,更名曰《四明风雅》",两者的统计有出入。《四库全书总目》卷一九二《四明风雅》作"自洪武迄嘉靖,凡六十五人"。

③ (明)杨德周等《征甬东诗括疏》,见杨德周等《甬东诗括》卷首,浙江图书馆藏约园抄本。

④ (明)杨德周《甬东诗括凡例识》,见杨德周等《甬东诗括》卷首,浙江图书馆藏约园抄本。

念，惟冀不鄙夷而惠教焉，不胜幸甚！"①胡道南说："余初见一时词家，方录其乡先辈诗，率先撰一征启，布诸郡中，凡名荐绅先生与山人词客，宿有诗名，及他右族子孙，俱取其先人行世名集以副所请，填塞几席。选家坐取诸集，录其擅名诗及后人方贵盛者，并为冠冕。至于单门逸响非世所称，子孙出其遗草与录附一二，辄有难色，但略去取间，遂衰然大集矣。至问其集中诸公风格高下与诗学源本，辟草莱者几人，主坛墠相羽翼者几人，选者读者俱茫然不知也。"②胡道南的这段话，实际上暗指《甬东诗括》的编纂情况。由此可知，杨德周诸人编纂诗集，用的是征集之法，属"请进来"；在诗人选择上，偏重社会知名度及后裔的社会地位，忽略学术源流的交待。这种情况的出现是可以理解的，因为杨德周诸人均是上层士大夫。他们的选家色彩更浓，这正是明朝人的风格。

编纂好以后，集资刊刻。"同志诸君，协赞剞劂。役未及半，会巡海使者、东粤王公加意表章，捐俸甚奢，且弁言宠之，役乃告竣。"③可知刊刻之完成，浙江巡海使者、岭南人王应华帮了相当大的忙。"于是，庚辰之秋，周衷玄、陈燮五二先生怀采风之心，廑删述之志，遂与杨孚先刺史、陆敬身中翰、李封若文学，总览群华，汇成卷帙，集锦于千章，示瑶珉于历载，以识嫩风土而垂烈作林也。"④周衷玄即周昌晋，鄞县人，万历四十一年（1613）进士，天启间官至福建巡按御史。崇祯十三年（1640），由陈朝辅刊刻于世⑤。前有崇祯十三年王应华、林梦官、李康先序、杨德周识、杨德周征启、凡例。

《甬东诗括》上起洪武元年，下迄天启七年，是一部相对完整的甬上诗选本。这是第一部公开出版的明代宁波诗选本。此前的《四明雅集》、《四明风雅》，均未公开出版。由于此书晚出，内容自然比《四明风雅》更广泛，涉及了闺秀与方外。"兹刻原以阐幽已逝之斯文，何敢献诮见在之作者，要以稍存是非之公，自居毁誉之外云尔"⑥。由此可知，诗选一律以逝世之人对象，不收在世之人。清初李邺嗣称："至崇祯中，陈太仆、陆中翰诸君，复

---

① 杨德周等《征甬东诗括疏》，见杨德周等《甬东诗括》卷首，浙江图书馆藏约园抄本。
② （清）胡道南《甬上耆旧诗序》，见袁元龙整理本《甬上耆旧诗》卷首，宁波出版社 2010 年。
③ （明）李康先《甬东诗括序》，见杨德周等《甬东诗括》卷首，浙江图书馆藏约园抄本。
④ （明）林梦官《甬东诗括序》，见杨德周等《甬东诗括》卷首，浙江图书馆藏约园抄本。
⑤ 《千顷堂书目》卷三一作"崇祯戊寅，郡人杨德周，陆宝，陈朝辅，李桐同辑"，戊寅为崇祯十一年，不知何据，因为前序只有崇祯十三年。
⑥ （明）杨德周《甬东诗括·凡例》，见杨德周等《甬东诗括》卷首，浙江图书馆藏约园抄本。

端录吾鄞诗,得四百四十七人,名曰《甬东诗括》。盖此邦文献之传,数百年间得世有所征,俱宋先生祖构之功也。"①杨氏家谱则强调了《甬东诗括》的创始意义,称"三百年之风雅始有所萃"②。

而且,即使有了《甬上耆旧诗》,《甬东诗括》仍有自己独到的时代价值。选本取决于选择者的眼光不同,眼光不同,选择的对象及诗文也不同。袁慧据目录统计,《甬东诗括》收诗人 455 位,诗 2783 首③。其中,有 182 人、529 首诗被《甬上耆旧诗》所删。由于时代的因素,这些人的作品多不传于世或搜读不易。故而要研究这些诗人及其作品,仍得阅读《甬东诗括》。

卷　次	作者人数	作品数量——所收诗的篇数	其中未被《甬上耆旧诗》收录的作家和诗作	作家与作品起迄的年代
第一卷	33	141	4 人/5 首	洪武元年至宣德十年
第二卷	44	200	14 人/18 首	正统元年至成化二十二年
第三卷	24	194	4 人/7 首	成化二十二年至弘治十八年
第四卷	31	241	6 人/6 首	正德元年至嘉靖二年
第五卷	52	256	12 人/17 首	嘉靖二年至三十八年
第六卷	32	233	15 人/31 首	嘉靖三十九年至四十五年
第七卷	25	219	9 人/24 首	隆庆元年至万历五年
第八卷	22	247	7 人/18 首	万历五年至十年
第九卷	32	247	12 人/34 首	万历十一年至二十年
第十卷	54	279	20 人/59 首	万历二十一年至三十七年
第十一卷	56	295	34 人/117 首	万历三十八年至天启七年
第十二卷	8	47	3 人/9 首	闺秀
第十三卷	42	184	42 人/184 首	方外
合　计	455 人	诗 2783 首	182 人 529 首	

材料来源:胡道南选,李邺嗣传,袁元龙点校的《甬上耆旧诗》附录索引表,宁波出版社 2010 年,第 937 页。

---

① （清）李邺嗣《甬上耆旧诗》卷五《宋先生恢》,第 121 页。
② （清）杨永赞《镜川杨氏宗谱》卷中《仕宦》,第 41 页。
③ 冯孟颙统计 479 人,诗 2797 首,可能据内容统计。

　　与《甬上耆旧诗》相比，《甬东诗括》的当代色彩更浓。前面有一个详细的目录，简略地交待作者的生平，正文直接按人收录诗作。而《甬上耆旧诗》的历史色彩、学术色彩更浓一些，实际是一部宁波诗歌发展史。而且，注意到了社会底层的诗人。在资料的搜集上，用的是主动的"走出去"寻找法。由于《甬上耆旧诗》更精，且收入了《四库全书》，所以流传稍广。相反，《甬东诗括》流传不广，今国内惟天津图书馆有刻本收藏，浙江图书馆有一部约园抄本，值得公开出版。

2. 重视金华文献

　　杨德周到金华任职以后，遇上了一位同样重视地方文献的上司阮元声。阮元声是崇祯元年（1628）进士，也就是说他们是参加同一届会试的人。阮元声或作马龙州人，或作上元人①，或作诸暨人。精确地说，是云南曲靖卫籍人。阮元声官金华府推官，他和杨德周成为好朋友，对地方文献的整理兴趣相当浓。阮元声以文章而名世，在金华任职期间，做过多种地方文献整理工作。如与史继任一起，合编《东莱吕成公年谱》一卷，崇祯五年（1632）刊刻，收入《北京图书馆珍藏本年谱丛刊》。又出版《宋东莱吕成公外录》四卷，明崇祯五年（1632）。《刘沈合集》二十卷，湖北省图书馆有藏。另有《南诏野史》一卷，旧本题昆明倪辂辑，成都杨慎标目，滇中阮元声删润。前无序目，后有崇祯六年姜午生跋。阮元声与戴应鳌合辑《金华诗粹》十二卷，《姓氏传略》一卷，12 册，《四库全书存目丛书》集部第 371 册。辑自梁迄明婺人所作诗二百五十四家。自乐府迄六言，皆以体分，每篇后间附评语。清人称"蒐辑颇富，而略远详近，未免失之泛滥"②。

　　《金华文征》二十卷，八册，明阮元声、高倬选评，杨德周、戴应鳌辑，崇祯三年刻本。今北京大学图书馆、中国科学院图书馆、天津图书馆、重庆图书馆、南京图书馆有藏。前有崇祯三年（1630）陈其仁、高倬两序。高倬（？—1645），字枝楼，四川忠州（今重庆忠县）人。天启五年进士，时为金华知县。陈其仁序称"（阮元声）簿书之暇，尤营精先哲文献一钜事，乃偕金华令高君、学博杨君，上下古今，昕夕衮钺，用成《文征》一书"。由此可知，这

---

①　《千顷堂书目》卷三一。

②　《四库全书总目》卷一九三《金华诗粹》。

是一部集体作品,有多人参与。高倬序称:"《八婺文征考》,金邑学博杨君所辑,而司礼阮公裁定,而布之不朽者也。……杨君署教兹土,含珠吐贝,风多士于苏、湖,而就婺铎,婺借先进遗文,以永其传。凡长篇短简,断碣荒碑,世所未传,目所未观,无不搜采。每得一章,如聆钧乐,抱国球。积久成帙,俾婺州文献晦而复征,君劳绩居多也。"由此可知,杨德周贡献最大。此外,金华儒生戴应鳌当是具体操作人员。"今读是编,胪列千百年之载籍,蓍龟炳而日星昭,而词赋则挚玉搰金也,理学则登堂入室也,经济则借箸扪虱也,于是乎具体。或万宠千营,号令肃然,大匠操斤指挥,而千门万户,丹垩柱石,不日落成也。婺中诸先哲精英,实式灵之,得不与蔓草荒烟并腐!"①郑振铎称:"清人辑《金华文略》,多取材此书,而被削去之篇章不少,故此书仍不能废。"②

《金华杂识》四卷,杨德周辑,国家图书馆有藏,缺卷四。无前言后跋。卷一题"古堇杨德周齐庄甫辑,古婺门人戴应鳌、男秉錡同订"。卷二题"古堇杨德周齐庄甫辑,古婺门人章佶、王宗亮同订"。卷三题"古堇杨德周齐庄甫辑,古婺门人王宗启、王宇同订"。由此可知,此书为杨德周所辑,学生戴应鳌、章佶、王宗亮、王宗启、王宇与儿子杨秉錡承担了校对工作。此书没有详细的刊刻时间,大约也在崇祯五年(1632)前后。《金华杂识》"乃其为金华教谕时所作,杂采轶文逸事,以补地志所未备。如潘良贵与陈瓘,实非同母,无瓘父借妾生子事,良贵父有子六人,亦非晚年乏嗣。辨周密《癸辛杂识》之误,亦间有考证。然多采小说、神怪之语,自秽其书,则贪多嗜奇之过也。"③注明文献出处,间加按语,是其优点。此书参考了不少今天鲜见的文献如家谱之类,故有一定的史料价值。

《金华诗粹》十二卷,题"明滇人阮元声评选,四明杨德周参订,长山戴应鳌编次",可见杨德周也参与了《金华诗粹》的编辑工作。成于崇祯五年。有《四库全书存目丛书》本。前有李日华、韩敬、阮元声序。

由此可知,《金华文征》、《金华杂识》与《金华诗粹》一样,为晚明时期金华乡邦文献配套的系列作品。浙东人编印乡邦诗文总集,约始于北宋。据

---

① (明)陈其仁《金华文征序》,见《金华文征》卷首,崇祯刊本,天津图书馆藏。
② 郑振铎《西谛书话·金华文征》,三联书店1998年。
③ 《四库全书总目》卷一四三《金华杂识》。

陈桥驿《绍兴文献考录》，宋神宗熙宁五年(1072)，孔延之编有《会稽掇英总集》二十卷，是为今所知浙东较早编印的诗文总集。此后，又有程师孟《续会稽掇英总集》、丁燧《会稽掇英续集》、黄康弼《会稽掇英续集》，作者皆宋人。台州有林表民《赤城集》，四明有《鄞人诗》，皆为宋代作品。总的说来，总集在宋不多。明以后，随着出版业的发达，乡邦观念的加深，地方诗文总集编纂之风日益兴盛。明代四明地区的诗文集表彰工作做得最好。金华有赵鹤《金华文统》十三卷、戚雄《婺贤文轨》四卷。"郡邑诸志，惟兰溪出枫山先生手，号可传，他不称是。而《文统》、《文轨》，篇帙寥寥，又止汉宋元。"①杨德周的《金华文征》、《金华杂识》别有独到价值。

3. 留意古田文献

(1)重视地方文献，以复兴儒学为己任。杨德周是一个读书人，"古田大令杨公南仲，有读书之癖，有积书之癖，又有好奇书之癖。而一日分符来令古田，而其好读书积书与好奇书之癖无以减于未令时也。"②杨德周到玉田以后，关注地方文献。"首从余中拙先生询此邦文献"。余文龙回答说"湮没殆尽"，只有少数几种文集传世③。此所谓余中拙先生是指余文龙。余文龙，字起潜，或作字云从，万历二十九年(1601)进士，官赣州知府，主修天启《赣州府志》。终真定同知，有《拙我斋集》四卷等。"余中拙先生之居其乡也，掩关扫却，门无杂宾，亦不问户外事。余幸以拙吏，受知先生，时过谈接膝娓娓"④。"余在邑时，公居林下，相与最久，而未尝以诗见示。盖公自是古今大战场人，一乡一邑未足圉之也。"⑤由此可知，杨德周与余文龙的交往相当密切。

古田是朱熹闽学的根据地之一，有十八弟子之一的林用中、林允中兄弟⑥。《玉田即事》称"讲席千秋诵考亭，二林流韵有仪型"。杨德周到玉田以后，首先做的事是刊刻朱熹的《南岳酬唱集》。林用中，字择之，号东屏，

①　(明)陈其仁《金华文征序》，见《金华文征》卷首，崇祯刊本，天津图书馆藏。
②　(明)曹学佺《赠古田令杨父母入觐序》，杨德周《玉田识略》卷八《文类》。
③　(明)杨德周《玉田识略》卷七《骚坛同声集序》。
④　(明)曹学佺《重建学宫记》，杨德周《玉田识略》卷七。
⑤　(明)杨德周《玉田识略》卷三《宦迹·余文龙》。
⑥　施景西《朱熹与林用中》，《福建史志》1993年第2期。

南宋玉田人。他是朱熹的学生。乾道三年（1167）九月，朱熹偕林用中访张栻于湘水之上。十一月十三日，张栻陪同朱熹师徒三人同登南岳衡山，在山中盘桓六日。他们探幽揽胜，游目怡怀，兴会所至，剖心酬唱，得诗一百四十九首，编成《南岳唱酬集》传世。崇祯四年（1631），杨德周搜集文献，重刊《南岳酬唱集》一卷。杨德周《镌南岳酬唱集序》："夫今日之不泯文献者，即后日文献之必不可泯者也。盖（德）周为斯土斯文，昕夕望之。"①余文龙《南岳酬唱集序》："崇祯辛未（四年），四明广石杨明府，世胄名公，秘函宿学，甫下车，即搜访石英，表章逸德，得其遗稿，于西河氏残断蠹蚀，重加校次，付之剞劂，征序于不佞文龙。"②此书附录了朱熹与林用中书信及遗事。杨德周《刻晦翁与林东屏先生书及遗事序》称："德周既刻《南岳酬唱集》，已从徐兴公借诸书，得朱夫子与择之先生书及遗事数则，定作后卷。……或曰前卷以诗行，此以学训，骚苑、儒林固传欤？……今取诸先生帙，诵诗读书，尚友论世，三复之余，知不必歧为两截矣。"③今有《四库全书》本，称《南岳倡酬集》，前有朱熹序、张栻记。《四库全书提要》称："今此本所录止五十七题，以《朱子大全集》参校，所载又止五十题，亦有《大全集》所有而此本失载者。又每题皆三人同赋，以五十七题计之，亦不当云一百四十九篇，不知何以参错不合。又卷中联句，往往失去姓氏标题，其他诗亦多依朱子集中之题，至有题作《次敬夫韵》，而其诗实为栻作者，盖传写者讹误脱佚，非当日原本矣。后有朱子《与林用中书》三十二篇，《用中遗事》十条，及朱子所作《字序》二首，皆非此集所应有，或林氏后人所附益欤？然以南岳标题，而泛及别地之尺牍；以唱酬为名，而滥载平居之讲论；以三人合集，而独赘用中一人之言行。皆非体例，姑以原本所有存之云尔。"从以上介绍来看，这个版本应就是杨德周刻本，只是不知何故，没有余文龙、杨德周序而已。

《玉田识略》卷八《享帚集选序》："余既序东皋先生《同声集》，兼有所采撷，载入《识略》中。而其文孙尔弼复持全集，请余选而传之。会计期逼，携入征车中，翻阅有加，盖诺不容虚，亦缘手撆芙蓉之秀，不忍释卷停披也。

余于邑中，忠义则吊剑溪之激烈，文章则诵翠屏之清绮。"《享帚集》六卷，作者是郭文涓，字稚源，古田人，嘉靖十六年举人，官保定同知。

林用中《草堂集》找不到，《玉田识略》卷三《儒林·林用中》："书此以俟后之广辑文献者。"此外，关注王所《日格类钞》等图书的搜集。王所，字敬作，东莞人，曾官玉田知县。"王公博极群书，著有《日格类钞》三十卷，余从三山徐勃借览，因遍询之，邑无原本，且云未之闻，则文献之漫漶多矣。"①由此可知杨德周关注文献搜集。

（2）审订《闽南唐雅》。《闽南唐雅》十二卷，收入《四库全书存目丛书》集部第345册，作费道用辑。全书题"明石阡费道用闇如辑，古董杨德周齐庄订，三山徐燉兴公校"。费道用，字闇如，号笔山，贵州石阡府（今石阡）人。崇祯四年（1631）进士，授福建福清县知县。然而，邵捷春《闽南唐雅序》称杨德周"得友人徐兴公所藏秘册，严加参缵而授之梓"。杨德周《闽南唐雅序》称："适得徐兴公原本，与福清费令公极力搜辑，共完此帙，……此举盖有功于唐，有功于闽，而并有功于诗矣。……此编非今昔情情一大坊表哉？"据此，则徐兴公有一个初稿，费道用、杨德周仅是在此基础上补辑与出版而已。何以如此？四库馆臣猜测"殆为闽人，而道用、德周皆闽令，故让善于二人也。"②杨德周与费道用交往较多，故而合作补辑出版了此书。前有解学尹、邵捷春、费道用、杨德周序。杨德周序署崇祯六年孟秋，此应是刊刻年月。《闽南唐雅》所录皆闽中有唐一代之诗，自薛令之以下四十人。何以要编纂此诗集？主要是为了保存诗歌文献。费道用《闽南唐雅序》称："闽在唐犹以辽绝天南，差逊于大国，故诗人不多屈指，而所垂诸集亦鲜连篇累牍之传。乃历至于今洋洋，家沈、宋，人钱、刘，而独全唐之人未广。全唐之诗饮河忘源，识者不能无缺陷之憾。偶与杨古田南仲抵掌此事，辄共相搜辑，庋此全编。倘亦此土一段嘉话，采风者必所录乎！"③由此可知，唐代的福建文化尚落后，诗人不多，流传下来的作品更少，不加搜集与出版，就有失传之忧。编纂出版此诗集，有光大唐代闽人诗风之意。

---

① （明）杨德周《玉田识略》卷七。

② 《四库全书总目》卷一九三《闽南唐雅》。

③ （明）费道用《闽南唐雅序》，《四库全书存目丛书》，集部第345册，第610页。

三、编纂《玉田识略》

1. 编纂成因

杨德周在古田期间的最大成就是编纂了《玉田识略》一书。余文龙《玉田识略序》称"广石杨侯奇探绿水,学富青缃,自笕符以迄今,惟搜罗之是务,刻盈邺架,帙满田楼,乃乘鸣琴之余,爰修掞藻之业"[①]。由此可知,杨德周到古田以后,一直关注地方文献事业。早在《玉田即事》诗中,杨氏已经流露出"两编近创裨谌笔,八咏谁裁沈约章。五代以前千载后,尚留文献待三长"志向。裨谌是春秋时期郑国谋臣。杨德周《玉田识略自序》称:"邑旧无志,志自南昌刘公始,而归安王公续修焉,遂为金井玉田完一大缺陷事。当时珥笔诸公,不无遗漏,未泽大雅。亦缘辟疆稍晚,掌故漫漶,艰于无米作炊。所谓虽太史公在,不能载成《史记》也。……不佞周待罪邑中两载余,事剧吏冗,何暇研笔事?……盖闻神庙时,陈文宪公疏修正史,诏求遗书,其时书大出。而山阴有王贡士应遴者,两疏修志,上独下所司,待诏阙下,于《一统志》之外,倍增几半。会以实录故浸议。余既陋于所遇,不能窥金匮石室之藏于芭蕉园,少供讨论;又以生后其时,不曾从国门见当日所集诸书,旁搜刘览。……今兹之辑,考索宪章,眉列掌示,余惟是美人伦,厚风俗,兵刑财赋之绸缪,忠义贞美之扬扢,为大纲领;而其绪以文词歌咏,缘饰之以经以纬,微意别裁,观者当得之意言之表,庶几不贤识小,聊佐识大之遗。邑虽小,亦有小帐簿焉;令虽微,亦司帐簿人也。司帐簿,而不谙于旧帐簿,憎甚;既得旧帐簿,而不加料理,重制一新帐簿,憎尤甚!独是笔陈殖落,著作黭浅,上不能为扶舆光映发,次不能为人物综灵奇,缀辑所就,终谢无缝铢衣,是且不足备先贤耆旧洒扫,而何敢谓事核文炳,妄意一郡一邑之志乘,与夫一代信史、千秋正史哉?余忆初登公车时,祈梦于忠肃公墓祠,公告曰:'进而不尽其言,言而不尽其用。'公先告之矣。虽然,才囿于一割,艺窘于三长,余纵尽其言、其用,何当于正史信史之任?此又公之从臾吾过也。邑人郑君文卿、杨君应鹏、张生极均于是役有劳勚,例得并书。岁

---

① 《玉田识略》卷五。

崇祯癸酉阳月,邑令四明杨德周撰。"所谓刘公指刘日暘,万历二十八年(1600)主修万历《古田县志》。所谓王公,指王继祀,万历三十四年(1606)增补县志。由此可知,《玉田识略》乃补《古田县志》而作。郑文卿、杨应鹏、张极三人协助杨德周编纂了《玉田识略》,并不是他一人编纂的。至于纂修之因,主要是受万历中叶正史纂修、地方人士积极要求修志影响。王应遴(? —1645),后官大理寺评事。杭州人王锡衮《玉田识略序》称:"齐庄逊言之曰《识略》,实则补千百禊琬琰之阙,而其自写治县谱,为后事师者亦可十得七八矣。大都著作出当事之手,虽于治理政务多关切,而未必泽于雅;其或出谋野之笔,虽于山川咏歌多采撷,而又未娴于治也。齐庄于花县(指县治的美称)有三异,于焦园为三长,有之似之,两不坠当事、谋野之窠臼。"①这是说杨德周作为当政知县,又是学者,具备了编纂方志的最佳条件。中国的地方志是官书,由知县来主持自然比较合适。如果知县又是学者,则条件更优。

2. 编纂时间

一般说法,《玉田识略》刊于崇祯六年(1633)。因为,杨德周自序署崇祯六年。不过,这应是成书时间,而不是刊刻时间。杨德周讲到节妇郑一纶妻时说,"至崇祯六年,节妇春秋七十三矣。是年十月之望,邑诸生具呈以闻。适余计行呃,学与里邻结状亦未至,荏苒不果行。至次年,余再莅邑,询之,则节妇即世矣。幽芳不阐,有司之罪人也。已故不便上详,第旌其门,以表扬嫩懿,且志吾过云。"②由此说明,这篇传记正是崇祯七年写的。《古田县戒杀牛文》:"余之莅古田也,初已禁杀牛,而山城之民习以为常,不能遽革。今复任,以戒为禁,以劝为戒,可乎?"③此处明确称"今复任"。《玉田识略》卷八附录的《古田县刻布便民良方》,明确署"甲戌夏日,邑令四明杨德周纪事"。甲戌即崇祯七年。以上三条材料说明,杨德周确实续任了古田知县。由此可知,《玉田识略》的编纂经过了两个阶段,前七卷成于崇祯六年第一任结束之前。崇祯七年,因续任古田知县,增加了卷

---

① 《玉田识略》卷首。
② (明)杨德周《林节妇纪略》,《玉田识略》卷八。
③ 《玉田识略》卷八。

八《补遗文类》。这部书,应是第二任开始的崇祯七年时刻的。

这部志书的名称,开始可能称《玉田志略》,如余文龙《送广翁杨父母入觐序》"纂辑《志略》、《志林》诸书,以备百年邑乘之缺典"①。清人全祖望也称《玉田志略》②。不过,正式的说法是《玉田识略》。沈津说"崇祯本《玉田识略》仅南京图书馆有藏"③,其实,国家图书馆也有一部足本收藏,海外美国哈佛燕京图书馆也有一部,此外,福建师大图书馆残存卷七、卷八。题"明邑令四明杨德周辑"。今有《南京图书馆藏稀见方志丛刊》(国家图书馆出版社 2012 年)影印本。

3. 文献价值

杨德周对《玉田识略》的文献价值是相当肯定的。"以上俱琐屑不足存,然一经拈出,未必非后贤所收也。倘从来有攩拾如余者,何至邑乘寥寥若斯,君子其无忘余裨谌之劳哉!"④裨谌为春秋时期郑国大夫,常负责文件的起草。《玉田识略》的学术价值,有三个方面值得注意:

首先是研究明代古田县的第一手资料。是书约计九万字,分门别类,厘为八卷。卷一记沿革、分野、形胜、风土、时事。卷二记税额、兵制、驿站等七目。卷三为人物之记载,列名宦、寓贤、选举、宦绩、谠直、笃行、儒林、文苑、隐逸、贞烈、闺秀等十一目。寓贤记朱熹、李侗。卷四至卷七为诗文类,篇幅居全书之首。诗类收八景题咏、山川题咏、书院题咏、楼阁题咏、驿馆题咏、祠庙题咏、桥梁题咏、墓宅题咏、玉田杂咏,文类首载黄庭坚《暹老语录序》,又收朱熹、韩世忠、宋濂之文。卷八补遗,后附古田县刻布《便民良方》⑤。这部古田外志,是研究古田的第一手资料。杨德周自己的评估是:"今兹之辑,考索宪章,眉列掌示,余惟是美人伦,厚风俗,兵刑财赋之绸缪,忠义贞美之扬挖,为大纲领;而其绪以文词歌咏,缘饰之以经以纬,微意别裁,观者当得之意言之表,庶几不贤识小,聊佐识大之遗。"⑥余文龙称:

① 《玉田识略》卷七。
② (清)全祖望辑选《续甬上耆旧诗》卷一七《甬东诗括选家之三杨尚宝德周》,第 437 页。
③ 沈津《美国哈佛燕京图书馆善本中韩古籍的收藏、利用与开发》,《学术动态》2004 年 11 月演讲。
④ 《玉田识略》卷二《纪事》。
⑤ 李晓明《玉田识略》,海西文化网,2010 年 1 月 19 日。
⑥ 杨德周《玉田识略自序》,见杨德周《玉田识略》卷首。

"远探鸿蒙，近括眉睫，大而兵刑之烦，细及昆虫之琐，凡山灵之一觞一咏，暨野老之片唾片词，寸瑜莫弃，尺朽兼收。分门别类，霞灿星罗，业号精详，谦颜《志略》，已为词宗之所共推崇。"①王锡衮称："今观识中名山幽洞，总无遗落，前哲名贤，并赖表章，钱谷兵刑之指于掌也，利弊兴除之折于衷，下至幽闺石隐无不搜，片言只句罔不辑也。镜古所以诏来，表亡所以感存，著作之家让为指南，郡邑之乘遵为方册。"②这样的称赞是不为过分的。有人说，这部志书过略，没有方方面面涉及，确实是这部志书的特点。不过，从史料价值来说，此志的价值却相当大。这部志乘的最大特点是重视文献的汇集，注明出处，史料价值高。也就是说，他的重点不是自己编纂，而是将相关的文献汇编成稿。这些内容，多是嘉靖、万历两部《玉田县志》没有的。这种学术个性，正是今天应强调的，值得今天的官修志书参考。在官方垄断方志编纂时代，私人如何编纂方志？那就是不求全，且以文献为主，这样有个性的志书不嫌多。

其次是研究杨德周治理思想的第一手资料。杨德周在古田任职知县共六年，留下了不少政绩，《玉田识略》比较详细地反映了他的治迹。

第一，关注民生，有一定的民本思想

杨德周作为儒家入世型士大夫，有着较多的民本思想。卷一《时事》称"民之天，即国之命也"。提倡社仓。卷七《古田县求生仓记》："嗟乎，社仓法下诸郡，而野无饥磷；此仓法下诸郡，而狱无瘐骨。"由此可知，求生仓是护民措施。

最能体现杨德周仁政思想的是卷八附录的《古田县刻布便民良方》。这是杨德周第二次任古田知县时刊刻的，记有民间偏方近百种，对研究我国中医、中药学的发展史有重要参考价值。"陆宣公在忠州，哀方度日，盖仁人之用心，卫生与及物兼之也。余于甲戌之夏日，参谒会城，偶于《笔乘》见焦弱侯先生所集古名（方），爱广其传。嗟乎！余为一邑之长，有一政一事，可以拯民疾痛者不少概，多阔略而屑屑于此，余滋愧矣。客日，以此心推广焉，当于斯民有瘳乎，遂梓之。德周识。"③陆宣公指陆贽（754—805），

---

①　《玉田识略》卷五。

②　（明）王锡衮《玉田识略序》，见杨德周《玉田识略》卷首。

③　《玉田识略》卷八附《古田县刻布便民良方》。

晚年贬充忠州(今重庆忠县)别驾。关于陆贽在忠州裒方度日事,见于南宋费衮《梁溪漫志》卷八《陆宣公裒方书》:"陆宣公在忠州,裒方书以度日,非特假此以避祸,盖君子之存心,无所不用其至也。前辈名士,往往能医,非惟卫生,亦可及物,而今人反耻言之。近时士大夫家藏方,或集验方,流布甚广,皆仁人之用心。《本草》单方,近已刻于四明。然唐人及本朝诸公文集杂说中名方尚多,未见有类而传之者。予屡欲为之,恨藏书不广,傥有能用予言,集以传诸人,亦济物之一端也。"①明朝的焦竑(1540—1620)读到此条,大感兴趣,称"此言甚合余意",于是,以类集医方为己任,其《焦氏笔乘》正、续集中辑录了历代笔记文集中一百多条医方。崇祯七年夏天,杨德周到福建省城见上司,购得焦竑《焦氏笔乘》,见有医方,十分有兴趣,于是加以续补,刊刻于世。杨德周为什么会对禁方有兴趣?这与杨德周的个人经历有关。"先生母陈孺人患脚气,百药治之不效,而弃不肖去。偶计行途中,阅古书,乃知多服杨梅仁可疗,泫然终天人之恨也。近于署中稍简得禁方,公之通都。所愿邑中知医者,愿以恒心谂仁术,护我赤子,何必良医之功减于良相哉?德周识。"由此可知,母亲陈氏因脚气而逝,使他关注医方。崇祯六年到北京计偕路上,阅读古书,留意医方。崇祯七年得《焦氏笔乘》以后,如获至宝,于是在《焦氏笔乘》基础上做了进一步的整理,成《便民良方》,借助自己的知县权力,公布于世。"凡禁方,多载古人集中,随疏记数,多可拈出,了非庸医所能解也。余蓄书未多,读书未博,聊以耳而目之者载焉。其耳目所遗,则俟同志者之广之也。虽然,神而明之,存乎其人。有深于上池者,不能泥成方;而知变通之术焉,则善矣。德周识。"所谓禁方,是指珍秘的药方或其他配方。"鸟喙之毒,其惨与小人之害国家等,谂禁方者,尚其择所用哉!"由禁方的使用,进而思考治理之方,这就是杨氏的联想思维。杨氏公布《便民良方》的目的,就是为了方便古田人民自我保护,也希望医生以仁慈之心对待病人。如此,良医的作用不亚于良相。

第二,关注时政,有积极的对策

(1)要会安抚百姓。"保障之政,使民不为盗,上也;使盗复为民,亦上也;其次,则御盗以安民焉。有事之时,有一病即拈一药,世何尝乏材哉?"不要逼迫农民为盗,或使已经为盗的农民重新回归农民,这都是上策。至

---

① 《四库全书》文渊阁本。

少，也得抵御农民起义，保护另一批人不受盗的骚扰。面对陕北李自成起义之事，杨德周也有自己的想法。称"陕洛近日灾民散为流民，聚为流贼。若有能用张全义之法，设屯将聚饥氓，教以种艺，既存活无算，兼可得胜兵，则流民可复为良民，而亦即可以御流贼。"①惜杨氏是下层官员，不敢越俎上陈。当然，操作起来可能也没有那么容易。

（2）要会催科。增税催租，只会加剧官民关系的恶化。卷二《税额》："自虏内讧以后，国家盖不胜仰屋而叹矣。税缺宜增，费冗宜减，普天之下，谊切急公是。必不容公议蠲议贷上请，而惟是循良之于搰克，其政自不相类，民之应之者亦异。余尝有句云：严关原渴饷，圣世岂催租。不日敉宁之奏，圣明需然下德诏，以复祖宗之旧，不愆不忘，且暮跂首可望。承流效职者，不躬于抚字催科之际，洁己恤民，剂量而行之，徒哓哓归咎于朝廷，是诚不知其何心矣。"军事吃紧，只能增税减费，导致地方循良之官也只能以剥削为职，从而影响了官民关系。要求通过省费省官来解决问题。卷一《风土》提出"省费省官，当今第一义"。

（3）要懂方略。卷二《兵制》："兵以时平议革，以乱议增，其大都也。然又安知议革之时未必真可革而议增之时又其不必增者乎？兵议革而充饷，饷复议增而裁兵，正兵议裁而乡兵议增，养兵正额议裁而养兵之设处议增。塞垣事与内地异，郡邑与省会异，在郡与在邑异，而此邑复与他邑异。政恐苞桑未固，筑舍难成，未易深言之也。"盛世要裁员，乱世要增兵，这是常规。具体到了兵荒马乱的明末，则必须区别对待。

（4）强调立法的相对稳定性，反对随意改变政策。卷二《利弊》："善为治者，有立法无变法；法变而利不补害，得不偿失。在下者不言典故而言条陈，在上者不责遵行而责设处。夫天下有意美而法未必良者，又有法良而行法未必尽善者，旧贯不仍而轻谈改作，旧章不率而并启愆忘，可乎？"这正是明朝末期人治恶性发展结果的表现。兵制改革要因地制宜。

此外，要求改革地方官迎来送往之弊。卷二《驿站》"闽中水陆之冲，至古田两驿极矣。又去县治甚远，奔走不暇，而供亿难周也。驿任劳，县任罪，乃县之劳不啻什伯于驿，而驿之罪又尽归于县，不止平分矣。余每出负弩一一情事，可哭可涕，而无所从愬。近捧代巡路公檄，禁止迎送，庶几后

---

① （清）全祖望《续甬上耆旧诗》卷一七《甬东诗括诸家之三杨尚宝德周》，第449页。

来县官稍得息肩乎？"古田县两个驿站，处于福建水陆交通要道，迎来送往的任务十分频繁，驿任劳，县任罪，弄得地方官十分劳累。

杨德周的时政思想，体现了一个有责任心的官员的独立思考。全祖望阅后赞叹说："其于税额、兵制、驿站、社仓诸法，言之不啻三致意焉，不问而知其为良吏也。"①这样的判断是有眼光的。

第三，重视纲常、社会教化工作

（1）重视理学的实践。古田曾是儒林之区，故杨德周关注古田历代的学术活动。朱熹曾在古田讲学，"为先贤过化之地"，"其时亦铿然邹鲁遗响"，然而，到了明朝，"空谷不闻足音矣"②。当然，"遗风旧迹，犹有存者，然亦什一之留矣"③。"自儒林流为道学，而时或过而尊之，亦时或过而抑之"④，杨德周认为这样的态度均不当。著述与躬行相比，他更强调躬行⑤。卷三《寓贤·李侗》："故后世道学一途，非必尽属膺鼎，而要以躬行实践为上，潜心著述次之。"重视社会实践，正是官员型学者的态度。

（2）关注忠孝节义。杨德周出身忠义之家，有浓厚的忠义思想。林英（1368—1402），字章叔，号剑溪，古田人。建文帝登基不久，林英就上书请求抑制明王朝宗藩势力，但没被采纳。建文三年（1401）十二月，自缢而死，年34岁⑥。杨德周对此人十分肯定，卷三《谠直·林英》："临事抗节死难之臣，必出于平居直言敢谏之士，于林先生乎益信！"崇祯五年，杨德周将林英祀于乡贤，写下了祭文《林溪先生崇祀乡贤祭文》，称："剑溪林先生，斯非两间正气，一代完人，三年化碧，而百世流丹者乎？……今天下外讧内骚，时渐多事，维是先生流风遗韵，兴起后来，使子皆奋孝，臣皆奋忠，士民皆奋义，庶几塞之节其通也，节之范其功也，死之重其生，而往之劝其来也。即万山剧邑，一命下吏，先生实式灵之。"⑦他希望通过激励林英的忠义思想，鼓励士民养成忠义之气。卷三《贞烈》："余故好称贞义事，乃第兹土，尤愿以此风厉邑人，且以示两间正气在巾帼，安得不在须眉也。"《闺秀》记邑人

---

① （清）全祖望《续甬上耆旧诗》卷一七《甬东诗括诸家之三杨尚宝德周》，第449页。

② 《玉田识略》卷三《宦迹》。

③ 《玉田识略》卷三《儒林·邵大璋》。

④ 《玉田识略》卷三《宦迹》。

⑤ 《玉田识略》卷三《寓贤·李侗》。

⑥ 官桂铨《建文年间的古田林英夫妇"双节"》，《福州晚报》2009年9月12日。

⑦ 《玉田识略》卷七。

郑均德之妻谭氏，及杭州陈敏政之女德懿能诗文之事，一反志书对女子仅赞贞烈之德的旧习。卷三《宦绩·丁崑》："不问户外事，不闻户外屦，此笃行第一等人。"这里肯定了笃行。复关注隐逸之人，卷三《隐逸》："古邑最是隐逸善地，而纪载寥寥，如余轩固，采之家谱者也；岩栖谷，饮世无扬抏者，而其人又不欲姓字落人间，未免草木同腐耳。阐幽君子，何可不尚论于逸民一篇！"由此可知，为了鼓励好的社会风气，杨德周亲自关注教化之业。

（3）反对火葬、杀牛。卷八《古田县戒火葬文》："余令古田，尝禁火葬，而俗未变也。因计期伊，迄再作说以晓之。"卷八《古田县戒杀牛文》："余之莅古田也，初已禁杀牛，而山城之民习以为常，不能遽革。今复任，以戒为禁，以劝为戒，可乎？"可见，他曾屡次提出反对火葬、杀耕牛。反对火葬，是有明一代的主流思想，这是由理学立国决定的。至于禁止杀牛，可能与保护耕牛、保护农耕有一定关系。

其三，收录了作者本人不少作品。《玉田识略》卷四诗类《八景咏和》有杨德周诗《游半仙岩》、《塔岭庵小憩》、《题吉祥寺》、《游极乐寺》、《再游极乐寺》、《迎解司李行部玉田奉邀极乐寺呈上二首》、《宿幽岩寺》、《又咏幽岩八景》、《题紫极宫》、《登嵩溪阁》。《玉田识略》卷五青山书院诗、《题见远楼》、《题官舍晚对楼》、《题观澜阁》、《水口道上》、《又过水口驿》、《歇黄田》、《又宿黄田驿》、《憩石山公馆》、《嵩溪公馆》、《又嵩溪馆》、《宿上洋公馆》、《过秀峰公馆》、《过祠下》、《过林氏故居》。《玉田识略》卷六诗类《玉田杂咏》，附《公署倡酬》、《玉田即事》八首、《又古田即事》、《竹枝词》十首、《古田道中用徐兴公韵》、《古田署中》。卷七有杨德周《重建朝天桥记》、《古田县重建尉厅记》、《古田县求生仓记》、《朝天桥募缘疏》、《二隐传略》。卷八《林节妇纪略》、《享帚集选序》、《余中拙先生招饮话别》、《发玉田示诸父老》、《又别玉田》。在杨氏文集流传不多的情况下，此志无疑是杨氏诗文作品的最大来源。

其至收录了堂兄杨德政（1547—？）《立春日黄田诗》。《和家宪长黄田道中诗》："家大兄叔向宪长，有《立春日黄田诗》，刻《梦鹿轩稿》。余莅玉田，则黄田固封内也，偶阅此韵奉和，先列大兄诗于前。大兄讳德政，别号楚亭，成丁丑进士，以翰林外补转，尝分藩延平，后再总闽宪云。"杨德政《立春日黄田诗》："东风天上送春回，孤客逢时转自哀。冻色仍鬟堤畔柳，寒花欲尽陇头梅。记得辛盘旧行乐，满堂女儿笑颜开。"杨德政留下的作品不多,《明诗综》有二首,这让我们藉此多了解了一首诗。

四、重视古籍与遗献的刊刻

重视古籍的整理与研究,是晚明的一个特点。受此风影响,杨德周重视古文献整理。

1. 古籍的汇编辑佚

(1)杨德周关注建安七子文献整理,编成《建安七子集》二十八卷,崇祯十一年由陈朝辅刊刻于世,国家图书馆藏本作"古余堂藏板",题"四明杨德周次庄辑定,四明陈朝辅燮五订正",或作"四明杨德周次庄辑存,四明陈朝辅燮五增订"。序尾题"崇祯戊寅仲夏,四明韦庵居士陈朝辅燮五父撰"。此外,天津图书馆、中国社会科学院文学所图书馆、上海图书馆,中央民族大学图书馆、辽宁大学图书馆、哈尔滨师范大学图书馆也有藏。"七子"著作,原集皆已佚。明嘉靖间才受人关注,范钦是较早编纂辑佚建安七子集者。"世无《建安七子集》,范司马汇七子集而冠以孔融《典论》也,非建安七子。"①范钦的七子集抄本,可能落入杨承鲲手,写了序。"自两公久即世,书亦湮灭失传。"②到了崇祯末年,"近吾年友杨南仲藏有秘函,因出以供赏,奇析疑之。适南仲,因举孙器之之评曰:'子建如三河少年,风流自赏。'余曰:'虽复幽燕老将,气韵沉雄何以加。'南仲又举刘勰之语曰:'魏虽三调正声,实则韶夏郑曲。'余曰:'黄初委属闰统,建安雅是正声。'南仲曰:'八斗独擅诸子,囿陈思之范围。'余曰:'一石共分陈思,不废诸子之扬扢。'南仲曰:'自陈思以下篇什寥寥,尤惜其不尽存。'余曰:'自公无干以上简编□□,最喜其未尽泯。'南仲曰:'建安为两汉之后劲,再求升而上之何如?'余曰:'建安乃六朝之先鞭,毋令降而下焉可矣。'南仲举少陵之句:'不及前人更勿疑,递相祖述更先谁?'余即举下句曰:'别裁伪体亲风雅,转益多师是汝师。'南仲曰:'孟德自谓老而好学,景初诏谓子建自少至终,籍不离其手,其当时好学如斯。'余曰:'孟德之网罗诸子,子桓兄弟之延致宾客,其当

①　(明)杨承鲲《碣石集》卷下《建安七子序》,第 7973 页。

②　(明)陈朝辅《汇刻建安七子集序》,见杨德周辑《建安七子集》卷首,台湾中华书局 1971 年。

时怜才好士之风又若此。'嗟乎！尚论非难也，论平则难耳。余两人所持说，人语兼质，瑕瑜互见，差谓不谬于作者云。"①杨德周与陈朝辅的对话，充分体现出两个学人的智慧。杨德周所谓七子，是指曹植、陈琳、王粲、徐干、阮瑀、应玚、刘桢。今所谓七子，有孔融无曹植。杨德周辑本《建安七子集》，是目前最早刊刻的建安七子集本。1971年台湾中华书局影印本陈朝辅《汇刻建安七子集序》末尾作"乾隆戊寅仲夏"，或以为"乾隆二十二年重刊"②。误，当系书商造伪所致。

（2）编刊《岳武遗文》。宋人岳飞是杨德周崇拜的对象，《铜马编》卷下收录几首关于岳飞的诗可证。《直斋书录解题》著录《岳武穆集》十卷，不传。明中叶人徐阶曾编《岳武穆遗文》一卷，杨德周则进一步编成六卷本《岳武遗文》，加以刊刻。具体刊刻时间不详，应在回宁波以后。

2. 重刊碧川诗文选

关注自己家族文献的整理。杨守阯是杨德周的太公，其作品自然受到格外关注，杨德周重新出版了《碧川文选》八卷、《诗选》八卷、《别录》一卷、《补遗》一卷，崇祯四年（1631）刻本，今天一阁、中国科学院图书馆、日本内阁文库有藏。正德三年（1508），杨守阯七十三岁那年曾编辑《碧川文集》，收录文章一千四百余篇。亲自筛选了其中的一百五十三篇，成《碧川文选》。嘉靖四年（1525），其外孙陆钶将《碧川文选》厘为四卷，刊刻于世，前有陈琳序。后来，板为火所烧。杨德周到金华以后，决意翻刻，"重梓金华署中"③。从外孙庄学曾作序时间来看，始于崇祯元年十月。李堂的玄孙李康先（1582—1641）负责了删订工作，"删文十之一，增诗十之三，用成完璧"④。崇祯四年二月，杨德周"计偕至都"⑤，带上了新刊的书，请礼部尚书郑以伟作序。由此可知，《碧川文选》四卷本与八卷本，仅是卷帙划分不同而已。后来的《四明丛书》，因没有找到《诗选》，只刊刻了《碧川文选》八卷。显然，杨德周版本更为全面，价值更高，实际是杨守阯的全集或诗文集，所

① （明）陈朝辅《汇刻建安七子集序》，见杨德周辑《建安七子集》卷首，台湾中华书局1971年。
② 饶宗颐《杨德周建安七子集跋》，见其《选堂序跋集》，中华书局2006年。
③ （明）李康先《杨太宰碧川先生文集叙》，《碧川文选》卷首，第16346页。
④ （明）李康先《杨太宰碧川先生文集叙》，《碧川文选》卷首，第16346页。
⑤ （明）郑以伟《赠少保南京太宰杨碧川诗文选序》，《碧川文选》卷首，第16343页。

以序总称《杨太宰碧川先生文集》或《杨碧川诗文选》。

3. 推动遗著的刊刻

崇祯六年(1633)七月,将邻居朋友周应治《霞外麈谈》十卷(今有《四库全书存目丛书》本)刊刻于世,且作序:"吾乡周观察君衡先生早达勇退,剔历最著,纂述最盛,所庋邺架之藏亦最富,吾道司盟也。周夙受国士之知,尝谬许海内文章当归阿士。"周应治(1556—1621)字君衡,为鄞县新庄(今属鄞州区高桥镇)人,万历八年(1580)进士,至湖广兵备副使。万历三十一年(1603),湖广发生宗室朱华越状告楚王的"假楚王"案。不久,又发生"劫杠"案,周应治为宗室所伤。其子周元孚到湖广,劝周应治辞职回宁波。周应治回宁波后迁居城内月湖边贺秘监祠边,与日湖边的杨德周为邻居,彼此交往较多,周应治赏识后生杨德周,这使杨德周十分感恩。周应治卒后,其子周元孚将其书拿到福建,杨德周将此书拿到三山即福州刊刻于世,题"四明周应治君衡纂,同邑杨德周齐庄订,男元孚较"。也就是说,杨德周是《霞外麈谈》的审稿人。后题"崇祯癸酉孟秋,后学杨德周书于玉田之晚对楼"。

曾替《参寥子诗集》重印本作序。此诗集为宋僧道潜所著,崇祯八年(1635),徽商汪汝谦重刊《参寥子诗集》。崇祯十五年(1642)重印,杨德周替此版作序,称:"妙总大师(道潜)诗集,凡十二卷,后浸漫漶。迩汪、鲍两君从檇李丛林中搜得原本,为诠庋成峡,而余门人语溪吴邦维使君以戊午获隽大师早著灵贶,是年余亦曾以湖游登眺其间,此二十余年前事也。兹寺僧界州携是,为檀嚫津筏,而请余弁其首。……界州将携是往三山访吴使君,三山有曹能始(曹学佺)、徐兴公𤏡者,宰官居士,现身说法,其以余诗偈之言质诸使君并两先生,俟来春当过访。"又说:"余近事梵莢,每语方袍善知识"①,可见晚年的杨德周也喜欢佛学。

五、诗文创作

万言(1637—1705)称:"次庄之诗工组练,善考索,一以严沧浪、高国材

---

① (宋)道潜《参寥子诗集》卷首,《宋集珍本丛刊》,线装书局2004年,第23册。

所论为宗。……考据典确，对偶工致，吾不如次庄。"①所谓组练，指结构安排井然有序。所谓考索是指考查探究，也即有一定的学者味。由此可知，杨德周诗以"考据典确，对偶工致"出名。

1. 创作《铜马编》

《铜马编》二卷，为作者上北京述职与回南方时作的诗文集。今收入《四明丛书》与《四库全书存目丛书》。清代，入禁毁书目，称"无刻书年月，约万历间刊，书内卷下《舆中》、《忽及边事》②二首，语属违碍，应请抽毁"③。

杨德周"积学有原，为政有谱，其为古田令，以经术经世务，而职无不修"④。崇祯六年十月上路，十二月十四日到北京，前后花了 55 天，行程五千余里。腊月十六日，写成《北征记》。到云阳（今江苏丹徒）以后，遇朋友费道用，于是一道北行，"舍舟遵陆，度天堑，涉濠梁，逾淮泗，跻齐鲁，以望燕蓟。行役之次，间以余暑，探胜览古，玩山水以忘劳，话兴衰以寄慨。于是激而饮酒，感而赋诗，诗成而相与存之订之，亦聊以舒远道之郁纡，记岁月之踪迹"⑤。

卷下《南征记》则记崇祯七年二月六日以后出都之事，仍约费道用同行。《怀归》"那复理行囊，南天道路长。民贫羞月俸，年过惜春光。……微官民社在，那暇苦哦诗。……长慵材自拙，多病鬓先衰。"此诗将其民本思想充分展示无遗，因多病而致鬓发早白。经过杭州时，与妻子见了面。至四月二十日暮，杨德周回到古田。次日早，"治事如初"。

成稿后，请余文龙作跋、费道用作序。书刊于崇祯七年（1634）重新续任古田知县时。余文龙《跋》称："今读南仲南北征二编，大都抒恬夷之趣，暴为苍蔚之词，抱旷达之思，掷为宫商之韵，模古而酷能，铸古趋时，而单厥超时。凡采风辨俗，吊古怀今，以及离卉之微，忠孝之巨，与夫山川胜迹异同真似之际，剖析精详，情景逼肖，诚汎汎三百之遗音，盛唐之继躅也者。"⑥

这两篇游览记，由于走的是官道，以陆路为主。这是典型的以舆地为

---

① 万言《管村文抄》卷一《舅氏虚舟先生诗集序》，《四明丛书》本。
② 今本《铜马编》，《舆中》在卷上，而《忽及边事》则找不到。《舆中》看不出"违碍"语。
③ 姚觐元等编《清代禁书知见录》，台北商务印书馆 1957 年，第 201 页。
④ （明）费道用《题杨南仲铜马编序》，见《铜马编》卷首，第 7947 页。
⑤ （明）费道用《题杨南仲铜马编序》，见《铜马编》卷首，第 7947 页。
⑥ （明）余文龙《跋》，见《铜马编》卷末，第 7985 页。

中心的游览记,所以价值相对低。四库馆臣称"文格颇历落自喜,诗则庸音也"①,此不无道理。当时正是承平之时,"以大典故,不敢诉行路之难",所以,《铜马编》中的诗作思想显得平庸。

2."杜学"研究

杨德周一生"尤服膺少陵,酷有杜癖"②。对杜甫及其诗歌的研究形成了一个专门术语"杜学",在"杜学"研究史上曾出现过两个高峰,一个是宋代,一个是清代③。杨德周研究杜甫的作品共有三部:

《杜诗解》,也题《杜诗类注》,八卷,有明刻本传世。"是编裒诗家之论杜诗者为第一编,盖即蔡梦弼《草堂诗话》之意推而广之,然分类不免于琐屑。其最不检者,如八卷补注例第一条云韩昌黎曰人各有能,有不能抑而行之,必发狂疾,故杜云束带发狂欲大叫。如此注,那得不补云云,是杜诗乃用韩语,天下宁有是事?他如杨慎辨槎字一条,既全载于《订讹字》中,又复见于《正讹例》中。如斯之类,亦往往失之嗜博也。"④分类注解,详于故实,为清初甬上杜诗研究者仇兆鳌所肯定,其凡例称:"杨德周之《类注》,俱有辩论证据,今采录编中。"⑤

《杜注水中盐》五卷,清初刻本。国家图书馆等有藏,题"古堇杨德周次庄甫注",至于参订的人,有同社陆宝敬身甫、门人徐之垣维翰、同社周昌晋晋然甫、陈朝辅燮五甫、同社闽龙溪黄以升孝翼父、汪枢伯机父、潘访岳汝父订。前有张拱机《杨次庄先生杜注水中晶序》:一,"句余次庄先生,笃学不衰,一似袁伯业(遗)藩溷,皆著纸笔;一似左太冲(思),尤服膺少陵,酷有杜癖。……蜀西社弟张拱机群玉父题"。"水中盐"是宋人经常使用的一个术语,喻杜甫用典手段的纯熟。杨德周希望借此书还原杜诗的典故。

杨氏又有《读杜漫语》,有清刻本,不传。《读杜漫语》评杜诗曰:"'世情只益睡',是阅世语。'吾生亦有涯',是达生语。'男儿行处是,客子斗身强',是真阅历语。'物情尤可见,词客未能忘',是真声气语。'侏儒应共

---

① 《四库全书总目》卷一八○《铜马编》。

② (明)张拱儿《杜诗类注序》,见周采泉《杜集书录》,上海古籍出版社1986年。

③ 赵睿才、张忠纲《一个杜诗孤本的发现——朱琦及其〈杜诗精华〉》,《杜甫研究学刊》2007年第2期。

④ 《四库全书总目》卷一七四《杜诗解》。

⑤ (清)仇兆鳌《杜诗详注》,中华书局1979年,第655页。

饱，渔父忌偏醒’、‘心微傍鱼鸟，肉瘦怯豺狼’，必身经忧患，才晓读斯语。‘定知深意苦，莫使众人传。贝锦无停织，朱丝有断弦’，必身罹谗谤，才晓读斯语。”①道出丰厚艰困的人生阅历与杜诗富于精辟深微思致的密切关系②。

清人《御选唐宋诗醇》引用了四条杨德周的评论，卷十《襄阳杜甫诗二·万丈潭》，杨德周曰："刻划之中，元气浑沦，窈冥之内，光怪迸发。"卷十四《襄阳杜甫诗六》于《秦州杂诗二十首》，杨德周曰："秦州诗忧愤悱恻，都非文人伎俩，即‘归山独鸟迟，老树空庭得’二语亦令人阁笔。"卷十五《襄阳杜甫诗七》于《建都十二韵》，杨德周曰："必如颔联，方不堕咏物劫，王元美以为古今咏梅第一。"卷十六《襄阳杜甫诗八》于《春归》，杨德周曰："微风燕子斜，正与此同看，咏之不尽，味之有余。"由此可知，他对杜诗的艺术赏析相当到位。

3. 地方风物咏吟

宁波奉化的芋头是相当有名的。杨德周编成《澹圃芋纪》一卷，同县人赵士骏有所增定。"其书专纪芋魁典故，凡十类，一名，二艺，三食，四忌，五事，六论，七诗，八赋，九谣，十方，采摭颇详。"③另有《芋赋》，应是其中一部分。

清人陈劢《四明乡先生遗文偶录》收录杨德周几篇文献，如成于顺治五年（1648）的《鄞俗诗后五十韵》，曾提到天一阁后裔与丰熙，"范木王（汝梓）、丰五溪（熙），俱大儒也，著作富而奥，今也罕传，惜也"④。这是作者临终前写的诗。

4. 其他诗文创作

《高唐照乘堂舆识随笔》十六卷，存十四卷（三至十六），国家图书馆有胶卷。日本前田育德会尊经阁有一部足本，八册，崇祯刊本。《千顷堂书目》、《明史·艺文志》作《舆识随笔》十二卷，《四库存目》作《舆识随笔》一卷。题"四明杨德周孚先父订，男秉錡校"。由于缺乏前二卷，卷二末虽有

---

① （清）仇兆鳌《杜诗详注》，第 655 页。
② 陶文鹏、赵建梅《论诗哲杜甫》，《南京师范大学文学院学报》2007 年第 1 期。
③ 《四库全书总目》卷一一六《澹圃芋纪》。
④ （清）陈劢《四明乡先生遗文偶录》，同治八年（1869），天一阁藏稿本。

"都门沈光裕"题识，不全，故无法了解此书的编纂情况。从"高唐照乘堂"来推断，应成于高唐任职期间。"是书杂采经史奇字，钞撮成帙，多引原注，发明甚少"①，此说有理。这是一部谈资性笔记作品，所谓"舆识"即大众之见，多摘钞、节录前代文献而成，当时有一定的普及阅读价值。从今天来看，史料价值与学术价值均不高。笔者翻阅了一下，找不到任何值得介绍的感觉。

杨德周尚有（1）《淞庵集》；（2）《鹤堂集》，别作《六鹤堂集》；（3）《六鹤斋诗存》，也作《六鹤斋诗选》，六卷②；（4）《独眺草》；（5）《武夷缀稿》四卷；（6）《礼略》；（7）《梦言》；（8）《秋怀》；（9）《落花前后咏》；（10）《羲根三刻》；（11）《石门避暑录》；（12）《它山小志》二卷；（13）《天王寺志》一卷；（14）《三洞志》③；（15）《荒政纪略》一卷④，也作《荒政考》；（16）《宁郡补忠传》一卷⑤；（17）《光溪集》；（18）《玉田吟卷》；（19）《诗筏》⑥。从这些目录来看，杨德周是杨氏家族中作品数量最多的学者。可惜这些作品未传于世。如果他的作品能全部传承下来，学术界当会更加关注他的研究。

六、小结

科举考试是一场相对公平的竞争。在晚明激烈的科举考试中，杨德周尽管出身科举世家大族，但并未占有太多的优势。杨德周拼博到 35 岁，才得一个举人。再奋斗 15 年，到了 50 岁，仍未冲入进士圈，于是只能退而从会试副榜可做的学官开始。再经过 12 年的努力，也只得知州。此时，年龄已过 60 岁。杨氏一生的大好时间就这么投入到科举奋斗之路上，真正的入仕做官时间也就 12 年左右。

杨德周属于大器晚成之人。由于忙于科举考试，没有更多的时间用于学业。35 岁中举人之前，未见有创作的作品。50 岁之前，也主要是诗歌创

---

① 《四库全书总目》卷一三八《舆识随笔》。

② （清）黄虞稷《千顷堂书目》卷二六。

③ （民国）杨存淇《镜川杨氏宗谱》卷一九《著述》，第 79 页。

④ （清）黄虞稷《千顷堂书目》卷九。

⑤ （清）雍正《浙江通志》卷二五四《经籍两浙志乘下》，第 767 页。

⑥ 以上三种见《续甬上耆旧诗》卷一七《甬东诗括选家之三杨尚宝德周》，第 437 页。

作。他的大部分作品是入仕以后结合工作展开的。他走到哪儿，就编纂与刊刻到哪儿。他只能做一些诗文创作，而不可能从事更为专业的学术研究工作，这正是科举教育与科学教育不同之处。

杨德周学问渊博，著述丰富，涉足的领域很广泛。他是个学者，一生勤于写作、编辑、刊刻。统计以上作品，其中自创 27 种，独力或合作编辑 4 种，编辑与刊刻 6 种，共 37 种，可见作品之多产。可惜，他的大部分诗文作品没有传世。除了明清政府更替大背景外，家庭的贫穷也是一个因素，子孙的衰落使他们无力刊刻祖先的作品。或者说，子孙们不具备杨德周那种文献挽救与保存意识。

杨德周主要是一个文人，偏重诗文创作。这也是杨氏家族一惯的传统。对杜诗的偏好，让其诗的创作风格也受诗史的影响。"杨德周诗文今仅存为官福建时所作者，迁官高唐以下存在寥寥，而明亡后的文字几于泯灭。"①杨德周的诗作，除了专集，见于《镜川杨氏宗谱》《续甬上耆旧诗》。

杨德周将用力方向定位于地方文献是比较正确的。他关注地方文献，既有工作地文献，也有家乡文献。在晚明，作为一个举人级的地方士大夫，没有机会参与全国性学术文化工作，没有机会读到朝廷所藏文献。在这种情况下，做一些地方文献整理工作是可行的。而且，地方文献工作也确实是值得做的。由于地方经济的发展，出版业的发达，地方文人增多，地方文献工作确实是值得关注的。

---

① 张如安等《鄞县望族》，第 223 页。

第七章　杨氏家族诗文研究

诗文是古代中国士大夫阶层的文化标志。镜川杨氏家族是一个士大夫之家，亦官亦学，尤其擅长诗歌创作。杨氏诗文传家，族中子弟大多能诗善文。"吾乡以诗学世其家，若杨氏自浩卿、栖芸、复之诸先生，四世而后显。……至今三百年，子孙尚能传其业不衰。"①由此可知，经过了杨浩卿、杨范、杨自惩三代的积累，到第四代杨守陈兄弟时，杨氏诗歌创作终于出了名。到了晚明，主要有杨承鲲、杨德周诸人的诗文创作。万言称："杨氏当有明盛时，巨公并起，诚为文献大家。"②可见后人评价之高。

镜川杨氏是宁波城内文人结社活动的积极倡导者。早在正统、景泰间，鄞县人杨范、王用宾，定海人陈浩渊等结为诗社，"篇章流播，价重鸡林"③。到了成化间，"海内久治平，气淳俗厚，人风益高"。弘治、正德年间，甬上又有"耆旧二集"。弘治初，魏偁（1438—1517）以秩满告归，宁波城中诸缙绅共推魏偁为耆旧会祭酒，参加者有屠滽（1440—1512）、杨守随、张昺、黄隆（1425—1493）、刘洪诸人，共相宴集唱酬，历二十年，深为宁波人所重。嘉靖前期，杨茂清与戴鲸（1486—1582）诸老为耆旧会，"日相唱酬，年至九十，犹手抄古今野史、丛谈、里中先辈诗，岁必满篋，诸杨推为祭酒焉"④。

宋明时代，理学成为王朝统治的主流思想，由此，一切创作的主旨、题材，均受理学纲常道德观念的支配，文学、史学均出现义理化倾向。镜川杨氏家族的诗文创作，正是在这一背景下进行的，故也不同程度受其影响。当然，具体到不同时代不同人身上，会表现出一些特殊性。下面拟通过前期的杨起汶、杨范、杨自惩、中期的杨守陈杨守阯兄弟、后期的杨承鲲，观察一下他们各自的特征。

---

① （清）李邺嗣《甬上耆旧诗》卷四《先长清处士》，第 101 页。
② （清）万言《管村文抄》卷一《舅氏虚舟先生诗集序》，《四明丛书》本。
③ 民国《镇海县志》卷二三《陈浩渊》。
④ （清）李邺嗣《甬上耆旧诗》卷一三《知沔阳州杨公茂清》。

一、明代前期的杨氏诗文

1. 杨起汶诗歌

　　杨氏家族自元初八世祖杨珪以来，就喜欢写诗。进入明代以后，杨起汶、杨起哲兄弟也擅长诗歌创作。杨起汶留下的诗歌数量不多，见于本书第二章。此外有《杨子江诗》："长江天堑水纭纭，万顷风涛带夕曛。源出岷山经蜀雨，潮迎苍海接吴云。古今壮观于斯尽，南北殊疆自此分。独立孤舟西望远，金陵王气晚氤氲。"指出长江是南北的分界线。《宿江浦》："浦口维舟爱晚晴，拂衣闲向岸头行。一江夕浪随风起，万舸春灯入夜明。清霭半笼京口树，紫烟深护石头城。梦回落月篷牕白，何处鸡鸣下五更。"这里描述了南京浦口码头的夜景。《到京诗》："龙蟠虎踞旧京华，宫阙新成气转嘉。瑞霭不离钟阜树，春风初发上林花。入朝剑佩三千士，满市楼台十万家。闻道越裳初入贡，不知谁造指南车。"这里描写了入南京城的感受，当时宫阙新成，新首都相当气派与繁荣。《镇江诗》："芳草长堤绿树阴，夕阳收缆一登临。隔江两地分南北，绕郭群峰奠古今。萧寺晚钟烟火尽，平湖春色雨中深。明朝一苇乘潮去，遥指秦淮近上林。"这是作者从南京回宁波路过镇江时作的诗，隔江两地分南北，把镇江的地理位置描写得十分清楚。

　　其弟杨起哲也擅长作诗，家谱中收录了杨起哲六首诗。如《感怀》："竹屋柴扉晚未开，满庭白石翳苔苍。故园花柳先春放，穷巷输蹄旧雨来。壮志不堪司马病，清时谁重子云才？晓风晴日蓬窗下，且放签书对酒盃。"《隐者诗》："茅茨盖屋竹编笆，隐向南村鬓渐华。黍熟涂田新酿酒，泉香石鼎旋烹茶。功名好是蕉中鹿，富贵何如陌上花。尽日掩门无客到，卧看松竹护烟霞。"这两首诗，将明初富户们受打压后边缘化的心态展露无遗。他们只能隐居乡间，住在茅草屋，门可罗雀，没有客人来访。他们也没有机会出仕，壮志雄心被消磨。人到中年，鬓发花白，终于想明白，功名与富贵都是过云烟雨。《苏州诗》："张王台殿化为墟，七郡曾经百战余。城郭尽霑新雨露，闾阎重整旧图书。绿途客舍多栽柳，近水人家尽卖鱼。怪底阊门桥下路，小船花酒月明初。"这首诗描写了战后的苏州面貌。元末江南最繁荣都会区的苏州，经过朱元璋与张士诚的争夺战，已经成为废都，成了乡村似的城市。《杭州诗》:"武林佳丽古来传,此日登临兴浩然。罨画江山开胜景,绮罗台榭蔼晴烟。游人贳酒时停棹,商女开帘自数钱。回首宋宫歌舞地,野花开尽草芊芊。"杭州因没有经历元末大的战乱,所以尚保持了商业的繁荣。杨范《贺式斋诗韵》称:"老成人物擅吾宗,冠服从来有古风。笔阵已遵义献法,诗坛欲蹑孟韩踪。"① 可见,杨起哲以中唐诗人韩愈、孟郊为学习榜样。

2. 杨范的诗歌

杨范受文以载道思想影响相当深,经常讲"诗文为学者之末务"。后人往往据此口号作空泛的推论,这样的理解是不适当的。笔者以为,这句话要作一些分析。此句话的全文是"学之本在道德,而功业、文艺无非末耳"②。由此可见,杨范将道德修养放在优先位置,而将事功、文艺放在次位。这样重视道德实践的理念,可以归纳为道德实践派。重视道德实践,正是明代前期理学家们的共同想法。这样的想法,某种程度上比较理想化。这种想法的形成,有两大因素,一是认为圣学已经完善,只需实践即可了。二是与元明以来南方士人出仕之路受阻有一定关系。入元以后,南人难以出仕,他们只能隐居民间,提升自己的道德修养。至于功业,那是想得很少的活动。他们不反对文艺创作,而主张在提升道德修养以后,再来从事适当的文艺创作。杨范正是这么做的。受祖上不出仕习惯的影响,他仍保持了不出仕传统,但重视诗文创作。不管如何,他们平时的思想表达方式,更喜欢诗文。

杨范卒后,杨守陈将祖父诗文作品定为前集、后集、诗集上下、文集上下,共六本。诗凡 2181 首,文 790 篇,珍藏于家。由此可知,杨范创作的诗文总量是不少的。"其诗有关于父子兄弟伦理者,已辑为《庭兰集余》。欲选次而传布之,未遑也。"成化间,杨范得赠官。杨守阯回家检阅文稿,发现已失后集及文集上下二本,非常紧张,于是因《庭兰集余》所选,益以杂体诗,为八卷。《咏物》、《咏菊花诗》各一卷。冠以赠官诰命,次画像,次以目录、诗卷,刊刻于家。杨守阯退休回家后,复选杂文三卷,正德三年(1508),

---

① 以上诗杨存淇《镜川杨氏宗谱》卷一九《著述》,第 3 页。
② (明)杨守陈《杨文懿公文集》卷二三《临海县学记》,第 16251 页。

得遗稿 12 卷，刊刻于世。诗 600 余首，文仅 22 篇。又检家集，得杨守陈所录先世五人诗 34 首，编于遗稿之前，"以见诗文宗派之所自"。又取《栖芸室》、《思诚堂》纪述诗文，并赠遗哀挽志传之作为附录四卷，编于遗稿之后，"以明先祖之美于后世"。且附录杨守阯所写神道碑铭①。非常可惜的是，这部《栖芸稿》没有传下来，从而无法作出全部的研究。今天，只能依赖家谱中保存的诗文之作加以分析。

杨范长期生活于民间，生活在明代前期，政治上经历了洪武朝对富户的打压，思想上经过了永乐以后理学思想的国家化过程。所以，其心态表现为谨慎，自我边缘化，与世无争。作为一个民间理学家，受修齐治平思想影响，重视道德内功修炼。

杨范诗的内容，有几个特点：

一则生活写实。杨范的诗集，按年编纂，所以，他的诗可以看出杨范不同时期的思想与心态，详见第二章。

二则宗李、杜，有现实批评性。杨自惩《奉答父亲寄示诗韵》："诗宗李杜原无敌，道学程朱更有名"②，由此可见杨范推崇盛唐诗。杨范《摄衣篇绿时作》："摄衣雨中行，雨多泥正滑。雨多衣且湿，泥滑足难发。嗟彼路中人，往回皆蹩躃。往者尚夷犹，回者多嘹忧。借问何若斯，户徭难苟活。输粮被面欺，承帖被鞭挞。被欺未得完，斤两犹欠缺。被挞不可行，限期未搜逼。坊库恣贪饕，岂知囊底竭。隶兵如虎狼，宁伤腿流血。告县不理听，陈府重责罚。在路难支撑，归家空惨怛。欲诉风宪官，严设几门槛。欲挞圣明君，深居九重阙。欲死无鸩毒，欲逃无兔穴。父母恐谪离，妻儿惧诀别。人口虽五六，有赀云七八。夜来思转劳，早作计还拙。抑郁不能伸，只因伏管辖。维时刻剥多，委身甘苦辣。伫立听其言，我心殊不悦。辗转为之思，怒气冲毫发。何当书此情，径趋青琐闼。重瞳亲鉴之，凶恶遭击杀。斯民乐太平，胸襟得开豁。"③这首诗反映出明初的徭役与输粮制度给富民所带来的灾难。送粮制度，让百姓受害不已。在吏胥、隶兵那儿受了欺侮，无处可申诉。想死没有毒药，想逃没地方可逃，父母怕与儿子分离，妻儿怕与丈

---

① （明）杨守阯《栖芸稿序》，见（民国）杨存淇《镜川杨氏宗谱》卷一九《著述》，第 4—5 页。

② （明）杨自惩《梅读稿》卷五，第 18287 页。

③ （民国）杨存淇《镜川杨氏宗谱》卷一九《著述》，第 9 页。

夫、父亲诀别。听了这样的故事，让人悲愤不已。杨守阯称："屈宋谁当使坐衙，少陵有祖擅文华。我思王父名齐杜，才比征君不姓麻。"自注称："《中州集》有麻姓征君，名九畴，通五经，有才名。先祖字九畴，通经，才名亦似之。诗则宗老杜，所著有《栖云稿》"①。由此可知，杨范诗宗杜甫。具体地说，比较写实，有一定的批评性。

三则"咏物最多"②。永乐元年（1403），杨范《咏菊诗序》称："余观金陵谢宗可《咏物诗》，凡百篇，辞意工丽，惜不得面觌与之赓和。因不自揆，就踵其题咏之如类，虽不若（谢）宗可之精到，然体物肖形，敷陈其事，亦庶几诗六义之赋而比者焉。辍自录成一集，以俟风雅君子点铁云耳。"③谢宗可是元代诗人，其诗长于咏物，有《咏物诗》一卷广传于世。杨范显然是非常欣赏谢宗可《咏物诗》的，于是模仿而作，成《咏物百诗》、《菊花百咏》。景泰三年临终前所作的《春菊（也作《蒿菜花》）》："东风园里菜花开，却做秋英一样猜。此际正经红雨落，于今未见白衣来。圆裁金叶钱无贯，高吐檀心粟作堆。待看南薰成实后，栽苗依旧荐香醅。"《松醪》："五鬣苍龙酿绿醅，槽头注雨色如苔。大夫迁治酒泉郡，髯叟重为曲秀才。味自茯苓浮瓦瓮，光从琥珀泛霞杯。岁寒一醉同椒柏，能使春风生满腮。"

四则风景诗也不错。有《北京八景》、《花朝写怀》。如《鹧鸪天》："东海东头看月升，秋风一叶井梧零。闲云飞尽天如洗，今夜星河分外明。舒倦体，坐残更，微闻促织砌间鸣。萧萧凉气侵人骨，为爱吟诗睡未成。"④《镜川》诗："斜阳一轮山上头，青霞片片漾波流。平芜野岸碧千亩，乔木人家红半楼。沙鸟回翔将下宿，田夫被濯欲归休。渔舟各已收缯去，渐有灯明芦荻州。"这是镜川的景色描写，说明风景环境不错，也说明此处之荒凉，并非繁华之所。《经宋宫故址》成于正统九年（1444），称："客过钱塘入凤山，七朝宫苑尽凋残。鸟来鸟去青春静，花落花开白昼间。宸殿有基存瓦砾，御沟无水产榛菅。堪嗟贾相芜湖败，轻赌乾坤一掷间。古郡临安似弈棋，市廛城郭与前非。北迁二主诚长往，东去三宫竟不归。廷陛已随尘土没，衣冠都逐海云飞。年来一目荒芜地，谁识重重紫禁闱？"《嘉兴》诗："花绕楼台

①　（明）杨守阯《碧川诗选》卷七《次韵喜蒙恩诏得以官赠先祖栖芸先生》。
②　（清）李邺嗣《甬上耆旧诗》卷四《栖芸杨先生范》，第99页。
③　（民国）杨存淇《镜川杨氏宗谱》卷一九《著述》，第11页。
④　（清）雍正《浙江通志》卷二七六《艺文》。

水绕城，舟人说是古嘉兴。小筐采药烟中出，短笠分秧雨里行。隐隐河鱼吹晚浪，飞飞烟鸟入春陵。收帆一醉河桥酒，鼓枻清歌对月明。"这是他早年经过嘉兴时写的诗歌。"花绕楼台水绕城"一句，将嘉兴城依运河而建的特色勾勒出来了。

杨范的《蓻里十景》诗也相当有特色。《蓻里草庵》："卜筑林泉下，缚茅三四重。已知尘事少，更觉野情浓。"反映了他隐居乡村的生活感觉。《栖芸映雪》："小斋频剔蠹，寒夜挹芸香。不喜交流杂，惟知趣味长。一经多奥义，三尺有清光。读遍精微处，方惊月满床。"此可见作者精研《易》情景。《野趣耕云》："绕屋多春水，驱牛蓻里东。一犁轻片片，数亩密重重。未起从龙化，何当乐岁丰。晚来归息后，教子勿疏慵。"[1]这里描写了他的耕读生涯。

宣德十年(1435)，鄞县知县张铎作跋，称杨范"布衣之士，台阁之文，唱淳古之遗响，鸣盛世之正音，以之荐宗庙、格神人，能令顽夫廉而薄夫敦"[2]，这可能是对杨范诗歌创作思想的最高评价了。

3. 杨自惩诗歌

杨范之子杨自惩创作的诗文数量不少，留下的也较多。《寄张琳兄次韵》："议论文烦本不堪，古人慎密口缄三。虽云善谑心无虐，终见多言德有渐。诗笔卒难酬险韵，客窗久不接清谈。"[3]由此可知，他不太擅长作文。杨自惩的诗比较写实，风格似其父。有关平生行迹的诗歌，已见第二章。此外，如《题扇面》称"云白山逾白，身闲念兴赊。荣枯都不校，独坐占鸥沙"[4]，可见早年自我边缘化的生活心态。其他的诗歌，主要有以下几个主题：

忠义思想。《中秋后有感》："朔漠秋声乍变寒，尘蒙白日昼漫漫。六龙失御知何在，一榻羁栖岂自安？紫塞云深无过雁，瑶台月冷有离鸾。英雄肯奋回天力，驻景挥戈定不难。"这是正统十四年中秋后作的诗，当时英宗尚在蒙古。这是一个普通士人对皇帝被俘的关心之情。《咏史集古句二十

---

① (民国)杨存淇《镜川杨氏宗谱》卷三《古迹》，第9页。
② (清)杨学载《镜川杨氏宗谱》卷一九《著述》，第5页。
③ (明)杨自惩《梅读稿》卷三，第18273页。
④ (明)杨自惩《梅读稿》卷一，第18262页。

首》,共80句,全从古人诗歌中集录成20首完整的表达土木之变及皇帝蒙尘的诗歌,可见作者熟悉古诗词,也可见作者诗歌功夫之好。

道德优先。《积庆堂为陈仲延作》:"世人积金待高价,手执牙筹论不暇。借使黄金积累多,子孙不肖将如何。君家作庆绵绵积,信是先人曾种德。不须为利日孳孳,仁义存心自丰殖。"①这里用对比手法,思考了积金与种德的利弊。显然,作者是肯定种德的。经历过富户打击的人,不敢再为利奋斗,而更坚持道德,相信"仁义存心自丰殖"。《思远楼》:"水木由源本,人生必有先。自非因祖祢,何以继曾玄。创立怀前德,相承赖后贤。家声应烜赫,宗代屡更迁。已往须存念,将来要勉旃。精求追远句,熟识孝思篇。"这首诗则反映了作者的家族意识,要求以德业继家。

读书生活。正统元年元宵作《元宵》:"凤历新颁正统年,春正三五月初圆。烟花城市皆灯火,罗绮楼台尽管弦。万国臣民同庆抃,六街人马自喧阗。寥寥惟有杨雄宅,静对炉薰读太玄。"后人的笺释称:"前二联铺叙极富丽,结末一转语,深得左太冲、卢照邻遗意。"②《新妇叹》:"寂寞空闺日,思量嫁得宜。谁知有家后,不及在家时。姑舅年衰老,儿夫又远游。思量在家好,今日反多忧。"这首诗是从其媳妇角度作的一首诗。婚前与婚后生活的不同,描述得相当贴切。

乡村生活。《题牛画》:"农余童犊两优闲,吹竹横骑任往还。自是太平风月调,岂知叩角唱南山。"这是一幅乡村农余生活图。《郊行》:"不过罂湖二十春,小桥流水路边驯。耕童不识衣冠制,笑道乌纱别样中。雨过郊原绿树新,草香泥软不生尘。旧时行处尤夷熟,不必停车去问津。野外招提忆往间,久要耆旧总成灰。小童不识曾游客,报道催租官又来。"这是作者多年外出以后回乡的见闻。《即景》:"自春及夏无多雨,自夏逢秋又少晴。耕种失时苗不秀,田家何以望收成?"③这是作者在正统十三年(1448)秋天作的诗。由此可知,这年宁波发生了旱灾,由此影响了耕种时间。

途中感想。杨自惩几次往来宁波与北京之间,多次通过运河入京。在这个过程中,他留下了不少途中寓兴诗,卷六的大运河诗40首,《赴官泉州

---

① (明)杨自惩《梅读稿》卷六,第18288页。

② (明)杨自惩《梅读稿》卷三,第18271页。

③ (明)杨自惩《梅读稿》卷六,第18289页。

途中寓兴》24 首,都写得不错。如《至安陵》:"去岁兹辰别故乡,今年又得泛归航。风波多少辛勤事,来往飞飞雁独行。"《开河见渔》:"名利牵人岂自由,餐风宿水几时休。自嗟不及渔家乐,妻子团圞共一舟。"《到毗陵》:"自出都城一月余,几回翘首意何如？扁舟今夜毗陵泊,忽梦边庭报捷书。"为了做官,不辞辛苦,来往北京。为了追求名利,失去自由,抛妻离子,不及一个普通打渔人。在一个多月的回程中,仍想着朝廷的事。

二、杨守陈的诗文

杨守陈自幼经过了长期的写作训练,文学素养颇高,"余自少时读古书,求古道,攻古文辞,惟师先大考耳。稍长,欲兼举业,作时文,始别从师"①。再加上他很注重著述,故杨守陈文学方面的造诣也值得注意。

翰林官出身,也让他对写作有兴趣。"逮官翰林,所职者文耳,日勉焉以供职。有以文字请,亦强应之。虽踵接于庭,未始厌也。"②杨守陈写作速度快,"为文举笔立成,不烦宿构。……四方求者接迹户外,公应之不以为渎也"③。不过,到了晚年,情况有所变化。他对徐溥(1428—1499)说:"平昔才无半斗而喜作文,饮仅可数合而喜与宾客燕酣,行不能里计而喜游涉,今皆不复尔。文甚厌之,有请辄峻拒,或强聒不已,始搦管草草与之去,终岁无几篇。"④"近岁亦觉吾衰甚矣,雅志怠且忘,有请懒弗能应,顾独喜种树。……客或请文,率语以不暇。"⑤这样的变化,除了年龄因素外,官场的平淡,难以有大的升迁也是有一定关系的。长期得不到奖励,显然他的积极性受到影响。

受家庭与时代影响,杨守陈对有用与无用价值观有着独到的理解。"举业之无妨德学,先正尝言之矣。然其文亦不可忽,昔人有言:初欲弛放,久当收敛。又曰:务使平和至足,余溢为奇怪。此至言也,吾子之文弛放

---

① (明)杨守陈《杨文懿公文集》卷五《送徐生升序》,第 16059 页。

② (明)杨守陈《杨文懿公文集》卷二五《送熊君良佐守镇江序》,第 16285 页。

③ (明)王㒜《思轩文集》卷一三《吏部侍郎赠礼部尚书谥文懿杨公神道碑铭》,第 550 页。

④ (明)杨守陈《杨文懿公文集》卷二六《与少詹事徐时用书》,第 16287 页。(明)贺复征《文章辨体汇选》(《四库全书》本)卷二六四《与徐少詹溥》为此文的部分摘录。

⑤ (明)杨守陈《杨文懿公文集》卷二五《送熊君良佐守镇江序》,第 16285 页。

矣,奇怪矣,今宜收敛使平和,无取语生之忌。六经四书读已,宜温而熟之,以端其本;诸子群史百集,宜博览而强记之,以畅其枝;序记碑铭传赞,已识其体裁,间作数十篇,则于讲义理,评人物,论古今事变,记名物度数,皆与德学、举业有相资者,不可废也。若诗赋声律之语,则妨废德业,绝不宜作,俟他日德成业就,则间作一二篇以适性情。亦不必如昔人之十年赋两都,旬锻月炼而工无益之辞,误有用之学也。今世之士无远志,结发即习举业,不过欲多伦魁取卿相而已,有能卓然立志,法古圣贤,而泽天下名后世者,盖鲜也。故仆尝语子,先立其志,志立则气自随,而道德、勋业无不成者矣。"①在这里,德业是有用之学,而纯文学创作是无用之学。"以道德仁义为根柯,以文学政事为葩叶"②。德业优先发展,诗文创作为次。一旦德业成,可以考虑适当玩一点诗文创作。而且,也不必专门深入写作。在中国这个实用至上的国度中,或德业优先,或功业优先,不会有纯文学艺术的位置。他仅是工作之余,偶尔玩玩诗文创作,并不拿文学当专业来做。他的作品,就是在这种理念下完成的。这里杨守陈还提到了如何治学。"六经四书读已,宜温而熟之,以端其本",六经与四书是根本,应当潜心研读,古圣人的思想精华寓于其中,读经书以立本,这是首要。再者,"诸子群史百集,宜博览而强记之,以畅其枝",读诸子百家之文以博学,读史以明理,只有这般,视野才足够开阔,文章才有内涵。此外,"序记碑铭传赞"这些都要熟悉它们的体裁,因为这些应用之文体是日后实用之必需。再者,"讲义理,评人物,论古今事变,记名物度数"皆不可废,因为这些皆与德学举业相关,亦是相当重要的。杨守陈认为时人学风浮躁,"结发即习举业",学只为应举出仕,此辈必难成大业,故他告诫冯生不可鼠目寸光,当"先立其志","志立则气自随,而道德勋业无不成者矣"。杨守陈希望弟子不要过分追求纯粹的文学诗赋创作,亦不可仅以应举出仕为学习的目标,当立志修德,摒弃所谓的捷径,一如既往地专心研读经书,成就一番道德勋业。事实上,杨守陈也是如此这般究理践行地走过自己的一生。这封信不难看出杨守陈的文学主张,即文以载道,为文阐理。

---

① (明)杨守陈《杨文懿公文集》卷三《与冯汝止书》,第 16045 页。
② (明)杨守陈《杨文懿公文集》卷一《送严司务序》,第 16025 页。

1. 诗歌创作

受家族影响，杨守陈擅长诗歌。杨守陈自小就对诗歌研究颇深，少作诗皆近体，所用为唐韵。长大以后，以古辞古韵作古体诗赋，"好为五七字诗"。曾作《稽古韵略》，以备作诗之用。自谓："余少侍先大父栖芸先生学诗，逮今未造其阃，往往坠于鄙朴，恒自厌之"①，这当然是自谦之辞。李绍《礼闱唱和诗序》称："先生志行高雅，学博而才俊，问学之功，孜孜不懈，而天资颖敏绝人，古今诗文，每一过目辄为倍诵。于凡事物之触于目、感于心者，未始不即之以赋咏，作为诗歌以见意。"②诗歌篇幅短，既写景也抒情，比较适合日常使用。"短篱曲径水之湄，面面春光日日宜。入座雨香芳草合，开帘风软落花迟。长怀廊庙匡时学，犹见园亭宴客诗。宦业自高心自乐，平生佳兴许谁知。"③到成化末年时，"向用未已，文名大震一时，四方人士求其诗文者，履填于户。岁月既久，复有诗二千余篇"④。弘治初年，杨守陈曾出版《镜川先生诗集》。可惜，这部诗集没有传下来，只在《甬上耆旧诗》中收录了42首诗。

关于杨守陈的诗歌风格，前人有着精确的评价。李东阳称："镜川杨先生，夙抱古学，以文名一世，而复深于诗。……窃以为先生之诗，博采深诣，典则深厚，成一家言。当意所得，杂体及七言古似宋，五七言律似唐，五言古似汉。然于其时，犹当择以为对，非苟同时代、称名字者比。而爱君忧国、感事写物，则得诸《三百篇》之旨为深。"⑤这里突出了诗集内容及主题的"爱君忧国、感事写物"。又有童轩（1425—1498）《杨学士诗序》，称："诗不易作也，作而无补于世教，虽工犹不作也。……宋元而下，以诗名家者，固非一人，求其能接响于三子者谁欤？皇明天启，文运聿兴，作者辈出，若今四明杨先生维新，盖其人也。……顷者，寄自京师，邀余为之评，并序其首。……于是庄诵累日，每于意会处，辄以数语笺之，仍统而论之，曰：先生之诗，其清奇不腐，则李太白之词调也；老健不卑，则杜子美之

---

① （明）杨守陈《杨文懿公文集》卷一二《雪航稿序》，第16134页。
② （明）杨廉《侍郎杨文懿公言行录》，见徐纮《明名臣琬琰续录》卷一八。
③ （明）倪岳《青溪漫稿》卷七《题镜川杨先生园亭宴客诗卷》，第63—64页。
④ （明）童轩《杨学士诗序》，《明文海》卷二六一，第61—63页。
⑤ （明）李东阳《怀麓堂集》卷二八《镜川先生诗集序》，第298—299页。

气格也；浩瀚不竭，则韩昌黎之才思也。矧其诗于君臣、父子、夫妇、兄弟、朋友之间，恩谊笃而伦理明，忠爱、孝友、交契之情，谆谆悃幅，其于世教之补，抑岂出于三子者之下哉！……此诚诗坛中之名家也。……今先生之诗，笃恩义，厚伦理，其补于世教如此。藉使推而行之，与民共由，则人伦可厚而风俗可美也。"①将杨守陈的诗，与李白、杜甫、韩愈三人诗相比，可见评价之高。"诗坛中之名家"，这一称号是相副的。朱彝尊认为杨守陈"诗格深稳，在唐、宋之间"②。由此可知，杨守陈的诗歌创作，多宗唐，也宗宋。李邺嗣称杨守陈诗："其言质而健，肆而多风，《银豆谣》一章，载在国史，真《三百篇》之义也。"③

张如安称："杨守陈的诗歌主要摹拟盛唐诸家，除了字面上的袭用外，又能从盛唐气象中汲取养料，着眼于精神气度的表现。他笔下塑造的物之形象往往充满一种昂扬的气势情调。"如《题画马》中，那"千金大宛种"竟然没有遇到伯乐，翻被当作驽骀来饲养，境遇可以潦倒而精神气度却始终不倒。他笔下的翠鸟也是"黄腹充盈"，形象丰满、色彩明丽、气度不凡，一点不见寒涩、衰败、枯俭之态。再如《送人赴临洮》想象边塞风景，诗中描写路途的艰险，反倒更能衬托出将军"谈笑青油幕"的风姿，这就很有盛唐边塞诗的气象，在当时较为少见④。

目前所见杨守陈的诗歌，除了可以显示其台阁气象的《夏日东禁道中》、《冬日西禁道中》外，更多的是关于自然景物的。

游诗。如《游虎丘》："出城才数里，已到白云间。但见临门水，那知寺有山。钟鸣僧出定，林动鹤飞还。石蹬行行遍，花宫尽启关。"虎丘山乃苏州名胜，历史悠久，颇有典故，景色怡人，令众多文人骚客流连忘返。虎丘之地，山水相连，景色秀美，杨守陈已然置身于青山白云之间，此景此情，颇为惬意。映入眼帘的是那一幕春意盎然的山水，这般绝妙之地，竟传来钟磬之声，青山绿水，加上这声声寺钟之禅意，尘俗之烦恼早已抛置九霄云外，心旷神怡。踏着层层石阶，欣赏着沿途绽放之秀花，丝丝淡雅之花香沁人心脾，如此之美景，岂不醉人！现存文集中，杨守陈纯粹描绘风景名胜的

① （明）童轩《杨学士诗序》，《明文海》卷二六一，第61—62页。
② （清）朱彝尊《明诗综》卷二五《杨守陈》，第644页。
③ （清）李邺嗣《杲堂文续钞》卷一《证堂诗集序》，《四明丛书》，第18610页。
④ 张如安《明代杨守陈、杨守阯兄弟诗文创作探微》，《鄞州文史》第13辑，2011年12月。

诗文甚少，《游虎丘》也让我们看到了杨守陈不甚严肃的一面。如《春城夜游宴》："蝤蛑石首和椒橙，新笋香甘带肉烹。非是老饕偏爱此，十年不歠故乡羹。"蝤蛑是产于海中的青蟹，也叫梭子蟹。石首就是黄鱼，椒橙当为辣椒和橙皮。"蝤蛑石首和椒橙"，就是以辣椒和橙皮煮的青蟹和黄鱼，"新笋香甘带肉烹"，即鲜笋烧肉。杨守陈长于东海之滨，青蟹、黄鱼、竹笋等都是家乡的美味。他自言"非是老饕偏爱此，十年不歠故乡羹"，不是我偏爱此物，实乃思乡之情。《春城夜游宴》以宴会之菜肴，抒发思乡之情怀，不见其一丝俗气，只见其缕缕深情，实乃一篇上乘之作。

咏家乡，如《宁波杂咏》："山颠带海涯，竹树映禾麻。雪挹猫儿笋，雷惊雀觜茶。瑞香金作叶，茉莉玉为葩。六月杨梅熟，城西烂紫霞。"①这里提到了"猫儿笋"、"雀觜茶"、"杨梅"。尤其是城西杨梅"烂紫霞"的特征，与后世宁波杨梅的颜色吻合。《到钱塘》："繁华自古说钱塘，罨画楼台锦绣坊。过客尽谙吴俗语，闺人犹学宋宫妆。雨连江海波涛壮，春入湖山草木香。于此正堪穷胜赏，笙歌随处醉壶觞。"这是对杭州人文自然风景的描述，可与其祖相关题材诗歌媲美。

咏田园生活，如《躬耕》："桑树阴阴布谷啼，绿萍新水涨芳畦。大卿桥畔云千顷，孝子坟前雨一犁。春草竹筐频饮犊，午烟茅屋远鸣鸡。卧龙别却南阳后，禾黍年年属老奚。"大卿桥位于宁波城西，孝子坟当即董孝子庙。《不寐》："客夜耿无寐，其如钟漏稀。入帘霜气动，当户月华微。切切候虫语，萧萧寒叶飞。拥衾成永叹，不是为无衣。"②《早发西溪往万竹村即景》诗云："深谷人家住，松风散午烟。云封数间屋，石甃几层田。牵犬登山上，寻鱼到水边。共言生事足，乐此太平年。"描绘出了山民的自得其乐。类似的还有《过开河》、《湖郊即景》、《碧川》。

送诗，如《送僧归吴》："一锡南飞度碧空，宝坊遥在白云中。定知门外青松树，别后新枝已向东。"③《赠周廷参、张邵龄二知己》："客窗情思渺无涯，麦陇蔬畦泡露华。白屋三间连野寺，青苔一径入邻家。晴烟乱绕庭中树，夜雨微沾户外花。此地幽偏可乘兴，马蹄来去岂嫌赊。"如《春寒》："二

---

① （清）李邺嗣《甬上耆旧诗》卷八，第216页。

② 《御选明诗》卷五三《杨守陈》。

③ （清）官修《御选明诗》卷一〇四《杨守陈》。

月燕城暖渐回,北风吹雪遍楼台。春寒毕竟无多日,桃李何须怨未开?"这首诗当是杨守陈在北京时所作,燕城即北京之别名。时渐入春,气温稍有回暖,然仍是北风凛冽,大雪纷飞,望眼楼台,雪色一片。杨守陈看到此番景象,有的是不畏寒之意,认为"春寒"抵挡不住春天的气息,更无需叹息哀怨。从中看出的是杨守陈乐观的心态,人生亦是如此,挫折和磨难断不会少,忍耐过后必然是雨后彩虹。这首诗表现出杨守陈于人生之豁达,很是难得。而《春江曲》:"春山雨过春江满,菱叶长长蒲叶短。柳丝一把系郎船,好语东风莫吹断。"写得清新自然,富有民歌的气息。《明诗归》选录此诗,谭元春评云:"景自情生,情自痴生,无一字不风雅。"张如安认为"风雅"二字可为杨守陈诗歌创作定调①。

这一风格的形成,显然与杨守陈的诗歌创作思想有关。《赠主事戴公挽诗序》称:"人之心感于物而动,则必形之于声。诗者,声之成。文者,也由心有所感而形。于是可以观兴焉,是故感吉庆之来则乐心动,感横逆之至则怒心动,感凶丧则哀心动,感祸难则忧惧之心动,感亲昵则爱心动,感神人之尊则敬心动。惟其心之感动有异,而声之异随焉,是故乐心动则其声蝉以缓,哀心动则其声噍以杀,怒心动则其声粗以厉,忧惧之心动则其声繁以促,爱心动则其声和以柔,敬心动则其声直以廉,诗无不具焉。……观其美则思劝,观其恶则思戒,此诗之道所以至于美教化、移风俗也。"②这是杨守陈对诗歌创作规律及社会作用的深刻理解。《诗坛雅韵序》称:"人之生也,有形斯有声,有心斯有志,志发于言而为诗,声成文而员谓之韵。自古诗无不韵者。世既降,而诗体屡变,韵学寖微。……嗟乎! 古者诗作而韵生,后世乃依韵以作诗,诗道盛衰,于是乎系,吾安得隆古之英与论大音之妙哉!"③由此可知,杨守陈坚持诗歌是人类思想的结晶。不同的感受,有不同风格的诗歌。杨守陈《彭文宪公文集序》:"古今文至众矣,创意立辞者,固人人异。后或扩而章之,或翻而直之,或蹈之,或攘之,亦莫能同。大抵本乎资,得乎学,乘乎时与位之故耳。"④这是说不同时代有不同的作品,虽然有继承之处,但资质、学力、时代与地位的不同,使得他们不会有完全

①　张如安《明代杨守陈、杨守阯兄弟诗文创作探微》,《鄞州文史》第 13 辑,2011 年 12 月。
②　(明)杨守陈《杨文懿公文集》卷二五《赠主事戴公挽诗序》,第 16282—16283 页。
③　(明)杨守陈《杨文懿公文集》卷二五《诗坛雅韵序》,第 16276—16277 页。
④　(明)杨守陈《杨文懿公文集》卷二七,第 16305 页。

相同的作品。这实际上是否定了简单的模拟说。

2. 散文创作

杨守陈的散文喜欢说理，尤重视德性的培养。《送孔生序》："世谓有赀为富，有爵为贵，而贫贱反是，皆系乎天而不可必得。然吾观人之富贵贫贱，有不在赀与爵者，何居？世之都三旌、位有万金产者，或贪求而不止，或忧苦而不释，是与乞墦丐道而号啼寒饥者不异也。古之君子，虽羹藜晗糗，处环堵之中而无慊于己，无求于人，其至道之充腴，盛德之辉赫，溥之而昌六合，与天地同其大，播之而烛万世，与日月同其明。虽四海之富，万乘之贵，莫敢与之并也，而况如前所云者，曾何足道？而彼以是骄稚于我，是以腐鼠吓鹓雏也，孰顾之耶？士方慕人之富贵而不知己之有富贵，又反羞己之贫贱而不知富贵者之贫贱甚于我也，往往丧其守以徇其势，何其昧哉？……故少而富者长多贫，老而贵者其少也多贱，终始富贵者几人哉？故侯旧相鬻瓜丐食，而耕渔贩筑饥寒顿踣者，往往取王侯将相之位。故富贵者不必骄人，而贫贱者不必畏人。生归矣，尚惟求在我之富贵，而勿畏在人之富贵，以俟在天之富贵可也，而祖不云乎'学也，禄在其中'"。这篇别序开篇直入主题，可见杨守陈是有感而发，与一般赠别序的应酬之作颇有差异。世人向往富贵，财富与爵位乃是富贵的象征，逐爵求富是很多人终生奋斗之目标。杨守陈认为"人之富贵贫贱有不在赀与爵者"。在他看来，所谓的富贵之人，拥有财富和爵禄，却为贪欲所困，精神上的贫乏与饥者无异，难说得上真正的富足。古之君子即使"羹藜晗糗"，饮食粗劣，"处环堵之中"，为时所屈，却有难得的坚守，"无慊于己，无求于人"，"至道之充腴，盛德之辉赫"，物质上十分贫乏，精神上却是甚是富足。"溥之而昌六合，与天地同其大，播之而烛万世，与日月同其明"。从历史的角度而言，最终扬名于千秋，真正称得上富贵的当属此类。世人目光短浅，很多士人亦是"慕人之富贵而不知己之有富贵，又反羞己之贫贱而不知富贵者之贫贱"，甚至因此而放弃自己的操守，因此沉沦，又是何等的愚昧。杨守陈这种超脱世俗的认识实乃难能可贵。

《与冯汝止书》："孔子曰：骥不称其力，称其德也。然则德者，尤吾子之所以当勉者也。古今人学超一世，才高万众，而逐于乡，摈于国，幸而达者，不诛于当时，则诛于后世，无德故也。其有德者，穷则善一乡，达则善天下。

虽或晻昧，屈抑于一时而卒，光明俊伟于百世不可磨。吾子修其德有年矣，然欲任天下之重而收后世之名，不可不加勉也。坳堂杯水，仅浮一芥，而江海容百斛之舟；一烛荧荧，逾时息焰，而日月光于万古。故当大任、振家声者，非大德则不能之，吾子之德不可不大之也。尊所闻，行所知，以古圣贤为标准，而必求其至焉则得矣。"①这封信阐述了德学的重要性。要想成就一番事业，始终如一的究理修德是不可或缺的。"尊所闻，行所知，以古圣贤为标准，而必求其至焉"，简单说，就是究理践行。

《南山黄先生墓志铭》："吾鄞风俗自古朴淳，大里之高节，董溪之纯孝，可征也。宋庆历、淳熙以来，诸老杰出，表以驯行，阐以正学，既骎骎于古矣。国初，士犹修德行、砺名节、尚道德，而文艺、仕进不甚贵之。逮于今，则文艺日以盛，仕进日以繁，而向所谓德行、名节、道学者，或莫知省。于是，老成人凋谢尽矣，而先生岿然若鲁灵光之独存，后生小子有志于古者，尚可宪而乞焉，今亦已矣。噫，可痛哉！"②这是为其祖父道友黄润玉撰写的墓志铭。由此可知，宁波的乡村社会风俗，明初与明中叶有了较大的变化，明初先道德后文艺仕进，明中叶以后先文艺仕进后道德。如黄润玉、杨守陈诸人，处于转型之中，苦苦坚持着明初的先道德后文艺仕进理念，然而显然已经非常困难。

杨守陈散文也有一定的社会现实批评精神。如《览怡寿堂诗集》："正统中，宦者王振方贵擅威福，有贱工谄事振，与为胳阶，故趋其门者若市朝，自公以下多折节与之交。后振谋不轨，致上皇北狩。既伏族诛，遂戮及其党，而彼贱工者卒脱死，盖其所交者犹在位故也。其有《怡寿堂诗集》锓于梓，余偶览之，皆一时名卿才大夫所作，类皆讳其贱而妄称其贤。呜呼！工者，民之役，士且不与之齿也，况大夫卿乎？彼大夫卿者，荷国之恩，食天之禄，锦绣其袍，金玉其带，峨冠而纳履，登金门，上玉阶，与天子相唯诺。居则坐严屋，据高案，胥吏列侍与台卫翼，俨赫若神明，呼喝鞭笞，莫敢不服。出则乘高舆，策骏马，从者左执盖，右执盂，前呵而后拥，途之人皆拱避焉。其尊且贵如是，所谓天子之毗，诸侯之师，庶人之宗主，而四方万姓之所瞻依者也。胡不自重，胡不为国重，而与夫至卑极贱奔走服役之人缔交结好

---

①　（明）杨守陈《杨文懿公文集》卷三，第 16045 页。
②　（明）杨守陈《杨文懿公文集》卷二三《南山黄先生墓碣铭》，第 16254 页。

以固位希爵。且作为文辞以称引之而不耻，则其于振可知矣。"①此论语言动人，议论犀利。杨守陈将这些朝臣享受的恩惠和声望，与卑贱之工匠行为进行对比，形成了强烈的落差，以现此等朝臣的无德与无耻，读罢不免感慨万分。这篇议论文是杨守陈25岁左右所作，耳闻时局之艰，目睹世风之日下，难免伤感悲痛。相比其出仕之后的多数应酬之文，此时期的文章显得生动不少，可读性也更强。

关注军国事务。杨守陈致书江元勋，探讨两广之乱，劝诫其当以此为要务，以图治乱之策。《与江元勋书》："两广之扰已十余年，始者边帅庸弱，星星不扑，至于炎炎而不可奈何也。乃麋王师征之，专征者又皆庸懦贪鄙之徒，不惟国家之利害，不恤生民之涂炭，而徒务于功赏，或掩小丑以为大功，甚者，戮齐民以效首虏。故贼势益张，蔓延于湖江之介。于是别选文武大吏、舆论以为能者，授以专征之权。主上有诏近臣，有状宾客故旧如余辈者。有书有言，皆欲其无急功利，而以利国安民为务，一如赵充国之困先零可也。既而翦其干，捣其巢，功亦茂矣。然封豕奔鲸，皆在于网罗之外，乃奏贼无余孽，而遂班其师，故断藤之捷朝闻，而破浔之报夕至。两广殆今未知宁日，较之前人不犹五十步之与百步耶？又况穷奢极多，暴征苛敛，与其他有尤于前人，未敢一二数也。"②杨守陈认为两广之乱长期得不到有效控制，最主要原因在于治理之官吏，地方官的昏庸无能使两广之扰星星之火得以燎原，派往两广的文武官员不以国家安危为重，营私舞弊，"皆庸懦贪鄙之徒"。这等误国之官导致两广之乱愈演愈烈，终成难以收拾之局面。杨守陈告诫江元勋必须为治理两广之乱采取积极之对策，如果仅以私欲为念，"以高爵厚禄可夸诩乎众庶者自待"，"身虽利子孙必蒙其害"。从这封信可以看出杨守陈对时事的关注，对国家治乱与百姓安危的重视，其刚介之性情可见一斑。

杨守陈的散文重新拾起了儒家的民本精神，见第五章第四节民本思想。

杨守陈有些散文虽然旨在载道，但写得更为轻松活泼一些，已经有了小品的味道，如《双柏诗引》、《茶酒说》、《农鸣》、《笔说》、《农乐记》等。《农

---

① （明）杨守陈《杨文懿公文集》卷一，第16024页。
② （明）杨守陈《杨文懿公文集》卷一四，第16159—16160页。

鸣》是根据作者天顺年间居乡村时听来的一个故事而作出的思考。他雇佣了一个老农,替自己家耕种。这是一个十分勤快的老农,坚信只有勤快,才能有好的收成。结果,那年上天与老农开了一个玩笑,六七月连续干旱,八月才下雨。结果,勤于灌溉者歉收了,而惰农反而丰收了。面对人们的指责嗤笑,老农辩解说:"夫事之勤惰,人也;岁之丰凶,天也。吾安能人而天耶?"并表示明春将一如既往,预言惰农将会无所收获。当时,杨守陈"方有志于道德,而常恐困穷忧患之易吾守,群讥族议之摇吾见也",听了老农之鸣后,感慨地说:"农之鸣皆条也。尽其职,不随时而易,守其恒,不徇人而更,其良农哉! 古之君子种道德,树勋业,亦若此而已矣。……乃录农鸣以自警。"这个故事反映出事物的必然性与偶然性问题,客观与人为的关系问题,强调了人为努力的重要性与局限性,耕耘与收获间的必然性与偶然性。由于作者以道德为务,所以动辄与道德联系起来思考,从中获取道德修养重要的灵感。又如《笔说》,"全文从叙述到分析到议论,层次分明,笔致活泼,已经与传统散文小品的载道面目渐行渐远"①。

3. 创作特点

时人称杨守陈"词虽闳博,而卒泽于理。诗尤浑雄流丽,然不戾于雅正"②。杨守阯称其兄"平生诗文,气充而辞伟,其于篇终,每有纡余警拔之意"③。

成化二十年(1484),何乔新(1427—1502)读《桂坊稿》称:"予尝论近代之文,如姚牧庵、马石田,皆有志于修辞矣,而于道无闻焉;许鲁斋、饶双峰,皆有志于明道矣,而其文未能脱语录之余习。求其华实相副,如先生之文者,岂可多得哉?"④也就是说,道学与修辞结合相当好,用文章阐述自己的义理思想。

弘治元年(1488),程敏政读《桂坊稿》后称:"近世之文,出天资者或歉于本原;由学力者,或伤于摹拟。……读执事之文,乃知天资之美,学力之邃,交举互用,出乎等夷,而文兼取博求,不以所有者自足,此其成一家言,

---

① 张如安《明代杨守陈、杨守阯兄弟诗文创作探微》,《鄞州文史》第13辑,2011年12月。

② (明)王傲《思轩文集》卷一三《吏部侍郎赠礼部尚书谥文懿杨公神道碑铭》,第550页。

③ (明)杨守阯《碧川文选》卷八《书先兄九日诗后》,第16460页。

④ (明)何乔新《椒丘文集》卷九《桂坊稿序》,第150页。

可与鸣一代之盛。"①这是说，杨守陈的文章，是天资与学力相结合者。

弘治二年（1489）正月，程敏政读《金坡稿》后称："其体裁不一，一主于理，不求合于时好。盖尝僭评之，其论政也首格君，则可以位丞弼；其论财也究民瘼，则可以为计相；其论兵也悉边防，则可以督元戎；其论刑也务洗冤，则可以当士师；其论法也先去谗，则可以总宪度。……先生年益高，德益邵，位益尊，其文之所发，必蔚乎炳然于大制作、大政令之间，所谓道德、文章之不可二者，行当见之，又不但如兹稿所存者而已。"②此谓杨守陈作品是道德、文章相结合者。主于说理，确实是杨氏作品的一个特点。

李东阳受令审读了《桂坊稿》、《金坡稿》后称："蒙示文集数百篇，如望大洋，登崇山，愈远而愈不可尽，聋瞆开发，化为眩乱，实不能有所择于其间。顾为严命所驱，妄纪甲乙，附以圈点，如古文选例。而或通篇累牍，皆可传诵，则有不胜附者。旋亦悔之，第已迹诸笔札，不复可去，至今为愧耳。近承谕示，屡屡若欲稍加笺注，如向来诗集例者。某之不肖，实所未能。盖其体不同科，而所施亦异也。执事倘不嫌甲乙之妄，则采而录之，犹宜去其圈点。"③《再答镜川先生书》："再枉台旆，且谕以评文之意，必欲如诗集例者。因复取而读之，益见其浩瀚无际，前所窥测者，已无失其门，且当时时检阅，尚多遗阙，意不自满。……蒙以篁墩詹事所评《桂坊》二集见示，其识见语意，实有出乎不肖之外者。乞以诸集尽付此公，使出一手，庶几评文者无遗珠之叹，评诗者无越俎之讥，非惟大小称任，而劳逸亦得其平矣。执事以为然乎？"④由此可知，杨守陈曾令李东阳圈点其作品，且要附加诗文评语。今本无此诗文评语，显然没有刊刻。

章懋审读完《东观稿》、《桂坊稿》后称："盖先生之文，气焰似韩，骈俪似柳，要之皆雄健奥衍，而无艰涩枯槁之病。若走轻车于熟路也，若长江大河滚滚东注而不竭也，若蒲梢骏骥不施控勒而驰骤于康庄大道也。反复而涵泳，目悦心醉，恍然深入宝藏，珊瑚琥珀，精金大贝，照乘之珠，连城之璧，充牣于前，则固已识其为希世之珍，皆欲把玩而不忍释手。"⑤可见评价之高。

①　见《杨文懿公文集》卷首。

②　（明）程敏政《金坡稿序》，《杨文懿公文集》卷首，第16006页，也见《篁墩文集》卷二八。

③　（明）李东阳《怀麓堂集》卷三四《答镜川先生书》，第363页。

④　（明）李东阳《怀麓堂集》卷三四《再答镜川先生书》，第363页。

⑤　（明）章懋《上杨先生镜川公》，《明文海》卷一五一，第591－592页。

（1）文以载道

杨守阯曾赞扬兄长的文学，称"词章之所发越，皆道德之英华，伦理之攸系"①。这样的判断是准确的。有明一代，受程朱理学的影响，"理本文末"的思想深入人心。故明前中期的很长一段时间，大多数的文人学者视文学创作为末务，而更注重理学素养的提升。杨守陈从小接受理学教育，这种倾向更为突出。杨守陈反对将主要精力用于创作诗文，纯粹的文学写作对于杨守陈来说只是娱乐消遣和应酬的末业而已。临死之前，他对其弟杨守阯说："吾文宜精选，凡有关于道德伦理者，稍工则取之；若止为一人议论者，非极工不取；其溢美过情者，虽工亦去之。"②"溢美过情者，虽工亦去之"足以说明他"为文"之目的在于"载道"，"凡有关于道德伦理者，稍工则取之"，更是表现出其道德至上的思想。这岂不是与文学的基本主张背道而驰？文学作品最为注重的即是一个"情"字，杨守陈以道德伦理为本，文学似乎只不过是宣传伦理道德的工具。书稿自然是要流传后世的，杨守陈选录文章不是看文章写得如何，而是看其内核是否深刻，是否有谕示教民之深旨。也正是如此，我们看明代晚期之前的文坛，一片沉寂，毫无生气可言。对当时文人而言，"文以载道"，"以道德仁义为根柯，以文学政事为葩叶，培而溉之，日益昌护而持之，岁不变，扬辉于时，流芳烈于百世。"③此外，杨守陈认为"人取其文以进德业，则道德博闻之文，慈爱惠民之文，经天纬地之文皆可致也"④。事实上，杨守陈于年幼之时，即具有较高之文学素养。杨守陈少年时创作的作品也是颇丰，他曾言"虽先大夫恒谓诗文为学者之末务，……然已有作成一囊矣"⑤。那么后来杨守陈较为纯粹的文学作品为何所见不多呢？笔者认为有几个原因可以解释，其一，随着年龄的增长，"诗文为学者之末务"的观念愈加深刻，也就是不再有强烈的主观之愿望。其二，杨守陈二十六岁登进士后，精力有限，他自言"性实懒拙，加以人事与私计之驱迫"，所作殊寡。杨守陈没有其父的坎坷，人生旅途较为平坦，缺少挫折的感悟和人生起伏的体验，这是其三。

---

① （明）杨守阯《碧川文集自序》，第 16347 页。
② （明）杨守阯《杨文懿公文集序》，第 16002 页。
③ （明）杨守陈《杨文懿公文集》卷一《送严司务序》，第 16025 页。
④ （明）杨守陈《杨文懿公文集》卷三《云锦堂记》，第 16045 页。
⑤ （明）杨守陈《晋庵稿序》，《杨文懿公文集》卷首，第 16003 页。

"理本文末"在明代翰林文学的一个突出表现就是"比德"文学观。以物寓人，这在杨守陈的作品中比较常见，而其中最具典型的是《送武昌同知冯君序》："夫竹，植物之杰也。君子不独以比德而亦可视为政焉。彦辉擢秀于乡闱，养直于国庠，有竹之德矣。往居多竹之地，其政得微有所视乎？视竹之清，则思货贿之勿黩；视竹之直，则思断听之勿偏；视竹之空中，则思虚心以应物；视竹之荫下，则思敷泽以庇民；视竹之凌傲风雪，则思秉刚贞以御强暴；视竹之在冬夏青青，则思善始令终而不变。其恒能是六者，则诞播声誉，若竹之鸣风飚；荐沾宠渥，若竹之承雨露；高陟朝著，若竹之昂云霄。可计日待者，然则何必吾言之赠哉？亦视竹而已矣。"①竹，自古就是文人墨客喜爱之植物，或以竹自命，或以竹喻人。文中以竹之清象征为官之清廉，以竹之直告诫不可偏听，以竹之空中象征虚怀纳物，以竹之荫下思造福百姓，以竹之坚韧思刚贞之品质，以竹之冬夏不变思善始善终。以物寓人，以竹之品质比附，劝诫友人谨慎为官，造福百姓。

(2)宗唐宋文

永乐至成化年间，明朝诗文创作出现"台阁体"。台阁，别称馆阁，台阁体特指当时内阁与翰林院文臣的文学创作风格，多为应制与应酬之文，追求雍容典雅，内容贫乏，毫无生气，在文学史上饱受批评。综观《杨文懿公文集》，绝大多数的诗文皆属此类。台阁体的出现是与宋明理学的发展密切相关的。程朱理学是明朝的官方意识形态，亦是学术思想的主流。馆阁之臣自然是以官方意识形态为准，思想上亦是深受理学的影响，故诗文的思想上自然产生雅正平和的特点。对杨守陈而言，其启蒙老师杨范是理学家，不难想象，理学思想对杨守陈的影响是深入骨髓的。有了这个背景，其文学创作难出台阁体之外也是自然之事。杨守陈几乎整个官宦生涯身处翰林院，没有外出为官的经历，这亦是一个重要因素。身处馆阁，接触的大多为上层官僚，难以看到丰富的世间百态，生活相对安稳，亦无太多的忧患之思。在这种环境中，诗文自然是缺乏情感的切入，何况创作的大多是应酬之文。这仿佛是一潭死水，附庸风雅，实际上并无生命力，这也是当时社会思想状态的一个反映。但是，杨守陈的文学作品与一般的台阁体又有一定的差别，在题材和意蕴上有所突破。他的《农鸣》、《农乐记》、《惠民渠记》

---

① （明）杨守陈《杨文懿公文集》卷一一《送武昌同知冯君序》，第 16130 页。

都走出了翰林文学的藩篱，《送邓淳安序》中"有一言可以尽长民之道者，曰爱之而已"，这种爱民思想也是其他翰林作家难以一见的。

拟古是杨守陈文学创作的一个重要特色。杨守陈自幼经过系统的文史教育，登进士选为庶吉士后更是饱读诗书，学术素养较高，由于对古人文学作品的欣赏，拟古创作风格的形成也是颇为自然的。再者，复古亦是当时的一个大背景。杨守陈最大的学术特点是博采深考，拟古与当时的文学大背景自是相关，亦是与其博采的学术特点分不开的。宗唐是明初翰林文学的主流，而宗宋是李东阳等前七子的文学主张，杨守陈处于二者之间。杨守陈学习的主要是唐之杜甫，宋之苏轼，但不局限于二者。杨守陈对杜甫的诗文颇有研究，如《金碗辨》。从《金碗辨》我们不难看出杨守陈对杜诗研究的深度，可谓字字考究。杜甫"读书破万卷"，是杨守陈学习的榜样，可见其推崇之情。杜甫诗兼众体，而杨守陈所作文体亦是相当之丰富，"少作诗皆近体，所用为唐韵，长以古辞古韵作古体诗赋"，变化不一。

台阁体文臣大都追慕宋人的文学风范，董其昌曾言："自杨文贞而下，皆以欧、曾为范。"①事实上，这种追慕之情似乎流于模拟，没有实质上的影响，他们与宋人的文学创作成就亦是相差甚远。杨守陈亦是难出窠臼，对苏轼的模仿成就不高，《石钟山铭》是其中较为典型的一篇。"彭蠡之口，有山名石钟，尚矣。……余谓波间众窍，其丰山之自鸣者乎？潭际双石，其宋左师之每击者乎？是皆可谓钟也。然濑流庶峰，其下响若钟者盖鲜。石之高大，而叩之函胡清越，如两钟石者，亦安得所在皆是？且山之以物象名者，若石鼓文笔之类，亦岂必为天下独然后名哉？昉名山者，其舟而察诸波间耶，果屡而叩诸潭际耶？抑若大宁之山尝有巨石，状如大镛，而今已为波沦之九鼎，火焚之崑玉耶？是皆不可知者。事不目见耳闻而可臆断其有无，苏之戒也。前四人皆目见耳闻，而言犹不能定于一。余固不敢臆断，顾区区一山名，何损益于天下，亦无足深辨者。……往在元季，微我太祖，民其歼矣。今四海内外，百年之间，庶职恬逸，万民乂和。虽群动庶植，犹胜于乱世之烝黎者，皆太祖戡定辑宁之劳，而列圣绍述煦妪之泽也。凡登是

---

① （明）董其昌《容台文集》卷一《重刻王文庄公集序》，《四库全书存目丛书》，集部第 171 册，第 261 页。

山者,左顾彭蠡,右瞻金陵,江汉之心,其可已哉!"①《石钟山铭》为仿苏轼《石钟山记》之作,明代馆阁此类题材的作品颇多。虽然《石钟山铭》与《石钟山记》同以石钟山为题材,然意境相差甚远。《石钟山记》是一篇游记之作,抒发一己之感,有着文学大师的万丈豪情。杨守陈之《石钟山铭》虽以《石钟山记》入题,行文亦是模仿苏轼之风格,表达的却是对君主的褒扬,没能走出台阁体的藩篱,故难以触动读者之情怀,文学欣赏性不高。整体而言,杨文较为生涩,意境不高。故他尽管是模仿苏轼,只能说是形似而神离。

(3)也讲究性情

杨守陈出身底层,故其创作有较多的性情。"文忠(中)子曰:诗者,人之性情也。夫性情在人,不以古今而有异者。古之诗,皆其性情之发而辞足以达之,故多不可及者。后世徒取古之诗,掇拾模拟,而不本其性情,则非诗矣,宜康简谓之无也。若有发于其性情而达于其辞,则亦古之诗矣,夫焉可蔑之。"②由此可知,杨守陈讲究性情,反复简单的模拟。

(4)反新奇,务平和

杨守陈在《与冯汝止书》中言:"吾子之文弛放矣,奇怪矣,今宜收敛使平和,无取语生之忌",可以看出这一主张。反新奇,指的是为文用词不可出于经典之外。其反新奇并不是反对使用伟奇字句,否则就与前文所说的注重引经据典相左了。平和,是指不过多地抒发个人情感。杨守陈认为作文为德为理,纯粹地表达个人情感于德于理皆无意义,"亦不必如昔人之十年赋两都,句锻月炼而工无益之辞,误有用之学也"。杨守陈功利性很强,认为单纯的文学创作并非正业,只是消遣,无实质意义。"若止为一人议论者非极工不取,溢美过情者虽工亦去之"的原则就是务求平和的主张。文为张德,文为理作,再加上文集编纂过程中对"溢美过情"之文的剔除,这是杨守陈传世的文学作品大多欣赏性不高的重要原因。

三、杨守阯的诗文

杨守阯是一位有定见、有定力的人。"古君子能有为于世者,必有定

---

① (明)杨守陈《杨文懿公文集》卷一六《石钟山铭》,第16177—16178页。

② (明)杨守陈《杨文懿公文集》卷二九《园趣存稿序》,第16326页。

见，又有定力，故所为无不成。……后世之士，未尝不欲有所为，临小利害
辄为之前却，一凡人之毁誉亦为之欣戚，往往变易其所为，盖中无定见，而
持守之不力，无怪乎事功之不古若也。"①先道德，后事功、文艺，是其基本
思想。"《大学》明德新民，始于致知格物。《中庸》获上洽民，悦亲信友，必
先明善诚身。盖必真知之，然后能笃信之，允蹈之。斯道在我，而凡天下之
事，可一以贯之矣。"②知行合一，是其信念所在。

1. 创作特点

杨守阯的诗文创作，有几个特点：

（1）"根诸心而律诸道"。杨守阯"早岁从栖芸先生闻濂洛之学，故不专
事文艺"③。弘治九年（1496），教授翰林院庶吉士，常对他们说："近世之
学，多不于心，于其口耳；不于其道，于其词章。浮夸为工，奇僻为异，叛经
去理，亦甚矣。有志之士，尚当于口耳、词章之外求之，否则艺焉已。"④由
此可见，他反对纯粹的艺术化写作之路。虽然重视科举，亦是以六经四书
为宗，于书无所不读。"予惟圣人之道，备于六经。经者，载道之书也。治
经者，从事于学问思辨、身体而力行之，达之家国天下，巍乎功业，焕乎文
章，斯尊经之至也，岂徒尊阁之谓哉？随其身之所至，力之所及，以经术经
世务，以有益于时，其次也。不及经世，而以其学传诸后，又其次也。若夫
出入口耳四寸之间，以哗世取宠，叛经离道，无益于时，无闻于后，斯为下
矣。"⑤这就是当时人宣传的道统文学观。"九经四十八万字，字字深研；诸
史二十一家言，言言坐究。上自柱下五千，下讫虞初九百，小品经独下二百
签，名都赋略点八十处，则其取精者多。"⑥经史子集，无所不究，有理学家
杨范的教诲、杨守陈的指导，其于学问自是有所成就。现存《碧川文选》是
杨守阯的散文集，大多为应酬之文。然"公所为文虽酬赠之作，无一不根诸
心而律诸道"⑦。虽为应酬而作，大抵有深刻内涵，阐道明义。"天下之至

---

① （明）杨守阯《碧川文选》卷三《送戴帅文参政广东序》，第16383页。
② （明）杨守阯《碧川文选》卷五《常熟县学重建先圣庙记》，第16415页。
③ （明）李康先《杨太宰碧川先生文集序》，《碧川文选》卷首，第16345页。
④ （明）陈琳《碧川文选序》，《碧川文选》卷首，第16346页。
⑤ （明）杨守阯《碧川文选》卷五《芜湖县学尊经题记》，第16416页。
⑥ （明）郑以伟《赠少保南京太宰杨碧川诗文选序》，《碧川文选》卷首，第16342页。
⑦ （明）陈琳《碧川文选序》，见《碧川文选》卷首，第16346页。

美者莫如德,德充于身,施于事业,无弗美者"①。

(2)经世致用。杨守阯秉持的理念是:"宇宙间事皆己分内事,己分内事乃宇宙间事,先儒有是言已。古之圣贤穷理尽性,而尽人物之性,视天下之事,礼乐、政刑、钱谷、甲兵之属,无一非吾职之所当为,故讲之有素,处之有术。如有用我,举而措之耳。若夫高谈性命,而阔略于世故,自谓穷神知化,而不足以开物成务。圣贤之学,殆不若是。"②这是理学家"以天下为己任"理念的注解,是相当宽广的一种视野与理念。据此,天下的事务,都是应该熟悉的。如果纯理论思考,不着边际,这是要否定的倾向。崇祯年间,郑以伟作《赠少保南京太宰杨碧川诗文选序》,他对杨守阯的论述更加深入:"长沙(李东阳)、雒阳(刘健)让其醇正,与文懿(杨守陈)角,亦僧弥之于法护也。用其言,可以致主德隆盛、生民康乐、百职修举……无公之文,则天下亦将不足于治,而顾可已乎? 其他杂文,虽不一种,种不一制,然皆布帛菽粟之不可已于口体,车马舟橇之不可已于游……即其游戏三昧,亦若钟彝盘敦,非三家市上所得有,而亦非无用。"这段话基本上点出了杨守阯诗文的经世致用性。

(3)讲究辞达。与杨守陈相比,杨守阯的艺术想像力稍差,更为务实。他的做事风格严谨,文章写作也如此。吴宽称:"杨惟立先生以精勤之学,发而为文,不为驾空浮浪之语,而有据事切实之意,予窃爱之。往岁,自翰林擢南京吏部,幸留务清简,益得肆力于文。盖虽应人之求,亦未尝泛然苟作也。"③此中所谓"不为驾空浮浪之语,而有据事切实之意",倒符合其写作的求实特点。陈琳曾言:"公之文,得无类之乎? 平易明白,典雅庄重,纵横反覆,无非至理,视浮夸奇僻之言,何啻玉之于时也。"④杨守阯为文大抵平和典雅,摒弃空洞无物之语。"杨守阯的散文质朴明白,很少使用文学技巧,信守的是孔子的'辞达而已'的观念"⑤。

(4)取法韩愈。杨守阯自称"学文师韩吏部",《送潮阳太守骆蕴良序》称"予尝因韩公为文之法",欣赏韩愈的"师其意不师其辞"理念。不过,清

---

① (明)杨守阯《碧川文选》卷五《世美堂记》,第 16404 页。
② (明)杨守阯《碧川文选》卷二《送按察金事林君序》,第 16371 页。
③ (明)吴宽《家藏集》卷四六《乾乾斋稿引》,第 414 页。
④ (明)陈琳《碧川文选序》,《碧川文选》卷首,第 16346 页。
⑤ 张如安《明代杨守陈、杨守阯兄弟诗文创作探微》,《鄞州文史》第 13 辑,2011 年 12 月。

人认为"其文才力颇弱,不能规橅韩笔也"①。张如安认为:"这一评价是合符事实的。更进一步看,守阯散文不仅学韩不伦,而且更多杂取宋人之迹,这一点又与其兄的散文相一致。明代前期的翰林院作家有宗宋之传统,杨氏兄弟亦不例外。"②

　　(5)叙事多于写景,其间多有议论。如《送应天府尹于公致仕序》一开首即称:"古之君子,处纷华声势之途而不溺,遭变故颠沛之境而不仆,居优游闲散之地而不惛,当丛脞要剧之任而不乱,故履险若夷,刲繁若简,而出处进退之间,绰绰然有余裕。求之于今,未见其人。若京兆尹于公者,其殆几乎此哉!……余尝病世之士,得势则沾沾自喜,失势则奄奄丧气,居闲则纵弛不检,处剧则周章失措,汲汲于进而戚戚于退者,皆是也,公岂特加于人一等哉!"③这篇送序,先设定高标准,然后指出于谦之子于冕修养境界近于此。

　　李康先《杨太宰碧川先生文集叙》谓其"文学议论,隐然有文懿风"。不过,《碧川文选》不如其兄《杨文懿公文集》有色彩。"余素拙于文辞"④,可见,他确实不擅长诗文写作。不过,既然从事文字之业,应别人之求,多少也写下了一些文章。最近得有机会阅读其《碧川诗选》,发现杨守阯的诗比文更有价值。其外孙陆钶的评价相当高,称:"我外祖碧川杨公,以精勤该博之学,发而为文章,不为驾空浮浪之语而据事切实,不为崛奇可骇之句而意味隽永,盖今之韩、欧也。"⑤这一评价,今人也许不同意。

2. 散文创作

　　关注现实时政,其忠君爱民之情现于笔端。作为一个政治家,其诗文的写作,自然不同于普通的士人,杨守阯更关注时政。与其兄一样,忧国忧民,没有私利,是其特点。"予在史馆,拜观英宗皇帝实录,至于己巳之变,未尝不太息流涕也。当是时,权奸误国,裔夷猾夏,事势甚岌岌,人无固志,幸而一二伟人出于其间,奋不顾身,以倡大义,定大计,故能易危为安,天下

----

　　① 《四库全书总目》卷一七五《碧川文选》。
　　② 张如安《明代杨守陈、杨守阯兄弟诗文创作探微》,《鄞州文史》第13辑,2011年12月。
　　③ (明)杨守阯《碧川文选》卷二《送应天府尹于公致仕序》,第16374页。
　　④ (明)杨守阯《碧川文选》卷五《齐山书舍记》,第16407页。
　　⑤ (明)陆钶《碧川文选跋》,见《碧川文选》末,第16348页。

遂以无事。"①他特别肯定了于谦与王竑两人的贡献。他尤其识时务，懂得看人说话。针对不同的职务，讨论不同职责面临的时政问题。如《送通判武君之任台郡序》比较了台州与宁波两府的相似之处，称："台与吾郡邻，所统各五邑，壤地相出入，户口土田不相上下，民赋兵饷无大相远，而其利弊亦近似焉。二郡之境，内包山陵，外际江海，旱易干，水易溢。地多瘠而少腴，岁多歉而少穰。穰岁民赋易供，征敛失时，民亦病矣。岁歉法宜蠲税，或急于履亩而缓于申灾，则当道者以岁计已定而不为蠲，民幸不为莩者又困于此。后再值歉，则以前为戒。虽已上灾而犹征之以待报，比及蠲之，则小民已征而不复给，适足以肥里魁区长耳。岁之登不登，赋之免不免，其皆有弊乎？而海运之弊抑又甚焉。海运者，国初以二郡濒海，夷寇出没，多设卫所于水道之冲以控御之，在吾郡者十余，在台境者八九，而各有仓储，民赋航海输之，以为兵饷。或逆风涛，或遇崖石，则人粟皆饱鱼腹。旋复征补，民之重困甚矣。而诸仓各在险远之地，监司罕至，守尉莫临，饕餮之徒以贿求给役，其间与官吏缔构为奸，剥民脂膏不厌，又有所谓揽户者重取之……其弊不可胜言。"②杨守阯生活于浙东沿海，对宁波、台州两府地方政治的利弊了如指掌，故对赋税、海运之弊的阐述有理有据，十分深刻。又如《送陕西按察副使曹君序》指出："陕西当师旅、饥馑之余，民疲敝已甚，然鼫鼠之侵牟不少，犬羊之窥伺莫测。"长此以往，必将引起民不堪于命而起祸患。"盖有深可虑者，则夫振扬风纪，纠察吏治，绥内境以严外防，使朝廷无西顾之忧。"③又如《送冬官副郎周君使鲁府诗序》中针对周希源出使山东行册封之礼，杨守阯言"非有古人专对不辱使命之难也，惟有咨访之大务所宜究心焉"。古之为使者，以能专对即可认为不辱使命，杨守阯认为今之使者不仅要做到专对，而且要做到沿途咨访，体察民情。"今自畿内以至山东千有余里，事之当资访者固多矣。而畿内当水灾之后，山东值河决之秋，难之当咨，又今日之急务也。君往矣，其以所诹之事，所谋之难，孰得孰失，孰利孰害，与所以处之之术，可裨庙谟万一者，疏而列之，以为使归之献。"④要周氏根据切身的体察，分析利害得失，向朝廷提供一份真实而有

① （明）杨守阯《碧川文选》卷三《故兵部尚书王公挽诗序》，第 16377 页。
② （明）杨守阯《碧川文选》卷二《送通判武君之任台郡序》，第 16368 页。
③ （明）杨守阯《碧川文选》卷一《送陕西按察副使曹君序》，第 16356 页。
④ （明）杨守阯《碧川文选》卷三《送冬官副郎周君使鲁府诗序》，第 16385 页。

价值的报告。又如《送都察院右都御史张公奉敕督漕运序》详细论述了漕运之积弊。"予闻之道路漕运之积弊已甚,正有待公之釐革之也。今粗举其一二言之。江南兑运卫所之官干没无厌,而供赋之民盻盻然于多取之虐也,漕卒终岁勤动,公逋私负,日困一日。而部运指挥以上辄致高赀,甚者货取权门,以徼幸进,何其羡也!漕司旧帅,贵戚要人,子钱取息而为之囊橐者,宁亏公赋,不负私门,又何戾也!旧闻通州京仓总督监督皆不过一二人耳,今则貂珰满座,各至十二三人。漕运至京正供之外,无名之费用银一十四万余两,民脂民膏取之尽,锱铢用之如泥沙,其弊至此,良可痛惜!民之盻盻然,而漕卒之日困,无怪其然也。"①杨守阯指出,漕运之积弊甚多,如长此以往,将使民不堪命,漕卒难以为生。杨守阯期待张氏能革除宿弊,"漕卒之困苏,而民赋多取之虐亦可以已"②。杨守阯是一个有理想的士大夫,成天想着能将国家治理好。经常思考的结果,使他有了不少好的想法,但他担任的多是不治民的翰林官,没有机会将治理思想付之实践,于是只能期望别人来实现。替地方大员写送序时,正是他阐述自己治理思想之时,所以,他写的序大篇幅讨论时政及对策,供地方官参考之用。

有强烈的民本思想。出身底层的杨守阯,如其兄一样,关注百姓利益。他主张"莅官行政,必先养民,故次之以《食货略》,衣食足而后施教化,教化行而后知礼仪,故《学制略》、《礼仪略》次之"③。他对食货的高度,反映了他的民本思想。"古之君子仕也,上焉欲正其君,下焉欲济其民,非苟利禄而已。"他进一步讨论了正君与济民的难易度。"正君者,非得卿相之位不可,虽得卿相之位,非正己物正者,亦未能之。济民者,虽一命之士,苟存心于民,必有所济,其得令一邑者又易能之,得守一郡者尤易能也。"④比较起来,正君难于济民。由此,他鼓励地方官从"济民"开始。在《送钮宗源节推之吉郡序》文中,他告诫官员,治理"民俗嚣讼"之地,必须"深察其情,别白其事",不可"淫刑以逞"。在《送刘仰止推府序》中,提出"刑又政之大者,民命之所关,尤不可以急也",要求对民慎施刑罚,"急之,则以察为明,以苛为

①　(明)杨守阯《碧川文选》卷四《送都察院右都御史张公奉敕督漕运序》,第16394页。
②　(明)杨守阯《碧川文选》卷四《送都察院右都御史张公奉敕督漕运序》,第16395页。
③　(明)杨守阯《碧川文选》卷二《内乡县志序》,第16370页。
④　(明)杨守阯《碧川文选》卷三《送太守李君彦明之任泉郡序》,第16379页。

能,轻重失实,高下任情,刑罚不中,而民安所措其手足耶"①?《送尹庆成赴绍兴推官序》提出"夫钦恤明允,理刑之道,尽在于是矣。使上古圣君复生,不过以此训其臣"②。在《送汪敬夫知濬县序》中提出了"近君者"与"近民者"概念,且作了比较思考。"君子之仕也,非以徼势位,志乎致君泽民而已。近君者,莫若给事中;近民者,莫若县令也。近君者谏则必行,言则必听,膏泽下于民,斯得其志矣。不然,则不若近民者,朝发一令而民朝被其泽,夕施一政而民夕受其惠,乃得其志也。"③杨守阯认为,能到地方任职,是荣幸之事,可以实现自己的济民思想。不过,在对上负责的权力体制下,离皇帝、朝廷越近,好处才越多,京官优于外官。所以,杨守阯的观点难以取得普遍认同,有较多的理想色彩。《送祁宗规令唐山序》高度赞扬尧之治"志于穷民","一民饥曰我饥,一民寒曰我寒,一民有罪曰我陷之,仕昭而义立,百姓亲之如父母",他进而提出"相一国、守一郡、令一邑者皆当法之,得尺则民受其尺之利也,得寸则民受其寸之利也"④。由此可知,他时时以君子自励。

重视"比德",寓德于文。如《辟雍赏葵诗序》采用"比德"手法。"余观葵之倾心向日,类乎臣之尽忠事主,盖花之忠臣。……夫君臣之义,天下古今之所同也!"⑤《晚香诗卷序》以菊花"比德",开篇引用古今文人爱菊之旨,列举屈原、陶渊明、韩琦的诗文与气节,以现《晚香诗卷》作者章元益之清风亮节,实显了作者所持的重气节理念:"大节一丧,虽将相富贵亦遗臭耳。大节无愧,虽闲居放逐亦流芳也。"⑥"天下不患无才能,而患无气节。有气节而济以才能,则足以成光明俊伟之业。有才能而乏气节,则适足以为狐媚鬼蜮之资,故君子惟气节之为尚,而才能次之。"⑦《闵贞赋》是对贞妇的称赞,也是作者忠君守德的一个写照,仅从情感上而言,可比拟屈原之于《离骚》。

重视教化的作用。《濬县重修庙学记》开篇即对濬县和县学的历史进

---

①　(明)杨守阯《碧川文选》卷一《送刘仰止推府序》,第16356页。
②　(明)杨守阯《碧川文选》卷三《送尹庆成赴绍兴推官序》,第16380页。
③　(明)杨守阯《碧川文选》卷一《送汪敬夫知濬县序》,第16357页。
④　(明)杨守阯《碧川文选》卷一《送祁宗规令唐山序》,第16358页。
⑤　(明)杨守阯《碧川文选》卷一《辟雍赏葵诗序》,第16352页。
⑥　(明)杨守阯《碧川文选》卷二《晚香诗卷序》,第16369页。
⑦　(明)杨守阯《碧川文选》卷三《送安庆太守张侯序》,第16378页。

行了叙述,重点在于对伦理教化的重视。"彝伦攸斁,庠序之教可知已。我太祖受天明命,用夏燮夷,复中国衣冠礼仪之旧,学校兴,彝伦叙,化成俗定,又百四十余年矣。"濬县在"靖康之变"时为金统治,尔后又为元所统,杨守阯认为其"沦于左衽者二百余年",受民族风俗之影响,伦理教化淡化,复行庠序之教意义重大。"董子有言,古之王者以教化为大务,立太学以教于国,设庠序以化于邑。教化已明,习俗已成,子孙循之长久,安宁数百年,此皆礼乐教化之功也。……盖夷狄乱华,纲沦法斁固不能久,而中国名教所在,虽厄于一时,卒伸于后世也。然则学校之设,礼乐教化之功所系,岂不重哉!"①认为文化落后的"夷狄"用武力征服了文化先进的汉民族,但汉民族最终还是以所拥有的先进文化反过来征服了"夷狄"。《宁国府泾县仰贤公馆碑记》重点叙述宁国历代贤令之风节与教化,为的是勉励后继之人,"今之持宪节,握郡符,绾县章,赞宾幕,于是邦以临是馆者,盖以仰前贤而思齐"②。杨守阯为其命名"仰贤公馆",为的就是明伦理,敷教化。

倡导复古不应拘泥于形式理念。《真定府元氏县学记》中杨守阯阐述对于复古的认识。"五等之国废而郡县立,三物之教弛而科第兴。郡县立,天下之治不如古;科第兴,天下之教不若古。若为世道计者,未尝不欲复古之制,然废弛久而欲尽复之,岂易能哉? 善法古者,不惟其制惟其意,不循其迹循其道,则虽由今之法制,亦自可以兴古之治教。若曰必尽复古制而后可以有为,则后世之制多不能复古也。士不生于古而生于今者,其终不可以有为乎? 昔范太史论封建不可复,谓慎择守令以治郡县,亦足以致太平而兴礼乐,信斯言也。郡县之学得贤守令以率厉之,其不可以兴德行道艺之教乎! 教化行,习俗美,材贤盛,所谓致太平兴礼乐者,亦不外此,是即古之治教也,奚择于今之制哉?"③杨守阯认为随着时代的发展,完全照搬古之制度是难以实现的。复古无需完全恢复古代的制度和形式,学习和吸收古制的思想和精髓,然后由此改革今之法制,便可实现古之治教。如果过于注重表面的形式,那么复古注定会以失败而告终。今不如古,不可归责于郡县和科举这些制度,我们要做的是吸取古制之精华去完善今之制

---

① (明)杨守阯《碧川文选》卷六《濬县重修庙学记》,第 16417 页。
② (明)杨守阯《碧川文选》卷五《宁国府泾县仰贤公馆碑记》,第 16414 页。
③ (明)杨守阯《碧川文选》卷五《真定府元氏县学记》,第 16406 页。

度。总之，复古不应拘泥于形式，"惟其制惟其意，不循其迹循其道"，是复古的要义。

揭示了官僚体制重大忽小的弊端。《大兴县重修正阳关急递总铺记》："予独怪夫自正统己巳以至于今，非无贤京尹、才赤令，以为政于斯也。而一铺舍之修立，乃有待于君，岂皆虑不及此与？抑以为细务忽之而不为邪？夫天下之事，其艰大者，人皆惮之而不敢为，其以为细务者，又忽之而不为，此政之所以多废坠，天下之所以无善治也。诚于其艰大者力为之而无惮，于其细务亦为之而不忽，则政事恶有不修，天下恶有不治哉？"①中国官僚体制，有一个务粗忽细传统，不会从细节的建设上入手，从而导致中国的基础建设不足。现代社会的理念，细节决定成败，基础建设更为重要，更为持久。

某些篇章写得相当有情感，如《论救祭酒司业奏》："臣等伏见本监为事祭酒陈鉴、司业张业、先任祭酒礼部侍郎邢让俱以钱钞事坐罪者。臣等实为陈鉴等门生，备知所坐罪由。以法论之，固有罪；以情论之，则有可矜，故敢冒死而为一言。……臣等于陈鉴等虽有师生之恩，岂敢曲为营救，但念此举有系国体圣明之世，而侍郎、祭酒、司业一旦并以可矜之罪而去，书之史册，诚非所以示天下万世也。……今科道之所言，法司之所问者，法也；臣等之所言者，情也。……使臣等今日之事师，坐视其难而不言，则他日事君又岂能捐躯殉节以尽忠邪？是以不避斧钺之诛而冒进草茅之言，不胜战栗恐惧之至。"②这是杨守阯青年时的一篇奏论，全文思路清晰，说理循序渐进，动之以情，晓之以理，情理交融，有较强的说服力。

某些文章披露了一些稀见事实。譬如《齐山书舍记》是应王祎曾孙王汶（1433—1489）③而作的文章，从中可知，宋濂、王祎死后，"乡邦后进所无师承，而婺学日微又百年于兹矣。计其盛时，师友讲习之居，典籍储藏之所，深檐大厦，岌岌相望，如丽泽、华川者，不知其几。暨其衰也，先哲凋谢，书亦散逸，斋舍圮而不复者多矣。"④这里既指出了明代婺学衰落的事实，又道出了地域文化兴衰的三大指标，即师友、图书、讲舍。这对今天的区域学术文化考察是有参考意义的。

---

①　（明）杨守阯《碧川文选》卷五《大兴县重修正阳关急递总铺记》，第 16410 页。

②　（明）杨守阯《碧川文选》卷六《论救祭酒司业奏》，第 16428 页。

③　（明）吴宽《王允达墓表》，黄宗羲《明文海》卷四三〇。

④　（明）杨守阯《碧川文选》卷五《齐山书舍记》，第 16407 页。

3. 诗歌创作

杨守阯会不会写诗？罗钦顺（1465—1547）说："吏部左侍郎碧川杨公拙不能诗。"①杨守阯《和武靖侯赵公赏花诗韵》："吾兄信口天然妙，愧我诗才捻断髯。"由此容易得出杨守阯不会写诗的结论。这样的结论，似乎值得思考。可以肯定的是，杨守阯会写诗，而且，诗作也有自己的风格。朋友杨一清（1454—1530）称："为文平正典实，诗冲淡隽秀，意到即成，不为纤新艳丽语。"②郑以伟称杨守阯："诗沉雄顿挫，而大致归于忠厚和平。"③曹学佺称："公之诗措意深婉，用事浑成，识者自珍其为天球重宝矣。"④这些观察，大体是正确的。

杨守阯的诗，比较平实，不过分追究辞藻的华丽，灵性差一些，审美趣味淡一些，但生活气息比较重，这也是一种风格。除第二章所录诗外，尚有不少，如《试院事毕闻大兄讣》："一入词垣已十朝，每当较艺辄先辞。昔缘群从登科日，今值亡兄发引时。帘内空怀蒿里曲，梦中犹咏革堂诗。翻悲往岁天伦乐，金帖传看醉玉卮。"⑤这是怀念其兄的诗。《闲居漫兴》："公署抽毫每隔旬，私居终日乐闲身。满床黄卷为师友，排闼青山作主宾。一任漫天风絮乱，祇怜匝地雨苔新。日高卧听莺声巧，不唤鸡鸣待漏人。"这是作者南京轻松工作的写照。《耕乐》称："幽居远城市，绕屋皆良畴。方春土膏动，夜半催饭牛。父从原上耕，子向田中耰。豚蹄祀田祖，瓯窭欣满篝。先期了公税，床头熟新篘。陶然一醉间，宁知公与侯。"⑥这首诗较真实地反映了明朝的农耕生活。《陈方伯邀观惠山泉》："古庙三贤在，方塘一鉴开。水流螭吻出，源发鹫峰来。树影波心见，茶香云外栽。竹炉有风味，醒却紫霞杯。"这是作者游览无锡惠山泉后写的诗。《和武靖侯赵公赏花韵》："花萼堂前鹊噪檐，怡怡情兴为谁添。朱门急递书函到，白绢斜封印色黏。入眼新诗皆似锦，惊心险韵莫如盐。吾兄信口天然妙，愧我诗才捻断

① （明）罗钦顺《整庵存稿》卷四《送太常少卿李公考绩诗序》，第51页。
② （明）杨一清《碧川杨先生传》，见《碧川诗选》附录。
③ （明）郑以伟《赠少保南京太宰杨碧川诗文选序》，《碧川文选》卷首，第16342页。
④ （明）曹学佺《石仓历代诗选》卷四二八《明诗次集六二·杨守阯》，第683页。
⑤ 《碧川诗选》卷五。
⑥ （明）杨守阯《碧川诗选》卷二。

髯。"这是作者的和诗之一。《别墅》："廛市西头别有天，芋区桃圃近相连。绕城春水鱼浮沼，负郭秋风鹤在山。书幔影飘荷叶外，酒垆香入稻花边。主人高步瀛洲上，犹自哦诗忆辋川。"①这是西杨、东杨乡村生活的描写。

忠孝主题。《六元会歌行》："皇明道化弥乾坤，奎壁光彩辉天门。四海英雄尽入彀，九重圣哲亲临轩。两浙人才近尤盛，历科解首今几存。或在九原不可作，或居千里难相援。四十年来六人在，一时宴席怀君恩。……许身共拟为稷契，致君直欲如羲轩。天长地久世常泰，海晏河清波不翻。硕言今日会中客，名垂万古入如元。"②这首诗比较典型地反映了他歌功颂德的一面。"朝天宫下饯兄行，锦诰俄传到古城。策马迎门归拜命，追车出郭送登程。话言累世承天宠，誓竭精忠答圣明。好语惠连并小玩，同怀葵藿向阳诚。"③这首诗也可以见作者辞达与以理入诗特点。《次韵寄京中诸亲友》："昔同朝谒紫宸衙，篸羽鸳班仰翠华。辛苦别离如集蓼，缠绵思忆类分麻。御筵分赐金茎露，宫锦相辉绛阙霞。到此举头惟见日，丹心倾向共葵花。"④此可见杨氏的忠心。《再次前韵勉邑丞侄》："心悬白日孤忠在，路绕青山万里赊。耐守岁寒松柏操，春风枳棘正开花。"⑤杨茂元处于逆境，杨守阯仍勉励坚守气节。

节义主题。杨守阯有《碧鲜坛》，不见于《碧川诗选》，幸《宜兴荆溪县新志》转引而得存世，为研究梁祝故事者所广泛征引。据清末邵金彪《祝英台小传》，"碧鲜坛，本祝英台读书宅，在碧鲜岩"。杨守阯在南京为官多年，此诗可能成于南京为官期间。《碧鲜坛》称："缇萦赎父刑，木兰替爷征。婉娈女儿质，慷慨男儿情。淳于不生男，木兰无长兄。事缘不得已，乃留千载名。英台亦何事，诡服违常经。班昭岂不学，何必男儿朋。贞女择所归，必待六礼成。苟焉殉同学，一死鸿毛轻。悠悠稗官语，有无不可征。有之宁不愧，木兰与缇萦。荒哉读书台，宿草含春荣。双双蝴蝶飞，两两花枝横。

①　(明)曹学佺《石仓历代诗选》卷四二八《明诗次集六二·杨守阯》。
②　《碧川诗选》卷一。
③　《碧川诗选》卷七《九月二日，偕九卿诸公饯大理兄于朝宫，有驰报吾家三世诰命至者，守阯亟回，具服迎拜。礼毕，复追送大理至龙江而别》。
④　《碧川诗选》卷七。
⑤　《碧川诗选》卷六。

彼美康节翁,小车花外行。一笑拂衣去,南山松柏青。"①这是一首用宋明纲常理学眼光重新审视祝英台女扮男装外出读书、私订终身、最后殉情行为的诗。杨守阯坚持"贞女择所归,必待六礼成"理念,所以,在他看来,汉代缇萦的赎父刑,北朝木兰的替爷出征,为父亲作出牺牲是不得已。而祝英台却为了自己的同学作出牺牲,是不可接受的,故"一死鸿毛轻"。这样的理念,当然是由时代所决定的。

四、杨承鲲的诗文

1. 诗文创作实践

　　杨承鲲善于写诗,少年时期的杨承鲲便是才华横溢。万历三大"布衣诗人"之一的沈明臣(1518—1596)称:"今日建五丈旗,当以杨生居吾前,所谓猘儿难与争锋也。"②言下之意是说杨承鲲后生可畏。沈明臣作《戏赠杨伯翼》诗称:"谁家小儿杨德祖,青天之鹘丹林虎。气猛翻健凌秋风,胆雄力王不受抚。骚坛忽树五丈旗,自喜少年能跋扈。嗟我老大笔力衰,尚然技痒鼓余怒。酒酣登坛赋大言,共说将军老还武。将军号令选偏裨,汝作先锋领旗鼓。鹘兮虎兮谁敢侮,世上凡儿何足数,君不见,杨德祖!"③沈明臣称赞杨承鲲时间不详,约在万历三年(1575)之前。从此,"为诗日益高,每传一篇,诸宿老无不叹服"④。

　　杨承鲲曾与苏州诗人王稚登(1535—1612)有交往。万历五年(1577),王稚登为吊唁张时彻,曾到宁波。杨承鲲作《送百谷归姑苏》:"到来董子国,归去阖闾城。世路有吴越,交情无死生。风高江气紫,霜落海潮青。别后遥相忆,频更月旦评。"而王稚登则作《杨伯翼赠日本刀歌》:"杨郎手持一匣霜,赠我拂拭生寒芒。铅刀纷纷空满目,君与此皆锷鱼肠。南金换却东夷铁,上带倭奴髑髅血。血未曾消刃未平,皎若莲花浸秋月。灯前细看觑

①　(清)邵金彪《祝英台小传》,见吴景墙《宜兴荆溪县新志》卷九《古迹志·碧鲜坛》,光绪八年(1882)刊。

②　(清)李邺嗣《甬上耆旧诗》卷二二《杨桓溪先生承鲲》,第645页。

③　(清)李邺嗣《甬上耆旧诗》卷二一《沈嘉则先生明臣》,第598页。

④　(清)李邺嗣《甬上耆旧诗》卷二二《杨桓溪先生承鲲》,第645页。

鹕锋，入手还疑蛟与龙。门外湖深恐飞去，朱绳夜缚青芙蓉。苔花斓斑土花紫，白虹沉沉卧寒水。归家不惜十年磨，他日还能报知己。"①由此可知，杨承鲲曾赠送王稚登一把日本刀。这是宁波作为中日贸易港口城市的优势所在。

杨承鲲与同城砌街李氏后裔、诗人李生寅（字宾父）交往密切，往来诗歌很多。李生寅卒后，杨承鲲为编《李山人诗》二卷，前有万历十年（1582）鄞县知县杨芳序，万历十一年屠隆序。

成于万历十年的《夏日书怀》："赤手思搏虎，白徒空请缨。如何杜陵老，寂寞壮心惊。"《山居》"君门不可望，流想慰差驰"，反映出杨承鲲仕途不得志的现状。

万历十三年（1585），余有丁（1526—1584）之子余廷槐负责将延庆寺修成，杨承鲲应邀写《重修延庆寺记》，称："虽其术有大小，学有精粗，自非绝异之资不能。……况乎佛之为教，其精微几与儒者埒，等有善不善耳。尝窃怪夫今之为儒者，与之论佛，莫不訾之，然而莫不事之，而又莫不悖之。……故杨、墨、黄、老、刑、名、管、商、庄、列、孙、吴、佛，斯皆分造化殊尤之气而创为未有，以发天地之藏，易途民耳目，其用皆有裨于儒。惟阳窃儒之名而阴逃而之乎佛，显之乎佛而又私悖其戒也者，斯儒与佛之所不救也。佛何伤于世哉？"②由佛而谈及儒，在作者看来，真正的儒与佛，皆是比较敬业的，只有那些虚伪的儒者才是不诚的。

杨承鲲留下的散文不多，但学术价值值得重视。如《李名父传》记录了晚明中叶中外贸易情况，"邑土确，俗无积著利，颇阑出海外，与岛夷互市。又多负夷金，夷怒，掠杀数辈，于是府禁不得下海通夷，且悬赏格，捕下海者。于是，逻卒□致渔樵人市赏，府悉酷坐之。君悯之，呕白于府，全活甚众"③。这里提及的"多负夷金"现象可得到其他相关材料的辅证。这是早期中外贸易中存在的赊账习惯，这种贸易方式容易产生欠账现象，加剧中外贸易磨擦。民间贸易纠纷引起政府干涉，就会出现海禁。《郑毛眼传》记录了明中叶一个会相面的奇僧郑毛眼的奇特事迹，文章写得比较奇特④。

---

① （清）钱谦益《列朝诗集》丁集第八，中华书局 2007 年。
② （明）杨承鲲《碣石编》卷下《重修延庆寺记》，第 7936 页。
③ （明）杨承鲲《碣石编》卷下《李名父传》，第 7937 页。
④ （民国）杨存淇《镜川杨氏宗谱》卷一九《著述》。

《述伏牛山记》,成于万历十六年(1588)秋。这是为朋友王文子(思延)将军考察伏牛山所写的《伏牛山记》而写的一篇引子。

　　杨承鲲编辑过《建安七子集》。《建安七子序》:"世无建安七子集,范司马汇为七子集,而冠以孔融《宗典论》也。……录其词赋杂述,示诸同好,传之无穷。"①范司马即范钦。由此可知,范钦较早地将建安七子作品汇编成书,袁慧《范钦评传》未及此书,仅提及范钦刊刻的《阮嗣宗集》二集,那是建安七子之一阮瑀之子阮籍的作品集。今人提及明清的《建安七子集》版本,多只及明代张溥辑《汉魏六朝百三家集》。其实,早在嘉靖年间,就有了范钦编辑的《建安七子集》。万历时代,则有杨承鲲编辑的《建安七子集》,后由杨德周刊刻于世。

　　《西清阁诗草》是杨承鲲为见王世贞、刘凤等名人而编纂的行卷诗集。自言治诗二十年。这应是杨承鲲第一部诗集,也是他的成名之作。初刊时,没有序言。杨承鲲本想请王世贞写序,后改请刘凤写序。刘凤称:"鄮杨君伯翼,志古者。往岁来吴,始识之。以未得谒元美,今兹复至,示予所为诗。予惊焉,诗遂至于是乎! 鄮固人士之林也。伯翼,名家子,才颖绝,博通群籍,随所遇发咏焉,情之注而奋于手。……与予所论诗意正同,而犹不自信,质之元美。夫元美提衡当世,其所见一语是非,使未名者显奕煜煔;稍抑下之,则摧丧所处所矣。伯翼必大有当其心无疑,故与款言弥日。夜虽已谢客,邃进之大欢引满,尤人所不能得于元美者。非有所以动之,不可反,复请予。予适病,然为伯翼喜不胜。且鄮之为诗者,方日益盛,予得数家者,皆非他所有也。"②李邺嗣也称:"尝以年家子,谒王弇州司寇,弇州见其行卷,绝惊赏,先生默然竟别去。退与人言:以吾诗,求王先生一序有余。顾王先生博大心慈,客持片楮求誉,辄津津不休,即孺儒贾竖,人人谓王先生知己,其知己多矣。仆尚容厕其间耶?"③结合刘凤与李邺嗣的记载可知,杨承鲲曾两次上苏州,谒访刘凤与王世贞。那次,见到了刘凤,但没有见王世贞。第二年,复来苏州,他带了自己刊刻的《西清阁诗草》,先见了刘凤。刘凤读后,十分欣赏,大为惊叹。杨承鲲听了不太相信,又见了王世

---

① (明)杨承鲲《碣石编》卷下《建安七子序》,第 7937 页。

② (明)刘凤《刘子威集》卷三九《杨伯翼诗序》,《四库全书存目丛书》本,

③ (清)李邺嗣《甬上耆旧诗》卷二二《杨桓溪先生承鲲》,第 645 页。

贞。王世贞是杨承鲲父亲杨美益同科进士，所以他自称"年家子"。王世贞看见朋友儿子的行卷诗写得那么好，十分惊赏。俩人谈得十分投机，竟谈了一天一夜。在刘凤看来，王世贞是真的欣赏杨承鲲，不是虚应故事。不过，杨承鲲并不买账。王世贞会做人，喜欢提携人，喜欢当面赞美人，而杨承鲲十分理性，并不认可王世贞的廉价称赞，认为王世贞能替自己诗卷写个序就让他满足了。最终又来到了刘凤那儿，请刘凤写序。杨承鲲见刘凤、王世贞的时间不详，大约在万历十四年后。考虑到《西清阁诗草》下迄万历十四年（1617），所以，杨承鲲有可能是万历十五、十六年访问刘凤、王世贞的。

钱文荐问其故，杨承鲲称："方今此道，弇州擅场，顾弇州交游太滥，得其言不足九鼎。罗阳拙而速，汉城工而迟，姑其俟哉！"①可见，杨承鲲对刘凤之肯定。刘凤后来修订了叙，刘凤与杨承鲲信称："语谓吐舌万里唾一世，公真其人耶！今之人惟耳之，恃所闻一二名高者，遂以为举世莫之逮，甘于屈己折下之，不且遭讪笑，无所自容。而公独执论，谓此未足有者，悬与仆意了不异。夫仆之为人，嫉非一日，故前者序云尔。且妄意公既隔岁复诣，必当崇之，又以致仆之素，不敢有他。今姑并存敝稿，以自解也。"②此信解释了为什么写两序之意，也可见俩人观念投机之缘。"今汉城已逝，而西清序乃出罗阳遗稿，盖亦声气之同，有莫之求而自至者。然而，拙有之，恐非伯翼意也。……罗阳序《西清》，虽其言纵横漫衍，终不若自叙简而该。"③汉城即余寅，罗阳即刘凤。由此可见，杨承鲲对刘凤序也有不满之处。

今天，《碣石编》易见，《西清阁诗草》也可以看到。《甬上耆旧诗》卷二十二选录了杨承鲲的 87 首诗，多少弥补了一些不足。这些诗，既有出自《西清阁诗草》者，又有出自《碣石编》者，尚可对其诗歌创作面貌有所了解。此外，清人曹寅《栋亭书目》卷四载《杨伯翼集》，六卷，长洲刘凤序，一册。今不见。

---

①　（明）钱文荐《杨伯翼西清集序》，见杨承鲲《西清阁诗草》卷首，第 7 页。

②　（明）刘凤《刘子威别集·与杨伯翼》，《丛书集成三编》本。

③　（明）钱文荐《杨伯翼西清集序》，见杨承鲲《西清阁诗草》卷首，第 7—8 页。

2. 对复古派的批评

杨承鲲生活的嘉靖末万历初,正是后七子复古派盛行文坛之时。处于文坛边缘的杨承鲲,对后七子诗文复古主张持批评态度。杨承鲲对以李攀龙(1514—1570)为代表的"历下诗派"有所评论。杨承鲲曾言:"历下纸笔张甚,其文不至左、马不已,其诗不至汉魏诸公、李、杜不已,而故自以为咀左、马之英,猎汉魏之骨矣。"在杨承鲲看来,"历下诗派"创作群过于自负,十分狂妄,名不副实。"盖历下乐府十不得三,七言古十不得四,五言古十不得五"。"历下诗派"的文学创作,大多成就不高,"而历下所最极力则七言律",其七言律诗的水平较高。"然谓其同轨先哲,可咏可叹,其然乎?"即便如此,"谓其同轨先哲",在杨承鲲看来是言过虚妄的。杨承鲲言:"历下文务深沉,不敢一步夫丘明、子长之轨躅,亦不敢一语袭六代以还口吻,而殊未洽,其洽者古人匡郭,其否者诡道耳。"①"历下诗派"为文过于深沉,文风少有左、马之洒脱,气度亦是难及汉魏,故"咀左、马之英,猎汉魏之骨"实乃虚言。

杨承鲲对为文复古有一段颇为精彩的阐述,称:"李于鳞作古乐府诗,谓如胡宽造新丰,鸡犬放之,皆识其处。其论精矣,仆尝驳之。宽作新丰,其材木雕缋、垩漆瓦石、户牖衢道,无不新也,而无不旧也。斯真巧矣。如毁其础柱,移其屋壁,迁其户牖、瓦石、道路、垩漆之属而为之,而曰巧,何为巧哉?于鳞作乐府诗则移其础柱、屋壁、户牖、材木、垩漆而为之者也,不可谓不巧,不可谓真巧。夫文亦犹是矣。"②李攀龙倡导复古,为"后七子"的领袖,有拟古乐府的实践。李氏认为作古乐府诗要如同巧匠胡宽为汉高祖刘邦造新丰,"鸡犬放之,皆识其处",如此文章便十分高妙了。杨承鲲对李攀龙突出文学创作章法与技巧的观点提出批评,实际上这种驳斥可以看做是对李氏的补充。在杨承鲲看来,新丰的成功复古离不开巧匠胡宽,然胡宽的手法不论何等高明,如果没有种种建筑材料,亦是巧妇难为无米之炊。诗文创作亦是如此,离开古之词章典故,今之人亦是难为高妙之文。从这种意义上说,今人之文高妙,"不可谓不巧,不可谓真巧"。杨承鲲不仅重视

---

① (明)杨承鲲《复刘子威先生书》,《碣石编》卷下,第7938页。
② (明)杨承鲲《与钱季梁书》,《碣石编》卷下,第7940页。

习古文之章法，亦注重古文之词典章句，师古的文论相对全面。

杨承鲲对后七子另一领袖人物王世贞也不买账，称："王先生论历下，忠笃有余，朗鉴不足。历下持诡道，所得者古人匡郭耳。"①《答永嘉刘忠甫书》："仆则安能诗哉？要其守古尺度，满不敢溢卑者，必有当于先民，自谓不铢寸过之也。……盖先民彀率备至，不入其彀，即富穷万卷，敏发百函，侈则侈矣，何谓诗哉？……今海内一二大老为声诗，曷尝不轰轰盛哉！顾暗中索摸之，知其为今人诗耳。使读之而不谓为今人，而无所蹈乎古人，斯善之善矣。"《复刘子威先生书》称："盖兢兢守古尺寸，不敢黍米溢也……守古独行，断断不至望人颜色，逐人行径，则自谓庶几不为知己剥面皮者也。"②大意是说，散文创作要符合标准，不合标准，虽工无当。朱彝尊谓"可称知言者也"③。

他提倡务实师古，认为上乘之诗文必是得古代前人之精妙而成，"古今诗文自有真骨"。对此，杨承鲲云："顾以为古今诗文自有真骨，黄口执笔，字剽句垫，百缀成篇，遂抗手高引，谓前无古人，此不以溺自照耳。夫文犹书也，临池染翰，无不师古。人方其精心毕力，必尽肖乃已。及其成也，必尽不肖乃成家。故书之为道，无一笔不出古人，而无一笔似古人，无一笔蹈古人，而阅之真为古人也。斯书之妙也，文亦犹是矣。"④杨承鲲认为诗文创作自有法度，不得精髓而妄自称大，无异于"以溺自照"。文章犹如书法，只有精心毕力研习前人章法韵律方得其道，融百家之长，以成一己之风。书法的最高境界是"无一笔不出古人，而无一笔似古人"，尽得前人大家之精髓却实乃风格已成。诗文创作的高妙亦是如此。

3. 诗文创作风格

杨承鲲文章高妙，五言律尤为擅长，屠隆、余寅、刘凤（1517—1600）均对他的诗有高度评价。刘凤称"明卿诸君，附王、李而起，蛮夷大长老耳。若伯翼，打天下手也"。余寅对杨承鲲言："我国家文如子威，诗如足下有几

---

① （清）李邺嗣《甬上耆旧诗》卷二二《杨桓溪先生承鲲》，第 645 页。
② （明）杨承鲲《复刘子威先生书》，《碣石编》卷下，第 7938 页。
③ （清）朱彝尊《明诗综》卷六八《静志居诗话》。
④ （明）杨承鲲《与钱季梁书》，《碣石编》卷下，第 7939 页。

人哉？"①屠隆称："今世灵心伟手，吾伯翼是也。"②在另一个地方，刘凤说得更为具体，称："伯翼为诗，无意名而名赫赫起。其深于诗者，无亦惟若古以言志耶？伯翼志乃在三代间，而气盖一世，骨力于风雅而筋节于安世房中。故其诗上自三百篇，下逮开元、天宝之盛及其中叶，无不兼存之。……故其所得，超逾凌跨，广肆奥微，兼总沦浃，洞通于情境而浸渍于华腴，五七言古，规苏、李而驰建安七子，犹未离其质乎？时极其致，惊挺丽靡，则渐于齐梁间乎？逮为律、绝，则约裁声韵，以激越音节，放极于矫举，宏亮清旷，以夷密经以栗，是其严于格而峻于命篇哉。"③这样高的评价，当然只有刘凤这个知音才说得出来。李邺嗣称其诗"其言简而修，意锻而后出"④。

杨承鲲为人慷慨多壮气，但长期怀才不遇，只好隐居草野之中。杨承鲲的诗歌典型地反映了他的这一心路历程。他本来对朝廷抱有极大的希望，曾作《咏史》诗云："平生牧豕处，寂莫空山里。日落樵采绝，秋风海涛起。一朝上赤殿，布衣见天子。四海识齐人，侧目倾朝是。坐开平津阁，扑满延多士。悠悠淮南守，狗马谁相齿？"他通过咏史，幻想着"一朝上赤殿，布衣见天子"的荣宠。《纪事》诗："青天日如赫，亭午一星明。不敢论玄象，私心想太平。"然而现实的残酷粉碎了他的心愿，他作《烈士篇》抒发了壮士不遇的悲慨："东山有烈士，慷慨独不常。既惜白日短，复惜玄夜长。岩栖十余载，润泽成文章。囊有百里剑，家散千金装。登高览埏极，万古何茫茫。秋风洒毛发，灵曜丽清光。蚊蚋各有营，溷浊固难当。不惜肌骨沉，所忧志行伤。翱翔将何集，惋叹沾衣裳。尝闻圣人语，固穷有遗方。削竹蒙铦羽，用之何不臧？"而到了《七哀》诗中，更是宣告了他对现实的强烈失望之情："朝发桑干河，暮宿楼桑村。王气久消落，灵迹秘陈根。物色递迁化，日月屡崩犇。奈何此征夫，跋涉无朝昏。驱车冒榛径，忍饥过市门。余雪照墟里，颓阳蔼荒村。陇坟郁相望，贤达无一存。顾彼翳桑人，太息涕潺湲。"他已经感受到了"王气久消落"，在这一时代的历史定格之下，凸现了一个仆仆于道的征夫形象，这个形象实际上正是为了求得功名的驰驱道路的自我形象的写照。文中对行路之难的生动描写，象征着世道险阻，抒写

---

① （明）杨承鲲《碣石编》卷下《复刘子威先生书》，第 7938 页。
② （清）李邺嗣《甬上耆旧诗》卷二二《杨桓溪先生承鲲》，第 646 页。
③ （明）刘凤《刘子威集》卷三七《重序杨伯翼诗》。
④ （清）李邺嗣《杲堂文续钞》卷一《证堂诗集序》，《四明丛书》本，第 18610 页。

了诗人在政治道路上遭遇艰难。"仆夫自辛酸，行行日已老"，顽强的奔波辛酸，换来的是青春的老去，最后诗人绝望地发现："帝乡日已窅"，于是他终于厌倦了这样的逐夫生涯："朔风裂缞衣，客归苦不早。燕雀怀故栖，游鱼思在藻。"《小山偶然作》"烦恼世情终，不休欲投空"，表现出彻底绝望之情。他表示自己要回归田园，以田园为不遇之士的精神家园，以田园为最终安顿生命之所在，故有《北楼》等诗，极写田园之趣①。

　　杨承鲲的诗文风格在时间上可以离京归家为界分为两段。前期诗文意气风发，文风洒脱。后期目光由庙堂转向草野，关注田园生活和民间疾苦，文风相对沉郁。总体而言，前期气度非凡，后期情思深刻。《蓟门行赠张伯海将军》是其代表作，杨承鲲也正是因为这首诗名满京城。

蓟门行赠张伯海将军

　　蓟门三日风日黄，惊尘涨天归路长。禁柳条寒半欲折，边榆叶稀天欲霜。将军角弓控不发，枥上鸣镳动咆哮。玉帐高褰瀚海云，朱旗半掩孤城月。城头落月照皇都，万家漠漠秋烟孤。暮天军中一事无，蹴踘笑踏红氍毹。绣帘银烛夜惨淡，仰视河汉西南趋。乳皮薶白金城酥，满堂醉客争樗蒲。将军大呼一掷万，袒臂已觉无全胡。天子但顾西南隅，穷荒萧条八月雪。鸣雁哀叫胡雏呼，云中古戍烽堠紧。渔阳劲卒胆气粗，天山茫茫白草枯。文皇遗铁生紫翠，至今群胡不敢动。侧目啮指空惊吁，英雄出塞薄万里，龟兹于阗入版图，君不闻北斗之下为中国。太宗灭蛮心未休，翠华却过北斗北。千秋仰见肇造难，万古长沙泪沾臆。

　　首句极写肃穆之景，黄尘滚滚，草木萧瑟，天空弥漫着浓浓杀气。将军张弓不发，战争一触即发。将士们闲来无事，玩起了蹴鞠，又仿佛一片祥和。祥和之下暗藏杀机，使人惊心动魄，杨承鲲的描写可谓相当成功。"绣帘银烛夜惨淡"、"穷荒萧条八月雪"、"天山茫茫白草枯"，以景色描摹表现战争的残酷，立意深刻。"将军大呼一掷万"，"英雄出塞薄万里"，将英雄将领的霸气写到了极致。这首《蓟门行》最令人称绝处在于其非凡之气度。"君不闻北斗之下为中国，太宗灭蛮心未休"，读来实在大快人心。

---

① 本段参张如安《鄞县望族》，第213—214页。

而《长歌行寄吕中甫山人》则写出了作者对边防的关注,略云:"北游归来一何晚,雪里黄精不得饭。太行句注俱眼前,咫尺青霞梦修坂。……一去燕云几回首,戚家将军汝最厚。……北风三日吹行云,边城健儿不忍闻。少小离家三十年,年年辛苦去防边。……皇家财赋盛东南,汉代咽喉重西北。北宸北望无可期,南国南归断消息。山人归来感慨豪,扼腕绝叹心力劳。"南倭北虏危机,导致明朝穷于应付,人们年年辛苦去防边。

杨承鲲后期诗文沉郁冷峻,诗中多有伤时忧郁之情。如《绝句二首》:"江鸟黑如漆,澄波飞每迟。窥鱼未肯下,但恐世人知。"楼雉千寻峻,山梁百石横。寒藤与荒藓,日日老孤城。"如《舟上独酌成诗》:"万鸟脔为炙,不如一豚蹄。金罍对绮席,未若临回溪。鲁酒清且冽,吴鱼砍成鬐。一酌壶再倾,海日忽已西。春风不相饶,吹我颜色凄。男儿重弧矢,岂得念纤袿。但罪莫复叹,故山云外低。"作者看不上山珍海味和荣华富贵,隐居山野自是乐在其间,然而却难有作为,日复一日,年复一年,岁月不饶人,何日才能施展拳脚,一展抱负。其情悲之切,不禁令人感伤。再如《忆事二首》:"何处吹箫夜色凉,不胜哀怨湿衣裳。平湖百丈天如水,露滴藕花秋梦长。"作者为夜色箫声所感,不禁潸然泪下,秋夜漫长难以入睡,心中苦闷尽流露文字之中。另外,杨承鲲多用"寒"、"荒"之类,抒其悲苦之情。多用"寒"字,如"寒藤"(《绝句二首》)、《雪晓怀西清田舍二首》)、"寒沙"(《古城》)、"寒事"(《晓望》)、"寒潮"(《安我素大行席间别留》)、"寒空"(《王思延席上留别分体五言》)、"寒潭"(《西阁雨望》)等。多用"荒"字,如"荒藓"(《绝句二首》)、"荒城"(《曲阜谒周公庙》)、"荒山"(《寄别冯琢庵太史》)等。杨承鲲诗文的沉郁风格的形成,主要因其壮志难酬,"欲采风谣献天子,不知身隔白瑶京"(《古城》),郁郁不得志①。

杨承鲲现存诗文中,以思乡为主题的作品占较大比例。如《登聊城楼》、《归》、《寄蔡子行》、《寄闻仲连》、《晓》、《闻蝉同王辰玉作》、《重过宝应湖》、《喜朗初归》等大抵属此类。杨承鲲长年游历他乡,对江南水乡,对家中亲人,表现出种种思念和牵挂。杨承鲲善于写景,更擅长景中寄情。《湖干曝日》:"阁外柳条长,平湖半夕阳。雪消沙草绿,春动水烟黄。老渐思丘壑,贫犹典粉骓。理生无远计,曝背近东墙",可谓是写景抒情的典

---

①　张如安等《鄞县望族》,第 214—216 页。

范之作。

关注民生疾苦。杨承鲲长期生活于民间，所以，熟悉并关注民间生活。

如《十月一日二十六韵》："当年孟冬月，边海气多寒。兹年积旸后，冥雨何漫漫。山内莽出云，陇亩浩未干。田家丁获稻，泥滓登场坛。小人寂无依，稼穑良独难。黔羸更不密，震雷周云端。壮阴乃发泄，万蛰苦不安。东南久凋瘵，比屋成痱挛。徭役一何切，攻急逾千般。即如今年租，往年已征完。苗孽未入土，诛求早阑干。往闻天王诏，屡免哀疮瘢。宵旰坐玄堂，悲眷减鹑鸴。借问二千石，太息谁共患。流亡且缱属，十家九家残。铲削纷百出，大命忽欲殚。岂惟颜色枯，重使骨肉刓。膏泽久销落，上下睹欺谩。穷陬生意少，万灶同辛酸。劳苦岁云暮，不得一日欢。鸡鸣望公家，谢令犹在官。侧目五内裂，泣下如飞湍。不知手足痹，但保橐中胖。常恐一日溃，倏忽万变攒。虚名蒙实祸，此失犹未刊。徒为杞人忧，愤念腐肺肝。"

如《北风行》："甬东十月北风烈，一夜千家尽为雪。天明不见江上烟，日午尚觉行人绝。……请翁甲子今几何？依稀似答耄与耋。白头乱发垂不梳，欲语无声先哽咽。犹言愿赐一国饥，不独但缓千丝结。朝廷委输阴已空，东南民力谁知竭。极伤赤子皆捐瘠，老骨存亡真一映。……瓯闽吴越入战场，兴化明州势更切。城南郭北悄无烟，万落千村尽流血。烽火昼突甘泉宫，羽书夜射聊城堞。天子按剑思颇牧，百道征兵歼蠢孽。将军阵前衣缟出，司马辕门抱刃列。材官递尽孤儿亡，更练强兵满江浙。十万千金一日穷，课百输千万家灭。杀气连天天亦昏，春风何处无离别。以兹咬骨膏亦焚，涕泪已干空有舌。入国岂惟故墙高，问俗大半糟糠缺。二十年来势不返，水旱饥寒重愁裂。此身已知蝼蚁亲，孙子终饱豺狼穴。君复何人肯见问，祖臂哀陈便永诀。朔风怒号海水圻，穷户桷叶何惨洌。老夫呵呵终日嗤，世事谑谑谁开说。看君一片有心人，万一他年剖忠哲。"[1]这诗写的是嘉靖末年以来抗倭战争给东南沿海百姓的影响，宁波首当其冲。进入万历初期，又屡次遭遇水旱，百姓饥寒交迫。全诗通过一位老人诉说了近六十年经历的天灾人祸。

成于万历六年(1578)的《苦寒行》称："城中十家九家饥，城外死人弃不归。牛羊踯躅半已倒，鸟雀啄雪存者稀。吁嗟苦寒有如此，可怜南国亦

---

①　以上诗，见李邺嗣《甬上耆旧诗》卷二二《杨桓溪先生承鲲》，第651—652页。

坠指。"

杨承鲲的某些诗，也可当史料用。天寿院在明代时仍颇有名气，鄞籍诗人杨承鲲在探访五龙潭瀑时所作《天井诗》写道："万壑趋天汉，千盘到寺门。远山存殿古，小姓见僧尊。想望真龙窟，寻常紫气屯。来朝上五井，霜日看雷奔。"

4.《北征记》的价值

万历十六年(1588)初，杨承鲲经浙东运河行至钱塘，然后沿大运河北上，经过山东、天津，最后到达北京。这次行程，杨承鲲效仿杨荣(1371—1440)《北征记》，作了一篇日记体散文《北征记》，每天都有记录。从一月二十三日起程，四月初七到达北京，前后走了 73 天。这是杨承鲲写得最精彩散文。这篇日记体的散文，详细地记叙了行程中的活动及所见所闻。杨承鲲所走的是官道，早春从家乡出发，经浙东运河至钱塘，然后沿大运河北上。至山东陆行，以览观阙里风景。复沿运河，到达北京。他素具山水之癖，一路上当然不会放过欣赏风景的绝好机会。作者将山光水色与道里行程紧紧地扣合在一起，但他摆脱了前人记叙名胜喜欢引述旧典的路子，而是直接进行描摹点缀。他的风景描写虽然只有寥寥数句，但常常能抓住特点，妙于形容。他描绘景物多注意于动态，并与自己的观感密切结合在一起。如云："于越千峰，如翠虬青凤，涌出几席间，极不忍别。"这样的景物不再是沉静客观的，而是一种带有主观色彩的呈现，富有感性的效果，其对主体情感的表现已被提升至与景物同等重要的位置。《北征记》行文或简或详的模山范水，大大增强了此篇游记的文学色彩①。

《北征记》最有价值的是对现实的观察与思考，完全可以当社会纪实报告来阅读。

(1)对气候的观察。阅读《北征记》，首先让我们注意到的是气候。一月二十三日，宁波出发时的天气应是好的，到西坝时，"雨霏霏"。第二天到上虞时，下起大雪，"寒甚"。第三天时，"雪深尺余，迤逦至曹江，雪转剧，不可渡"。第四天时，雪停了，"沙水如铁"。第六天渡钱塘，"平沙积雪，海门诸山如银屋，渺渺天际"。第七天，复雪。第九天，"复雪，飘瞥弥甚，隆烈弥

---

① 张如安等《鄞县望族》，第 214—216 页。

剧"。接着，连续下了四天的雨。这样的坏天气，在南方是少见的，可见当时气温之低，这是所谓的明清小宇宙时期，总的特征是低温多灾。

（2）对自然灾害的观察。由于气候较差，导致自然灾害频临。到上虞时，已经看到"道有僵殍"现象。到了山阴，"山、会故沃土，而近岁数侵行旅，稍暮即戒不进，睹一郡，天下可知矣"。这里暗示了连续几年的坏天气，影响了人们的出行交通。这样的现象，是全国性的，由绍兴可以见一斑。到了钱塘，"会城米价大踊，阛阓间有食糠粃者，糠与米价几敌。盖丁亥之水，亘苏、松、嘉、湖、杭、绍数百里，飘没庐舍、人畜不可胜纪。田有至三四种竟不得获者。以故亡窜相属，父鬻子，夫鬻妻，诸山壤民，日不得再食，薄暮即就寝，灯火为绝"。这里更明确点明了上年即万历十五年（1587）大水灾带来的巨大灾难。水灾覆盖今江苏、上海、浙江三地，房屋冲毁，人畜伤亡。由于水灾，粮食没有收成，导致饥荒，出现了"父鬻子，夫鬻妻"的现象。至吴江县平望镇，发现"原隰萧条，村人多以木屑杂糠食，而野林祠墓间往往有自经者"。到镇江北固山，"男妇多劚野草，问之，云：'御饥耳。'怃然而去"。至山东新店闸，"顾见榆皮叶俱尽，问之，知为窭人所餐，惨然而罢"。到山东赵村，"道多饿人告饥，为作粥食之"。官方史书对灾荒的记载大体笼统，而《北征记》对万历年间灾荒中民众的生活情景有具体的描写。

（3）对水路交通运输之劳的描述。由于各种因素，水利失修，水上交通不畅。"汶水初由耿山下趋而南，嘉靖间淤，改浚今道，然屡浚屡淤，岁费无算……复淤，北归运舟以千计，积不行弥月，食尽，大噪。夫文皇帝遏汶水，分注南北，为漕计也。当事者即漕不经心，经心者何也？"治理河水，成本高，奏效小。特别是黄河改道，夺淮入海。"时江南运舟俱出淮，淮多淤，舟格不行，篙师髁没入水进棹，万口讴歌，面作紫黑色。此可以知漕挽之难矣。嗟夫！以河之大，千七百川之水聚焉，而复合以中国诸名川，悉委于河，而仅以一淮疏之，上流壅则下决，下流壅则上溃，而顾日堤且塞焉，岂万世计乎？"江南来的运粮船，全部通过淮河，复导致淮河淤塞。牵夫们只得辛苦地拉着船前进。如此辛苦，杨承鲲看得不忍心，于是发出非长久之计的感叹。徐州当"南北孔道，而有司经费岁不赡，民疲于役，吏匮于输，以故凋瘵甚。当事者虽颇忧之，然稍一裁革，则不胜腾口矣"。由此看来，运河运输给当地百民所带来的负担。

（4）对山东水土不协的反思。山东兖州游览后，"窃怪兖地夷旷，而田最贱,亩有至百钱者,彼其所入薄也。故尝论之,以为分田之制不可复矣,江都限田之法必不可不行也,井田之制不可复矣。因其地之高下沃瘠,多凿陂池沟洫,使旱有所备,而涝有所泄,必不可不行也。或曰:兖故高旷,其土宜豆麦,而民复便之,奚必水耕火种如江南哉? 余曰:不然。人未有不乐沃饶,而水土未有不相狎者。彼隆庆丁卯、戊辰,兖大水,平地丈余,坏城郭庐舍,何故? 则水至无所泄也。万历丁亥,兖不雨者弥岁,迄戊子春尚枯暵,谷价翔涌,饿殍荐属,草木之实略尽,又何故? 则水尽无所潴也。行百余里内,稍见一二洼,深不数尺,即薄有水矣。故青、兖间田多下下者,无厚收也。所以无厚收者,弥望赤土,人力无所用,惟仰面冀天耳。人固难虑始哉?”值得注意的是,万历十五年,南方大水,而北方大旱。这就是大空间意义上的南北失调现象。由于北方缺水,导致北方的土田多为下下田,收成过薄,田价低得出奇。

(5)注意到了南北地理之差异。中国是一个大国,南北各地风貌差异相当大,淮河一线向来是我国南北地理的自然分界线。过了淮河,到了安徽界首,发现“居人多茅茨矮屋,莽莽苍苍,风起尘合,无复江南面孔矣”。北方由于风多沙多,所以,多是茅茨矮屋。到达山东南阳镇,“稍见瓦屋”。到直沽,“人家俱瓦屋,水清,驶旷望,倦眼为苏”。至南望湖,看见“水半落沙草间,男妇以万计,掘凫茨、蒲蠃之属。风大发,荒荒不辨。”凫茨是野生荸荠,蒲蠃指蚌蛤之属。这里描写了湖边之民采集野生食物的面貌。

(6)凭吊古人而发的感叹。如到淮阳,参观漂母祠,想淮阴垂钓处,大发感叹。“雄俊之士,当其穷也,屠狗吹箫,何可比数。及其得尺寸之柄,则天飞雷动,天下响属之矣。悲乎哉! 士穷也。”这里的穷士之叹,未尝不是为己而发。

历来的文人游记无不以舆地为中心,而杨承鲲的《北征记》则更多关注社会现象,由此可见杨承鲲是一个关注社会现实且会思考的知识分子。

五、小结

从诗文来说,杨氏诗比文好。从文来说,杨守陈的文比其弟的文好。杨氏的诗,比较写实,可以看出其心态,所以可以将之放在传记中当历史材料来使用。这可能有损艺术性,但增加了历史性。

　　要用政治与道德眼光观察杨守陈兄弟的诗文。作品是人类思想的表达而已，有什么样的思想就有什么样的表达。宋明提倡纲常与道德，于是道统文学流行。杨守陈兄弟又是官员，所以又有时政色彩。早在明代时，已有人指出："公之文，诚不可以艺目也。"①由此可知，他们当时就不追求纯艺术，作品主旨的定位相当清楚。今天治文学史者，则喜欢用单一的艺术眼光看待前人的诗文作品，自然看不到其特长所在。

　　今天所见的杨氏诗文集，都是自选集，是按其思想选择的，这正是当时时代认可的，至于不认可的，在今天看来也许有意义的文章，反而没有传下来，这是要注意的一个现象。

　　值得注意的是，杨守陈兄弟处于天顺至正德初年的明代中期。何乔新、程敏政、李东阳、王鏊、吴宽、童轩诸人，均不同程度受其影响。相对于晚明以翰林院院外作家为主的状况，这一个时间段，翰林院院内是诗文创作中心地。由此可知，杨守陈兄弟的诗文风格，既是台阁体的延续，又是向复古派转型的开始。

　　喜欢创作诗歌，是明代前期的特点之一。我们阅读明代前期的文集，发现诗歌比散文多。杨氏家族可说是这么一个典型的家族。原其故，据分析，诗歌创作更为灵活，更能抒发作者的情感，所以更受人欢迎。不过，从历史学来看，散文更好，能透露更多的历史信息，有助于研究历史人物的生活、思想、学术发展轨迹。

---

① （明）陈琳《碧川文选序》，第 16347 页。

征引文献

一、文献

(清)杨永赞《镜川杨氏宗谱》,四知堂本,乾隆六十年(1795),天一阁藏。

(清)杨学载《镜川杨氏宗谱》,报本堂本,道光二十五年(1845),天一阁藏。

(清)杨习镜《镜川杨氏宗谱》,分教堂本,光绪十年(1884),天一阁藏。

(民国)杨存淇《镜川杨氏宗谱》,分教堂本,1943年,天一阁藏。

(明)杨守陈《杨文懿公文集》,《四明丛书》本,广陵书社2006年。

(明)杨守阯《碧川文选》,《四明丛书》本。

(明)杨守阯《碧川诗选》,崇祯五年(1632),中国科学院图书馆藏。

(明)杨自惩《梅读稿》,《四明丛书》本。

(明)杨承鲲《碣石编》,《四明丛书》本。

(明)杨承鲲《西清阁诗草》,万历四十五年(1617),浙江图书馆抄本、台湾故宫抄本。

(明)杨德周《铜马编》,《四库全书存目丛书》本,齐鲁书社1999年。

(明)杨德周《金华杂识》,《四库全书存目丛书》本。

(明)杨德周《金华文征》,崇祯三年(1630),天津图书馆藏。

(明)杨德周《玉田识略》,崇祯七年(1634),国家图书馆藏。

(明)杨德周等《甬东诗括》,崇祯十三年(1640),天津图书馆藏。又有浙江图书馆约园抄本。

(清)杨学泗《杨氏一门忠节录》,道光二十六年(1846),天一阁藏。

(民国)陆本豫等《四明月湖陆氏宗谱》,绳武堂本,1935年,天一阁藏。

(清)张子渊、陈康矞纂修,(民国)张琴续订《槎湖张氏宗谱》,积行堂本,1938年,天一阁藏。

(民国)张美翊《甬上屠氏宗谱》,即勤堂本,1919年,天一阁藏。

（民国）汪经培《鄞西高桥章氏宗谱》，有惇堂本，1934 年，上海图书馆藏。

（民国）朱学山等《四明藕桥朱氏宗谱》，继述堂本，1929 年，天一阁藏。

（民国）戴敦等《四明桃源戴氏家乘》，永思堂本，1947 年，天一阁藏。

天一阁博物馆《天一阁明代科举录选刊·登科录》，宁波出版社 2006 年。

（宋）欧阳修《文忠集》，《四库全书》文渊阁本，上海古籍出版社 1989 年（下同）。

（宋）王柏《鲁斋集》，《四库全书》文渊阁本。

（宋）道潜《参寥子诗集》，《宋集珍丛刊》本，线装书局 2004 年。

（宋）周煇《清波杂志》，《四库全书》文渊阁本。

（宋）高斯得《耻堂存稿》，《四库全书》文渊阁本。

（元）虞集《道园学古录》，《四库全书》文渊阁本。

（明）刘基《诚意伯文集》，《四库全书》文渊阁本。

（明）黄润玉《南山黄先生家传集》，浙江图书馆约园抄本。

（明）陆宝《陆敬身全集》，浙江图书馆约园抄本。

（明）何乔新《椒丘文集》，《四库全书》文渊阁本。

（明）程敏政《篁墩文集》，《四库全书》文渊阁本。

（明）李东阳《怀麓堂集》，《四库全书》文渊阁本。

（明）郑真《荥阳外史集》，《四库全书》文渊阁本。

（明）黄仲昭《未轩文集》，《四库全书》文渊阁本。

（明）解缙《文毅集》，《四库全书》文渊阁本。

（明）陈建《皇明通纪》，钱茂伟点校，中华书局 2008 年。

（明）方孝孺《方孝孺集》，《四库全书》文渊阁本。

（明）焦竑《国朝献征录》，《续修四库全书》本。

（明）徐纮《明名臣琬琰续录》，《四库全书》文渊阁本。

（明）耿定向《先进遗风》，《四库全书》文渊阁本。

（明）王偶《思轩文集》，《续修四库全书》本。

（明）王恕《王端毅奏议》，《四库全书》文渊阁本。

（明）官修《明实录》，中研院史语所 1968 年。

（明）朱国祯《涌幢小品》，缪宏点校，文化艺术出版社 1998 年。

（明）刘凤《刘子威集》，《四库全书存目丛书》本，齐鲁书社 1999 年。

（明）刘凤《刘子威别集》，《丛书集成三编》本。

（明）陆釴《少石集》，《四库全书存目丛书》本。

（明）李堂《堇山集》，《四库全书存目丛书》本。

（明）徐溥《谦斋文录》，《四库全书》文渊阁本。

（明）严从简《殊域周咨录》，《续修四库全书》本。

（明）凌迪知《万姓统谱》，《四库全书》文渊阁本。

（明）曹学佺《石仓历代诗选》，《四库全书》文渊阁本。

（明）吴宽《家藏集》，《四库全书》文渊阁本。

（明）祝允明《怀星堂集》，《四库全书》文渊阁本。

（明）黄佐《翰林记》，《四库全书》文渊阁本。

（明）廖道南《殿阁词林记》，《四库全书》文渊阁本。

（明）王鏊《震泽集》，《四库全书》文渊阁本。

（明）张时彻《芝园定集》，《四库全书存目丛书》本。

（明）陈槐《闻见漫录》，《四明丛书》本，广陵书社 2006 年。

（明）谢蕡《后鉴录》，《国朝典故》本，北京大学出版社 1993 年。

（明）胡应麟《少室山房集》，《四库全书》文渊阁本。

（明）傅泽洪《行水金鉴》，《四库全书》文渊阁本。

（明）费道用《闽南唐雅》，《四库全书存目丛书》本。

（明）王錡《寓圃杂记》，中华书局 1984 年。

（明）陆粲《陆子余集》，《四库全书》文渊阁本。

（明）费宏《太保费文宪公摘稿》，《续修四库全书》本。

（明）杨一清《石淙诗稿》，《四库全书存目丛书》本。

（明）谢铎《桃溪净稿》，《四库全书存目丛书》本。

（明）章懋《枫山集》，《四库全书》文渊阁本。

（明）寇天叙《涂水先生集》，《四库全书存目丛书》本。

（明）戴鱀《戴中丞遗集》，《四库全书存目丛书》本。

（明）魏偶《云松诗略》，浙江图书馆藏约园抄本。

（明）罗玘《圭峰集》，《四库全书》文渊阁本。

（明）李贤等《明一统志》，《四库全书》文渊阁本。

（明）陈洪谟《治世余闻》，中华书局 1985 年。

（明）俞汝楫《礼部志稿》，《四库全书》文渊阁本。

（明）倪岳《青溪漫稿》，《四库全书》文渊阁本。

（明）李生寅《李山人诗》，《四库全书存目丛书》本。

（明）张邦奇《张文定公靡悔轩集》，《续修四库全书》本。

（明）张邦奇《张文定公纡玉楼集》，《续修四库全书》本。

（明）黎淳《黎文僖公集》，《续修四库全书》本。

（明）董其昌《容台文集》，《四库全书存目丛书》本。

（明）谢肇淛《滇略》，《四库全书》文渊阁本。

（明）黄训《名臣经济录》，《四库全书》文渊阁本。

（清）钱谦益《列朝诗集》，中华书局 2007 年。

（清）沈季友《檇李诗系》，《四库全书》文渊阁本。

（清）汪森《粤西文载》，《四库全书》文渊阁本。

（清）万言《管村文抄》，《四明丛书》本。

（清）张岱《石匮书》，《续修四库全书》本。

（清）李光地《榕村语录》，《四库全书》文渊阁本。

（清）全祖望《鲒埼亭集》，詹海云《全祖望〈鲒埼亭集〉校注》，国立编译局 2003 年。

（清）全祖望《鲒埼亭集外编》，詹海云《全祖望〈鲒埼亭集〉校注》，国立编译局 2003 年。

（清）屈大均《广东新语》，中华书局 1983 年。

（清）徐兆昺《四明谈助》，桂心仪等点校，宁波出版社 2000 年。

（清）朱彝尊《明诗综》，《四库全书》文渊阁本。

（清）董秉纯《小钝居士集》，《北京师范大学图书馆藏稀见清人别集丛刊》本，广西师范大学出版社 2007 年。

（清）全祖望辑选《续甬上耆旧诗》，方祖猷等点校，杭州出版社 2003 年。

（清）李邺嗣《杲堂诗文集》，张道勤点校，浙江古籍出版社 1988 年。

（清）钱谦益《初学集》，钱仲联点校，上海古籍出版社 1985 年。

（清）官修《钦定续文献通考》，《四库全书》文渊阁本。

（清）朱彝尊《经义考》，《四库全书》文渊阁本。

（清）李邺嗣《甬上耆旧诗》，袁元龙点校，宁波出版社 2010 年。

（清）阎若璩《四书释地》，《四库全书》文渊阁本。

（清）黄虞稷《千顷堂书目》，《四库全书》文渊阁本。

（清）童恩《显考蓂君府君年谱》，《北京图书馆藏珍年谱丛刊》本。

（清）童槐《今白华堂诗录》，《续修四库全书》本。

（清）龙图跃《高唐州志》，康熙五十一年（1717）。

（清）刘佑《高唐州志》，康熙三十二年（1693）。

（清）蒋学镛《鄞志稿》，《四明丛书》本。

（清）雍正《浙江通志》，《四库全书》文渊阁本。

（清）高宇泰《敬止录》，杭州古旧书店 1983 年影印本。

（清）黄宗羲《明文海》，《四库全书》文渊阁本。

（清）陈劢《四明乡先生遗文偶录》，同治八年（1869），稿本，天一阁藏。

（清）陈劢《运甓斋诗稿续编》，《清代诗文集汇编》本，上海古籍出版社 2010 年。

（民国）陈训正、马瀛《鄞县通志》，宁波出版社 2007 年影印

二、专著

刘增贵主编《家族与社会》，中国大百科全书出版社 2005 年。

张杰《清代科举家族》，社会科学文献出版社 2003 年。

吴宣德《明代进士的地理分布》，香港中文大学出版社 2009 年。

吴仁安《明清江南著姓望族史》，上海人民出版社 2009 年。

龚延明、祖慧《鄞县进士录》，浙江古籍出版社 2010 年

姚观元等编《清代禁书知见录》，台湾商务印书馆 1957 年。

王重民《中国善本书提要》，上海古籍出版社 1983 年。

张其昀《中华五千年史》，中国文化大学出版部 1981 年。

谢贵安《明实录研究》，湖北人民出版社 2003 年。

章国庆、裘燕萍编《甬城现存历代碑碣志》，宁波出版社 2009 年。

章国庆《天一阁明州碑林集录》，上海古籍出版社 2008 年。

傅璇琮总主编《宁波通史》，宁波出版社 2009 年。

张如安等《鄞县望族》，浙江古籍出版社 2009 年。

郑振铎《西谛书话》，三联书店 1998 年。

三、论文

方芳《清代科举家族地理分布的特点及原因》，《济南大学学报》2009
年第 5 期。

沈登苗《明清全国进士与人才的时空分布及其相互关系》，《中国文化
研究》1999 年第 4 期。

李润强《清代进士的时空分布研究》，《西北师范大学学报》2005 年第
1 期。

陈永明《林时对考——兼辨现存几种林氏传略之讹误》，《中国文化研
究所学报》新第七期，1999 年。

郑礼矩《浙东杨守陈家族的文学创作》，《宁波大学学报》2008 年第
2 期。

杨文玉、王克恩《明赐进士第通议大夫南京通政史钦恤祭葬百芝杨公
墓志铭考释》，中国文物信息网 2008 年 2 月 28 日。

后　记

　　我对宁波杨氏家族的关注,始于20世纪90年代初参与编纂《浙东学术史》。读全祖望《城北镜川书院记》,让我注意到了杨守陈学术地位之不可忽。于是,设立了杨范、杨守陈兄弟的篇幅。为了编纂这部分内容,我阅读了《杨文懿公文集》、《梅读稿》、《碧川文选》,从而对杨氏祖孙的学术有了初步的了解。在编纂《宁波通史》元明卷过程中,了解到天一阁有四个版本的《镜川杨氏宗谱》,这就为宁波杨氏研究奠定了文献基础。2010年,我最终确定选题。

　　在随后的近二年研究中,我将杨氏相关资料大部分搜集齐全了。上天一阁,调阅并拍摄了四个版本的《镜川杨氏宗谱》。由于有了四个版本的《镜川杨氏宗谱》,所以得反复阅读,从而提炼出了有用的资料。到鄞州区西杨村、东杨村作了实地调查,作了一些口述采访。在国家图书馆,阅读了杨德周《玉田识略》等作品。又托在天津师大读硕士的唐珊上天津图书馆抄写了杨德周《甬东诗括》、《金华文征》的序跋资料,托清华大学中文系博士后张骁飞从中国科学院图书馆摘抄了《碧川诗选》,托在台湾师范大学工作的廖英舜从台北故宫摘抄了《西清阁诗草》。《四库全书》电子版也帮了不少忙,我用尽了各种关键词,从与杨氏家族有联系的多位历史名人的诗文集中搜集到了不少不易发现的杨氏研究资料。

　　某些资料的获得,费了不少周折。如《西清阁诗草》,初以为失传,后发现入藏北平图书馆,再进一步搜索,发现寄存在美国国会图书馆。1941年,因避日侵华战争,北平图书馆袁同礼馆长在胡适、王重民的帮助下,曾将300箱善本书寄存美国图书馆。《西清阁诗草》就是其中之一。我一时没有机会上美国国会图书馆阅读此书,心中甚是遗憾。2011年8月,中国地方志办公室在宁波召开“方志文献国际学术研讨会”,得结识在美国国会图书馆工作过的范邦瑾先生。我向他打听当年寄存的300箱善本书下落问题。他说,这些书经拍摄三部胶片后,早在1965年已经归还台北了。这意外的信息让我高兴,回家后立刻上台北的“国家图书馆网”检索。经过一番努力，发现这批书在台北的故宫。于是，托在台湾师范大学工作的廖英舜上故宫查检。他告知结果，只可看胶片，不开放原书。按规定，只能列印三分之一。不得已，只得让他摘抄了一部分，又列印了一部分，终算了却了阅读此书之念。又如2011年8月，注意到了《杨氏一门忠节录》，决意一阅。据1995年版《宁波市志》，该书藏于宁波市图书馆。于是，直接上宁波图书馆，结果被告知没有此书。这可能是一个错误的著录。我猜想，可能在天一阁。于是，托天一阁袁慧查检，果然在天一阁，甚是高兴。但随之而来的问题是，此书属冯氏图书，因搬库房，目前仍打包，无法阅读。到了2012年8月底，终算看到了原书，收获不小，增加了不少新材料。8月又有一次，从网上读到袁良植先生文章，提及杨德周《四明乡先生遗文偶录》。这让我好兴奋，于是上天一阁询问，结果发现此书是清代宁波藏书家陈劢所编，非杨德周编。书成于同治八年（1869），手稿。此书收录了杨德周的几篇文献，其中《鄞俗诗后五十韵》，署名"戊子"，为顺治五年（1648），正是杨德周卒之年，可见这是作者临终前写的诗。

请人帮着看书，总有遗漏之憾。2011年10月，到北京师范大学参加学术会议后，亲自上中国科学院图书馆阅读《碧川诗选》，读了整整一天，果然找到了更多的新材料。更为离奇的是，原来以为张寿镛的图书都捐给了国家图书馆。不意，查阅网络有关资料，发现浙江图书馆有不少约园抄本。进一步查阅浙江图书馆古籍善本目录，发现了二十多部原计划编入《四明丛书》而来不及刊入的约园抄本，如黄润玉的《南山黄先生家传集》、杨承鲲的《西清阁诗草》、陆宝的《陆敬身全集》、杨德周等的《甬东诗括》等。这些抄本，均为稀见明清宁波学人文集，是20世纪30年代张寿镛从全国各地图书馆搜抄来的珍本。我前面花费了相当多精力，从世界各地图书馆搜读的《甬东诗括》《西清阁诗草》，竟然眼皮底下就有，这是让我相当惊讶的事。于是几次上浙江图书馆，仔细阅读这些明代甬上学人的文集，从中又淘到了不少有用的资料。

总之，研究过程中，本着竭泽而渔精神，搜集到了能够搜集到的资料。新材料是历史研究创新之本，如果书有一些创新的话，正是建立在前人使用不足的家谱、诗文集基础上的，这是本课题立身之本。杨氏成员擅长诗歌写作，其人的活动及不同场合的心态，均通过诗歌来表达。故课题研究中，大量使用了诗歌，这是不同于其他历史类论著之处。

　　在研究杨氏过程中,曾指导研究生钱升升完成了硕士论文《宁波镜川杨氏家族研究》。本书第五章第二节、第三节,第七章中的第二节、第三节、第四节,部分地采纳了钱升升的独立研究成果。此前,我曾经与人合作出版过四书,但篇幅均在三分之一甚至更多,字数由6万至10万、15万不等。由于这次采用的数量较少,不足2万字,所以没有将钱升升列为第二作者,可以算参与者。升升是一个好学青年,作为导师有必要给予扶植,让学界更多人了解他。

　　因为是国家社科基金后期资助项目,校对工作特别仔细。除了在电脑上反复校对外,打印成稿以后,再次对全书的主要引文作了核对。说实话,到目前为止,虽出了那么多书,但没有养成送出版前复核史料引文的习惯。因为我的书都是自己写的,抄录、标点史料时一般复核过,可以放心使用。个别断句与漏字错误,可以在出版流程中经编辑的反复校对而发现。这次因为文献资料较为特殊,断句与文字复核就成为十分必要的事。等全文复核、补齐电脑中打不出的字以后,发现仍有几个漏字无法解决。

　　在校对过程中,最为头痛的是《玉田识略》、《碧川诗选》的复核工作。此二书在国家图书馆、中国科学院图书馆读的是胶卷,阅读过于匆忙,有漏字也没有发现,事后要补,文本不在身边,十分困难。譬如《玉田识略》卷八《享帚集选序》有一句"余于□中",空格是抄录时漏了字或字迹模糊,一时无法判断。漏字不补,心里总感觉不舒服。今年4月初,重上北京复查。到中国科学院图书馆,因没有事先预约,提书者外出开会,《碧川诗选》无法重阅。惟在国家图书馆查阅《玉田识略》时,有所收获,但颇费了一番周折。我习惯性到总馆,发现善本转移到了分馆。于是打车来到文津街七号的分馆,调出胶卷,发现属原文字迹模糊,上面有一个口,下面有半个口,似"品"字,但放入句子后意思不通。四点半出分馆后,前面就是国家图书馆出版社了,有好朋友在出版社当领导。我想既然到了社门口,总不能不去看看朋友。于是来到出版社,适他们介绍发行部副主任与我相识。在与他聊天时,我忽然想起刚才查阅目录时,知道他们去年出了《南京图书馆藏稀见方志丛刊》,中有《玉田识略》,于是提出要求,想看这套书的样本。发行部副主任带着我,费了一番力气,终于在128册中找到了《玉田识略》后四卷的影印本。我翻阅此书时,特意找到《享帚集选序》,发现缺字乃"邑",这样意思就通了。等看二校稿时,面对《碧川诗选》中的几个漏字,仍是不放心。

11月4日，我下决心再上天一阁查阅《碧川诗选》。这个本子，前几次曾由于天一阁搬家诸因素，一直没有机会读到。不意，这次竟然顺利地读到了，也算天助我也。原来一直被告知，此本模糊，无法阅读。拿到书才发现，只有一册，是一个残本，但内容是清楚的。真是没有调查，就没有发言权。借助这个残本，终于补齐了几个字，了了多年的阅读之愿。

　　感谢张伟教授领导的宁波市浙东文化研究基地的全力支持，感谢校社科处领导的大力支持，感谢邬国义教授、龚缨晏教授、张如安教授的鼎力推荐，感谢通讯与会评专家的支持，他们让这个项目得有机会入选国家社科基金后期资助项目。感谢天一阁为我阅读《镜川杨氏宗谱》及《杨氏一门忠节录》提供了极大的方便。感谢张骁飞、廖英舜、唐珊帮我抄写或复印相关资料。感谢郭培贵教授、梁敬民教授参与课题的学术沙龙，给予了精到的点评与启迪。尤其要感谢前鄞州区政协文史委副主任戴松岳先生的信任，本课题的部分内容得以首先刊布于他主编的《鄞州文史》杂志上。

钱茂伟

2013年4月于宁波大学